D0686505

CO

Histoire du catholicisme québécois**

Tome 1
1760-1839

Histoire du catholicisme québécois**

dirigée par Nive Voisine

Les XVIIIe et XIXe siècles

Tome 1
Les années difficiles (1760-1839)
par
Lucien Lemieux

Boréal

SEP 1 4 2000

DOUGLAS COLLEGE LIBRARY

Cet ouvrage a été publié grâce à une subvention de la Fédération
canadienne des sciences sociales, dont les fonds proviennent du Conseil
de recherches en sciences humaines du Canada.

© Les Éditions du Boréal, Montréal
Dépôt légal: 2e trimestre 1989
Bibliothèque nationale du Québec

Diffusion au Canada: Dimedia
Distribution en Europe: Distique

Données de catalogage avant publication (Canada)
Vedette principale au titre
Histoire du catholicisme québécois
L'ouvrage complet comprendra 3 v. en 5 t.
Comprend des bibliographies et des index.
Sommaire partiel: Vol. 2: Les XVIIIe et XIXe siècle (1760-1898). Tome 1:
Les années difficiles (1760-1839) par Lucien Lemieux
1. Église catholique — Québec (Province) — Histoire. 2. Église
catholique — Québec (Province) — Histoire — 20e siècle. 3. Église et
État — Québec (Province) — Histoire. 4. Église et État — Québec
(Province) — Histoire — 20e siècle. I. Voisine, Nive.
BX1422.Q8H57 1984   282'.714   C84-016274-X

AVANT-PROPOS

Poursuivant notre objectif de tracer le portrait du catholicisme québécois de sa naissance à aujourd'hui, nous présentons ce deuxième volet qui couvre les années 1760 à 1898. La décision de publier d'abord la partie la plus contemporaine de cette histoire n'a pas été que circonstancielle, même s'il est vrai que l'équipe de Jean Hamelin et de Nicole Gagnon a été la première à terminer son manuscrit; il y a aussi le souci pédagogique de partir du plus familier pour passer au moins connu, de puiser dans le vécu d'aujourd'hui des éléments pour mieux connaître et expliquer le passé. Il nous semble que la fresque déjà tracée de main de maîtres par nos collègues permettra de mieux saisir les enjeux du siècle et demi précédent, en même temps que notre propre travail éclairera le cheminement du catholicisme québécois au XXe siècle.

C'est par une volonté délibérée que nous avons choisi de raconter le déroulement de cette histoire à travers l'action de personnes et de groupes qui nous ont paru jouer un rôle déterminant, sans négliger pour autant le jeu des agents externes et des forces économiques, sociales et politiques qui interfèrent sans cesse. Nous n'avons pas voulu d'une histoire théorisante ou absconse, limitée à un cercle d'initiés. Nous aimerions que les gens ordinaires, même peu familiers avec les méthodes scientifiques sur lesquelles notre texte est basé, puissent faire une lecture agréable et utile, même si nous n'avions pas à copier le style flamboyant et combien vivant de notre collègue Hamelin. Enfin, nous avons bien conscience de ne pouvoir répondre à toutes les interrogations et attentes de nos lecteurs; nous livrons néanmoins notre vision du catholicisme québécois du XIXe siècle (le long XIXe siècle qui va des jours sombres de la Conquête à la victoire des politiciens libéraux), avec ses lacunes et ses imperfections, conscients que la relève montante saura pallier les insuffisances et donner sa propre version de ces années cruciales.

Tout au long de notre travail de recherche et de rédaction, qui a duré plusieurs années (puisque nous avions à nous acquitter en même temps de nos tâches premières de vicaire épiscopal ou de professeurs d'université), nous avons reçu assistance et appui d'un grand nombre de personnes qui nous ont facilité la tâche; il serait trop long d'énumérer même seulement les principales, mais il faut au moins noter que cette étude n'aurait pas vu le jour sans la collaboration des archivistes, bibliothécaires, recherchistes, collègues, secrétaires, éditeurs... qui nous ont aidés de toutes manières dans notre travail. Que chacun reçoive ici l'expression de notre plus vive reconnaissance. Nous remercions également les organismes publics, Conseil de recherches en sciences humaines du Canada et universités, qui nous ont fourni des fonds à diverses étapes de notre projet.

Lucien Lemieux
Philippe Sylvain
Nive Voisine

INTRODUCTION

Pour qui a lu le troisième volume de notre *Histoire du catholicisme québécois*, le point d'arrivée — le terminus *ad quem* — du présent ouvrage n'est pas inconnu. Dans une brillante introduction qui donnait le ton à l'ensemble, Jean Hamelin et Nicole Gagnon traçaient le portrait de l'Église du Québec à la fin du XIXe siècle et mettaient en évidence ses principales caractéristiques[1]. Qu'il nous suffise d'en rappeler les grandes lignes.

En cette fin de siècle où le Québec est toujours intégré à deux empires — britannique et catholique romain —, l'Église québécoise occupe une place exceptionnelle dans la province et se révèle une puissance politique importante: elle contrôle l'éducation et dirige le réseau d'assistance sociale, elle possède des ressources humaines et financières plus grandes que celles de l'État provincial, elle surveille le monde politique et parle «beaucoup, et fort, et sèchement». Depuis le milieu de XIXe siècle, elle a réussi à édifier une société cléricale.

Cette Église est romaine et ultramontaine. Depuis toujours, elle calque son discours sur celui des souverains pontifes et elle distille à ses fidèles un «catholicisme orthodoxe, donc le plus conservateur qui soit, promulgué par le magistère officiel, contrôlé par la curie et moulé dans la vision thomiste du monde». Cela est particulièrement vrai à partir de 1840 quand, dans la foulée des évêques Jean-Jacques Lartigue et Ignace Bourget, de Montréal, un ultramontanisme intransigeant, emprunté textuellement aux sources européennes (Félicité de La Mennais première manière, Mgr Louis-François Pie, Mgr Jean-Jacques Gaume, surtout Louis Veuillot), imprègne l'enseignement, la presse, la liturgie, la discipline ecclésiastique et soulève un fort vent antilibéral; même la vie politique en est bouleversée et seule l'intervention de l'archevêque Elzéar-Alexandre Taschereau, appuyé par Rome, introduit un peu de nuances et de modération. Mais, en dehors de la vie politique, les plus purs ultramontains façonnent l'Église du Québec à l'image de leur idéal : culte de la papauté, dévotion à Marie et au Sacré-Cœur, manifestations sensibles de la foi, foisonnement des congrégations, des œuvres et des édifices religieux, réseau de journaux et d'institutions culturelles...

Cette Église est surtout une Église nationale, «le lieu naturel où la société québécoise se donne une représentation d'elle-même: une société catholique, française et rurale, dont la vocation est de répandre le catholicisme [et la culture française] en Amérique». Théoriquement, tous les Canadiens français se retrouvent en elle et c'est elle «qui légitime les hommes et les partis politiques, les idéologies et les projets politiques». Sans elle, dit-on, le Canada français ne serait rien, car, prétendaient déjà les *Mélanges religieux* en 1843:

> Le Canada [français] sans le catholicisme, c'est le drapeau sans couleur. Notre religion, c'est notre première distinction nationale, en même temps qu'elle est la base de nos institutions. C'est parce que nous sommes catholiques que nous sommes une nation dans ce coin d'Amérique, que nous attirons les regards de toutes les contrées, l'intérêt et la sympathie de tous les peuples.

Le même sentiment prédomine généralement à la fin du XIXe siècle.

Enfin, la religion est devenue un style de vie et elle est un héritage qui se transmet dans la famille, l'école et la paroisse. Mais, s'interrogent Jean Hamelin et Nicole Gagnon, «les Canadiens français sont-ils foncièrement chrétiens et ont-ils assumé le catholicisme de fait que leur impose leur clergé?» La réponse est impossible à donner sans une étude approfondie des milieux et des particularismes locaux, mais «que la société ne connaisse pas de grave crise de rejet reste alors révélateur des affinités qui existent entre le catholicisme de l'époque et les attentes de cette société». Et aussi de la majorité des membres de cette société. Quant au degré d'intériorisation de la religion officielle, prêchée par le clergé, il est presque impossible de le connaître faute d'études ponctuelles sur la religion populaire.

Tel est, en gros, le constat de nos collègues, auquel nous souscrivons d'emblée. Mais, pour notre part, il nous reste à montrer le chemin parcouru depuis 1760 et les moyens mis en œuvre pour arriver à la situation de 1898. Car, dans le dernier quart du XVIIIe siècle, il n'était pas du tout évident que le catholicisme canadien prendrait cette orientation, bien au contraire. Après la Conquête, qui avait secoué l'Église tout autant que l'ensemble de la société, sa survie dépendait des nouveaux maîtres anglicans qui pouvaient interpréter les articles des capitulations et du traité de Paris à la lumière des lois très restrictives de la Grande-Bretagne. Commencèrent alors des années difficiles où la tolérance de l'administration britannique fut longtemps fonction du poids démographique des Canadiens français, des enjeux politiques en Amérique du Nord et de l'habileté personnelle des évêques en place. Puis, avec l'implantation du régime parlementaire en 1791, se développent de nouvelles forces sociales qui menacent l'autorité du clergé, et les hommes politiques forment le projet d'une société libérale et laïque. Une fraction de l'élite politique et intellectuelle prend ses distances par rapport à l'Église; des gens ordinaires décrochent également; le système d'enseignement devient l'un des principaux points d'affrontement, tout comme l'avenir politique: en très grande majorité, les évêques et les prêtres ne veulent pas suivre les patriotes sur le terrain de l'insurrection armée et la dénoncent ou du moins ne l'appuient pas. En 1837-1839, l'Église québécoise vit donc les années peut-être les plus sombres de son histoire.

Et pourtant, dans les décennies qui suivent, le Québec

connaît un réveil religieux exceptionnel. Le mouvement commence à Montréal, puis s'étend à l'ensemble de la province, grâce à la prédication de Mgr Charles de Forbin-Janson, au travail de Mgr Bourget, à l'appui d'un clergé plus nombreux et mieux formé et à l'engagement d'apôtres laïques. Imbus de l'idéal ultramontain, ces gens s'appliquent à «régénérer», à «christianiser», comme ils disent, la société québécoise et à lui donner ce visage religieux qu'elle conservera pendant plus d'un siècle.

Comment et pourquoi cela s'est-il produit? Quelles sont les forces qui ont contribué à ce renouveau qu'on a parfois appelé la «réaction catholique»? Quels en ont été les éléments principaux et quelle profondeur a-t-il atteint dans la conscience des Canadiens français? Dans quel sens a-t-il évolué dans la deuxième moitié du XIXe siècle? Telles sont les principales questions auxquelles tentent de répondre les deuxième et troisième parties (tome 2) de notre ouvrage; la première (tome 1) traite de la période de l'après-Conquête pour en souligner les problèmes et même faire voir l'amorce du réveil des années 1840. Chacune de ces parties a été rédigée par un spécialiste de la période, qui, grâce à sa connaissance des sources et des études spécialisées, et dans son style personnel, expose sa conception de l'évolution du catholicisme québécois depuis 1760 jusqu'en 1898. Mais il le fait à l'intérieur d'un cadre préétabli qui permet d'éviter, nous semble-t-il, le défaut d'une simple juxtaposition de textes.

Nive Voisine

Chapitre I

L'ÉGLISE FACE AUX NOUVEAUX MAÎTRES
1760-1818

De même que le Fils de Dieu s'est incarné en Jésus, son Église s'est partout établie en tenant compte des habitudes de vie de ses membres. L'Église de la Nouvelle-France s'était institutionnalisée comme ailleurs. Passer d'un pays colonisateur à un autre a provoqué chez les Canadiens des tensions dans plusieurs domaines, entre autres dans celui de la religion. Comment les catholiques romains d'Amérique du Nord réagirent-ils à la façon de procéder des nouveaux maîtres anglais, pour qui seule l'Église anglicane était reconnue officiellement par l'État?

Le fond de scène politico-religieux des soixante premières années du régime britannique a été mouvementé. Les personnes en autorité dans l'Église et dans l'État ont été les plus immédiatement concernées. Elles sont intervenues selon leurs talents et les circonstances, chacune ayant en tête les objectifs à long terme poursuivis par les institutions qu'elles représentaient. La reconnaissance civile de l'évêque catholique romain de Québec a été la modalité grâce à laquelle l'Église qu'il représentait a fait un pas important dans le sens de son autonomie et de sa liberté. Le gouvernement colonial a réussi à conserver sa mainmise sur le peuple canadien, malgré l'influence d'idées et d'exemples étrangers de libération nationale. Le cheminement a été long et les méandres nombreux.

1. Maintien de l'épiscopat

Peu après la mort de Mgr Henri-Marie Dubreil de Pontbriand, c'est-à-dire au début de juillet 1760, avant même la capitulation de Montréal le 8 septembre, les quatre chanoines de Québec se réunirent au monastère des Ursulines. Selon les dernières volontés de l'évêque défunt, ils laissèrent en fonction les vicaires généraux régionaux: le chanoine Jean-Olivier Briand dans la région de Québec, Joseph-François Perreault dans le district de Trois-Rivières, le sulpicien Étienne Montgolfier dans celui de Montréal, Antoine-Simon Maillard en Acadie, Forget du Verger aux Illinois, Joseph-Marie de La Corne de Chaptes en France, l'abbé de l'Isle-Dieu pour la Louisiane et le Mississippi tout en résidant à Paris. Les catholiques de la Nouvelle-Angleterre et de Terre-Neuve relevaient, pour leur part, du vicaire apostolique de Londres. Sous le régime militaire qui s'ensuivit jusqu'à la signature du traité de Paris, le 10 février 1763, Briand fut reconnu comme premier vicaire par ses confrères et par James Murray, gouverneur du district de Québec et représentant des gouverneurs des autres régions. Les vicaires généraux n'innovèrent en rien.

Politesse et compromis

Comme le libre exercice de la religion romaine avait été assuré lors des capitulations de Québec et de Montréal, les catholiques continuèrent de se regrouper dans leurs 113 paroisses et de rendre au Seigneur le culte qui lui est dû. Les curés se souvenaient des dernières recommandations de Mgr de Pontbriand: prêter le serment de fidélité au nouveau roi; permettre l'usage des églises pour les célébrations d'offices religieux anglicans et l'utilisation du cimetière de Québec pour les morts

L'église Notre-Dame-des-Victoires à Québec après le bombardement anglais de 1759. Cette gravure faite à partir d'un dessin de Richard Short illustre les dégâts infligés aux édifices religieux. ANQ, coll. initiale, S 10-2.

appartenant aux autres religions; s'abstenir de tout prosély-tisme auprès des anglicans. En somme, les anciens adminis-trateurs, le clergé et les nouveaux maîtres s'efforcent de faire bon ménage durant cette période dont personne ne connaît l'épilogue. Le témoignage du général James Abercromby, stationné à Berthier, confirme la politique de clémence des autorités anglaises: «Soyez assuré», Messire Briand, «qu'en tout j'aurai beaucoup de plaisir de protéger l'autorité ecclésias-tique; la différence de nos sentiments sur la religion n'en sera aucun obstacle. [...] Pourvu que nous nous comportions avec droiture dans ce monde, ici-bas, Dieu nous recevra également, quoique nous l'adorions de différentes manières[1]».

Les ruines du palais épiscopal de Québec en 1759. Gravure faite à partir d'un dessin de Richard Short. ANQ, coll. initiale, D7-12.

Une telle politesse mutuelle favorise un climat de paix après les affres de la guerre. Toutes les plaies ne sont cependant pas cicatrisées. Une trentaine d'églises avaient été détruites ou endommagées et seize presbytères avaient été rasés durant la campagne militaire. La nécessité de réparer ces dégâts et de supporter les conséquences de l'offensive anglaise entretenait des sentiments de mécontentement vis-à-vis des vainqueurs, surtout dans le district de Québec où les attaques avaient été les plus meurtrières. Les Français d'origine et les Canadiens à proprement parler ne considéraient pas l'ennemi de la même façon, mais à peu près tous gardèrent leurs distances envers les conquérants et attendirent avec impatience un règlement de compte entre la France et l'Angleterre.

Des circonstances aussi inédites requéraient beaucoup d'improvisation dans les relations entre les militaires anglais et les gens du pays. Au niveau ecclésiastique, de nouvelles questions se posaient: inhumation d'anglicans ou de presbytériens dans les cimetières catholiques autres que celui de Québec, changements ou nominations de curés agréés par le gouvernement de district, mariages mixtes, substitution du nom de Louis XV par celui de George III dans le canon de la messe, affiche de placards injurieux pour la foi catholique à Trois-Rivières (finalement retirés par le gouverneur Francis Burton), comportement violent d'officiers et de soldats à l'égard des Canadiens, apostasie du jésuite Pierre-Joseph-Antoine Roubaud, abjuration de quelques demoiselles pour se marier devant un pasteur anglican ou protestant, conversion au catholicisme de quelques militaires anglais. Là encore, les vicaires généraux et les gouverneurs en arrivaient à s'entendre grâce à des compromis. Il faut bien avouer que les premiers n'avaient pas le choix, car les Anglais «sont nos maîtres», avouait Briand[2].

Liberté limitée de la religion catholique

Les clauses du traité de Paris ne furent connues au Québec qu'en fin de printemps 1763. L'article quatrième disait:

> Sa Majesté Britannique convient d'accorder aux habitants du Canada la liberté de la religion catholique; en conséquence, elle donnera les ordres les plus précis et les plus effectifs pour que ses nouveaux sujets catholiques romains puissent professer le culte de leur religion selon le rite de l'Église romaine, en tant que le permettent les lois de la Grande-Bretagne[3].

Cette assurance semble satisfaisante à première vue. La paix est déjà un grand bienfait. Le vicaire général de Trois-

Rivières précise que la soumission et la fidélité au roi George III garantissent aux Canadiens la possibilité de rester catholiques romains. Briand se sert de l'expérience des trois années du régime militaire pour conclure à la miséricordieuse attention du Seigneur à l'égard du peuple canadien. Montgolfier tient le même langage.

En réalité, la libéralité de l'Angleterre comportait des restrictions: la liberté religieuse était limitée aux actes du culte et était assujettie aux lois de la Grande-Bretagne. Or, l'une de ces dernières, votée au parlement de Westminster le 25 janvier 1559 et signée par Élisabeth I, précisait:

> Plaise à Votre Majesté d'ordonner qu'aucun prince, aucune personne, aucun prélat, aucun État ni aucune Puissance, spirituels ou temporels, n'usent, ne jouissent, ni n'exercent jamais, après le dernier jour de cette session du Parlement, un genre quelconque de pouvoir, de juridiction, de supériorité, d'autorité, de prééminence ou de privilège, spirituels ou temporels, à l'intérieur du Royaume ou des dominions ou des contrées, qui appartiennent maintenant ou appartiendront dorénavant à Votre Majesté[4].

Le secrétaire d'État, lord Charles Wyndham, comte d'Egremont, avait donc raison d'indiquer par la suite à Murray que, selon la législation britannique, on ne pouvait admettre «de hiérarchie papale dans aucune possession appartenant à la Couronne de la Grande-Bretagne[5]».

Un évêque: Mgr Briand

Les diplomates français s'étaient aperçus, lors des négociations du traité de paix, que la liberté religieuse des catholiques serait fort restreinte dans les nouvelles colonies britanniques, mais ils ne purent en obtenir davantage. Le doyen du chapitre de Québec, Joseph-Marie de La Corne, devenu abbé de l'Étoile en France, se rendit à Londres dès la fin de février 1763. Il rencontra successivement lord Shelburne, commissaire principal du Board of Trade, et le secrétaire d'État. Dans un mémoire bien documenté, il expliqua à ce dernier l'alternative dans laquelle se trouvait le gouvernement britannique pour assurer aux Canadiens la liberté religieuse promise: faire passer au Canada des prêtres d'Europe ou en favoriser la formation dans la colonie. Les inconvénients inhérents au premier mode d'agir ne lui échappaient pas. Or, la mise en application du second requérait la présence d'un évêque pour l'ordination des ecclésiastiques. Serait-il vicaire apostolique, comme dans les pays de mission? Non, répondait La Corne, car il dépendrait ainsi de la Sacrée Congrégation romaine de la Propagande, ce que Londres ne pourrait accepter. Il proposa donc qu'un évêque diocésain succédât à Mgr de Pontbriand, quitte à le faire élire par les chanoines de Québec.

La Corne réussit à faire intervenir, auprès de certains membres du gouvernement, les ambassadeurs de France, d'Autriche et de Sardaigne en poste à Londres. Pendant ce temps, une note secrète de la cour romaine, inspirée par la France, informa leurs homologues catholiques dans la capitale anglaise que la nomination d'un évêque à Québec devait les intéresser vivement. Le 13 juin 1763, le chevalier d'Éon, attaché à l'ambassade de France, annonça triomphalement au duc de Choiseul, premier ministre de Louis XV, que lord Egremont avait officiellement permis l'élection d'un évêque par le chapitre de Québec.

Au cours de l'été, des laïcs de chacune des trois principales villes canadiennes présentèrent un mémoire à leur gouverneur respectif, afin qu'il l'acheminât vers Londres. Ils demandaient un évêque; ceux de Trois-Rivières précisaient qu'il devait être élu par les chanoines. Comme ils doutaient, avec raison, du poids de leurs requêtes, ils déléguèrent à leurs frais Étienne Charest, seigneur de Lauzon, auprès du gouvernement britannique pour y appuyer leurs pétitions. Les chanoines de Québec, tenus au courant de ce qui s'était passé à Londres, sensibilisèrent Murray à la nécessité d'un évêque; celui-ci vivrait sans éclat et exercerait son ministère avec discrétion. Leur mémoire fut transmis au Board of Trade. Le 15 septembre, les membres du chapitre, invoquant l'ancien droit selon lequel il appartenait aux chanoines de la cathédrale de choisir un nouveau titulaire lors de la vacance au siège,

Étienne Montgolfier, p.s.s. (1712-1791). Supérieur du Séminaire de Saint-Sulpice de Montréal et vicaire général du diocèse de Québec, Étienne Montgolfier fut élu, par la chapitre, évêque de Québec pour succéder à Mgr Pontbriand. Mais il refusa le titre quand il apprit les objections de Murray. ANQ, coll. initiale, N 79-1-129.

élurent de façon unanime, comme nouvel évêque de Québec, Étienne Montgolfier, supérieur des Sulpiciens de Montréal.

Murray déplora l'initiative des chanoines aussi bien que le voyage de Charest à Londres. Il désirait voir le clergé rester sans supérieur immédiat; il ne s'opposerait cependant pas au choix de Briand, si Londres agréait la présence d'un évê-

Mgr Jean-Olivier Briand (1715-1794). Premier évêque de Québec après la Conquête, Jean-Olivier Briand inaugura les relations de bonne entente avec les autorités britanniques. Sacré en 1766, il démissionna en 1784. ANQ, coll. initiale, N 1076-254.

que. En attendant, il appliqua le mieux possible les instructions du secrétaire d'État à l'égard des catholiques: absence de hiérarchie papale, surveillance du clergé, défense de laisser entrer dans la colonie des religieux et extinction progressive des communautés religieuses d'hommes. Arrivèrent les instructions du roi, plus radicales. Elles incitaient Murray «à établir l'Église anglicane, tant en principe qu'en pratique», et à induire graduellement les Canadiens «à embrasser la religion protestante et à élever leurs enfants dans les principes de cette religion[6]». Cet article 33 était précédé d'un autre qui interdisait aux catholiques tout lien juridictionnel avec l'étranger, ce qui voulait dire avec Rome.

Entre-temps, à Londres, Charest réussit à déposer sur le bureau de George Halifax, successeur d'Egremont, les mémoires des laïcs qu'il représentait. Un mois plus tard, en janvier 1764, alors que les documents étaient à l'étude devant le Conseil privé du roi, le secrétaire d'État assura de vive voix le seigneur de Lauzon qu'un ou deux évêques pourraient s'établir le long du Saint-Laurent, non pas en titre, mais de préférence comme supérieurs de séminaires, après avoir cependant prêté serment de fidélité au roi. Pour leur part, La Corne et Montgolfier, qui s'étaient joints à Charest, n'obtinrent rien de plus.

Le supérieur des Sulpiciens apprit à Londres que Briand lui était préféré par Murray, dont l'opinion devenait d'autant plus importante que sa nomination de gouverneur général de l'Amérique du Nord britannique était imminente. De plus, à Rome, le cardinal Giuseppe Castelli, préfet de la Propagande, avait considéré comme nulle l'élection faite par le chapitre de Québec: seuls les chapitres des principautés catholiques germaniques avaient le privilège d'élire leur évêque. Le pape Clément XIII envisageait de nommer un vicaire apostolique plutôt qu'un évêque diocésain, comme dans les autres contrées où régnait un souverain protestant. Dans ces circonstances, Montgolfier prit le parti de démissionner, ce qu'il fit à son arrivée à Québec, le 9 septembre 1764, après en avoir conféré avec les membres du chapitre.

Le principal intervenant auprès de Rome avait été Pierre La Rue, abbé de l'Isle-Dieu. Ne perdant pas tout espoir et essayant d'associer Londres et le Saint-Siège dans un projet commun, il envisagea la nomination de deux vicaires apostoliques, l'un à Québec, l'autre à Montréal, tous deux sous le titre de supérieurs de séminaire ou de supérieurs du clergé. Dès qu'ils le connurent, les chanoines s'opposèrent à ce dessein: ils tenaient à un évêque diocésain, comme les Canadiens y étaient habitués depuis 1674, et ils ne voulaient pas revenir en arrière. Bien plus, ils élurent Briand évêque de Québec, le 11 septembre 1764, et l'enjoignirent de se rendre en Europe; ils lui remirent un acte d'élection et un acte de présentation, le premier à être utilisé à Londres et le second à Rome.

Dans la capitale anglaise, Briand constata que les dispositions de la cour Saint James avaient changé; le prestige de Murray avait diminué à la suite d'intrigues de marchands anglais et un revirement s'était opéré contre les catholiques de la province de Québec — dénomination officielle du pays depuis le 7 octobre 1763 — à cause d'un mémoire présenté à la secrétairerie d'État par l'ex-jésuite Roubaud. Les mois s'écoulèrent; Briand tint bon. Son élection épiscopale fut discutée au Board of Trade et au Conseil privé. On requit les services de l'attorney général et du solliciteur général; ces pourparlers se déroulèrent entre le 25 mars et le 13 juin 1765. Un changement ministériel (Shelburne remplaçant Halifax) prolongea le retard. Quelqu'un avisa finalement Briand, de façon orale et officieuse, que le gouvernement fermerait les yeux s'il était consacré évêque. On rapporte qu'un prêtre irlandais, qu'il croisa dans un bureau et auquel il confia ses soucis, lui fit comprendre que jamais le roi ni ses ministres n'oseraient se compromettre davantage devant l'Église et le peuple anglais[7]. Au début de décembre 1765, après treize mois d'attente, Briand quitta l'Angleterre pour la Bretagne où sa mère vivait encore.

Le pape acquiesça à l'ordination épiscopale de Briand. Les bulles pontificales furent datées du 21 janvier 1766 et Briand y fut nommé évêque élu. Trois mois plus tard, le 16 mars, dans l'oratoire privé du château de Suresne, en banlieue de Paris, l'évêque de Blois, assisté de ceux de Rodez et de Saintes, l'ordonna évêque de Québec. Mgr Briand ne quitta pas Paris sans obtenir de Rome l'autorisation de se choisir lui-même un coadjuteur *cum futura successione*. Il voulait en effet éviter à son successeur l'expérience de ses ennuis personnels. Seul prélat catholique romain en Amérique du Nord, à une époque où les voyages en Europe duraient fort longtemps, il se devait de prendre le meilleur moyen de perpétuer l'épiscopat dans son diocèse. Selon le désir de Rome,

Mgr Briand lui-même, et non le chapitre, devait nommer le coadjuteur. Une fois sa décision prise, il en ferait part au gouverneur, transmettrait son choix à Rome et en attendrait la réponse avant de procéder à l'ordination du nouvel évêque.

En repassant par Londres, Mgr Briand apprit du secrétaire d'État que le gouvernement était bien disposé envers les Canadiens, même en matière de religion. Il y rencontra un ancien officier de James Wolfe, Guy Carleton, dont la nomination au poste de gouverneur général à la place de Murray était assurée. Le futur représentant du roi avait même eu «ordre de la Cour» de «faire reconnaître et respecter» Mgr Briand «comme évêque de Québec par les anciens et nouveaux sujets; et cet ordre», précisa le prélat, «lui avait été signifié en ma présence et en présence de quelques autres prêtres[8]». Le nouvel évêque de Québec ne prêta pas moins un serment d'allégeance au roi et dut se contenter du titre officiel de surintendant de l'Église romaine au Canada. Le 29 juin 1766, les cloches de la cathédrale annoncèrent son arrivée au port de Québec. L'évêque fut acclamé par la foule qui représentait l'ensemble des 65 000 diocésains dispersés sur le même territoire où s'était exercé le pastorat de Mgr de Pontbriand, à l'exception des îles Saint-Pierre et Miquelon qui étaient restées propriétés de la France.

Et un évêque coadjuteur

Mgr Briand ne tarda pas à entretenir le gouverneur Carleton de son projet de se choisir un coadjuteur. Celui-ci ne s'y opposa d'aucune manière, même quand il apprit que le grand vicaire Étienne Marchand avait consulté les curés de sa région sur d'éventuels candidats à ce poste. Le nouveau gouverneur partageait probablement l'avis qu'exprimerait plus tard Hector Théophilus Cramahé, ce protestant français de la Nouvelle-France qui était devenu sous le régime britannique secrétaire de Thomas Gage à Montréal, puis membre du conseil à la fois législatif et exécutif dont s'était entouré le gouverneur Murray. Comme lieutenant-gouverneur de la province, en 1773, il écrirait à lord Darmouth, secrétaire d'État responsable des colonies:

Les vieux prêtres disparaissent graduellement et dans quelques années la province sera entièrement pourvue d'un clergé canadien; ce résultat ne pourrait être obtenu sans une personne remplissant ici les fonctions épiscopales, outre que l'approbation d'un coadjuteur fera disparaître la nécessité pour l'évêque d'aller se faire consacrer au-delà des mers et d'avoir des rapports personnels avec ceux qui n'entretiennent peut-être pas des dispositions très amicales à l'endroit des intérêts britanniques[9].

Respect des Canadiens, conciliation progressive entre eux et les nouveaux maîtres, telles sont les caractéristiques de la politique sous-jacente à une telle façon de procéder, partagée par Carleton. Quelle distance par rapport à la politique d'assimilation préconisée par Francis Masères, procureur du Québec! Devant une telle opposition entre les deux tendances, le gouvernement britannique ne se prononce pas et les dossiers s'accumulent à Londres.

Carleton avait entre-temps prévenu le secrétaire d'État Shelburne du voyage en Europe de l'abbé de Joncaire qui, quoique Canadien, avait vécu dix-neuf ans en France. Rentré à Québec en 1766, il avait tenté, mais trop tard, de se faire nommer évêque à la place de Mgr Briand. Intrigant de nature, il cherchait à devenir coadjuteur. Or, la préférence de Carleton se portait vers un prêtre natif du pays et y ayant résidé le plus longtemps possible. Bien que confirmé dans son point de vue par le tout nouveau secrétaire d'État Hillsborough — l'instabilité des ministères était effarante à cette époque —, le gouverneur ne recevait toujours pas de réponse aux nombreux sujets en litige, touchant entre autres la législation civile, la législation criminelle et l'opportunité d'un évêque coadjuteur. Impatient, il s'embarqua pour l'Angleterre à l'automne 1770.

Le déblocage s'opéra dès lors plus rapidement, quoiqu'avec précaution. Londres acquiesça à l'idée d'un évêque coadjuteur. Le lieutenant-gouverneur Cramahé obtint l'assentiment de Carleton et du secrétaire d'État au sujet du candidat de Mgr Briand, le curé de Saint-Pierre, île d'Orléans, Louis-Philippe Mariauchau d'Esgly. Du côté de Rome, la ratification ne tarda pas. L'ordination épiscopale se déroula le 12 juillet

1772 avec beaucoup de discrétion. Une telle célébration avait lieu pour la première fois en Amérique du Nord et le nouvel ordonné fut le premier Canadien à devenir évêque. Deux ans plus tard, le 14 mars 1774, alors que la cathédrale était finalement restaurée à la suite des dommages causés par le siège de 1759, Mgr Briand proclama solennellement Mgr d'Esgly comme son coadjuteur. Ainsi, précisa-t-il, «si l'un des deux vient à mourir, l'autre aussitôt, avec le consentement du gouvernement, se choisira un coadjuteur, postulera et obtiendra ses bulles de Rome et le consacrera, et ainsi successivement, sans aucun frais et sans aucune obligation au voyage d'Europe[10]». La perpétuité d'un évêque en Amérique du Nord était désormais assurée.

2. Appui au gouvernement contre les Américains

Le 22 juin 1774, George III sanctionna l'Acte de Québec. Carleton influa certainement sur la rédaction de cette nouvelle constitution, qui corrigeait la méprise initiale sur la vigueur culturelle et religieuse du peuple canadien. Les dirigeants britanniques s'aperçurent de l'importance cruciale de la position géographique du Québec en Amérique du Nord et de la nécessité de s'assurer la loyauté des Canadiens devant le danger de l'indépendance américaine. Ils rétablirent donc les lois civiles françaises et accordèrent aux Canadiens ce que les Irlandais obtiendraient en 1829 seulement: l'accès des catholiques aux charges publiques sans la prestation du serment du Test[11], le libre exercice de la religion (quoiqu'encore soumis à la suprématie du roi) et le droit des curés de percevoir les dîmes.

De même que Murray avait reçu de Londres des instructions restrictives après la signature du traité de Paris, ainsi Carleton se fit-il avertir des limites de l'Acte de Québec. La correspondance était prohibée entre les Canadiens et toute autorité ecclésiastique étrangère. On ajoutait «qu'aucun pouvoir épiscopal ou vicarial ne soit exercé dans notre dite province par une personne professant la religion de l'Église de Rome, excepté les pouvoirs qui sont essentiellement et absolument nécessaires au libre exercice de la religion romaine, et, dans ce cas, ils ne seront exercés qu'avec la licence ou permission de vous, sous le grand sceau de notre dite province [...] et aucun individu ne recevra les ordres sacrés ou n'aura soin des âmes sans une licence tenue et obtenue de vous pour cette fin[12]». Dans la pratique, cependant, le gouverneur et ses successeurs se contenteraient de recevoir la liste des nouveaux curés et des nouveaux ordonnés transmise annuellement par l'évêque. Ils ne s'opposeraient pas à l'habitude prise par le prélat d'envoyer sa correspondance avec Rome à des amis de France qui servaient de relais.

Les nouveaux maîtres avaient besoin d'alliés importants et sûrs parmi les gens du pays. L'empire colonial de la Grande-Bretagne en Amérique passait par une phase cruciale. Les treize colonies du Sud trouvaient de plus en plus lourdes les taxes imposées par Londres. Leur Declaration of Rights de l'automne 1774, au premier congrès de Philadelphie, est une véritable dénonciation de l'inconstitutionnalité de la politique métropolitaine. En 1775, leurs représentants se réunissent de nouveau et mettent sur pied une milice en vue de faire pression sur Londres. Parmi les hommes d'affaires qui se trouvent à Montréal et à Québec, plusieurs partagent les sentiments des patriotes américains; ils auraient aimé que le Québec se joigne à ces derniers comme quatorzième colonie.

Les congressistes avaient d'ailleurs adressé une lettre aux habitants du Québec dès le 26 octobre 1774. Tout en les invitant à se joindre à eux, ils voulaient éclairer leur ignorance et leur apprendre les bienfaits de la liberté. L'Acte de Québec y était considéré comme un leurre et une perfidie. Plusieurs Canadiens se souvinrent cependant des propos des mêmes congressistes contenus dans une lettre du 5 septembre 1774 au peuple d'Angleterre et que la *Gazette de Québec* avait rapportés le 6 juillet 1775: «Nous sommes étonnés qu'un Parlement britannique ait consenti à donner une existence légale à une religion qui a inondé l'Angleterre de sang et répandu l'hypocrisie, la persécution, le meurtre et la révolte dans toutes les parties du monde.» Dans le même journal, des commentaires peu élogieux à l'égard des contestataires du Sud révélèrent les sentiments de nombreux Canadiens à l'endroit des émissaires du Congrès américain. Même l'ex-jésuite John Carroll, devenu prêtre séculier, s'aperçut vite, une fois arrivé au Québec, que les Canadiens n'avaient pas les raisons des Américains pour se rebeller contre l'Angleterre.

Interventions des ecclésiastiques

Mgr Briand s'apprêtait à intervenir, lorsque Carleton l'incita à écrire un mandement. L'évêque y consentit et, le 22 mai 1775, rappela les faveurs récemment obtenues par l'Acte de Québec. Tout en invitant ses diocésains à ne pas écouter les propos séditieux des rebelles du Sud et à ne pas étouffer dans leur cœur les sentiments de soumission que l'éducation et la religion y avaient gravés à l'égard de leurs légitimes supérieurs, il précisa:

> Portez-vous avec joie à tout ce qui sera commandé de la part d'un gouvernement bienfaisant, qui n'a d'autres vues que vos intérêts et votre bonheur. [...] On vous demande seulement un coup de main pour repousser l'ennemi. [...] La voix de la religion et celle de vos intérêts se trouvent ici réunies[13].

De son côté, Étienne Montgolfier prépara l'ébauche d'un sermon et la transmit, en même temps que le mandement épiscopal, à tous les curés du district de Montréal. Pour lui, l'importance d'appuyer le gouvernement britannique se fondait sur quatre arguments: comme patriote, le Canadien doit défendre sa patrie envahie; comme sujet qui a prêté serment de fidélité au roi, le citoyen manque à la justice s'il refuse d'obéir aux ordres de son représentant à Québec; comme catholique, le Canadien doit montrer que sa religion lui enseigne d'obéir à son souverain; comme Canadien, il doit être reconnaissant envers Carleton qui a si bien défendu à Londres la cause de son peuple et envers George III qui a accordé à ce même peuple une constitution si généreuse.

Malgré cet appui officiel du clergé, le gouverneur s'aperçut qu'il ne pourrait pas compter sur une levée en masse de la population contre les envahisseurs américains. Arrivé à Montréal le 26 mai 1775, il tâta le pouls des citadins et des habitants. Il jugea diplomatique de rétablir les milices comme sous le régime français. Montgolfier appuya la décision par une lettre circulaire adressée à toutes les paroisses de son district, dans laquelle il affirmait que c'était «un moyen efficace pour entretenir dans nos paroisses l'ordre et la police» et qu'il y voyait «une marque d'estime et de confiance» dont Carleton honorait les citoyens, particulièrement ceux qu'il établissait «dans les charges militaires[14]».

Grâce à l'attitude conciliante du gouverneur et aux sollicitations conjuguées des curés et des seigneurs auprès de la population, la milice fut mise sur pied presque partout dans les districts de Montréal et de Trois-Rivières. Cependant, à certains endroits, on s'insurgea contre une telle mesure. Dans le district de Québec, où l'évêque n'avait pas publié son mandement à cause de la faiblesse de l'influence américaine, la population en apprit bientôt la teneur. En Beauce, à Sainte-Marie et à Saint-François, on s'opposa aux mesures promulguées par le gouverneur.

En fait, la majorité des Canadiens résistèrent passivement, en retardant d'adhérer à la milice de leur paroisse ou en affichant verbalement leur neutralité dans la guerre entre les Américains et les Anglais. D'ailleurs, les curés n'avaient pas tous insisté avec la même vigueur sur la participation à la défense du pays. Les habitants se préoccupaient beaucoup plus des semences et des récoltes que des récriminations politiques des États du Sud. De toute façon, pouvait-on oublier si vite les affres d'une conquête encore récente et se battre aux côtés des soldats britanniques qui contrôlaient le pays? Ces ennemis d'aujourd'hui ne s'étaient-ils pas alliés quinze ans plus tôt pour déloger les Français et faire changer les Canadiens d'allégeance? À quoi bon se faire tuer pour les uns ou pour les autres?

Invasion américaine

À la fin de l'été 1775, Montréal tomba aux mains des rebelles américains; Carleton réussit à s'enfuir vers Québec. Les tenants de l'option américaine s'exprimèrent plus ouvertement. Le

5 septembre, à Saint-Denis, deux délégués de Carleton, logés au presbytère, sont faits prisonniers par des Américains, accompagnés de Canadiens prorebelles; le curé est molesté. À la Pointe-Olivier, à Lavaltrie et à Lanoraie, l'adhésion de Canadiens à la cause indépendantiste américaine amène l'évêque à leur refuser les sacrements. Mais, dit-il, il valait mieux «tenir la conduite d'une femme vis-à-vis de son mari ivre: attendre de fulminer ou de représenter que le temps de la passion ou de la frénésie ou du fanatisme soit passé[15]».

Dans une dizaine de paroisses, en particulier dans la région de Québec peu à peu envahie par les Américains, des curés sont traduits devant les chefs insurgés, par leurs propres paroissiens, parce qu'ils prêchent en faveur des Anglais ou qu'ils refusent les sacrements aux prorebelles. Aux lamentations des curés, Mgr Briand répond immédiatement: il menace et punit les catholiques récalcitrants. Il affirme ne pas favoriser la guerre, mais l'obéissance et la fidélité au gouvernement légitime, surtout dans le district de Québec. Il fait part de sa déception au curé de Montmagny: «Mon autorité n'est pas plus respectée que la vôtre; on dit de moi comme on dit de vous que je suis Anglais. [...] Je devrais même mettre toutes les églises, même presque tout le diocèse, en interdit[16].» À Montgolfier, il fait cet aveu:

> La position de la colonie [...] me paraît tout à fait triste et son sort bien incertain [...] j'écris et je punis, mais qu'en dit-on? l'on dit que moi et les prêtres avons peur. [...] Il faudrait des troupes; elles persuaderaient mieux que la Parole de Dieu que nous leur annonçons[17].

En somme, les habitants de la campagne sont portés à la neutralité, sinon à des sentiments proaméricains. Les seigneurs, le clergé et les citadins, excepté les marchands anglophones, sont favorables au gouvernement britannique. Par ailleurs, le 13 novembre, des Canadiens des faubourgs Québec, Saint-Laurent et Récollets de l'île de Montréal envoient une pétition au brigadier général américain Richard Montgomery. Ils s'expriment en termes émotifs: «Les ténèbres dans lesquelles nous étions ensevelis sont enfin dissipées, le jour luit, nos chaînes sont brisées, une heureuse liberté nous rend à nous-mêmes[18].» Puis ils manifestent leur désir d'être unis à leurs frères du Sud. Ils ne tardent pas à être traités d'ignorants et de rebelles par leurs concitoyens.

Montgomery, pour sa part, se montre conciliant avec les prêtres. Il s'entend bien avec le jésuite Pierre-René Floquet, desservant à Montréal. Celui-ci et le sulpicien Pierre Huet de la Valinière penchent tellement du côté américain qu'ils sont réprimandés par l'évêque et son représentant à Montréal; le premier est interdit à cause du scandale dont il se rend coupable en administrant les sacrements à des Canadiens pro-rebelles, le second doit quitter la cure de l'Assomption et se rendre dans la région de Québec comme curé de Saint-Roch-des-Aulnaies, puis à Sainte-Anne-de-la-Pocatière, et enfin en Angleterre en 1779 à cause de ses propos séditieux. Les jésuites Joseph Huguet et Bernard Well, ainsi que le récollet Claude Charpentier et l'ex-récollet Eustache Chartier de Lotbinière, s'écartèrent eux aussi des instructions épiscopales.

Entre-temps, Montgomery attendait dans les environs de Québec son collègue Benedict Arnold qui progressait le long de la rivière Chaudière. Le gouverneur s'était réfugié dans la capitale avec les militaires qui lui restaient et 900 miliciens canadiens qui s'étaient finalement ralliés à eux. De leur côté, les contingents américains grossirent leurs rangs de plus de 500 Canadiens. Une seule escarmouche d'importance, celle de Montmagny, mit aux prises des Canadiens royalistes recrutés par Monsieur de Beaujeu, seigneur de l'Île-aux-Grues et capitaine de milice, et une portion de l'armée rebelle. L'attaque du 31 décembre 1775 contre la ville de Québec fut fatale pour les Américains; Montgomery y fut tué et Arnold blessé. Le siège se poursuivit tout de même jusqu'au printemps. L'arrivée du major général John Burgoyne par le fleuve Saint-Laurent fit rebrousser chemin aux indépendantistes du Sud; les 5000 nouveaux soldats britanniques constituaient une force de frappe imbattable. Dès lors, le théâtre des opérations militaires se déplaça vers les colonies rebelles. L'appui militaire que la France offre aux Américains, l'invitation du comte d'Estaing lancée le 28 octobre 1778 du *Languedoc* en rade de Boston, la lettre aux Canadiens et la participation à la guerre du général Marie Joseph de La Fayette suscitèrent de la sympathie, même dans le clergé canadien, mais pas d'élan efficace en faveur des combattants du Sud.

Soumission des proaméricains

Dès le 12 mai 1776, après l'expulsion des rebelles, Mgr Briand avait invité les Québécois à la cathédrale pour y chanter un *Te Deum* d'action de grâces à l'issue des vêpres. Dans un mandement subséquent, il invita les Canadiens proaméricains à se convertir, car ils avaient péché en désobéissant à la puissance légitime, en se parjurant et, certains, en volant, en incendiant et en assassinant: «En effet, tous nos Canadiens fidèles qui sont tombés entre les mains des ennemis se sont plaints davantage des Canadiens leurs frères dans la foi et leurs compatriotes que des étrangers[19].» Il exigea de leur part une rétractation et un désaveu de leurs fautes, de façon suffisamment publique pour que personne n'ignorât leur repentance. Très peu de Canadiens refusèrent de se soumettre à ces conditions. Le 31 décembre 1776, 12 hommes qui avaient porté les armes contre l'armée britannique furent libérés de prison. Ils se rendirent à la porte de la cathédrale où, à la fin d'une grand-messe solennelle d'action de grâces pour la paix, ils demandèrent publiquement pardon à Dieu et au roi du scandale de leur conduite. Dans les différentes paroisses, les réparations se firent avec plus ou moins de discrétion; elles eurent parfois lieu au presbytère en présence de témoins. Des Canadiens ne se rétractèrent pas, même à l'article de la mort; des pierres tombales apparurent les années suivantes dans les champs de la rive sud, en face de Québec, signes du refus de la sépulture ecclésiastique. De plus, 300 Canadiens accompagnèrent les soldats américains dans leur retraite aux États-Unis. Plusieurs d'entre eux obtinrent des grades de lieutenant, de capitaine, de lieutenant-colonel, de colonel. Après le traité de Versailles de 1783, les survivants s'établirent aux États-Unis, surtout autour du lac Champlain, et réintégrèrent les rangs de l'Église.

3. De l'entente aux tensions

Le remplacement temporaire du gouverneur François-Louis Frédéric Haldimand par le lieutenant-gouverneur Henry Hamilton de 1784 à 1786, puis le retour de Carleton comme gouverneur général, sous le nom de lord Dorchester, favorisèrent une certaine détente entre catholiques canadiens et autorités gouvernementales. Du côté épiscopal, Mgr Briand démissionna en 1784. Son successeur, Mgr d'Esgly, manifesta une attitude constante de respect envers les représentants de l'autorité civile légitime, par exemple, lors de la venue à Québec de son altesse royale le prince William Henry d'Angleterre le 16 août 1787. À partir de 1788, sous l'épiscopat de Mgr François Hubert, tout événement majeur à survenir dans le monde politique suscitait l'intérêt des Canadiens. Le rétablissement de la santé du roi George III devint ainsi l'occasion de chanter un *Te Deum* dans toutes les églises du Québec le 14 juin 1789. À Québec même, cette cérémonie eut lieu en présence des officiers de la milice, des nobles, des magistrats et d'une grande partie de la population.

Le dernier changement de gouverneur général préparait le terrain à une autre étape constitutionnelle provoquée surtout par les colons anglophones qui désiraient bénéficier du parlementarisme. Peu familiers avec ce système politique, les Canadiens s'associèrent très peu aux préparatifs de cette nouveauté. L'Acte constitutionnel de 1791 n'en sépara pas moins le Québec en deux provinces: le Haut et le Bas-Canada; il assura aux catholiques le maintien des garanties religieuses déjà édictées en 1774.

Durant la décennie de la Révolution française, en particulier en 1796, des Canadiens se concertèrent sur les possibilités d'une invasion du Bas-Canada par les Français. Mgr Pierre Denaut, évêque coadjuteur et curé de Longueuil, constata alors avec une certaine appréhension:

> Nous touchons, on dirait, au moment d'une révolution pareille à celle de la France; des attroupements considérables d'habitants de presque tous les endroits se sont faits tous les jours depuis dimanche. [...] On dit qu'ils doivent encore s'attrouper demain en plus grand nombre;

sans doute, ils seront plusieurs mille. [...] La révolution, a dit l'histoire, commence par un attroupement de femmes affamées; que ne doit-on pas craindre d'hommes entêtés[20]?

Sans doute faut-il voir dans cette manifestation un certain signe des aspirations intimes des Canadiens, mais il ne s'ensuivit aucune démarche concrète.

Jour d'action de grâces pour la victoire britannique

La grande victoire d'Horatio Nelson à Aboukir sur la flotte française, au début d'août 1798, renversa vite la vapeur. Joseph-Octave Plessis, curé de Québec et présumé évêque coadjuteur, avait été félicité peu auparavant par Mgr Denaut, pour les bonnes relations qu'il entretenait avec le docteur Jacob Mountain, évêque anglican de Québec, et Jonathan Sewell, juge en chef du Bas-Canada. Invité par Samuel Gale, secrétaire particulier du gouverneur Robert Prescott, à célébrer la victoire par un jour d'action de grâces, il acquiesça immédiatement: rien de mieux, dit-il, «pour resserrer les liens de respect, de fidélité, d'obéissance et d'amour qui doivent attacher inviolablement» les sujets catholiques «à leur auguste souverain et à son gouvernement libéral[21]». Comme on était au 20 décembre, il conseilla de fixer la fête en janvier. Mgr Denaut, qui était toujours curé de Longueuil, ne fut pas emballé par le projet d'un seul et même jour d'action de grâces pour tout le Bas-Canada. Peu enclin aux innovations particulières, il trouvait suffisant de chanter un *Te Deum* le 1er janvier dans toutes les églises.

Cette décision de l'évêque mit Plessis très mal à l'aise. Il consulta les deux vicaires généraux Henri-François Gravé et Philippe-Jean-Louis Desjardins, puis modifia le mandement épiscopal. Il expliqua à Mgr Denaut que Prescott ne se contentait pas d'un simple *Te Deum*. Si la date de la fête avait été fixée au 10 janvier, c'était dans le but précis d'organiser, dans tous les lieux de culte de chacune des dénominations religieuses, un sermon et une prière d'action de grâces:

Son intention sur cet article m'était connue, avant qu'il me fît demander mon opinion. Si je l'ai donnée si largement dans son sens, c'est que je savais qu'il fallait tenir ce langage. L'avocat général, chargé le premier de traiter la chose avec moi, m'avait fait clairement connaître qu'il fallait quelque chose d'extraordinaire et de nouveau[22].

Même si Mgr Denaut avait averti les curés des districts de Montréal et de Trois-Rivières de chanter le *Te Deum* le 1er janvier, il devait leur transmettre le mandement modifié de telle sorte que le 10 janvier fût un jour de fête privilégié: «Votre Grandeur saura trouver [...] la manière de faire considérer [aux curés] le premier *Te Deum* comme une préparation à la fête principale du 10, et de mon côté je ne manquerai pas de faire valoir auprès du gouvernement cette double action de grâces [...] comme l'effet d'une loyauté particulière[23].» Le mandement final fut donc rédigé en ce sens.

Plessis, pour sa part, jugea le temps venu de faire connaître sa perception des Français et des Anglais. Les premiers lui paraissaient pervertis depuis quelques années, séduits par l'impiété et le libertinage, ennemis de la justice et du bon ordre, livrés aux horreurs scandaleuses d'une révolution aussi fatale dans ses conséquences que criminelle dans ses principes. De leur côté, les Anglais avaient ouvert leurs portes avec bienveillance aux victimes de la fureur française et engagé leurs armées contre les révolutionnaires. Dans son sermon du 10 janvier, le curé de Québec présenta l'Angleterre comme le plus ferme soutien de l'alliance du trône et de l'autel contre le mouvement révolutionnaire qui balayait alors l'Europe et l'Amérique. Grâce à sa nouvelle mère patrie, le peuple canadien avait continué de croître selon ses traditions royalistes, juridiques et religieuses.

Appréhensions de l'évêque vis-à-vis du gouvernement

Même si, de façon générale, la célébration se déroula normalement un peu partout, l'avocat général Herman Witsius Ryland ne dressa pas moins la liste des curés qui ne prêchèrent pas ce 10 janvier 1799. Mgr Denaut commenta vivement: «Il

se mêle à mon avis [...] d'affaires qui ne le regardent pas[24].»
L'évêque commença dès lors à noter les pressions de plus en
plus fortes qui s'exerçaient contre les catholiques au sein du
gouvernement. Ce changement d'attitude apparut vraiment
au moment où Sir Robert Shore Milnes devint en 1799 lieutenant-gouverneur et administrateur du Bas-Canada. Comme
ses prédécesseurs, il jouissait de tous les pouvoirs civils et
militaires; il était entouré d'un conseil exécutif de neuf membres, d'un conseil législatif de seize participants et d'une chambre d'assemblée composée de cinquante députés. Les membres des conseils, en majorité anglophones, étaient nommés
par le gouverneur. Un trio important fit sentir son poids:
Mountain, Sewell et Ryland.

Mgr Denaut, en observateur attentif et bien informé grâce
à Plessis, se plaignit au gouverneur que, depuis 1795, une
bible protestante avait remplacé une bible catholique au greffe
où se tenait la Cour du roi. On obligeait donc les catholiques
à prêter serment sur la bible d'une confession autre que la
leur: «Il est à craindre que ce changement fît impression sur
le peuple, qui pourrait regarder cette innovation comme un
commencement de persécution.» De toute façon, «j'ai dit au
gouverneur, en présence de Sewell, qui me paraît un avocat
du roi qui nous mènera, tambour battant, jusqu'à ce que nous
soyons entièrement soumis à la suprématie, que notre conscience ne nous permettait pas de jurer» sur une bible protestante. Même si Milnes lui avait promis de corriger cette
anicroche, l'évêque demeura inquiet: «Je n'aime pas ces empiétements du gouvernement; il va pas à pas; mais je sais qu'il
désire nous mener loin[25].»

Tentatives d'anglicanisation des catholiques

Les craintes de l'évêque étaient justifiées. Milnes remarquait
que l'Église catholique avait esquivé toute emprise directe de
la couronne britannique sur elle. Il reçut l'approbation du
secrétaire d'État à la guerre et aux colonies, le duc de Portland,
de la soumettre vraiment à l'autorité royale: «Je considère
qu'il est non seulement très important mais absolument néces-

saire de rétablir ce pouvoir [nomination aux cures] que le gouverneur devra exercer, et d'exiger l'autorisation requise pour entrer dans les ordres sacrés[26].» Tout en usant de prudence, le lieutenant-gouverneur et ses trois collaborateurs immédiats cherchèrent les occasions propices à leurs desseins. D'abord, l'Institution royale pour l'avancement de l'enseignement dans la province fut approuvée en 1801 par le Conseil exécutif; on instaurait un système gratuit d'écoles primaires et on devait y engager des instituteurs anglophones et anglicans. Puis, la fabrique de la paroisse de Montréal fournit une autre occasion, en sollicitant la possession en mainmorte d'un lot de terre et de la maison Vaudreuil achetés en 1773 pour l'éducation des enfants; le gouvernement s'ingéra ainsi dans les affaires internes de la compagnie de Saint-Sulpice, le seul groupe de prêtres qui avait réussi à subsister comme tel en Amérique du Nord britannique. Les autorités civiles cherchèrent aussi à s'approprier une terre que se disputaient l'évêque et le Séminaire de Québec. On accusa de plus des prêtres de fomenter des divisions et de faire des déclarations antibritanniques.

En 1801, Sewell rédigea un rapport exhaustif sur la situation religieuse dans le Bas-Canada. Deux mesures capitales émergeaient du plan d'action qu'il proposait contre l'Église catholique: «usage par l'État de son droit de nomination» aux cures et à l'épiscopat et exclusion des prêtres étrangers; «politisation» de l'évêque et de son coadjuteur en leur offrant un siège dans les conseils législatif et exécutif avec pensions. En somme, tout en reconnaissant officiellement la fonction épiscopale, il s'agissait de réduire l'influence spirituelle et l'autorité des évêques sur le clergé et sur le peuple[27].

Devant le mouvement concerté de protestantisation, soulevé et attisé par le docteur Mountain, Sewell et Ryland, il apparut de plus en plus nécessaire, aux yeux de Mgr Plessis, que le surintendant de l'Église romaine au Canada fût reconnu civilement comme évêque catholique romain de Québec, et cela sans tomber dans l'un des pièges tendus par l'administration provinciale. Il fallait éviter que les privilèges accordés en 1774 et confirmés en 1791 ne soient interprétés strictement; sinon, l'Église catholique se serait vue lésée dans ses droits fondamentaux. Cette préoccupation hantait Mgr Plessis à un point tel qu'elle l'emportait sur celle de promouvoir la nomination d'autres évêques dans diverses régions d'Amérique du Nord britannique. À quoi bon des évêques nombreux, s'ils n'étaient pas reconnus par l'État et s'ils ne pouvaient rien posséder en mainmorte?

Le temps passait. Les requêtes du docteur Mountain se faisaient insistantes pour que l'Église anglicane fût vraiment privilégiée au Canada. Elle devait être, disait-il, l'unique Église *établie* du pays. Autrement, «ce serait [...] placer» dans les faits et de façon définitive «l'évêque du pape (car tel il est) au-dessus de celui du roi; ce serait [...] faire tout ce qui peut être fait pour perpétuer le règne de l'erreur et pour établir l'empire de la superstition». L'hypothèse de placer la religion romaine sur un pied d'égalité avec la religion protestante conduisait à une impasse:

> Autoriser l'établissement de deux évêques du même diocèse, de croyances religieuses différentes, serait un solécisme sur le plan ecclésiastique, qui n'a jamais eu lieu, je crois, dans le monde chrétien; tenter l'union de différentes Églises avec le même État serait, je l'imagine difficilement, une expérience pas moins dangereuse que nouvelle dans la science du gouvernement[28].

Ces propos gagnèrent l'adhésion de lord Robert Hobart, nouveau secrétaire d'État à la guerre et aux colonies. Mais Milnes atténua ce radicalisme: dans la pratique, la situation religieuse du Bas-Canada ne comportait pas l'antagonisme dépeint par l'évêque anglican. Il optait personnellement pour la reconnaissance civile de l'évêque catholique romain de Québec, mais ses motifs différaient de ceux de Mgr Plessis. Comme Sewell, il pensait gagner les catholiques à l'anglicanisme en introduisant leur évêque dans les rouages gouvernementaux.

Milnes ne prévoyait pas obtenir facilement une réponse affirmative de Londres. Il savait que le gouvernement métropolitain envisageait avec le Saint-Siège une entente sur la situation des catholiques de ses diverses colonies. En effet, le concordat de 1801 entre Rome et la France rencontrait la position de Londres sur plusieurs points: nomination des évêques faite par le gouvernement, puis ratification canonique par le pape; nomination des curés par les évêques, mais avec l'agrément du gouvernement; prestation du serment de fidélité par les évêques et les curés, ainsi qu'obligation pour ces derniers de faire dire par le peuple les prières publiques décrétées par le gouvernement.

Temporisation

Tel fut le point de départ des fameux entretiens de Sewell et de Mgr Plessis en 1805. Le projet laissa Mgr Denaut sceptique, mais l'avocat général avait dit: «Si vous ne profitez pas de cette occasion, vous n'en aurez jamais une autre semblable[29].» Tout en discernant chez Sewell une volonté de voir l'Église catholique composer avec l'État, en somme de l'inféoder au gouvernement, Mgr Plessis risqua la négociation sur de nombreux sujets. Une entente apparut possible sur les revenus financiers assurés à l'évêque, à titre de chef de département, et au coadjuteur, sur les nominations aux cures, sur les dispenses de mariage, sur les constructions et les réparations d'églises, sur le choix des évêques. Mais deux points demeuraient en litige: l'amovibilité des curés et l'érection de nouvelles paroisses.

Mgr Denaut trouvait toujours que l'on précipitait les tractations. Ne serait-il pas préférable d'attendre les résultats des démarches entreprises à Londres par l'épiscopat irlandais? Au contraire, son coadjuteur le pressait d'agir et le gouverneur Milnes s'embarquait pour Londres, prêt à promouvoir lui-même la reconnaissance civile de l'évêque catholique de Québec. Mgr Denaut signa donc la supplique adressée au roi en ce sens. Il doutait cependant que le secrétaire d'État s'occupât de cette question, étant donné les hostilités en Europe. Il avait bien raison. Milnes s'en aperçut lui-même, d'autant plus que la maladie le contraignit au repos à la campagne. La présence du docteur Mountain à Londres n'activa les pourparlers ni dans un sens ni dans l'autre.

Une autre solution émergea des relations diplomatiques officieuses qui se tinrent en 1807-1808 entre George Canning, secrétaire d'État aux affaires étrangères, et Mgr Laurent Caleppi, nonce apostolique au Portugal. Dans leur correspondance et même dans leurs entretiens qui eurent lieu à Londres où le nonce se réfugia momentanément, ils abordèrent la situation de l'Église catholique dans les colonies britanniques de l'Amérique du Nord. «On aurait le projet de faire nommer l'évêque de Québec patriarche des catholiques de l'Amérique septentrionale», écrivit le sulpicien François-Emmanuel Bourret, vicaire général de Mgr Plessis à Londres devenu évêque en titre en 1806[30]. Cela n'apparaissait pas canoniquement impossible, puisqu'aux premiers patriarches de Jérusalem, de Rome, de Constantinople, d'Alexandrie et d'Antioche s'en étaient ajoutés d'autres à travers les siècles, pour diverses raisons plus ou moins politiques. Dans cette hypothèse, le docteur Mountain porterait seul le titre d'évêque de Québec, alors que son concurrent catholique aurait celui de patriarche. Mgr Plessis laissa évoluer le projet sans intervenir. Mais il n'eut pas de suite à cause de la difficulté de communiquer avec le pape Pie VII, alors chassé de Rome par Napoléon, et à cause du voyage qu'entreprit Mgr Caleppi au Brésil où s'était rendue la cour portugaise.

Échecs du gouverneur Craig

Le 16 septembre 1807, Mgr Plessis avait demandé à ses curés de chanter un *Te Deum*, car les habitants avaient obtempéré de bonne grâce à l'ordre de l'administrateur Thomas Dunn de lever un cinquième de la milice, au cas où l'armée américaine attaquerait la colonie. Les catholiques avaient, une fois de plus, manifesté leur loyauté, leur respect et leur attachement envers le roi et son gouvernement bas-canadien.

Par la suite, cependant, la situation entre Mgr Plessis et le nouveau gouverneur James Craig s'était tendue à la limite. En intitulant un chapitre de l'un de ses livres «Sir James Craig, le gouverneur anglophile», Helen Taft Manning lui reconnaît le dessein d'angliciser le peuple canadien par des moyens coercitifs[31]. Il entreprit, en effet, la conversion des Canadiens à la religion anglicane et à la langue anglaise. Il escomptait miner l'autorité des curés, puis les subordonner au gouvernement en privant le surintendant de l'Église romaine de son autorité sur eux. Le jugement de l'historien A.R.M. Lower sur Craig et sur le trio oligarchique révèle bien la mentalité qui les animait:

> Selon diverses nuances, ce groupe d'hommes représentait la quintessence du torysme anglais du 18e siècle, tout au comble de son intolérance, de son manque d'imagination, de son attachement à un champ d'idées et d'institutions étroit et arrêté, de sa totale inhabileté à voir comment le monde était envisagé par d'autres peuples[32].

Malgré ce contexte, le gouverneur se tourna vers Mgr Plessis durant l'hiver 1810. Forcé par la Chambre d'assemblée de se retrancher dans ses derniers bastions, impuissant et abattu, il demanda à l'évêque et à son clergé de prendre clairement position en faveur du gouvernement. Devant la perspective d'un soulèvement général de la population telle que l'envisageaient Craig et son Conseil exécutif, Mgr Plessis accepta de faire lire par les curés une proclamation écrite par le gouverneur.

Il prévoyait mettre certains de ses prêtres de mauvaise humeur une fois encore, mais il les incita à poser le geste demandé dans un esprit de soumission et de respect envers le souverain. Il persuada ses vicaires généraux régionaux de l'appuyer auprès des curés de paroisse. Il voulait à tout prix éviter, chez le gouverneur et ses adjoints, une plus grande antipathie envers le catholicisme: «Que le gouvernement ait ou n'ait pas raison de s'alarmer, c'est ce que nous ne sommes pas chargés d'examiner. Notre devoir est d'obéir à ce qu'il exige [...] c'est de sa protection que dépend la liberté du culte catholique dans la province[33].»

Par sa proclamation, Craig rectifia des écrits séditieux contre l'administration de la justice et contre son gouvernement. Il invita les Canadiens à se montrer circonspects vis-à-vis des suggestions captieuses de compatriotes malhonnêtes. Il convia toutes les personnes en autorité à inculquer à leurs subalternes les principes de loyauté envers le roi et d'obéissance aux lois. Peu après, Mgr Plessis déclara dans un sermon:

«C'est un péché considérable, un péché mortel [...] de s'opposer aux vues louables de ce gouvernement et d'en contrarier
les ordres[34].» En somme, l'évêque se situait résolument du
côté de la tradition, de l'ordre, de l'autorité et du conservatisme social. Une minorité de curés divergeaient d'opinion
avec lui et ne correspondaient pas à ses attentes. Le parti
canadien ne revint pas moins en Chambre plus puissant
qu'auparavant.

Craig, morfondu, envisagea de modifier la constitution
de 1791. À sa demande, Sewell lui remit un mémoire dans
lequel il préconisait l'union des deux Canadas, afin de neu-
traliser les Canadiens; il dénonça aussi l'indépendance d'esprit
du clergé catholique. La nomination aux cures par le gouvernement lui apparaissait de plus en plus nécessaire. Le gouverneur adhéra pleinement à ces conclusions et admit que
l'évêque exerçait une autorité plus grande que sous le régime
français. Il décida d'offrir à Mgr Plessis une augmentation
d'allocation pourvu qu'il renonçât à son titre d'évêque et
qu'il se soumît totalement à la couronne et à son représentant.
Ryland porta ces considérations à Londres. On se pencha sur
l'ensemble des conclusions de Sewell et de Craig. Liverpool,
secrétaire d'État à la guerre et aux colonies, trouva inopportun
de changer une constitution relativement récente. Il aurait
accepté de reconnaître civilement et l'évêque et les curés de
l'Église romaine, à condition que la suprématie royale fût
effectivement exercée sur eux; mais le grand chancelier Eldon
différait d'avis là-dessus et fit retarder tout développement
dans ce sens.

Malgré son échec, Craig ne démordit pas. En mai 1811,
il entreprit une série de conversations avec Mgr Plessis. Ce
dernier se référa à la requête de Mgr Denaut en 1805, qui
était restée sans réponse; la reconnaissance civile de l'évêque
de Québec refaisait donc surface. Le gouverneur promit qu'à
son voyage à Londres, l'été suivant, il obtiendrait pour son
interlocuteur une promotion digne de sa responsabilité, même
s'il n'était pas reconnu officiellement. L'évêque se défila
devant cette offre d'un poste politique et aborda un point
toujours resté en litige: la nomination aux cures. Alors que le
gouverneur considérait cette fonction uniquement comme une

tâche administrative, Mgr Plessis la faisait découler du pouvoir spirituel de l'évêque. Il ne pouvait accepter que le chef politique nommât ou maintînt un prêtre en possession du bénéfice temporel d'une cure, si son supérieur ne le trouvait pas apte à remplir sa mission pastorale. L'argument financier revint sur la table. Mgr Plessis affirma que des appointements supplémentaires ne sauraient le faire renoncer à des prérogatives inhérentes à son ministère. Il reconnut même avoir été trop condescendant à l'égard des derniers gouverneurs, en particulier envers Craig l'année précédente, lors de la publication de sa proclamation. Le deuxième entretien se termina dans une mésentente encore plus ouverte: «nous ne reconnaissons pas l'Église catholique», soutint Craig, alors que l'évêque refusa tout pouvoir spirituel, inhérent à son ministère épiscopal, qui lui viendrait du souverain britannique. Mgr Plessis ne se montra pas plus impressionné par les propos du gouverneur qui, lors d'un troisième entretien, lui raconta l'exil de l'évêque de La Havane, parce qu'il avait osé nommer un curé sans en parler au gouverneur britannique. Il réitéra son désir d'être, lui et ses successeurs, tout simplement reconnus civilement et autorisés à exercer légalement leurs pouvoirs législatifs[35].

L'évêque de Québec resta perplexe et soucieux de l'avenir de son Église. Longtemps, il avait louvoyé auprès des représentants du gouvernement, autant par principe que par stratégie; il n'avait obtenu aucun résultat. Il s'était mis à dos de nombreux compatriotes, y compris des curés. Il se rappelait que son prédécesseur, Mgr Denaut, ne s'était pas prêté comme lui aux relations diplomatiques complexes et n'aimait pas commander des *Te Deum* pour des bagatelles. Mgr Plessis ne regrettait pas de s'être comporté de façon ferme avec Craig. Il ne voulait plus prendre l'initiative des démarches auprès du pouvoir politique ni même entamer des pourparlers fondés sur la seule offre d'argent et d'honneurs politiques. Mais était-ce la bonne façon d'agir ? Ne venait-il pas de provoquer un résultat contraire à celui qu'il poursuivait depuis si longtemps? Toute entente n'était-elle pas irrémédiablement retardée?

4. LA RECONNAISSANCE CIVILE DE MGR PLESSIS

En politique, l'imprévu est toujours possible. L'année 1812 a été le point de convergence de nombreuses circonstances favorables aux catholiques canadiens. Mgr Plessis les détecta rapidement:

> L'arrivée du gouverneur George Prevost, bon et peut-être un peu revenu des impressions malveillantes qu'on lui avait données, la protection décidée que les catholiques d'Irlande reçoivent de tous les protestants du royaume [...], les dispositions récemment manifestées par les lords Castlereagh, Grey et Grenville, que l'on regarde comme un indice de changement prochain du ministère, les frayeurs que les succès des armées françaises donnent à la Grande-Bretagne, le désir de conserver le Canada à l'Angleterre à un moment où les États-Unis semblent vouloir l'envahir[36].

À la demande du gouverneur et avec l'aide de son vicaire général de Montréal, le sulpicien Jean-Henri-Auguste Roux, le prélat rédigea un mémoire dans lequel il sollicitait encore une fois la reconnaissance civile de l'évêque catholique romain de Québec, l'usage pour ce dernier des droits et prérogatives exercés par ses prédécesseurs depuis 150 ans, le pouvoir pour l'évêque de continuer de se choisir un coadjuteur. Il ne demandait pas vraiment une assignation de revenus financiers ni une nomination aux conseils législatif et exécutif, comme pour l'évêque anglican, mais il les accepterait avec reconnaissance.

Nouvelle invasion américaine

Comme prévu, les États-Unis déclarèrent la guerre à la Grande-Bretagne le 18 juin 1812. Les deux Canadas devinrent les premiers territoires convoités par les Américains, la cible principale se trouvant la ville de Québec. Du côté naval, Halifax était le but visé. Les 150 000 soldats américains et les marins de leur flotte faisaient face à 12 000 défenseurs britanniques.

Déjà en août 1807, le curé Louis Le Lièvre, de Baie-Saint-Paul, pressentant avec beaucoup d'autres l'imminence d'un conflit anglo-américain, avait invité ses paroissiens à être de fidèles et loyaux sujets de «notre gracieux souverain» et même de répandre leur sang «pour la défense de notre mère patrie». «La religion, l'intérêt et la reconnaissance» lui paraissaient des motifs assez puissants pour convaincre tout chrétien d'agir en ce sens. Autrement, les Canadiens, tombant sous le joug américain, formeraient «le peuple le plus misérable de la terre», seraient «chargés d'impôts» et «molestés de jours en jours [...] par des conquérants vils et intéressés[37]». Au moment de l'annonce de la guerre, Mgr Plessis se trouvait en visite pastorale dans les provinces maritimes et son coadjuteur, Mgr Bernard-Claude Panet, était curé à la Rivière-Ouelle; les vicaires généraux de Québec et de Montréal prirent donc l'initiative d'écrire aux curés. Le premier, Charles-Joseph Descheneaux dit Brassard, rappela aux Canadiens leur indignation devant l'ingratitude et la rébellion des Américains en 1775 et 1776. Les envahisseurs du Sud constituaient des ennemis sans principe et sans mœurs auxquels il fallait résister pour protéger les liens avec le gouvernement britannique et préserver la religion. Pour sa part, Roux excita l'ardeur des fidèles à s'armer et à se défendre contre cette injuste agression. Il les invita aussi à la pénitence et à la prière.

La Gazette de Québec emboîta le pas: «Ralliez-vous autour des autels sacrés de votre religion sainte et de ses ministres vénérables dont les vies sont dévouées à votre bien; et ne souffrez pas que les pas de ceux qui ne connaissent ni morale ni religion souillent le sanctuaire du culte catholique» (2 juillet 1812). Le sulpicien Jean-Jacques Lartigue, ancien secrétaire de Mgr Denaut, centra son sermon du 5 juillet à la Pointe-Claire sur «la fidélité, l'amour, l'obéissance que vous devez à votre légitime souverain et au gouvernement bienfaisant qui protège cette province». Le peuple canadien ne pouvait que déborder de gratitude envers la nation anglaise qui, depuis 50 ans, l'avait gratifié de grands bienfaits: la religion catholique autorisée, les propriétés et les biens protégés, le commerce et l'industrie encouragés, alors que le reste du monde occidental était à feu et à sang. Bien plus, la religion catholique enseignait, à la suite de l'apôtre Pierre, la soumission au roi comme au chef de l'État et au gouverneur comme à son remplaçant. Telle était la volonté de Dieu. Même s'il se trouvait avec les Américains des descendants de Canadiens, «vous ne laisserez pas de les combattre et de les vaincre, parce qu'ils seront les ennemis de votre roi et les vôtres». Le dimanche suivant, à Lachine, Lartigue épilogua dans le même sens à partir de l'épître du jour. Il ne pouvait envisager que Dieu permît à la «nation si brave et si catholique» des Canadiens de devenir la proie «de ces infidèles orgueilleux»; manquer «de loyauté et de courage, ce serait souiller d'une tache ineffaçable l'honneur national». Les Anglais eux-mêmes, protégés sur leurs îles, viendront défendre «vos femmes, vos enfants, vos parents, vos propriétés, votre religion, vos temples». Et les Canadiens ne feraient pas leur part[38]?

Dès le début d'octobre, Mgr Plessis transmit aux curés la satisfaction du gouverneur pour leur assistance dans la levée des milices. On appela des prêtres à devenir aumôniers militaires, tel Lartigue au camp de Saint-Jean, où il aida les miliciens à devenir de loyaux sujets, de vaillants guerriers, de braves Canadiens et de bons chrétiens. Ravi de la victoire du 13 octobre à Queenstown Heights, entre Niagara et le fort Érié, et rappelant celle de Wellington à Salamanque en Espagne, prévoyant que les Américains ne se rendraient même pas dans le Bas-Canada, Mgr Plessis répondit à la demande de Prevost et exhorta ses diocésains à remercier Dieu d'être les sujets d'un gouvernement aussi bon protecteur de leur sécurité, de leur religion et de leurs fortunes. Des prières spéciales eurent lieu, à la messe et au salut du Saint-Sacrement, le dimanche 1er novembre, dans toutes les églises. L'année suivante, les armées américaines furent encore repoussées; la victoire du major Salaberry et de ses 300 miliciens voltigeurs en est un exemple. Mais les habitants des frontières du Bas-Canada vivaient dans la crainte, la confusion et la misère; à Saint-Charles, par exemple, plusieurs miliciens, de retour chez eux, mouraient d'une mauvaise fièvre. En somme, les victoires ne suffisaient pas: la paix était demandée avec instance.

L'évêque apprit dans les entrefaites que le prince régent lui accorderait désormais un traitement annuel de 1000 £ au lieu de 200, en reconnaissance de sa loyauté et de celle du clergé. Mgr Panet en félicita son collègue et ajouta:

> Il est bon que cette gratification lui soit venue seulement après que le clergé a montré sa loyauté. Le peuple aurait pu croire qu'elle aurait influé sur son zèle. Je souhaite que ce ne soit pas pour lui une occasion de juger que les évêques sont trop dépendants[39].

Mgr Plessis choisit la date du 21 avril 1814 pour en faire un jour d'action de grâces; on commémorait en liturgie ce jour-là saint Anselme, archevêque de Canterbury. Une célébration identique eut lieu le 6 avril 1815, dans toutes les églises du Bas-Canada, pour souligner le traité de paix américano-britannique signé à Gand le 24 décembre précédent. L'évêque y fit un sermon de circonstance, dans lequel il démontra que la Révolution française, les guerres napoléoniennes et nord-américaines trouvaient leurs origines dans l'impiété et dans l'ambition.

> Si, ajoutait-il, au milieu du tourbillon qui dissipait tout, le Royaume-Uni est le seul dont le trône soit demeuré inébranlable, les possessions intactes, le commerce accrédité, les manufactures florissantes, n'a-t-on pas le droit de regarder ces avantages comme autant de récompenses accordées par le ciel à la générosité britannique[40]?

Reconnaissance civile de Mgr Plessis

Le gouvernement britannique tint, pour sa part, à exprimer sa reconnaissance au peuple canadien. Évitant de le faire par un accroissement de pouvoir politique en faveur de ses représentants, il chercha à gratifier l'évêque catholique dans le sens de sa requête maintes fois exprimée. Mais comment reconnaître civilement un évêque catholique, alors que les lois de la Grande-Bretagne s'y opposaient? Pouvait-on se baser sur l'esprit des lois et sur une mentalité bienveillante à l'égard de l'Église catholique romaine en général? C'est ce dernier aspect qui joua. En effet, les relations entre Londres et le

Saint-Siège avaient repris après plus de 250 ans de rupture totale. Le pape Pie VII était retourné de Savone à Rome grâce à la protection du général anglais Bentinck; le cardinal Ercole Consalvi s'était rendu à Londres en juin 1814. Il s'y était entretenu avec le premier ministre Robert Stewart Castlereagh de l'émancipation des catholiques vivant en Grande-Bretagne et dans les colonies.

Ce contexte international et la loyauté des Canadiens avaient incité les dirigeants britanniques à orienter le nouveau gouverneur, John Coape Sherbrooke, dans un sens favorable à l'évêque catholique et à son clergé, même si on renouvelait une fois de plus les instructions restrictives devenues classiques. Sherbrooke envisagea de nommer Mgr Plessis au Conseil législatif du Bas-Canada et il en fit part à lord Henry Bathurst, secrétaire d'État aux colonies. Il avoua avoir ébauché ce plan dans le but d'accroître l'influence du gouvernement en gagnant davantage la confiance des Canadiens et pour adjoindre au Conseil une personnalité influente qui avait d'ailleurs secondé publiquement les vues du gouvernement. Peu après, sur les instances de Mgr Plessis, le gouverneur retransmit à Londres une copie de la requête de 1812 en faveur de la reconnaissance civile de l'évêque catholique romain. Bathurst prit le temps d'étudier l'ensemble du dossier et de faire toutes les démarches nécessaires; la guerre était enfin terminée et le secrétaire d'État était méticuleux. Il répondit finalement le 5 juin 1817:

> Comme les lois de la Grande-Bretagne interdisent la hiérarchie romaine dans n'importe quel dominion de Sa Majesté, il doit être clair que toutes les mesures qui tendent à établir une telle autorité doivent être adoptées avec une grande circonspection, et ce peut être uniquement une interprétation très favorable de l'esprit des lois maintenant en vigueur, qui peut autoriser Sa Majesté à reconnaître le docteur Plessis comme l'évêque catholique romain de Québec. Et je n'aurais pas conseillé à Son Altesse Royale de consentir à cette reconnaissance, si le docteur Plessis ne s'était pas comporté de manière à avoir montré par son zèle et sa loyauté envers Sa Majes-

té qu'il a droit à une distinction dont personne de ses prédécesseurs n'a joui, celle d'un siège au Conseil législatif.

La reconnaissance officielle du titre d'évêque catholique romain de Québec était enfin accordée, mais à Mgr Plessis seul; ses successeurs n'étaient pas autorisés à prendre ce titre, «avant que Sa Majesté, soit en les nommant membres du Conseil législatif, soit d'une autre manière formelle, ne les ait reconnus sous cette dénomination[41]».

Sherbrooke informa l'évêque de cette double bonne nouvelle dès la réception de cette missive, c'est-à-dire à la fin d'août, mais, pour des considérations légales, Sewell en retarda l'annonce officielle. Mgr Plessis comptait cependant sur de bons alliés. Sherbrooke apprit que le prélat n'accepterait rien d'autre qu'une confirmation civile du titre qu'il portait à l'intérieur de l'Église; il considérait la nomination au Conseil comme secondaire et il ne l'accepterait que s'il obtenait une réponse écrite, claire et nette à sa requête fondamentale. Un de ses amis à Londres, John Mure, obtint du Bureau colonial une copie du *mandamus* déjà envoyé au gouverneur à ce sujet. Ainsi muni du texte original, Mgr Plessis réclama de Sherbrooke des lettres patentes à la fois conformes au texte de Londres et à ses propres exigences. Le gouverneur n'eut plus le choix et laissa de côté les tergiversations de Sewell. Dans un document officiel où Mgr Plessis était personnellement nommé au Conseil législatif, on lui donna le titre d'évêque de l'Église catholique romaine de Québec; c'était le 30 janvier 1818.

C'était un grand pas vers la liberté de l'Église catholique. La Bas-Canada était enfin traité comme un pays catholique. Le chemin était maintenant ouvert à l'établissement solide d'un épiscopat plus nombreux. Sans attendre la permission de Rome pour faire partie du Conseil législatif, l'évêque s'entendit avec Sherbrooke sur une formule de participation ne compromettant en rien sa conscience et ses principes. Il précisa sa façon d'agir à la demande de la Propagande. Comme le clergé et les diocésains avaient appris la nouvelle avec joie, il douta de pouvoir s'en retirer ou même s'absenter des réunions sans quelque danger pour la religion. Il mourut avant l'arrivée à Québec de l'approbation des cardinaux, datée du 20 septembre 1825.

* * *

Si on juge infime le trajet parcouru en 55 ans par l'Église dans ses rapports avec l'autorité gouvernementale ou si on doute de l'importance de cette reconnaissance civile de l'évêque, on risque de ne pas saisir les difficultés réelles auxquelles durent faire face les évêques de Québec au nom de l'ensemble des catholiques et surtout les dangers qu'ils ont dû éviter. À cet égard, l'historien André Latreille apporte un témoignage éclairant qu'il situe dans le contexte international d'avant 1814-1815:

> L'affaiblissement du catholicisme reste pour le gouvernement de Londres un moyen de lutte contre ses rivaux traditionnels, la France et l'Espagne. L'intolérance anglaise est un fait général dans les territoires conquis, à l'exception du Canada où l'ont obligé à composer la force des résistances catholiques et l'habileté du clergé qui a offert de prêcher la soumission moyennant le respect des droits de l'Église[42].

Selon cette opinion, Mgr Plessis n'avait pas exagéré dans son document au cardinal Lorenzo Litta, préfet de la Propagande; il y affirmait que, si un gouverneur mettait à exécution les instructions reçues de Londres, le clergé se trouverait «en guerre ouverte avec le gouvernement». D'autre part, si le clergé faisait preuve de moins de circonspection, un gouverneur moins sage que ceux qui avaient dirigé le pays jusquelà — sans exclure Milnes et Craig — pourrait se prévaloir en tout ou en partie de ses instructions et engendrer ainsi des conséquences désastreuses. «Nous sommes donc, concluait l'évêque, assujettis à beaucoup de ménagements pour maintenir la religion catholique dans son indépendance [...] et pour ne rien perdre de la liberté dont elle jouit, *liberté* qu'on ne saurait trouver dans plusieurs pays où elle est appelée la religion de l'État[43].»

CHAPITRE II

LES ÉGLISES DIOCÉSAINES ET LA PREMIÈRE PROVINCE ECCLÉSIASTIQUE (1783 – 1844)

Entre-temps, un projet ecclésial d'envergure avait été envisagé comme réalisable, l'érection d'une province ecclésiastique en Amérique du Nord britannique. Il s'agissait d'une multiplication d'églises diocésaines et de leur regroupement. Ce mode d'organisation traditionnel dans l'Église chrétienne relève habituellement de la seule autorité romaine. Il comportait en système colonial des répercussions ou du moins des implications au niveau des rassemblements de population. L'exercice du pouvoir politique était directement concerné.

Les nombreuses étapes par lesquelles les évêques locaux ont dû passer pour arriver à l'avènement d'une telle province ecclésiastique seront à peine résumées ici; *L'établissement de la première province ecclésiastique au Canada, 1783-1844* en fait connaître tous les détails. Là encore des figures de proue ressortent comme des modèles de persévérance: Mgr Plessis, Mgr Lartigue et Mgr Bourget. Pour certaines personnes, il n'y a pas de problème sans solution; il s'agit de chercher, de trouver et d'agir.

1. Les premières tentatives

À Montréal, en 1783, les Sulpiciens et de nombreux laïcs désiraient la présence d'un évêque. Sur les entrefaites, Jean-Baptiste Adhémar, Jean-Guillaume Delisle et William Dummer Powell furent délégués à Londres pour y obtenir les mêmes droits, prérogatives et privilèges que les Britanniques, en particulier le parlementarisme sur le plan politique. Les deux premiers eurent aussi comme mission, au nom des catholiques du district de Montréal, de supplier le gouvernement de permettre la venue au Québec de prêtres européens et l'érection d'un siège épiscopal à Montréal.

Projet venant de Montréal

Ce dernier projet était passé par diverses étapes. Montgolfier, vicaire général et supérieur des Sulpiciens, avait précédemment proposé à Mgr Briand un *Modèle grossier et imparfait de la requête ou adresse qui, après avoir été souscrite dans toutes les paroisses du pays, devrait être présentée au roi par les députés.* Il y suggérait de concéder à perpétuité «aux peuples du Canada de se pourvoir, à leurs frais et selon les règles de leur religion, d'un évêque pour chaque cinquante ou soixante lieues de distance l'un de l'autre établis[1]». Il est fort probable que la requête projetée par Montgolfier n'ait pas fait le tour des paroisses et que le tout se soit réduit à la demande introduite dans le mémoire des délégués à Londres. Ceux-ci appuyèrent leur supplique sur les motifs suivants:

— l'âge de Mgr Briand (69 ans) et de son coadjuteur, Mgr d'Esgly (73 ans);

— la croissance rapide de la population de Montréal sous l'impact de la vitalité commerciale; le recensement de l'année suivante indiquerait 56 000 habitants dans le district sur une population totale de 113 000 pour l'ensemble du Québec; en 1790, Montréal compterait à elle seule 18 000 habitants, soit 4000 de plus qu'à Québec;

— la longue distance à parcourir entre la ville épiscopale et Montréal, compte tenu des moyens de locomotion: cheval ou navigation;

— la structure normale de l'Église catholique romaine qui comporte une communauté diocésaine pour chaque portion suffisante de population.

Quand les deux délégués canadiens parvinrent à Londres, ils laissèrent stratégiquement de côté le projet d'érection d'un évêché à Montréal, quitte à le relancer après avoir obtenu la permission de faire passer des prêtres étrangers au Québec. Or, celle-ci ne fut même pas accordée. Il faut dire que Mgr Briand n'avait en aucune façon endossé le projet d'un tel évêché; il ne le trouvait pas opportun.

Entrave au désir de Mgr Hubert

Peu après son ordination à l'épiscopat en 1789, Mgr Charles-François Bailly de Messein suggéra à Mgr Hubert d'ériger un évêché à Montréal; il comptait en devenir le titulaire. L'évêque de Québec reconnut y avoir songé depuis plusieurs années, afin de combler les désirs de nombreux Montréalais; il craignait cependant que les formalités ne fussent longues auprès des cours de Londres et de Rome. Néanmoins, dès cet automne-là, il proposa au cardinal Antonelli l'érection du district de Montréal en diocèse suffragant ou indépendant de celui de Québec. Si l'on y consentait à Rome, il en poursuivrait lui-même l'exécution auprès du gouvernement britannique; le gouverneur Dorchester se plairait à en obtenir l'acquiescement. Le préfet de la Propagande adhéra au projet, vu l'étendue du district de Montréal et le grand nombre de catholiques. Une fois la permission reçue de Londres, le Saint-Siège enverrait les bulles requises. Le cardinal présumait que Mgr Bailly de Messein deviendrait évêque de Montréal, que les deux titulaires seraient indépendants l'un de l'autre et que chacun serait aidé d'un coadjuteur.

Lorsqu'arriva cette réponse de Rome au printemps 1790, la tension était à son comble entre les deux évêques. Mgr Hubert avait refusé à son coadjuteur les revenus d'un seul bénéfice, celui de la fabrique de Saint-Ours; il lui avait tout de même octroyé comme pension la moitié de la dîme de cette paroisse, c'est-à-dire environ 500 minots de blé. Le projet gouvernemental d'établir une université à Québec avait occasionné à l'automne 1789 et à l'hiver 1790 une nouvelle opposition entre les deux hommes. Mgr Hubert n'avait pas protesté contre un tel établissement, mais il l'avait trouvé prématuré par rapport à l'ensemble du système scolaire. L'évêque coadjuteur avait ridiculisé le mémoire de son collègue et affirmé qu'une université s'avérait indispensable. Au printemps 1790, Mgr Bailly de Messein attaqua Mgr Hubert jusque dans *La Gazette de Québec*; il se disait le porte-parole des prêtres, que l'évêque aurait blâmés en public peu auparavant pour certaines négligences pastorales, et des laïcs, qui attendaient en vain la suppression de certaines fêtes solennelles, devenues des occasions de paresse et d'ivrognerie.

Dans un tel contexte, Mgr Hubert n'ébruita pas le projet du diocèse de Montréal. Il exposa la situation au cardinal Antonelli dans son rapport annuel, à l'automne 1790. Les cardinaux, réunis en congrégation générale le 21 mars 1791, délibérèrent sur les moyens de rétablir la paix entre les deux évêques canadiens et laissèrent de côté la division du diocèse de Québec; ils en discutèrent lors d'une réunion subséquente et précisèrent qu'ils ne trouvaient pas expédient de donner suite à la demande et de confier, dans les circonstances, un nouveau diocèse à Mgr Bailly de Messein.

Répit

La mort prématurée de l'évêque coadjuteur ne facilita pas pour autant la reprise du projet. À l'automne 1794, en effet, le Québec venait d'être séparé en Bas-Canada et en Haut-Canada. Le docteur Mountain était arrivé comme lord évêque de Québec au sein de l'Église établie, l'Église anglicane, et il trouvait que l'Église catholique romaine fonctionnait trop librement, ce qu'il regretta publiquement. Mgr Hubert se limita à demander à Rome un simple évêque coadjuteur, en l'occurrence Pierre Denault, le curé de Longueuil. Celui-ci se trouvant dans le district de Montréal, tout le monde s'accoutumerait insensiblement à y voir un évêque.

Pendant ce temps, Edmund Burke, missionnaire irlandais nommé trois ans plus tôt par Mgr Hubert à sept lieues de

Détroit, crut avoir une idée géniale en mentionnant, dans une lettre adressée le 15 août 1797 à la Propagande, la convenance et la nécessité d'instituer un nouvel évêché dans le très vaste diocèse de Québec. Il parlait de Montréal comme siège possible qui pourrait inclure aussi les catholiques du Haut-Canada et de l'Ouest, à moins qu'on ne constituât un vicariat apostolique pour ces derniers. Rome ne dit mot de la suggestion de Burke.

En 1801, les congrégations romaines reprirent leur travail avec régularité et les cardinaux relancèrent le projet déjà envisagé par Mgr Hubert et le cardinal Antonelli:

> Comme on n'ignore pas que le nombre des catholiques s'est beaucoup accru en Amérique et en Canada, [...] il serait donc à propos que Mgr l'évêque de Québec [...] fasse une instance formelle au Souverain Pontife ou à la S. Congrégation de la Propagande à l'effet de former en Canada une hiérarchie d'un métropolitain et de quatre ou trois évêchés [...][2].

Mgr Denaut et son coadjuteur Mgr Plessis se dirent convaincus de la nécessité d'une province ecclésiastique pour l'expansion et pour la qualité de la vie en Église, mais deux obstacles en empêchaient la réalisation: le manque de moyens financiers pour pourvoir à l'établissement des nouveaux évêques et de leurs séminaires ainsi que l'opposition du gouvernement civil. Montréal avait cependant les moyens et les institutions nécessaires. Quant aux rapports avec l'autorité gouvernementale, étaient-ils pires qu'en 1794? Oui, car Dorchester n'était plus là. Les empiétements se multipliaient à cause de l'influence grandissante du trio Sewell, Ryland et Mountain. Dans ce contexte de tensions accrues, toute tentative d'érection d'un nouveau diocèse dans le Bas-Canada se serait heurtée à un refus gouvernemental.

Projet d'un plus grand nombre d'évêques

Peu après son accession au siège épiscopal de Québec en 1806, Mgr Plessis précisa qu'aucune province ecclésiastique ne serait établie en Amérique du Nord britannique si Rome ne traitait du sujet avec la cour d'Angleterre. Cependant, compte tenu des guerres napoléoniennes, on ne pouvait prévoir à court terme des négociations entre les représentants du pape et ceux du roi d'Angleterre. En attendant, l'évêque se disait prêt à s'adjoindre Mgr Bernard-Claude Panet comme coadjuteur, mais aussi un autre évêque dans le Haut-Canada; il pensait faire ainsi un pas réaliste dans la direction du projet global. Une tentative semblable n'était pas possible dans l'Est, en particulier à Halifax, où des intrigues de pasteurs anglicans avaient soulevé l'opposition du gouvernement contre les catholiques.

Le cardinal Michele Di Pietro de la Propagande endossa le projet de Mgr Plessis de s'entourer d'évêques dans les diverses régions de son diocèse, à mesure que les circonstances le permettraient. L'évêque pourrait faire connaître au Saint-Siège les noms des prêtres aptes à prendre de telles responsabilités. Mgr Plessis regarda d'abord là où se trouvait une majorité de catholiques anglophones, un facteur important de réussite à ses yeux. Il sensibilisa à son projet son vicaire général du Haut-Canada, Alexander Macdonell. Il l'invita à en parler avec le lieutenant-gouverneur Francis Gore et à écrire à des amis de Londres pour obtenir leur appui éventuel; il lui proposa même Kingston comme lieu de résidence du futur évêque. Mais à Londres, on était aux prises avec une guerre qui captivait toutes les attentions et il était illusoire d'attendre un acquiescement de ce côté-là.

2. LA NOMINATION D'ÉVÊQUES AUXILIAIRES

L'évêque de Québec porta dès lors ses efforts sur la reconnaissance civile de sa fonction, un objectif qui lui paraissait indispensable en même temps que préalable à l'établissement d'un plus grand nombre d'évêques. Avant d'y parvenir en 1818, il n'a pas moins tenté de partager sa tâche épiscopale. En 1807, il avait proposé à Mgr Patrick Lambert, vicaire apostolique de Terre-Neuve, d'étendre sa juridiction aux quatre autres colonies maritimes: Nouvelle-Écosse, Nouveau-Brunswick, Île-du-Prince-Édouard et Cap-Breton, mais ce dernier refusa à cause de la surcharge de travail et des nombreux voyages que cela entraînerait. Il se dit cependant prêt à devenir son évêque suffragant, si Mgr Plessis était nommé archevêque, à l'exemple de ce qui était advenu aux États-Unis; en effet, le siège de Baltimore avait accédé à l'archiépiscopat en 1808 et Mgr John Carroll s'était entouré de suffragants à Boston, New York, Philadelphie et Bardstown. L'évêque de Québec enviait une telle liberté d'action, lui dont le diocèse datait de 1674 et qui était responsable de plus de 200 000 catholiques avec 166 prêtres répandus sur 600 lieues de territoire. Il entretint à ce sujet Mgr Lorenzo Caleppi, nonce apostolique au Portugal et exilé au Brésil, Mgr John Thomas Troy, archevêque de Dublin, Mgr Carroll, archevêque de Baltimore, mais personne n'entrevoyait le moment où pourrait se réaliser son projet.

Vicaire apostolique en Nouvelle-Écosse

Une fois le Congrès de Vienne en marche après l'abdication de Napoléon, la Congrégation de la Propagation de la foi reprit ses activités régulières. À sa réunion du 6 février 1815, les cardinaux présents envisagèrent d'instituer des évêques auxiliaires à celui de Québec avec un titre *in partibus infidelium*. Ils demandèrent à Mgr Plessis sur quels revenus pouvaient compter ces adjoints, combien d'évêques il faudrait, quels territoires seraient ainsi couverts et quelle serait la réaction du pouvoir civil. Mais la lettre ne parvint jamais à son destinataire. Comme il n'y répondit pas et qu'Edmund Burke, devenu vicaire général à Halifax, s'était rendu à Rome pour y exposer en son nom personnel la nécessité de répartir en préfectures apostoliques les colonies d'Amérique du Nord britannique autres que le Bas-Canada, les cardinaux de la Propagande se replongèrent dans le sujet. En décembre 1815, sur les instances de Burke, qui se proposa comme préfet apostolique de la Nouvelle-Écosse, la congrégation décida d'y ériger plutôt un vicariat apostolique et d'y nommer Burke si Mgr Plessis y consentait. Mais cette autre lettre s'égara elle aussi. Finalement, en 1816, après le retour de Burke et à la suite d'une nouvelle missive de Rome, l'évêque de Québec confirma son approbation du projet de la Propagande; ce démembrement de la Nouvelle-Écosse lui semblait alors le seul réalisable. Le 26 juillet 1817, Pie VII nomma donc Burke à la tête du nouveau vicariat apostolique; son ordination épiscopale eut lieu à Québec le 5 juillet 1818.

Évêques à Kingston et à Charlottetown

Entre-temps, l'évêque de Québec avait incité Alexander Macdonell à se rendre à Londres, afin d'y obtenir du gouvernement la permission d'établir un Église plus autonome dans le Haut-Canada. Au cours de son trajet vers l'océan Atlantique, il s'arrêta dans les provinces maritimes et y rencontra le vicaire général Angus Bernard Mac Eachern, pour qui il envisageait le même avenir à l'Île-du-Prince-Édouard, et Burke, qui n'avait alors reçu aucune nouvelle définitive de Rome. Arrivé à Londres en janvier 1817, Macdonell se mit de connivence avec Earl Henry Bathurst, secrétaire d'État aux colonies, pour faire nommer le moins de Canadiens possible à la tête des diverses circonscriptions épiscopales éventuelles, mais plutôt des Irlandais, des Écossais ou des Anglais. La stratégie fonctionna bien. Robert Stewart Castlereagh, secrétaire d'État aux affaires étrangères, informa le cardinal Consalvi que Londres verrait d'un bon œil l'établissement de vicariats apostoliques en Nouvelle-Écosse, dans le Haut-Canada et dans l'Île-du-Prince-Édouard, et il mentionna les noms des trois évêques pressentis; il prévint aussi le gouverneur Sherbrooke à Québec. À Rome, on se dit très heureux de la tournure des événements, mais on craignit de voir Londres utiliser désormais ce précédent pour la nomination de tous les évêques catholiques dans ses diverses colonies comme Malte ou même en Irlande et en Angleterre. Le secrétaire d'État écrivit donc à Castlereagh que le pape avait déjà songé à Burke pour la Nouvelle-Écosse, qu'il avait l'intention d'offrir le Haut-Canada à Macdonell et qu'il s'informerait sur Mac Eachern.

Conservant toujours en tête son projet d'une province ecclésiastique, Mgr Plessis avait pour sa part demandé à la Propagande d'accorder l'épiscopat à Macdonell, tout en le laissant en lien avec lui; de cette façon, le territoire demeurerait partie intégrante du diocèse de Québec, au lieu d'en être complètement séparé comme dans le cas d'un vicariat apostolique. Mais cette lettre ne se rendit pas à Rome. Quoique portés à instaurer trois vicariats apostoliques, les cardinaux de la Propagande retinrent leur geste, si ce n'est pour la Nouvelle-Écosse comme on l'a dit. Enthousiasmé par l'ouverture du gouvernement anglais, Mgr Plessis invita aussitôt Rome à nommer Macdonell et Mac Eachern respectivement évêques de Kingston et de Charlottetown, en même temps que suffragants du siège de Québec; celui-ci deviendrait ainsi métropole ecclésiastique. À Rome, on essaya de trouver une formule mitoyenne. Macdonell et Mac Eachern furent nommés, le 23 novembre 1818, évêques *in partibus infidelium*, auxiliaires et suffragants de l'évêque de Québec à qui le titre d'archevêque fut octroyé; le pape Pie VII ratifia le tout le 9 décembre. C'était un signe précurseur de l'établissement d'une province ecclésiastique, sans que ne soit trop outrepassé ce que Castlereagh avait signifié à Consalvi.

Évêques à Montréal et dans le Nord-Ouest

Mgr Plessis fut mis au courant de cette décision à Londres, première étape d'un voyage en Europe, le premier qu'un évêque de Québec faisait depuis le début du régime britannique. Il regretta qu'on lui eût donné le titre d'archevêque sans en discuter au préalable avec les autorités gouvernementales. Il informa lui-même de cet impair Bathurst qui le prit très mal. La nouvelle, parvenue par courrier au coadjuteur, s'était rapidement propagée dans le Bas-Canada, ce qui horripila le docteur Mountain. Grâce à la promesse de Mgr Plessis de ne pas user de son nouveau titre, Bathurst permit au prélat d'obtenir de Rome la nomination de deux autres vicaires généraux, évêques auxiliaires et suffragants: Jean-Jacques Lartigue à Montréal et Norbert Provencher dans le Nord-Ouest. Une fois à Rome, l'évêque de Québec fit comprendre au cardinal Consalvi que la simple excuse envoyée à Londres par personne interposée ne suffisait pas à atténuer vraiment le faux pas de la Propagande; il fallait établir des relations plus stables et plus claires entre le Saint-Siège et Londres pour l'avenir des catholiques de tous les pays rattachés à la cour Saint

James. Le pape reconnut assez de jugement à Mgr Plessis pour le laisser décider lui-même de l'opportunité de porter son titre d'archevêque. Il l'honora même du titre d'assistant au trône pontifical que Mgr Plessis se garda bien de faire connaître. Quant aux nominations de Mgr Lartigue et de Mgr Provencher, le pape les ratifia le 31 janvier 1820, alors que Mgr Plessis se trouvait encore dans le Ville éternelle. Ce dernier s'était par ailleurs départi des côtes du Labrador et de l'île d'Anticosti aux mains du vicaire apostolique de Terre-Neuve. Mais il n'avait trouvé aucun moyen de faire de même pour le territoire qui s'étendait des montagnes Rocheuses à l'océan Pacifique.

L'évêque de Québec s'arrêta de nouveau à Londres durant son voyage de retour et montra encore une fois à quel point il tenait à son projet de province ecclésiastique. Il convainquit lord Clifford d'en parler au duc de Sussex, le frère du roi George IV qui venait de succéder à son père. Mais la suprématie du parlement sur la royauté était devenue tellement évidente et le nouveau roi était tellement discrédité qu'il aurait été miraculeux qu'une telle démarche portât des fruits; de fait, il n'y eut pas de suite.

3. Érection de diocèses indépendants du siège de Québec

Les ordinations épiscopales se succédèrent ainsi: Mgr Macdonell chez les Ursulines à Québec le 31 décembre 1820, Mgr Lartigue en l'église Notre-Dame de Montréal le 21 janvier suivant, Mgr Mac Eachern en celle de Saint-Roch à Québec le 17 juin et Mgr Provencher en celle de Trois-Rivières le 12 mai 1822. Mgr Plessis avait enfin réussi à assurer un meilleur ministère épiscopal dans son très vaste diocèse.

Vaines tentatives d'autonomie épiscopale à Montréal

Mgr Lartigue avait prévu pour sa part que sa nomination le placerait dans une situation intenable à Montréal; il y aurait fallu l'autonomie d'un évêque titulaire ou même d'un vicaire apostolique. Il redoutait l'opposition de ses confrères sulpiciens, surtout de la majorité française, incluant le supérieur Roux, déjà vicaire général du district. Bien plus, où résiderait-il? Comment s'organiserait-il? C'est pourquoi il avait offert sa démission à Mgr Plessis, avant même de revenir au pays; il accompagnait en effet ce dernier en Europe, du moins pour une partie du voyage. L'évêque de Québec n'avait pas reculé, car il pensait qu'on s'acheminait, bien que lentement et péniblement, vers le but désiré. Il ne restait plus à Mgr Lartigue que d'en prendre son parti et de se soumettre à la volonté de son évêque comme il l'avait promis en devenant prêtre; un ordre du pape parvint ensuite dans le même sens, à la demande de Mgr Plessis.

Mgr Lartigue n'en demeura pas moins convaincu qu'une amélioration de sa situation serait impossible aussi longtemps qu'il ne deviendrait pas évêque *de* Montréal. Il avait espéré que le bill de l'émancipation des catholiques en Angleterre passerait au printemps 1821, mais la Chambre des lords s'y opposa et il fallut attendre jusqu'en 1829. Il ne continua pas moins à harceler Mgr Plessis en vue d'obtenir un changement pour le plus grand bien pastoral du district de Montréal. Mais le gouvernement britannique serait offensé si une telle mesure était prise à son insu et tous les catholiques en souffriraient, avertit Mgr William Poynter, vicaire apostolique à Londres et agent d'affaires de l'évêque de Québec auprès du gouvernement. Bathurst préférait traiter avec un seul évêque plutôt qu'avec deux, trois ou quatre, d'autant plus qu'il s'agissait de Mgr Plessis avec qui il maintenait des liens cordiaux.

Mgr Lartigue suggéra de transformer le district de Montréal en vicariat apostolique, changement qui ne requerrait selon lui aucune approbation gouvernementale. L'évêque de Québec rappela son projet de province ecclésiastique et partant l'inopportunité de morceler son diocèse en vicariats apostoliques. Il ne restait donc à Mgr Lartigue d'autre solution que de démissionner, ce qu'il fit. Mgr Plessis n'appuya pas cette abdication et Rome refusa. L'évêque de Québec envisagea cependant qu'advenant la résignation de Mgr Panet, qui à 72 ans s'y prêterait volontiers, Mgr Lartigue pourrait devenir son coadjuteur avec droit de succession, ce qui le ferait probablement mieux accepter à Montréal. Mais n'y aurait-il pas d'autres inconvénients, entre autres celui d'entraver ou du moins de retarder l'érection du diocèse de Montréal? Du côté gouvernemental, à Londres comme à Québec, il apparut qu'il ne fallait surtout pas rendre possible le remplacement éventuel de Mgr Plessis par Mgr Lartigue; les relations deviendraient rapidement très tendues.

Diocèses de Kingston et de Charlottetown

Pendant ce temps, Mgr Macdonell avait présenté un mémoire à Bathurst, lors d'un voyage en Angleterre. Il y expliquait comment, selon les lois canoniques et les usages de l'Église catholique, les évêques diocésains étaient généralement groupés en provinces ecclésiastiques à la tête desquelles se trouvaient des archevêques jouissant d'une certaine supériorité en dignité et en juridiction sur leurs suffragants. Il existait cependant deux genres d'exceptions: premièrement, quand la hiérarchie s'introduisait ou s'établissait dans un pays où les évêques étaient trop peu nombreux pour être regroupés en province ecclésiastique ou quand des circonstances particulières empêchaient l'assignation d'une province ecclésiastique; deuxièmement, quand le pape accordait un privilège d'exemption en déclarant un évêque directement relié au siège apostolique. Bathurst manifesta un intérêt immédiat pour cette dernière exception: en effet, soustraire le Haut-Canada à la juridiction de l'évêque de Québec contribuerait à faire moins paraître ce dernier comme archevêque selon le titre reçu de Rome qui avait tellement choqué les évêques anglicans et les administrateurs britanniques; serait également réduite la très grande influence de l'évêque de Québec, quasiment équivalente à celle du gouverneur général pour toute l'Amérique du Nord britannique. Autant il avait été politiquement opportun de faire affaire avec le seul évêque de Québec, autant il apparaissait maintenant préférable de morceler l'influence des évêques catholiques, sinon de la rendre contradictoire.

À la suite du geste posé à Londres puis à Rome par son suffragant du Haut-Canada, Mgr Plessis se résigna à approuver la démarche en cours, même s'il se méfiait du gouvernement britannique: celui-ci ne se servait-il pas des évêques catholiques pour réaliser ses vues politiques ou pour favoriser l'Église anglicane? Mgr Lartigue y voyait cependant une occasion de favoriser l'érection du diocèse de Montréal et d'établir la province ecclésiastique tant désirée. Mgr Macdonell ne prévoyait que des avantages pour l'Église du Haut-Canada et demeura à Rome jusqu'à la congrégation générale de la Propagande du 30 mai 1825, qui traita de la question. Les onze cardinaux présents remirent leur décision à plus tard, car ils étaient insuffisamment renseignés sur les revenus possibles de cet évêché éventuel, sur le nombre de prêtres à la disposition de l'évêque et sur le point de vue définitif de Mgr Plessis. Mgr Macdonell fut amèrement désappointé. Il ne quitta pas Rome sans rencontrer individuellement la plupart des cardinaux concernés et même le pape Léon XII avec Robert Gradwell, le recteur du collège anglais et son agent à Rome. À Londres, Mgr Poynter endossa finalement tous les aspects positifs du projet, surtout celui de contrecarrer de façon efficace les activités omniprésentes des anglicans et des protestants dans le Haut-Canada. Le 20 décembre 1825, les cardinaux décidèrent d'ériger le diocèse de Kingston, ce que ratifia Léon XII le 27 janvier suivant. À la demande de Mgr Plessis, un coadjuteur fut assigné à Mgr Macdonell; le choix tomba sur un Anglais, Mgr Thomas Weld, qui devint cependant cardinal avant même de poser le pied en Amérique; il demeura donc à Rome.

Pendant ces tractations, Mgr Macdonell avait laissé entendre à Londres et à Rome que Mgr Mac Eachern désirait une solution similaire pour son territoire ecclésiastique. L'accession de Mgr Panet au siège de Québec, par suite du décès subit de Mgr Plessis le 4 décembre 1825, fortifia ce projet, au dire même de Mgr Mac Eachern, qui prévoyait dès lors ne plus pouvoir compter sur le personnel clérical du Bas-Canada. À la suite d'une correspondance semblable à celle qui avait précédé l'érection du diocèse de Kingston, le diocèse de Charlottetown fut érigé officiellement le 11 août 1829; il incluait l'Île-du-Prince-Édouard, le Nouveau-Brunswick et les Îles-de-la-Madeleine, le Cap-Breton étant intégré au vicariat apostolique de la Nouvelle-Écosse.

Opposition gouvernementale à Mgr Lartigue

Le diocèse de Québec était désormais réduit au Bas-Canada et au Nord-Ouest, mais demeurait toujours fort étendu. S'il n'était pas encore question de créer une Église autonome dans l'Ouest, il en allait tout autrement pour le district épiscopal de Mgr Lartigue. Maintenant que l'élan était donné dans le sens de diocèses autonomes reliés directement à Rome, n'était-il pas préférable d'aller jusqu'au bout, quitte à ce que l'évêque de Québec devînt par la suite archevêque de la province ecclésiastique toujours envisagée? En acquiesçant à l'érection du diocèse de Kingston, Mgr Plessis avait invité Mgr Poynter à faire observer à Bathurst combien il serait désirable de faire un pareil établissement dans le district de Montréal. Le cardinal Giulio Maria della Somaglia, pro-préfet de la Propagande, y aurait consenti; Bathurst n'y avait pas d'objection, mais il voulut connaître l'opinion du gouverneur du Bas-Canada.

La réponse de lord Dalhousie fut négative pour de multiples raisons qui ne furent pas divulguées. Mgr Lartigue s'attendait à un tel refus, car il savait que le gouverneur avait de forts préjugés à son égard: son antipathie envers l'évêque et sa famille était bien connue. Cette opposition provenait du fait que les cousins de Mgr Lartigue, Louis-Joseph Papineau et Denis-Benjamin Viger, demeuraient réfractaires à certaines mesures du gouvernement provincial. En somme, Mgr Lartigue serait devenu évêque de Montréal si ses deux cousins avaient rencontré Dalhousie et lui avaient proposé la création du diocèse en échange du renoncement à leur opposition. Il n'en était évidemment pas question. Mgr Lartigue renouvela donc son dessein de démissionner, afin de ne pas empêcher le district de Montréal d'accéder au statut d'Église diocésaine.

De toute façon, il ne trouvait aucune raison valable d'attendre si longtemps le bon vouloir des gouvernements politiques dans un domaine d'ordre purement ecclésiastique. Selon lui, tous les bruits et scandales occasionnés par sa nomination à Montréal, en particulier à cause de l'opposition des Sulpiciens, s'atténueraient rapidement si le district de Montréal était érigé en Église autonome, qu'il en devînt le chef ou non. Seul le gouvernement ferait mauvaise mine, mais il finirait par le reconnaître même civilement, comme cela s'était finalement produit en 1818 pour l'évêque de Québec.

D'un autre côté, à l'insu de Mgr Lartigue, James Stuart, attorney général du Bas-Canada, s'empressa, dès décembre 1828, de prévenir le nouveau gouverneur James Kempt sur le comportement du prélat. Alors qu'il était censé être un simple vicaire général de l'évêque de Québec, il avait élargi la sphère de ses pouvoirs et devoirs de façon telle qu'il exerçait toutes les fonctions épiscopales et s'attribuait l'autorité d'un évêque autonome. Or, cette appropriation de pouvoirs, qui s'était effectuée sans permission du roi ni de ses représentants, violait selon lui la législation publique britannique conservée dans les colonies et même les ordonnances régissant le gouvernement de l'Église catholique romaine au Canada. On n'était vraiment pas près d'une entente.

Sur les entrefaites, une délégation de deux prêtres, Thomas Maguire et Antoine Tabeau, se rendit à Londres et à Rome pour le règlement des biens des Sulpiciens avec le gouvernement et fournit l'occasion à Mgr Lartigue d'ajouter un autre motif, l'érection du diocèse de Montréal. Mgr Panet ne s'y opposa pas, mais refusa que, dans le cas d'une réponse négative, le projet fût transformé en celui de vicariat apostolique. Pour sa part, Kempt informa le secrétaire d'État aux colonies qu'il ne trouvait pas nécessaire d'ériger à Montréal un siège épiscopal séparé de Québec. Il joignit l'opinion de Stuart, non sans préciser que le fonctionnaire était un ultra et qu'il était violemment opposé à toute autorité ecclésiastique. Il ajouta un autre document anonyme présumément écrit par un prêtre opposé à Mgr Lartigue. Imbu de gallicanisme, l'auteur reprochait au Séminaire Saint-Jacques de Montréal d'éduquer les futurs prêtres dans les principes de Félicité de La Mennais et de Joseph de Maistre sur l'autorité souveraine du pape. Il rapportait que Mgr Lartigue affirmait ici et là qu'il ne fallait pas s'embarrasser de l'autorité civile. À son avis, l'évêque ne devait pas être remplacé s'il démissionnait. Quant au gouverneur, il termina sa lettre en se demandant si les vues de Mgr Lartigue portaient non seulement sur l'autorité épiscopale, mais aussi sur l'administration et le contrôle des biens du Séminaire de Saint-Sulpice. Le secrétaire d'État aux colonies, George Murray, confirma rapidement l'opinion du gouverneur. Le voyage des deux prêtres canadiens lui paraissait complètement inutile. Il ne voulait pas rouvrir le dossier des biens des Sulpiciens et, selon lui, l'autorité acquise par Mgr Lartigue ainsi que les prétentions qui en découlaient ne justifiaient pas son élévation à la dignité d'évêque diocésain.

Insistance de Mgr Lartigue

Renseigné par Kempt lui-même de la décision de Londres, Mgr Lartigue ne se découragea pas. Il écrivit à Rome, où s'étaient rendus les deux délégués canadiens. Il les pria d'obtenir des autorités romaines soit l'érection de Montréal en diocèse ou en vicariat apostolique sans se soucier de Londres, soit sa démission. Comme l'évêque de Québec ne partageait pas ce point de vue, il ne s'ensuivit aucune décision dans ce sens. Mgr Lartigue insista. Dès l'automne 1830, peu après le retour au pays de Maguire et de Tabeau, il s'adressa au préfet de la Propagande et ne se gêna pas pour lui indiquer certaines précautions à prendre dans la confection de la bulle d'érection du diocèse de Montréal. Profitant du changement de parti au pouvoir à Londres, il invita son agent à y obtenir le consentement royal lui-même à l'érection recherchée. Cette insistance ne resta pas lettre morte: des pourparlers s'ouvrirent entre Rome et Londres. On envisagea même de résoudre le dilemme en nommant Mgr Lartigue à l'île Maurice, une autre colonie anglaise; la solution plut autant au pape qu'au secrétaire d'État aux colonies. Mais le sulpicien français Jean-Baptiste Thavenet répandit à Rome le bruit que le prélat canadien était mourant; cette fausse rumeur mit un point final au projet de transfert.

Entre-temps, le 5 juillet 1831, Mgr Panet et Mgr Joseph Signay, son coadjuteur, signèrent conjointement une requête au gouvernement britannique en faveur de l'érection du diocèse de Montréal, évidemment avec l'assentiment de l'auxiliaire de Montréal et même avec celui du nouveau gouverneur général lord Aylmer. Mais ce dernier corrigea son tir avant l'envoi de la demande. Ayant su par le conseiller législatif Ross Cuthbert que de nombreux curés du district de Montréal trouvaient cette mesure inutile et inopportune, il se limita aux observations antérieures de Dalhousie et de Kempt sur le sujet. La requête au roi resta donc lettre morte.

Du côté de Rome, on avait confiance dans le jugement du cardinal Weld à propos des relations avec Londres. Or, il ne voulait pas s'occuper de l'érection du diocèse de Montréal et il présumait que Londres s'y opposerait; le porte-parole des Sulpiciens à Rome, Thavenet, avait bien infléchi son objectivité. Mgr Lartigue rappela à Maguire, de nouveau délégué dans la Ville éternelle, que le grand projet d'une province ecclésiastique pourrait se réaliser une fois que chacun des évêques serait devenu autonome sur son territoire. Maguire s'aperçut qu'on n'érigerait pas Montréal en diocèse aussi longtemps que l'évêque de Québec n'en ferait pas la demande formelle. Mgr Lartigue avait dès lors beau jeu pour insister auprès du nouveau titulaire, Mgr Signay. Celui-ci répéta qu'il y tenait autant que son auxiliaire. Il avait trouvé plus prudent d'intervenir à Londres, avant de le faire à Rome; si Mgr Lartigue y tenait vraiment, qu'il s'adressât directement au Saint-Siège, ce qu'il fit le 2 février 1835. Le cardinal Filippo Fransoni, récemment nommé préfet de la Propagande, se chargea lui-même de connaître l'opinion du gouvernement britannique par Mgr James Bramston, vicaire apostolique à Londres. La réponse du Bureau colonial tarda à venir.

À la même époque, on célébra à Montréal le 50e anniversaire d'ordination presbytérale de Jacques-Guillaume Roque, sulpicien et vicaire général; Mgr Lartigue, les Sulpiciens, une centaine de prêtres et 8000 fidèles y fraternisèrent avec enthousiasme. Cette fête atténua les tensions. Une supplique favorable à l'érection du diocèse de Montréal fut signée peu après par l'évêque de Québec et son coadjuteur, par les Sulpiciens et par le clergé du district de Montréal; le nom de Mgr Lartigue n'apparaissait pas. La requête rappelait les motifs d'une telle demande: autorité insuffisante du vicaire général, évêque auxiliaire et suffragant, sur les plans à la fois ecclésiastique et civil, importance géographique et démographique du district (230 000 catholiques, 96 paroisses); les revenus ne

manqueraient pas et l'assentiment de l'autorité gouvernementale suivrait sans doute. Mgr Signay retarda l'envoi du
document, car il voulait connaître l'opinion de la commission d'enquête britannique qui avait été nommée pour étudier
les causes de l'agitation politique qui régnait alors dans le
Bas-Canada. Mgr Lartigue fut très déçu de ce délai: pourquoi
Mgr Signay ne profitait-il pas du voyage de Mgr Provencher
en Europe pour rendre à bon terme la requête déjà signée?
Rien n'y fit. Deux prêtres du district de Montréal entreprirent
donc de faire signer de nouveau par leurs confrères une copie
de la supplique et de l'envoyer directement au secrétaire de
la Propagande. Finalement convaincu que la commission d'enquête ne se mêlerait pas de l'érection du diocèse de Montréal,
Mgr Signay céda aux instances de son auxiliaire et adressa le
document original au cardinal Fransoni le 24 décembre 1835.

Diocèse de Montréal

Quand Mgr Provencher parvint à Rome, à la fin de février
1836, il apprit que l'avenir du district de Montréal serait débat-
tu à la réunion de la Propagande du 21 mars. Thavenet avait
préparé de la documentation en faveur de l'érection, compte
tenu du récent raffermissement des liens entre Mgr Lartigue
et les Sulpiciens, compte tenu aussi qu'il avait été pressenti
pour succéder à l'auxiliaire dont la démission s'annonçait
prochaine à cause de son état de santé. Mgr Provencher se
mit à l'œuvre et décrivit la situation réelle du district de
Montréal; son mémoire révéla aussi les intrigues et les fantai-
sies antérieures de Thavenet. Mgr Angelo Maï, secrétaire de
la Propagande depuis trois ans, ne parut pas surpris de cette
mise au point et présenta les faits tels quels aux cardinaux de
la Propagande. Ceux-ci répondirent affirmativement et définitivement aux cinq propositions préparées par le secrétaire:
érection du diocèse de Montréal, nomination de Mgr Lartigue
comme évêque de Montréal, acceptation de l'église Saint-
Jacques comme cathédrale et accord sur la composition éventuelle de son chapitre, concession des facultés canoniques
demandées par le nouvel élu, approbation du mode d'élection
de son coadjuteur proposé par Mgr Lartigue.

Entre-temps, le gouverneur Gosford écrivit à lord Glenelg, secrétaire d'État aux colonies, qu'il ne mettait aucune entrave à l'érection d'un nouveau diocèse dans le Bas-Canada. L'assentiment du gouvernement britannique à ce projet serait bien apprécié du clergé et de toute la population. Glenelg se déclara en faveur du diocèse de Montréal le 26 mai, alors qu'à Rome la bulle d'érection avait été datée du 13 mai. Mais l'archevêque de Canterbury avait pris les devants; dès le 14 février, il avait ordonné un évêque coadjuteur au docteur Charles James Stewart de Québec en la personne de George Josaphat Mountain sous le titre de «bishop suffragant of Montreal[3]», même s'il n'avait pas érigé pour autant le diocèse anglican de Montréal. Comme la dépêche de Glenelg à Gosford fut envoyée trois semaines avant les lettres apostoliques, l'approbation de Londres fut connue avant la ratification officielle de Rome, qui arriva le 29 août. Avant même de prêter son serment de fidélité au roi le 29 septembre devant lord Gosford, Mgr Lartigue avait pris possession de son siège épiscopal le 8 précédent. Il obtint bientôt de Londres des lettres d'incorporation et d'amortissement de son évêché, mais le gouverneur Colborne les lui transmit seulement le 15 août 1839, près de deux ans après leur arrivée à Québec.

4. ÉTABLISSEMENT DE LA PROVINCE ECCLÉSIASTIQUE DE QUÉBEC

Mgr Signay se retrouvait donc à la tête d'un diocèse confiné aux districts de Trois-Rivières, de Québec et de Gaspé. Le Nord-Ouest prenait de plus en plus son autonomie. La Colombie, le long du Pacifique, devenait cependant un autre champ d'action pastorale pour l'évêque de Québec qui y envoya deux de ses prêtres en 1838, Norbert Blanchet et Modeste Demers. Deux ans plus tard, Mgr Provencher y entrevoyait déjà la présence d'un évêque. Dans l'Est, Mgr Mac Eachern décédait et était remplacé par Mgr Donald Mac Donald, avec l'acquiescement de Mgr Signay. Dans le vicariat apostolique de la Nouvelle-Écosse et du Cap-Breton ainsi que dans celui de Terre-Neuve, la vie ecclésiastique faisait pitié; Mgr William Fraser et Mgr Michael Fleming y exerçaient respectivement leur ministère épiscopal avec beaucoup de difficultés.

Efforts de Mgr Lartigue

À peine cinq jours après la réception des brefs apostoliques nommant Ignace Bourget coadjuteur de Mgr Lartigue, l'évêque de Montréal s'attela à la tâche de regrouper les évêques titulaires et les vicaires apostoliques d'Amérique du Nord britannique dans une province ecclésiastique dont Mgr Signay deviendrait l'archevêque. Ses récents succès le stimulaient à poursuivre la réalisation de cet ancien rêve de Mgr Plessis. Il témoigna d'une logique et d'une ténacité exemplaires. Il pressa d'abord Mgr Rémi Gaulin, coadjuteur de Mgr Macdonell à Kingston, de sonder l'opinion de son supérieur à ce sujet; son point de vue serait déterminant auprès des autres évêques anglophones. L'assentiment du vieil évêque écossais fut immédiat. Pour sa part, Mgr Bourget s'attendait à une entente des évêques là-dessus, à l'occasion de son ordination épiscopale. Bien renseigné sur les dispositions du gouvernement, Mgr Pierre-Flavien Turgeon, coadjuteur à Québec, se dit assuré que cette mesure servirait grandement l'Église et que l'État y verrait ses avantages; mais il constata très peu d'intérêt, et même de l'opposition, chez Mgr Signay. Ce dernier ne semblait pas saisir de quoi il s'agissait et ne voulait surtout rien changer à son mode de vie. Seul Mgr Lartigue pourrait le convaincre du bien-fondé de la province ecclésiastique.

L'évêque de Montréal suivit le conseil de Mgr Turgeon et envoya à Mgr Signay les documents les plus importants écrits sur le sujet. L'évêque rébarbatif demanda quels avantages en résulteraient pour le diocèse de Québec, s'imaginant que ses confrères n'y cherchaient que leur seul profit. Lors de l'ordination épiscopale de Mgr Bourget le 25 juillet 1837, Mgr Signay était absent. Les évêques présents convinrent de mieux le renseigner et Mgr Lartigue s'en chargea. Il rappela les étapes par lesquelles le projet était passé depuis 1783 et il en énuméra les avantages:

— façon traditionnelle de procéder dans l'Église catholique romaine depuis le IVe siècle;
— possibilité de tenir des conciles provinciaux où les évêques conviendraient d'orientations ecclésiales;

— meilleur choix de candidats à l'épiscopat, à partir des noms sur lesquels s'entendraient les évêques;

— avec le gouvernement, un seul interlocuteur, l'archevêque, et non plus chacun des évêques;

— vigilance encore plus adéquate du Saint-Siège sur l'ensemble des Églises diocésaines.

Mais l'évêque de Québec s'entêtait à ne voir que les problèmes occasionnés par cette possible organisation ecclésiastique; il craignait aussi de passer pour un prétentieux qui recherchait les honneurs. Mgr Lartigue ne se tint pas pour battu; il invita Mgr Maï à favoriser de Rome le regroupement des diocèses.

Mgr Bourget prend le relais

Les troubles de 1837-1838 et le projet d'union des deux Canadas retinrent bientôt toutes les énergies. Mgr Lartigue y laissa son restant de santé et mourut le 19 avril 1840. Son successeur, Mgr Bourget, poursuivit son œuvre et chercha à réaliser ses projets, entre autres celui de l'établissement de la première province ecclésiastique. Il en fit l'un des objectifs de son voyage en Europe en 1841. Dans une conversation avec l'évêque, le gouverneur s'était révélé prêt à accepter cette structure ecclésiale, mais, depuis la mort de Mgr Macdonell, l'accord des vicaires apostoliques de Terre-Neuve et de Nouvelle-Écosse n'était plus assuré; Mgr Signay entretenait toujours les mêmes réticences. Une fois à Rome, Mgr Bourget convainquit le secrétaire de la Propagande de porter son attention sur ce projet. Un consulteur de la congrégation lui fut adjoint et se chargea de rédiger un mémoire complet. Entre-temps, cependant, le gouverneur Charles Poulett Thomson, devenu lord Sydenham, changea d'avis. Se disant malheureux de l'érection du diocèse de Montréal et du fait que les évêques du Canada-Uni n'étaient pas des étrangers aux vues larges mais de simples Canadiens, il reconnut l'avantage d'avoir affaire à un seul évêque, mais s'opposa néanmoins à la province ecclésiastique pour les raisons suivantes: population trop faible, évêques trop sobres et trop pauvres, absence d'archevêque anglican en Amérique du Nord britannique. À cause de cette volte-face, le Bureau colonial demanda l'opinion de ses Law Officers. Mgr Bourget revint donc au pays sans connaître le point de vue des cardinaux de la Propagande ni celui de Londres.

À cette époque, la géographie ecclésiastique des colonies connut de nombreuses modifications. Londres ne s'y opposa pas, car elles étaient fondées «sur la reconnaissance et l'établissement de la religion catholique romaine au Canada par la Capitulation et les Actes subséquents[4]». Furent en effet érigés les diocèses de Toronto le 17 décembre 1841, de Halifax le 15 février 1842, de Fredericton au Nouveau-Brunswick le 30 septembre 1842, les vicariats apostoliques de l'Orégon le 1er décembre 1843 et du Nord-Ouest le 16 avril 1844, le diocèse d'Arichat en Nouvelle-Écosse le 2 septembre 1844.

Position de Londres

À Londres, Mgr Nicholas Patrick Wiseman, coadjuteur du vicaire apostolique du district central d'Angleterre, veillait au grain, et ce à la demande des cardinaux de la Propagande eux-mêmes. Mgr Bourget trouvait qu'on perdait du temps: dans la métropole, on ne pouvait favoriser ce qui y était dénommé le papisme, mais l'on ne s'opposerait pas au fait accompli. Enfin, les Law Officers conclurent leur recherche d'une façon brève et éclairante: la couronne britannique ne pouvait pas légalement sanctionner la formation d'une province ecclésiastique qui inclurait tous les sièges épiscopaux d'Amérique du Nord britannique, car les provinces de l'Est n'avaient pas été conquises, mais seulement colonisées; il n'y avait dans leur cas aucune stipulation relative au maintien de la religion catholique romaine, ni par un traité, ni par un acte du parlement. Au Canada-Uni, qui avait été conquis, la religion catholique pouvait être considérée en un certain sens comme une religion établie, alors que, dans les territoires acquis par colonisation, «la Couronne ne peut évidemment pas être appelée à intervenir, et tout ce qui est fait doit l'être selon les mêmes principes d'entente libre et privée par lesquels les dissidents de ce pays sont réglementés dans leurs affaires religieuses[5]». Le secrétaire aux colonies transmit cet avis au gouverneur Charles Bagot qui rappela les objections de Sydenham. Il ne reconnut pas moins que la seule façon de réduire l'autorité des évêques de Montréal et de Kingston (où l'on avait approuvé la nomination d'un Canadien français en la personne de Mgr Gaulin) consistait à élever le titre de celui de Québec, tout en limitant son autorité archiépiscopale au Canada-Uni, ce qui obvierait aux inconvénients légaux signalés par les Law Officers. Rien ne transpira de ces propos, ni dans le Bas-Canada ni à Londres, où Mgr Wiseman ne demanda pas de réponse.

Mgr Bourget s'impatientait. Fort de l'appui des évêques de Kingston et de Toronto, il se rendit à Québec le 11 juin 1843, lors de l'ordination épiscopale de Mgr William Dollard de Fredericton. Il y fit signer une supplique par tous les évêques présents, y compris Mgr Signay. Seuls Mgr Fleming de Terre-Neuve, qui ne répondit pas à la lettre de son collègue de Montréal, et Mgr William Walsh de Halifax, qui s'opposa au projet (il préférait deux provinces ecclésiastiques, l'une pour les provinces maritimes, l'autre pour le Canada-Uni), ne signèrent pas le document. Mgr Provencher et Mgr Blanchet de l'Ouest ne furent pas joints. Le texte assurait que le gouvernement britannique donnerait son assentiment lorsque les formalités ecclésiastiques seraient complétées.

Le cardinal Fransoni demanda tout de même à Mgr Wiseman de se renseigner auprès du Bureau colonial. Le prélat anglais contacta le sous-secrétaire Stephen qui était bien connu pour ses bonnes dispositions envers les catholiques et sa grande influence au Bureau. Le fonctionnaire répondit tout de suite que le gouvernement ne s'opposerait pas à la mesure projetée, mais ne l'approuverait pas directement. Il précisa oralement un peu plus tard, après un entretien avec le secrétaire d'État Stanley, «que si le plan embrassait le Canada seul, le gouvernement de Sa Majesté s'y prêterait, parce que l'acte de cession de cette province l'oblige à y reconnaître une hiérarchie catholique»; de plus, ajouta-t-il, «la multiplication des évêchés, par exemple, n'y souffrirait aucune difficulté[6]», ce qui ne pouvait être garanti pour les autres provinces d'Amérique. Le Saint-Siège pouvait procéder, puis laisser l'archevêque de Québec transiger par la suite avec le gouverneur Charles Metcalfe, qui serait bientôt invité à ne mettre aucun obstacle à ce regroupement organisationnel.

À leur réunion du 13 mai 1844, les cardinaux de la Propagande décidèrent d'ériger la première province ecclésiastique en Amérique du Nord britannique, ce que Grégoire XVI ratifia le 9 juin suivant. Elle incluait les seuls diocèses du Canada-Uni: Québec, Montréal, Kingston, Toronto, sous la responsabilité de l'archevêque de Québec. Mgr Signay reçut le pallium à Québec le 24 novembre 1844, sous la présidence de Mgr Bourget. Du côté gouvernemental, les changements de gouverneur et de secrétaire d'État aux colonies retardèrent la reconnaissance civile de l'archevêque. Tout en acceptant le principe de non-intervention dans les questions internes de l'Église catholique romaine, le gouverneur Earl Cathcart se devait d'attribuer un titre à Mgr Signay dans un bill imminent sur l'érection des paroisses et la réparation des églises. Avec l'accord de William Ewart Gladstone, secrétaire d'État aux colonies, il utilisa le titre d'archevêque catholique romain de Québec.

*   *   *

Pour le plus grand bien de l'Église et grâce à la ténacité des évêques Plessis, Lartigue et Bourget, était finalement réalisé un projet de 1783. On ne constata pas de conséquences immédiates. On craignit d'ailleurs d'augmenter la colère de l'évêque anglican de Québec et Mgr Signay ne devenait pas automatiquement apte à prendre en main ses nouvelles responsabilités de métropolitain. Les suites les plus manifestes de ce rassemblement ecclésiastique survinrent tout de même un peu plus tard: la tenue du premier concile provincial en 1851, la fondation de l'université Laval en 1852 et l'organisation institutionnelle de l'Église catholique romaine qui s'affermit et se solidifia dans tous les domaines de la vie sociale.

CHAPITRE III

LES ÉVÊQUES ET LEURS ADJOINTS IMMÉDIATS

Bien que l'Église soit théologiquement constituée de membres d'égale importance, les évêques ont toujours exercé un ministère d'autorité qui les a rendus particulièrement révélateurs de leur Église locale. À des époques où l'institution ecclésiastique est le signe principal du corps du Christ, le choix des évêques devrait s'avérer d'une importance majeure. Les pages précédentes corroboreraient peut-être cette hypothèse, mais les faits qui vont suivre l'atténueront sans doute.

Les critères de choix des évêques et la qualité des candidats nommés ont été fort arbitraires. Dans les faits, beaucoup d'autres personnes que les prêtres choisis auraient pu exercer aussi bien le ministère épiscopal, sinon mieux. Remarquons bien comment cela se passait.

1. LA SUCCESSION DES ÉVÊQUES DE QUÉBEC (1766-1820)

Mgr Briand et son coadjuteur

Jean-Olivier Briand est né le 23 janvier 1715, à Saint-Éloi, dans la paroisse de Plérin, diocèse de Saint-Brieuc en Bretagne, de François Briand et de Jeanne Burel, au sein d'une famille paysanne. Ordonné prêtre le 16 mars 1739, il s'est embarqué

pour la Nouvelle-France deux ans plus tard en compagnie de
Mgr de Pontbriand. L'évêque le nomma chanoine de sa cathédrale, le garda auprès de lui à l'évêché et l'honora de sa confiance jusqu'à sa mort en 1760. De passage à Paris en 1766
pour son ordination épiscopale, Mgr Briand s'adressa par
écrit au préfet de la Congrégation de la Propagande et l'entretint entre autres sujets de l'avenir de son chapitre. Il en
craignait la dissolution, car le roi de France ne versait plus
les 8000 livres attribuées annuellement au chapitre ni les 5000
ou 6000 livres de revenus provenant chaque année de l'abbaye
de Maubec et de quelques prieurés; de plus, les services des
chanoines étaient requis en paroisses où un manque de prêtres
se ferait bientôt sentir. Un bref apostolique rassura l'évêque:
les chanoines pourraient continuer à être membres du chapitre
sans être astreints à la résidence ni à la récitation de l'office
canonial.

Le 19 juillet 1766, peu après son retour à Québec, Mgr
Briand prit possession de son siège épiscopal en la chapelle
du Séminaire. Il ne se rendra qu'en 1774 à la cathédrale,
endommagée par les Anglais lors de leur attaque de la ville
en 1759. Pour sa part, la reconstruction du palais épiscopal
tarda tellement que l'évêque résida au Séminaire toute sa vie
durant. Il y utilisait une chambre et un bureau, modestement
meublés, auxquels s'ajoutaient une chambre pour son secrétaire et une autre pour son domestique. Les religieuses hospitalières lavaient son linge et lui rendaient quelques autres
services.

Mgr Briand tenta d'intéresser le gouverneur Murray et
son successeur Carleton à la conservation de son chapitre. Il
y voyait cinq avantages: continuité d'une institution ecclésiastique existant déjà sous le régime français, aide apportée à
l'évêque, garantie d'une autorité diocésaine en cas de mortalité
de l'évêque, lieu d'émulation pour les prêtres, organisme de
consultation pour le choix du successeur de l'évêque. Même
s'il désirait accroître le nombre des chanoines à 20 ou 25,
Mgr Briand se disait prêt à en garder 13 selon la coutume; il
accepterait même de leur enlever les quatre chapelains prêtres,
les quatre chantres et les six enfants de chœur qui les entouraient. En dernière analyse, il se contenterait des cinq digni-

taires du chapitre: le grand chantre, l'archidiacre, le théologal, le pénitencier et le doyen. Carleton s'opposa à tout: il n'était même pas question de remplacer les chanoines disparus et l'institution devait disparaître coûte que coûte. L'évêque ne s'obstina pas et la question fut réglée une fois pour toutes.

Les vicaires généraux demeurèrent les seuls collaborateurs immédiats de l'évêque. Il leur appartenait d'exercer leur vigilance dans la portion du diocèse qui leur était dévolue, de penser en tout comme l'évêque, de l'informer fréquemment sur les divers sujets inhérents à leur tâche, d'attendre sa décision avant de prendre partie dans le règlement d'un problème, de ne pas excéder les termes de leur commission. Dans le district de Montréal, Mgr Briand n'avait pas tardé à nommer deux vicaires généraux, l'un pour les paroisses de la rive sud du Saint-Laurent et l'autre, en l'occurrence le supérieur des Sulpiciens, pour la ville de Montréal et les paroisses de la rive nord.

Après quatre ans d'attente patiente, Mgr Briand réussit à s'adjoindre un évêque coadjuteur, Mgr Louis-Philippe Mariauchau d'Esgly, le premier d'origine canadienne. Né à Québec le 24 avril 1710 du mariage de Louise-Philippe Chartier de Lotbinière et du chevalier François Mariauchau d'Esgly, capitaine d'une compagnie d'infanterie et des gardes du gouverneur, il eut comme parrain le marquis Philippe de Rigaud de Vaudreuil, gouverneur général de la Nouvelle-France, et comme marraine Louise Chartier, épouse de Louis Denis Chartier, écuyer, sieur de la Ronde. Il fut pensionnaire au Séminaire de Québec pendant ses études classiques commencées en 1721 au Collège des Jésuites et il y poursuivit ses études théologiques jusqu'à son ordination le 18 septembre 1734. Sa première et unique nomination fut la cure de Saint-Pierre, île d'Orléans. Il y témoigna des vertus d'un véritable ecclésiastique, tout en se dévouant au service des 400 communiants de sa modeste paroisse. Des membres de la famille Lotbinière, considérés même sous le régime britannique comme appartenant à l'aristocratie canadienne, influencèrent le choix de Carleton en sa faveur. Tout heureux de voir le gouverneur sanctionner ainsi implicitement le principe de la succession de l'évêque de Québec, Mgr Briand acquiesça tout de suite, même si son éventuel remplaçant comptait cinq ans de plus que lui et souffrait de surdité partielle. Le coadjuteur demeura curé de Saint-Pierre.

Dans sa correspondance, Mgr Briand se décrit assez précisément. Non sans défauts, il affirme être ni ivrogne, même s'il boit du vin aux repas, ni galant, ni fastueux (il fêtait seulement le premier de l'an, soit chez les Anglais, soit chez les Français), ni ambitieux, ni vindicatif. Sa voiture était inutilisable et il n'avait pas d'argent pour la remplacer. Il récitait son bréviaire au complet tous les jours et avait manqué la messe quotidienne seulement deux fois depuis son ordination sacerdotale. Il n'assistait pas à l'oraison en commun, à cause des douleurs dues à la sciatique qu'il ressentait en descendant ou en montant les escaliers; des contractions de nerfs le faisaient beaucoup souffrir de l'estomac et de la poitrine. Il ne recevait aucune femme dans ses appartements et il les rencontrait en groupe ou au confessionnal. Il prenait ses repas en compagnie des ecclésiastiques du Séminaire. «On m'accuse d'être vif; sur trente fois que j'ai l'occasion de l'être, je ne le suis pas deux fois[1].» Timide, au point de n'avoir pas prêché avant d'être évêque, il apprit à parler en public. Étranger à toute intrigue et sans ambition personnelle, il avait été nommé évêque contre son gré. Humble, franc, gai, travailleur, pieux, dévoué, homme de tête et de caractère, il affirmait: «Je vois tout et ne dis rien. [...] Je ne suis pas porté à dominer et j'aime conserver les droits de chacun, mais ma conscience ne me permet pas d'abandonner les droits de ma place qui y sont attachés de droit divin[2].»

Pour couvrir les dépenses de Mgr Briand, les vicaires généraux des trois districts du Québec avaient, dès 1766, invité les séminaires, les collèges et les communautés religieuses à faire un présent à l'évêque au mois de septembre de chaque année. Ils avaient précisé aux curés de verser 24 livres, s'ils recevaient 300 minots de blé en dîmes, et 12 livres de plus pour chaque nouvelle tranche de 100 minots. Il s'agissait d'un don. Jusqu'à la Révolution française, l'évêque de Québec, toujours considéré comme Français d'origine, encaissa annuellement 2000 livres du receveur général des Économats, au nom du roi de France, et 3000 livres du clergé de France.

Même si le Séminaire de Québec le logeait et le nourrissait gratuitement, l'évêque défrayait certains déménagements, le salaire de son domestique, les dépenses inhérentes à ses déplacements, entre autres ses visites pastorales, et il faisait quelques aumônes, en particulier aux pauvres de Québec et de Montréal.

Mgr Hubert et son coadjuteur

Mgr Briand démissionna en 1784. Âgé de 70 ans et sentant croître ses infirmités, il permit ainsi à son successeur de s'adjoindre un évêque plus jeune. Le gouverneur Haldimand songea à recommander Montgolfier comme coadjuteur. Mais aussi vieux que le démissionnaire et préoccupé de faire traverser l'océan à des Sulpiciens français, il se déroba; Mgr Briand suggéra de proposer plutôt Jean-François Hubert à l'approbation de Londres. Redoutant le gouverneur, Mgr Briand résigna son poste en présence de notaires publics, dès qu'Haldimand se fut embarqué pour la capitale britannique le 29 novembre. Le lendemain, Mgr Mariauchau d'Esgly écrivit à Rome pour obtenir la nomination d'Hubert; le surlendemain, on remit à l'administrateur de la province, pour être transmises à Londres, des lettres testimoniales dûment signées par plusieurs prêtres et ratifiées par des membres du gouvernement provincial.

Haldimand se montra très mécontent de ces démarches, faites sans l'acquiescement du gouvernement britannique. Il proposa même au ministre de l'Intérieur deux candidats anglais: un dominicain et un récollet, de tristes sujets, semble-t-il. Lord Sydney opta pour Montgolfier. Thomas Hussey, aumônier de l'ambassade de France à Londres et vicaire général de monseigneur de Québec, lui objecta que le supérieur des Sulpiciens était d'origine française (ce que désirait peut-être le ministre) et déjà âgé de 72 ans. Sydney retint sa décision, mais exigea des explications de la part de Mgr Mariauchau d'Esgly et de Montgolfier lui-même. Le sulpicien refusa catégoriquement l'épiscopat et le nom d'Hubert fut dès lors accepté par le ministre.

Du côté de Rome, la ratification avait été immédiate; on s'était fié au choix de l'évêque de Québec. Les lettres apostoliques, datées du 14 juin 1785, ne lui parvinrent cependant que le 31 mai 1786. Encore là, l'ordination épiscopale fut retardée par l'administrateur du Québec, Henry Hope, faute d'une confirmation de Londres; la célébration eut finalement lieu en la cathédrale, le 19 novembre. Mgr Briand présida; il y tenait beaucoup, car le nouvel évêque avait été le premier prêtre ordonné par lui, vingt ans plus tôt.

Né à Québec le 23 février 1739 de Jacques-François Hubert, boulanger, et de Marie-Louise Maranda, le nouveau coadjuteur s'était affilié au Séminaire de Québec avant même son ordination presbytérale. Il y exerça la tâche de procureur pendant neuf ans et de supérieur pendant cinq ans, tout en y professant la philosophie et la théologie; il y ajouta la fonction de secrétaire de Mgr Briand pendant 12 ans. En 1781, il avait obtenu la permission de se rendre comme missionnaire auprès des Hurons à Notre-Dame-de-l'Assomption, près de Détroit. L'évêque lui reconnaissait «une foi saine et parfaitement catholique, la gravité des mœurs, la science et la piété requises pour être promu à l'épiscopat[3]». Connaissant bien le diocèse qu'il avait parcouru en accompagnant son évêque lors de ses visites pastorales, Mgr Hubert avait acquis la réputation d'un prédicateur touchant et il était partout estimé pour sa bonté. Un curé de campagne trouvait chez lui «toutes les vertus sacerdotales[4]». De plus, le nouvel évêque ne tarderait pas à partager ses pouvoirs de juridiction et ceux de ses vicaires généraux avec des archiprêtres qu'il nomma dans une trentaine de secteurs du Québec. Chacun d'eux, tout en demeurant curé, devait rendre service à ses confrères et aux catholiques de quatre ou cinq paroisses environnantes.

Mgr Hubert se trouvait en visite pastorale dans la région de Saint-Hyacinthe quand il apprit, au début de juin 1788, la mort de Mgr Mariauchau d'Esgly. Il prit possession du siège épiscopal le 12 du même mois. Puis il écrivit au préfet de la Propagande à propos de Charles-François Bailly de Messein, son éventuel coadjuteur, que le gouverneur Dorchester lui avait imposé: le candidat avait été précepteur de ses trois enfants, même en Angleterre de 1778 à 1782. Bien que retiré,

Mgr Briand avait donné son consentement, même s'il n'y était pas plus enclin que Mgr Hubert; ils n'avaient pas osé s'opposer au choix du gouverneur.

Fils de François-Augustin Bailly de Messein et de Marie-Anne de Goutin, le coadjuteur pressenti était né à Varennes en 1740 et avait fait ses études classiques à Paris, au collège Louis-le-Grand. À peine six mois après son ordination presbytérale, le 10 mars 1767, il avait été envoyé comme vicaire général de la Nouvelle-Écosse, de l'Île-Saint-Jean et du Cap-Breton où il avait remplacé le célèbre Pierre Maillard, décédé cinq ans auparavant. Après trois ans de ministère fécond quoique très difficile, il devint professeur de rhétorique au Séminaire de Québec. En 1775-1776, il s'engagea comme chapelain d'un groupe de 300 Canadiens royalistes, dirigé par Louis Liénard de Beaujeu de Villemomble. Enfin, en 1777, il fut nommé curé de Saint-François-de-Sales, à la Pointe-aux-Trembles (Neuville), fonction qu'il reprit à son retour d'Angleterre. Ses brefs apostoliques parvinrent à Québec le 26 septembre 1788. Son ordination au titre d'évêque de Caspe *in partibus infidelium* eut lieu le 12 juillet 1789 des mains de Mgr Hubert; le nouvel évêque continua d'être curé au même endroit. Son ministère épiscopal fut de courte durée et se limita à des aspirations non comblées, entre autres celle de devenir évêque titulaire de Québec. Durant son bref séjour à l'Hôpital général de Québec, il désavoua ses démarches irrégulières contre son évêque et il en obtint le pardon avant de mourir le 20 mai 1794.

Mgr Hubert ne le suivit pas de loin. Bien que fort actif, il avait presque toujours été malade depuis son séjour dans les missions de Détroit, où il avait contracté les fièvres tremblantes. Le 1er septembre 1797, il résigna en faveur de Mgr Denaut et il mourut le 17 octobre suivant. L'oraison funèbre, prononcée par le grand vicaire Jean Desjardins, fit longuement ressortir ses qualités: piété, recueillement, ferveur, «un esprit de sagesse et de conduite propre à lui concilier [...] d'un côté les respects et l'estime des honnêtes gens du monde, de l'autre les considérations et la confiance des organes de l'autorité royale[5]». On aimait l'appeler l'évêque missionnaire, non seulement à cause de son séjour chez les Hurons, mais aussi à cause de ses laborieuses visites pastorales annuelles. Son équipage était pauvre; il s'habillait simplement et acceptait difficilement les hommages. La modération, la réserve, la frugalité et la régularité le caractérisaient. L'*Imitation de Jésus-Christ* lui servait de livre de chevet. Sa générosité était partout reconnue. Il se considérait comme le frère aîné et l'ami de ses prêtres. Prédicateur surprenant, compte tenu de la simplicité de sa personnalité, et catéchiste excellent, Mgr Hubert avait annoncé la parole de Dieu de façon émérite. Ses mœurs n'avaient même pas prêté flanc aux calomnies et l'humilité était sa vertu dominante.

Mgr Denaut

Son successeur était originaire de Montréal; son père s'appelait André Denaut, maçon, et sa mère, Françoise Boyer. Leur fils Pierre, né le 20 juillet 1743, avait fait ses études philosophiques et théologiques durant la période tourmentée de 1760; ordonné prêtre le 25 janvier 1767, il fut immédiatement nommé curé des Cèdres (Soulanges). Il se distinguait déjà par sa piété, sa prudence et son zèle. Il desservit pendant quelques années et à tour de rôle Vaudreuil (1773-1775) et l'Île-Perrot (1786-1787), puis quitta les Cèdres quand lui incomba la cure de Longueuil, le 25 octobre 1789. Le gouverneur Dorchester ayant laissé toute latitude à l'évêque de Québec pour le remplacement de Mgr Bailly de Messein, Mgr Hubert avait alors présenté son grand vicaire Denaut à Rome avec beaucoup d'éloges, en particulier sur ses services rendus, sur son amour de la discipline ecclésiastique et sur son respect pour le Saint-Siège. Le pape Pie VI avait confirmé ce choix en le nommant évêque de Canathe, en Palestine, le 30 septembre 1794. L'ordination épiscopale avait eu lieu à Montréal, ce qui était une première, le 29 juin 1795.

Après la résignation de Mgr Hubert, Mgr Denaut conserva sa cure de Longueuil et y demeura jusqu'à sa mort. Son idée était faite sur son coadjuteur, ce serait Joseph-Octave Plessis, ancien secrétaire de Mgr Briand pendant neuf ans et curé de la cathédrale depuis cinq ans. Il le savait bien au courant de l'administration générale de l'Église diocésaine et en bonnes relations avec plusieurs membres du gouvernement provincial. Un délai de quatre ans s'écoula entre le choix et l'ordination de Mgr Plessis; on se trouvait en pleine Révolution française. La Congrégation de la Propagande s'était établie à Padoue; le pape, captif à Valence, mourut et fut remplacé par Pie VII en 1800. Les brefs apostoliques furent signés le 20 mai et Mgr Plessis reçut l'onction épiscopale le 15 janvier 1801. Ses relations épistolaires avec Mgr Denaut témoignent d'une grande cordialité et de beaucoup de respect. L'évêque titulaire s'appliquait à visiter les paroisses de son diocèse, laissant en toute confiance la tâche administrative à son coadjuteur. Sa générosité, son affabilité et sa douceur le faisaient aimer de tous. Il s'éteignit après quelques heures de maladie, le 17 janvier 1806, à l'âge de 62 ans. Le choix d'un nouveau coadjuteur se porta sur Bernard-Claude Panet. Lui et le nouvel évêque titulaire, Mgr Plessis, prêtèrent le serment de fidélité au roi dès le 27 janvier. Tout se déroulait encore une fois comme si le pape ne faisait que ratifier la décision de l'évêque de Québec, prise avec l'accord du gouverneur. De fait, le 23 août suivant, Pie VII confirma le choix de Panet qui demeura néanmoins curé de Rivière-Ouelle.

Mgr Plessis

À sa première visite épiscopale à Montréal, Mgr Plessis fut accueilli avec grande pompe. Une compagnie de grenadiers et une autre de chasseurs, précédées de plusieurs officiers, le conduisirent du séminaire des Sulpiciens à l'église Notre-Dame. Le sermon du supérieur Roux fut «digne des talents les plus élevés». C'était jour de gloire pour la religion en la personne du «Chef de ses ministres en ce pays[6]». On y fêtait également un fils de Montréal, puisque l'évêque y était né, le 3 mars 1763, de Joseph Amable Plessis, forgeron, et de Marie-Louise Mennard. À l'occasion de son départ pour l'Europe en 1819, le vicaire général du Haut-Canada, Alexander Macdonell, lui attribua les qualités suivantes dans une lettre adressée à Mgr Poynter de Londres: véritable esprit apostolique, zèle pour la religion et piété digne des plus beaux jours de la primitive Église.

2. DES NOMINATIONS ÉPISCOPALES COMPLIQUÉES (1820-1834)

L'évêque de Québec se soucia de la subsistance de ses nombreux auxiliaires ordonnés à partir de 1820, en particulier de Mgr Lartigue. Il lui conseilla de se procurer un cheval et une voiture pour se rendre facilement là où l'appellerait son nouveau ministère. Il jouirait d'ailleurs du tiers des revenus annuels de Saint-Mathieu de Belœil et de Saint-Hilaire, ce qui équivaudrait à 450 minots environ de froment ou de menus grains. Il pourrait de plus se servir de componendes pour payer les dépenses de secrétariat relatives aux dispenses de mariage et pour verser des aumônes jusqu'à concurrence de 100 livres par année. Mgr Plessis conseilla à Mgr Lartigue de ne demander aucune contribution aux curés, car le numéraire se faisait rare et l'argent ainsi obtenu le rendrait malencontreusement dépendant de son clergé.

L'année 1825 commença pour Mgr Plessis par la célébration du 24ᵉ anniversaire de son ordination épiscopale. À l'issue de l'office liturgique, les participants se rendirent au Séminaire et les citoyens du faubourg Saint-Roch lui présentèrent son portrait, peint à l'huile par un artiste célèbre du nom de James; ils lui exprimèrent ainsi leur reconnaissance pour son apport à la vie religieuse et à l'avancement de l'éducation dans leur quartier. Mais depuis le mois de décembre, l'évêque était miné par une maladie alarmante, diagnostiquée comme une hydropisie de poitrine. Il poursuivit quand même la visite pastorale des paroisses en juin suivant; ce serait sa dernière.

Le 28 novembre, on chanta une grand-messe pour le rétablissement de sa santé et beaucoup plus de fidèles que prévus y participèrent. Sa mort survint le dimanche 4 décembre. On regretta un chef habile, modéré, zélé, infatigable, un pasteur humain, bienveillant, charitable, attentif aux besoins et prompt à y subvenir, un citoyen loyal envers son roi. La comtesse de Dalhousie contremanda, cette semaine-là, sa réunion mondaine du lundi soir, le Club Tandem ne tint pas son assemblée hebdomadaire, le cirque fut fermé jusqu'à l'inhumation de l'évêque. Lors des funérailles, sa dépouille eut droit, de la part de la milice, aux mêmes honneurs que

Mgr Joseph-Octave Plessis (1763-1825). D'abord évêque coadjuteur à Québec en 1800, Joseph-Octave Plessis fut évêque en titre de 1806 à 1825. Il fut un des chefs religieux les plus remarquables du XIXe siècle. Portrait exécuté par Antoine Plamondon. Galerie nationale du Canada, Ottawa, n° 23168.

ceux que l'on rendait à un évêque anglican. Le cortège se mit en branle à l'Hôtel-Dieu et se dirigea vers la cathédrale, escorté des grenadiers du 79e régiment et de montagnards écossais, au son de la musique et des tambours. L'artillerie royale, les 71e et 79e régiments bordaient les rues. Les boutiques et les ateliers de la ville avaient fermé leurs portes. En ce samedi matin du 10 décembre 1825, des milliers de gens regardaient défiler devant eux le clergé, le corps du défunt exposé dans sa bière, le gouverneur général et son état-major, les conseillers législatifs, les principaux officiers du gouvernement et du barreau, les marguilliers de Québec et une foule immense de citoyens «de tous les états et de toutes les croyances[7]». Toute l'église était tendue de noir; on avait acheté 300 crêpes et 300 paires de gants; la fabrique paya avec générosité le coût des obsèques et de l'enterrement.

Mgr Bernard-Claude Panet présida le service funèbre. Le vicaire général François-Xavier Demers rappela en chaire les vertus et les principales réalisations du défunt: son zèle pour le salut des âmes, sa charité et son désintéressement, ses prédications et ses instructions, son voyage fructueux en Europe, ses visites pastorales, les fondations de l'église Saint-Roch et du Collège de Nicolet, l'établissement et le soutien d'un grand nombre d'écoles. «Il était chéri de Dieu et des hommes», tel était le texte biblique sous-jacent au panégyrique du prédicateur[8]. Le corps du défunt fut inhumé dans la cathédrale et son cœur déposé à l'église Saint-Roch. On chanta une messe dans chaque église du diocèse; les catholiques y assistèrent partout en grand nombre. L'année suivante, Mgr Panet célébra un service anniversaire à l'église Saint-Roch, en présence de son coadjuteur, de nombreux prêtres et d'une grande foule de fidèles. Le curé Thomas Cooke de Saint-Ambroise y prononça l'éloge funèbre: il y fit ressortir la piété de l'évêque défunt, ses talents, la sagesse de son administration, la grande valeur de ses entreprises et de ses établissements, son génie rare et son zèle apostolique[9].

Nouvelles exigences romaines

À la suite du décès de Mgr Plessis, Mgr Panet prit possession du siège de Québec le 12 décembre 1825, à l'âge de 72 ans. Natif de Québec, il avait été éduqué dans une famille dont le père, d'origine française, avait exercé les professions d'avocat, de notaire et de juge tant sous le régime français que sous le régime britannique. Après son ordination au presbytérat en 1778, il avait enseigné la philosophie trois ans au Séminaire de Québec, avait desservi à tour de rôle et brièvement les cures de Batiscan, Champlain et Sainte-Geneviève, puis celle de la Rivière-Ouelle pendant 45 ans. Ses modestes talents, son bon sens rare, sa grande bonté, son amour de la paix, sa piété et son zèle le rendaient sympathique et aimable.

Le choix du coadjuteur ne tarda pas. Dalhousie l'annonça le 16 décembre: il s'agissait de Joseph Signay qui avait été présenté par l'évêque titulaire en tête d'une liste de trois noms. Âgé de 47 ans, il était né à Québec d'un père bordelais, capitaine et propriétaire d'une goélette. Ordonné prêtre en 1802, il avait été successivement vicaire à Chambly et à Longueuil, puis curé à Saint-Constant et, à partir de 1805, le premier curé résidant de Sainte-Marie-de-Monnoir. Il était curé de Québec depuis 1814. Administrateur habile, homme d'ordre et d'économie, il se montrait particulièrement talentueux dans l'enseignement catéchétique des enfants.

Si à Londres la nomination de Mgr Signay plut à Bathurst, à Rome on crut le temps venu d'améliorer les procédures. Mgr Panet avait présenté son candidat et expliqué les démarches faites, c'est-à-dire l'adhésion du gouverneur, la publication du nom de l'élu et la ratification de Londres, mais les cardinaux consulteurs de la Propagande différèrent leur approbation. Mgr Panet avait omis de transmettre les noms des deux autres candidats: François-Xavier Demers et Pierre-Flavien Turgeon. Consulté par Rome, Mgr Lartigue, peu enclin à endosser la sélection de l'évêque de Québec, insista sur la nécessité d'une entente préalable avec les autres évêques du diocèse lors d'une telle nomination. Mgr Signay ne fut pas moins nommé évêque le 15 décembre 1826, sous le titre de Fussala *cum futura successione*. L'ordination épiscopale eut lieu à la cathédrale le 20 mai 1827.

En acquiesçant à la nomination de Mgr Signay, les cardinaux proposèrent de nouvelles procédures pour l'avenir; une fois nommé évêque, le coadjuteur s'informerait auprès de l'évêque diocésain sur les trois meilleurs candidats à l'épiscopat, recueillerait tous les renseignements à leur sujet et enverrait leurs noms à Rome; ces personnes devaient lui paraître dignes de l'épiscopat par leur piété, leur doctrine, leur prudence et l'intégrité de leurs mœurs. Informé par Mgr Panet de cette façon de procéder, Mgr Lartigue trouva fort normal de choisir l'évêque parmi des candidats déjà agréés par Rome. Il mentionna que les autres évêques du diocèse pourraient eux aussi participer au choix des candidats. Mgr Panet n'en fit rien. Il transmit à Rome trois noms de prêtres qui lui semblaient aptes à l'épiscopat et acceptables aux yeux du gouvernement; en cas de décès, son coadjuteur tiendrait compte de l'agrément romain en faveur des candidats déjà présentés.

Quinze mois plus tard, sans nouvelle de Rome, l'évêque insista auprès du cardinal Capellari, préfet de la Propagande et futur Grégoire XVI, pour savoir à quoi s'en tenir. Les trois prêtres avaient été jugés dignes de l'épiscopat; il ne restait plus qu'à en choisir un et à le proposer au gouvernement quand le temps serait venu. On lui demanda cependant des noms d'autres candidats, mais Mgr Panet et Mgr Signay crurent que c'était pour un choix ultérieur. Par trois fois, Mgr Panet offrit sa démission à Rome, mais elle fut chaque fois refusée, ce qui le mécontenta beaucoup. Le 13 octobre 1832, il résolut de nommer Mgr Signay administrateur du diocèse, sans attendre plus longtemps une réponse du Saint-Siège. Dès ce moment, les trois candidats à la coadjutorerie furent discrètement proposés au gouverneur Aylmer, qui accorda sa préférence au premier en liste, Pierre-Flavien Turgeon. Il en fit la recommandation au Bureau colonial. On répondit qu'à l'avenir, tout comme avant la venue du gouverneur Dalhousie, le prêtre accepté par le gouverneur serait automatiquement reconnu par Londres à moins d'une exception inimaginable.

Deux candidats en lice

Tout se compliqua à Rome. Quiblier, le supérieur des Sulpiciens, avait appris le choix de Turgeon, probablement par un confident d'Aylmer. Il décria cette décision dans une lettre à son confrère Thavenet. À la réunion du 25 février 1833, les cardinaux acceptèrent enfin la démission de Mgr Panet (de fait, il était décédé depuis onze jours). Prétextant que Mgr Panet et Mgr Signay n'avaient pas transmis à Rome les noms d'autres candidats que les trois déjà envoyés, ils optèrent pour un prêtre suggéré par Quiblier, Jean-Baptiste Gauthier Saint-Germain, curé de Saint-Laurent dans l'île de Montréal. Lors de la même congrégation, ils acceptèrent la démission de Mgr Lartigue, mais sans le remplacer par le candidat déjà proposé par Mgr Panet, Antoine Tabeau. De ces décisions sans doute influencées par l'agent des Sulpiciens, le pape n'en entérina qu'une, la démission de Mgr Panet. On demanda à Mgr Signay les noms d'une vingtaine de prêtres susceptibles de devenir son coadjuteur. Mgr Lartigue apprit que le pape tenait à lui voir conserver son poste pour qu'il puisse devenir le premier évêque de Montréal. Habituellement peu efficace, l'agent de l'évêque de Québec à Rome, Mgr Wiseman, crut bon d'informer Mgr Signay de la teneur exacte des propositions du 25 février «qui semblaient avoir été faites avec une précipitation et une irréflexion extraordinaires[10]».

À la congrégation générale du 27 janvier 1834, conscients de l'opportunité d'opter pour Turgeon, les cardinaux le proposèrent enfin au pape; ils trouvèrent indispensable de signifier à Mgr Signay que sa façon d'agir leur avait déplu et qu'à l'avenir il faudrait procéder normalement. Ils exigèrent même qu'avant l'envoi des brefs en faveur de Turgeon Maguire signât une déclaration selon laquelle le nouveau coadjuteur n'entraverait ni les droits ni les usages du Séminaire de Saint-Sulpice de Montréal. Ne jouissant d'aucun pouvoir dans ce sens, l'agent des évêques se contenta d'expliquer la situation; il remit son document au secrétaire de la Propagande, Mgr Maï, puis il transmit une note au pape lui-même. Il apprit alors que Mgr Maï avait employé l'argument suivant pour amener le pape à nommer Turgeon: «une querelle particulière de l'évêque avec les sulpiciens ne devait pas entraver la succession épiscopale[11]». La nomination du coadjuteur fut ratifiée le 21 février et, le 28, le choix de son siège épiscopal: Sidyme, en Lycie, près de Myre, *in partibus infidelium*. Les brefs parvinrent à Québec en mai, c'est-à-dire près de deux ans après la présentation du candidat au gouverneur Aylmer. L'ordination à l'épiscopat le 11 juin 1834 apparut, selon *Le Canadien*, comme «un jour de triomphe pour le clergé et le peuple canadien» contre les Sulpiciens et les étrangers[12].

La présence de Maguire à Rome permit aussi à Mgr Maï, et par lui au pape, de modifier une décision prise par les cardinaux de la Propagande, de nouveau influencés par Thavenet, à propos du choix des futurs coadjuteurs de Québec. Grégoire XVI décida lui-même qu'à l'avenir l'évêque de Québec enverrait à Rome, avec une description détaillée de chacun, le nom de trois candidats qui auraient accumulé le plus de votes dans une élection à laquelle auraient participé les évêques et les vicaires généraux du diocèse, ainsi que les supérieurs des séminaires de Québec et de Montréal. Une fois l'un ou l'autre ou les trois noms acceptés à Rome et retransmis à Québec, le coadjuteur, devenu évêque titulaire, pourrait présenter au gouverneur le nom de celui qu'il jugerait le plus apte. Il ne devrait pas être reconnu publiquement avant l'agrément de Londres et la réception des brefs apostoliques. Mgr Signay, peu favorable à cette procédure, découvrit avec joie dans le texte du décret l'expression «provisorio modo»; il pouvait donc réclamer des modifications. Il demanda l'avis de Mgr Lartigue qui exerça son esprit critique. L'évêque de Québec n'y donna pas suite, ne procéda à aucune élection et n'envoya aucun nom de candidat à Rome.

Remplacement avorté de Mgr Lartigue

À Montréal, Mgr Lartigue continuait de faire face à ses anciens confrères sulpiciens qui, pour la plupart, contestaient son intrusion épiscopale. L'évêque n'avait pas moins réussi à bâtir l'église Saint-Jacques et, le 25 juillet de chaque année, on y commémorait avec grandes pompes la fête du saint. En 1832, par exemple, beaucoup de prêtres de la campagne se joignirent à Mgr Lartigue, le curé Antoine Manseau de Contrecœur prononça le sermon, l'écuyer Jacques Viger offrit le pain bénit, les Amateurs accompagnèrent l'orgue de leur musique vocale et instrumentale dans l'exécution de la grand-messe Lassone. En février suivant, on fêta avec éclat le douzième anniversaire d'épiscopat de Mgr Lartigue. Furent invités au banquet qui suivit la messe tous les prêtres présents, les sulpiciens Roupe et Phelan, le juge Pyke, des militaires et des citoyens éminents.

Quant à la succession de Mgr Lartigue, elle posait problème, car il ne s'agissait pas d'un évêque titulaire et rien ne laissait entrevoir l'acquiescement de Londres à l'érection prochaine du diocèse de Montréal. L'évêque rédigea un nouvel acte de démission adressé à Rome, mais conditionnel: il voulait être remplacé par un évêque diocésain ou par un autre évêque ayant les mêmes titres et privilèges que lui; il voulait Antoine Tabeau comme successeur, tel que déjà proposé par Mgr Panet. Mgr Signay appuya son auxiliaire dans une lettre envoyée à Rome; il y démontrait aussi que, selon le droit canonique, un tel cas permettait de présenter un seul candidat au pape. En congrégation générale, les conditions de Mgr Lartigue déplurent aux cardinaux et ils s'opposèrent à son remplacement; Maguire sut que, du côté sulpicien, on n'acceptait pas le choix de Tabeau. Mais trois mois plus tard, le pape accéda à la nomination de Tabeau, comme auxiliaire de Mgr Lartigue; celui-ci ne démissionnerait pas à moins d'empêchements physiques; les brefs apostoliques furent datés du 3 octobre 1834. Le nouvel élu porterait le titre d'évêque de Spiga et pourrait succéder à Mgr Lartigue avec les mêmes titres et selon les mêmes droits, au moment jugé opportun par l'évêque de Québec.

Tabeau parut profondément impressionné par cette nomination et affirma avoir déjà prévenu Mgr Lartigue qu'il ne voulait pas être évêque. Mais proposer un autre nom à Rome, alors que Thavenet s'y trouvait toujours et que Maguire voulait en revenir, comportait des risques. Malgré les pressions de Mgr Lartigue et de Mgr Signay, le nouvel évêque envoya tout de même sa résignation à Rome, en alléguant son incapacité personnelle, son peu de talent, son âge (53 ans), sa fatigue permanente, son manque de force d'âme et de fermeté de caractère, les mésententes avec les Sulpiciens. Quand parvint à Montréal la réponse du préfet de la Propagande lui enjoignant d'accepter la charge proposée, Tabeau était décédé depuis le 7 mai 1835.

Le décès de Mgr Panet et ses suites

Mgr Panet s'était éteint le 14 février 1833. Quatre jours plus tard, lors des funérailles, on assista à une réplique de ce qui s'était déroulé à la suite du décès de Mgr Plessis. La célébration, présidée par Mgr Signay, dura de 10 h 00 à 13 h 30. Dans l'oraison funèbre, John Holmes, directeur des études au Séminaire de Québec, commenta de façon appliquée le texte de l'Ecclésiastique (Si, 51: 15,18,21): «J'ai toujours marché dans un chemin droit depuis ma jeunesse. J'ai été zélé pour le bien. [...] Mes entrailles se sont émues sur les misères de mon peuple. C'est pour cela que j'attends un héritage précieux.» Le prédicateur rapporta les paroles prononcées par le défunt à la réception du sacrement des malades. Après voir invité les prêtres à être les modèles du peuple qu'ils conduisaient, il avait ajouté:

> Dites aux jeunes... que le temps passe comme un songe,... aux hommes de l'âge mûr de ne point trop se laisser aller aux soins du monde,... aux vieillards que je les attendrai de l'autre côté et qu'ils se préparent bien vite à me suivre,... aux âmes ferventes de persévérer,... à tous les fidèles... que je les aime, que je les bénis,... que si Dieu me fait miséricorde je ne cesserai de prier pour eux[13].

On reconnut l'ancien curé comme un modèle de morale à suivre, un pasteur attentif, assidu et vigilant, un homme zélé pour l'éducation et charitable envers les pauvres. Une fois évêque, il avait gouverné avec sagesse et fermeté, remplissant son ministère de surveillance, de paix et de charité. Treizième évêque catholique romain de Québec et cinquième né au Canada, il avait reflété la simplicité des premiers chrétiens, une piété sincère dénuée de rigueur pour les autres, une vie digne de ses hautes fonctions. Ses restes furent inhumés dans le chœur de la cathédrale, à côté de ceux de son ancien élève en philosophie et son prédécesseur, Mgr Plessis. Il ne lui restait pas assez de cheveux pour satisfaire aux demandes des personnes qui le vénéraient; on partagea en morceaux minuscules une de ses vieilles soutanes. Son acte de sépulture porta la signature du gouverneur Aylmer, de l'honorable Louis-Joseph Papineau et de l'écuyer Louis Bourdages, doyen de la Chambre d'assemblée. Le même jour, comme pour Mgr Plessis, Mgr Lartigue présida à Montréal un service funèbre en l'honneur de Mgr Panet; une semblable cérémonie eut lieu à l'église Notre-Dame et dans plusieurs paroisses du Bas-Canada, par exemple à Berthier et à Saint-Gervais.

Le décès de l'évêque titulaire entraînait son remplacement par le coadjuteur *cum futura successione*. Dès le lendemain

Mgr Joseph Signay (1778-1850). Coadjuteur de Mgr Panet à partir de 1827, Joseph Signay lui succède en 1833 et abandonne l'administration de l'archidiocèse en novembre 1849; il meurt en mars 1850. C'est pendant son épiscopat qu'est créée la province ecclésiastique de Québec. ANQ, coll. initiale, N 277-409.

des funérailles, à 16 h 00, les prêtres de la cathédrale et le corps des marguilliers se rendirent en procession au Séminaire, où demeurait Mgr Signay. Revêtu de ses habits liturgiques et entouré de nombreux prêtres, le prélat accueillit la délégation, s'avança sous un dais magnifique et écouta l'acte de sépulture de son prédécesseur et le texte d'installation du nouvel évêque de Québec. Il s'agenouilla, baisa le crucifix, puis se mit en marche avec tous vers la cathédrale. La foule se pressait en deux rangs tout au long du parcours. Le curé de la cathédrale prononça une brève allocution à la porte de l'église; il assura le nouvel évêque titulaire de la sollicitude et de la collaboration du clergé, de même que de la foi et de la piété de son peuple. Profondément ému, Mgr Signay rappela comment sa vie avait toujours été marquée par ce temple de Dieu, où il avait prié comme ancien paroissien et ancien curé. Quand l'évêque fut parvenu au pied de l'autel, la chorale fit éclater du jubé un *Te Deum* grandiose. L'évêque ajouta après la bénédiction: comme «il est grand l'empire de cette religion qui peut inspirer à un grand peuple tant de vénération, d'amour et de respect pour l'homme de Dieu!» De fait, se trouve-t-il au monde un «peuple plus religieux et plus sincèrement attaché à son culte et à ses ministres que le peuple canadien et en particulier le peuple de Québec[14]?»

Pour les raisons que nous connaissons déjà, l'ordination épiscopale du coadjuteur, Mgr Turgeon, ne put avoir lieu que le 11 juin 1834. Mgr Lartigue s'y trouva, de même que Mgr Gaulin, le nouveau coadjuteur de Mgr Macdonell de Kingston, cinq vicaires généraux, 137 autres prêtres, dont 34 du district de Montréal. Le sermon du vicaire général Louis-Marie Cadieux de Trois-Rivières s'inspira du *Cantique des Cantiques* (6: 9): «Quelle est celle qui s'avance comme l'aurore, lorsqu'elle se lève? Qui est belle comme la lune et éclatante comme le soleil? Et qui est terrible comme une armée rangée en bataille?» Il s'agissait de l'Église canadienne, tout ornementée de ses évêques, d'un clergé respectueux, d'un culte grandiose, d'églises magnifiques, de collèges, de séminaires et de monastères fort précieux et d'hôpitaux indispensables. Le repas qui suivit au Séminaire se déroula dans la gaieté coutumière des Canadiens, quoiqu'avec la réserve caractéristique du clergé.

3. L'ÉVÊQUE DE MONTRÉAL EN PRIORITÉ (1836)

En 1836, Mgr Lartigue reçut de Rome les bulles qui l'instituaient évêque titulaire; l'autorité britannique y avait accordé son autorisation. L'intronisation officielle du premier évêque de Montréal se tint en l'église Saint-Jacques, le jeudi 8 septembre à 14 h 00. Les catholiques y affluèrent de toutes les paroisses du nouveau diocèse, pendant que les cloches de la cité sonnaient à toute volée. Le clergé se rendit au palais épiscopal, puis accompagna à la cathédrale Mgr Lartigue qui était entouré de Mgr Provencher et des grands vicaires. Le dais, sous lequel l'évêque se trouvait, était porté par D.-B. Viger, L.-J. Papineau, F.-A. Quesnel et C.-S. Rodier. On lut, sur le porche de l'église, les bulles du Saint-Siège, puis l'évêque du Nord-Ouest présida au serment. Une fois la procession conduite jusqu'au chœur, Mgr Lartigue s'adressa à la foule. Jour de triomphe et de gloire, en la fête liturgique de la naissance de Marie! Ville-Marie était ainsi sertie d'un autre joyau de grande valeur! Son fardeau épiscopal s'alourdirait, mais la collaboration de son clergé ne lui était-elle pas assurée dans le respect et l'obéissance? Le prédicateur incita les diocésains à considérer leur évêque comme leur père et leur guide. Il s'ensuivit un *Te Deum* retentissant. Le dimanche suivant, les Sulpiciens accueillirent le nouvel évêque titulaire à l'église Notre-Dame avec beaucoup d'éclat, signe non équivoque des liens resserrés entre eux et lui, après quinze ans de tensions inutiles et scandaleuses. Mgr Lartigue entendit de la bouche de Quiblier: «Vous pouvez compter sur une coopération franche et entière de notre part. [...] Vous êtes notre chef[15].» L'évêque rappela qu'il avait reçu cinq sacrements pour la première fois dans cette église et qu'il y rentrait avec beaucoup de joie comme évêque titulaire.

Nomination d'un coadjuteur

À Rome, on avait prévu que le nouvel évêque s'entourerait d'un chapitre, mais Mgr Lartigue ne put le faire au cours de son épiscopat. Il ne tarda pas cependant à se trouver un coadjuteur. Il joignit à son propre vote ceux de ses cinq vicaires généraux, des évêques de Québec et de Kingston ainsi que ceux de leurs coadjuteurs respectifs et de l'évêque auxiliaire du Nord-Ouest. Le nom de trois candidats éventuels y était mentionné par ordre d'importance et on allouait respectivement à chacun trois, deux ou un point. Mgr Provencher prévint Mgr Lartigue de ne pas inscrire en deuxième place de la liste envoyée à Rome le nom du sulpicien Roupe, car Thavenet réussirait à promouvoir sa nomination aux dépens du premier candidat, ce qui mécontenterait le clergé de Montréal. Mgr Lartigue avoua au cardinal Fransoni avoir songé à inclure le nom d'un sulpicien, mais s'être ravisé; d'ailleurs Ignace Bourget avait reçu 8 votes, Hyacinthe Hudon 7 et François-Xavier Demers 3. L'évêque préférait le premier qui avait été son secrétaire pendant quinze ans et lui semblait le mieux préparé à lui succéder.

À la congrégation générale du 30 janvier 1837, le point de vue de Thavenet fut remis aux cardinaux. Il reprochait à Mgr Lartigue d'avoir étendu le suffrage, et non seulement la consultation, à ses vicaires généraux d'avoir attendu le vote de Mgr Provencher et non celui de Mgr Macdonell, ce qui s'opposait aux procédures prévues et approuvées par les cardinaux de la Propagande. De toute façon, les Sulpiciens considéraient Demers comme le plus instruit, le plus apte à concilier les esprits et à administrer le diocèse. Les cardinaux, cinq anciens et cinq nouveaux, se divisèrent moitié moitié, les premiers pour Bourget et les seconds pour Demers. Thavenet invita le pape à trancher en faveur du candidat des Sulpiciens, d'autant plus que Mgr Lartigue avait récemment posé des gestes à leur encontre et que Bourget continuerait dans le même sens. Sur les entrefaites, Mgr Lartigue écrivit au secrétaire de la Propagande et lui parla abondamment des Sulpiciens. Aussi franc que d'habitude, il ne manifesta aucune acrimonie à leur égard, ce qui atténuait énormément les dires de Thavenet. Le pape choisit Bourget; ses lettres apostoliques, datées du 18 mars 1837, arrivèrent à Montréal le 15 mai; le nouvel évêque prêta le serment de fidélité au roi deux jours plus tard. Gosford informa Glenelg qu'il l'avait reconnu comme évêque coadjuteur de Mgr Lartigue sous le titre de Telmesse et qu'il attendait tout simplement la ratification de son geste. La jeune reine Victoria y souscrivit «pour autant qu'elle était compétente à sanctionner ce genre de nomination ou qu'il était nécessaire de le faire[16]». Les temps avaient vraiment changé! L'agrément du gouvernement civil venait après que tout eut été réglé sur le plan ecclésiastique et il était tout empreint de relativité.

L'ordination épiscopale de Mgr Bourget fut célébrée en la fête patronale de Saint-Jacques le 25 juillet 1837, en présence de nombreux évêques, de prêtres et de fidèles. Les étudiants du Collège de Montréal rehaussèrent la cérémonie de leurs talents musicaux. Après l'office qui s'était déroulé de 8 h 00 à 12 h 30 et au cours duquel le curé Charles-Joseph Primeau de Varennes avait prononcé avec éloquence un sermon sur la dignité et les devoirs des évêques, Mgr Lartigue reçut à dîner tous les prêtres et futurs prêtres présents (environ 160); les vêpres et un salut au Saint-Sacrement suivirent.

Décès de Mgr Lartigue

L'état de santé de Mgr Lartigue déclinait graduellement. Une indisposition ressentie en juin 1837 l'avait forcé d'interrompre sa visite pastorale et avait requis une hospitalisation. À l'automne 1838, il se rendit à Québec pour quelques semaines de repos. Au début de 1839, son état empira et il reçut le sacrement des malades. Les bulletins de santé devinrent inquiétants en avril 1840. L'évêque décéda à l'Hôtel-Dieu à 12 h 30, le dimanche de Pâques 19 avril. Il entrait dans sa soixante-troisième année. Ses obsèques eurent lieu à 9 h 00, le jeudi suivant, en la cathédrale; d'autres services solennels avaient été chantés l'avant-veille en la chapelle de l'hôpital et la veille à l'église Notre-Dame. Dans une lettre circulaire, Mgr Bourget exhorta tous les curés à faire de même dans chacune de leurs paroisses; il invita les paroissiens de partout à appliquer au défunt les indulgences inhérentes au chemin de la croix, nouvelle dévotion promue par Mgr Lartigue depuis quelques années. Le peintre Yves Tessier fit graver et lithographier à New York le portrait du défunt; l'original était d'une ressemblance extraordinaire.

Un trait peu connu de la personnalité de Mgr Lartigue ressortit à la suite de son décès: son attention aux indigents. Son successeur rappellerait encore vingt-trois ans plus tard qu'il portait une chaudière de potage aux pauvres, qu'il visitait les malades de son quartier, qu'il procurait des souliers aux malades dont il avait sollicité l'entrée à l'hôpital. En un mot, quêter et remettre lui-même aux pauvres l'assistance qu'il avait demandée pour eux, telle était sa plus chère occupation.

Premières démarches du nouvel évêque de Montréal

Peu après la mort de Mgr Lartigue, Mgr Bourget se présenta devant le Conseil exécutif pour y prêter le serment d'allégeance à la reine comme évêque de Montréal. On lui assigna son «appointement comme évêque de l'Église catholique romaine à Montréal jusqu'au temps que le bon plaisir de Sa Majesté sur icelui sera reconnu[17]»; l'allusion à la suprématie royale dans l'«appointement» d'un évêque apparaissait pour la première fois, selon Mgr Turgeon, et devait être enlevée du texte. Le gouverneur Charles Poulett Thomson admit que les seules expressions jadis employées étaient «reconnu» ou «sanctionné» et que, dans le cas de Mgr Bourget, il s'agissait tout simlement de la répétition d'un geste qui avait été posé en 1837 lors de sa nomination épiscopale de coadjuteur. En réalité, aucun nouvel acquiescement de la reine n'était requis. L'autorité civile se limita à noter dans les registres que l'évêque avait prêté ledit serment.

En 1841, Mgr Bourget s'entretint à Rome avec Grégoire XVI de son désir d'être missionnaire auprès des indigènes. Le pape ne s'y opposa pas, mais il trouva opportun qu'un coadjuteur lui fût adjoint avant la réalisation de son souhait. Le candidat proposé fut Jean-Charles Prince. Toujours à l'affût, Thavenet s'y opposa désespérément, car il s'agissait, disait-il, d'un ancien disciple de Félicité de La Mennais, d'un patriote et du prêtre le moins favorable aux Sulpiciens de tout le diocèse. Pourquoi Mgr Bourget n'avait-il pas proposé trois noms? D'ailleurs, pourquoi voulait-il un coadjuteur? Quand il connut la réponse à cette dernière question, le sulpicien français écrivit au supérieur de ses confrères de Montréal et la nouvelle se répandit bientôt que l'évêque résignerait son poste. Mgr Bourget fut offensé de cette indiscrétion. Il transmit les noms de Hudon et de Demers au secrétaire de la Propagande ainsi que son acte officiel de démission. Rome consulta les autres évêques du Canada-Uni sur les trois candidats et Prince fut choisi à la congrégation générale du 18 décembre 1843. Des objections à la démission éventuelle de Mgr Bourget, surtout de la part de Hudon envoyé à Rome pour régler d'autres problèmes, retardèrent la signature des lettres apostoliques au 4 juillet 1844. Même si Mgr Prince fut nommé évêque coadjuteur, le pape changea d'idée sur l'avenir de Mgr Bourget: il devait rester évêque de Montréal; son acte de démission ne fut donc pas agréé. Mgr Bourget ne reviendrait plus sur le sujet.

* * *

Entre 1760 et 1840, le pape et ses consulteurs de la Congrégation romaine de la Propagande s'en sont remis aux évêques locaux pour le choix de leurs successeurs. Comment aurait-il pu en être autrement? Qui à Rome pouvait connaître tous les prêtres du diocèse de Québec? Les délégués et les nonces apostoliques n'étant pas institués dans les pays relevant de la Propagande, les évêques locaux ont une influence déterminante dans les nominations épiscopales. D'autres personnes ou tel groupe de pression sont intervenus auprès de Rome, mais on a constaté le peu de résultats de leurs démarches. Quant à l'apport gouvernemental dans le choix des évêques, il demeure limité et s'atténua au cours des années.

Les évêques bas-canadiens ont été ordinairement choisis parmi les prêtres qui entouraient leurs prédécesseurs comme secrétaires ou comme autres membres du personnel diocésain, incluant le Séminaire de Québec. Ces prêtres s'étaient en quelque sorte préparés à exercer un ministère épiscopal de continuité. Ils le faisaient simplement, évangéliquement, humblement.

La plupart des évêques de cette époque avaient rendu service dans une ou plusieurs paroisses, en particulier au moment où ils étaient évêques coadjuteurs. Cette responsabilité les avait laissés ou les avait mis en contact avec les réalités pastorales quotidiennes. La vie réelle de leurs confrères leur était connue d'expérience. Ils s'apercevaient en même temps que l'influence des évêques dans la vie chrétienne des gens était finalement très mince. Cela leur permettait d'exercer leur ministère épiscopal en complémentarité avec les ministres presbytéraux et d'éviter de se considérer plus importants qu'ils ne l'étaient en réalité.

CHAPITRE *IV*

LA VIE DES PRÊTRES

Le peu de prêtres pour la population croissante et éparpillée le long du fleuve Saint-Laurent, puis dans les cantons, a fait en sorte qu'ils étaient quasiment tous curés. L'identification du prêtre et du curé a d'ailleurs perduré dans le langage populaire.

Plus près des gens que les évêques et surtout que les prêtres des séminaires et des évêchés, les curés constituaient un clergé certes moins homogène qu'on pourrait l'imaginer malgré l'uniformité d'éducation permanente qui leur était imposée. Avant de décrire ce que les prêtres faisaient, attardons-nous un peu à ce qu'ils étaient.

1. LES COLLÈGES CLASSIQUES, LIEUX PRIVILÉGIÉS DE RECRUTEMENT

À la fin du régime français, le diocèse de Québec disposait de 196 prêtres au service d'environ 70 000 catholiques, dispersés en 113 paroisses. La moyenne d'un prêtre pour 350 fidèles, la meilleure jamais enregistrée au Canada, se transforma en un rapport d'un pour 500 catholiques, cinq ans après, lorsque 22 prêtres furent renvoyés en France et que 39 moururent. À

DOUGLAS COLLEGE LIBRARY

la suite de la signature du traité de Paris, le gouvernement britannique s'opposa à l'entrée d'ecclésiastiques français en Amérique du Nord britannique et à la perpétuation des communautés religieuses d'hommes, tels les Jésuites et les Récollets. Les prêtres des Missions étrangères de Paris se démirent de leurs droits de propriété sur le Séminaire de Québec et laissèrent à leurs confrères qui y restèrent et à leurs successeurs canadiens la responsabilité de leur œuvre. Les Sulpiciens de Montréal conservèrent leurs liens avec leur supérieur général de Paris, tout en cherchant à préserver leurs biens au Canada.

Les nouveaux maîtres, fort empreints de préjugés colonialistes, considéraient le clergé autochtone comme «très limité et de basse naissance»; faute de ressources françaises, assura Murray, «cet ordre de prêtres deviendra de plus en plus méprisable» aux yeux du peuple, surtout si celui-ci s'instruit[1]. De telles prévisions ne se réalisèrent pas, même si la période de 1760 à 1830 n'apparaît pas comme une époque fervente ni très marquée par la domination cléricale. Le clergé canadien, de plus en plus réduit aux seuls prêtres séculiers, devint le seul gardien de la tradition et des mystères sacrés, ainsi que le seul porte-parole du peuple auprès du gouvernement. Le nombre restreint d'ordinations sacerdotales (400 en 70 ans), alors que la population s'accroissait rapidement (113 012 habitants en 1784, 250 000 en 1806, 553 134 en 1831) et se dispersait géographiquement, amena les évêques à nommer un curé à la tête de deux paroisses voisines. Dès 1790, 107 prêtres s'occupaient de 133 paroisses. Ce cumul des tâches était inévitable, car cette même année on comptait un prêtre pour 1000 catholiques. En 1830, ce serait de l'ordre d'un pour 1800.

La venue de prêtres étrangers

Les tentatives de recrutement à l'étranger, soit en France, soit en Savoie, restèrent vaines. Il s'avéra moins difficile d'obtenir la permission gouvernementale pour le passage de prêtres anglophones d'Irlande, d'Écosse et d'Angleterre, surtout quand ils accompagnaient des immigrants. Mais un événement inattendu permit à l'Église canadienne de renflouer ses rangs cléricaux: l'exil de 8000 prêtres français en Grande-Bretagne durant la Révolution (1789-1799). Les gouvernants britanniques, désireux de se concilier les Canadiens, ouvrirent momentanément les portes du Bas-Canada à 43 prêtres et futurs prêtres, dont 18 sulpiciens; la plupart restèrent au pays jusqu'à la fin de leur vie. Mais de nouvelles barrières contre l'entrée de prêtres étrangers empêchèrent Mgr Denaut de combler les besoins grandissants.

Quand Mgr Plessis devint évêque titulaire en 1806, il comptait sur 187 prêtres dont 172 dans le Bas-Canada, pour une population totale de 200 000 catholiques. Beaucoup de curés mouraient à la tâche: quatre par année; l'âge moyen des décès fut de 58 ans entre 1760 et 1825. La relève tardait toujours. «Je suis comme une pauvre mère qui n'a pas assez d'étoffe pour couvrir tous ses enfants», affirmait l'évêque de Québec. «Vous avez raison de vous trouver trop d'ouvrage, écrivait-il à un autre curé. Les trois quarts des prêtres du diocèse en disent autant, sans compter les cris des fidèles qui sont entièrement destitués de missionnaires. Cela m'arrache le cœur[2].» En effet, dans le Bas-Canada, le 21 février 1818, on dénombrait 25 professeurs dans les institutions scolaires, 2 chapelains, 56 prêtres de paroisse dans le district de Québec, 51 dans celui de Montréal, 19 dans celui de Trois-Rivières et 3 dans celui de Gaspé, donc un total de 156, alors que la population de la province atteignait 375 000 habitants, dont plus des trois quarts adhéraient à l'Église catholique. Les efforts de recrutement en France ne cessèrent pas d'être entravés par le gouvernement, à l'exception du passage de quelques sulpiciens durant la décennie de 1820. L'arrivée de quatre nouveaux sulpiciens en 1828 fut due à l'audace de Roux, le supérieur de Montréal; ils vinrent au pays malgré le refus de Londres et ils y restèrent.

Le manque de prêtres dépendait aussi de certaines circonstances particulières. Le district de Montréal accusait, en 1831, un surplus de population de 68 185 habitants sur celle des trois autres districts réunis. La proportion des catholiques suivait la même courbe, c'est-à-dire 55 014 de plus qu'ailleurs dans le Bas-Canada. Les catholiques totalisaient alors 403 572 habitants ainsi répartis:

Montréal	Québec	Trois-Rivières	Gaspé
229 293	119 809	47 786	6 684
sur	sur	sur	sur
290 052	151 985	56 570	13 312

Selon Mgr Lartigue, à peine 124 prêtres œuvraient en 1830 dans le district de Montréal. L'année suivante, Vincent Quiblier, le nouveau supérieur local des Sulpiciens, releva les statistiques suivantes:

	Montréal	Autres districts	Total
curés:	76	84	160
vicaires:	18	24	42
autres:	23	20	43
Total:	117	128	245

À cette époque, le nombre de paroisses s'élevait à 183, dont 82 dans le district le plus populeux. Toutes proportions gardées, ce dernier semblait négligé; c'est, du moins, ce qu'aimait répéter Mgr Lartigue à l'évêque de Québec. Par ailleurs, l'auxiliaire de Montréal ne favorisait pas la venue de Français, surtout sulpiciens, à cause de ses rapports tendus avec le supérieur local de ces derniers.

Bien au courant du besoin de prêtres anglophones, en particulier dans les paroisses contiguës au Haut-Canada et dans les cantons, Mgr Lartigue ne demeurait pas moins circonspect vis-à-vis des Irlandais. Il savait par expérience qu'il s'agissait souvent d'aventuriers, en difficulté dans leur propre diocèse. «Je consens bien à ce que vous tiriez des prêtres de tous les coins du monde, écrivait-il à Mgr Plessis, pourvu qu'ils n'empoisonnent pas votre diocèse[3].» Il préférait des ecclésiastiques choisis par leur évêque pour accompagner les émigrants vers leur terre d'adoption. Mais le coût de leur voyage était exorbitant. La meilleure solution consista en l'ordination de jeunes immigrants; entre 1814 et 1839, on en ordonna 24 qui avaient commencé en Irlande (20), en

Écosse (3) et en Angleterre (1) des études classiques ou même théologiques en vue du sacerdoce; ils demeurèrent dans le Bas-Canada.

Ces efforts pour combler le manque de prêtres autochtones par des étrangers reflétaient l'habitude prise par les Canadiens sous le régime français d'attendre de la mère patrie les services qui leur semblaient dus. Le régime britannique favorisait la même dépendance à divers points de vue, même s'il suscitait une canadianisation dans les domaines culturels et religieux à cause des disparités linguistiques et ecclésiastiques entre les colons et les nouveaux colonisateurs. Sous le régime précédent, les Canadiens ne s'étaient guère souciés de se pourvoir eux-mêmes en prêtres, mais il ne leur restait plus désormais d'autre voie réaliste à envisager. Mais comment favoriser des vocations chez les habitants? Le moyen traditionnel consistait en la formation de jeunes garçons susceptibles d'être appelés au sacerdoce. Mais où prendre le personnel pour cette tâche?

Les nouvelles institutions collégiales

Les prêtres du Séminaire de Québec ne tergiversèrent pas. Depuis ses origines, leur institution se chargeait de former et d'éduquer les adolescents qui désiraient devenir prêtres ainsi que d'enseigner la théologie aux grands séminaristes. Conformément au décret du concile de Trente, les étudiants étaient pensionnés au Séminaire et suivaient les cours à l'extérieur, en l'occurrence au Collège des Jésuites. Comme celui-ci ne put rouvrir ses portes après la conquête britannique, le Séminaire de Québec combla ce vide dès octobre 1765. Le nombre d'étudiants s'accrut rapidement: 16 en 1765-1766, 52 en 1768-1769, 88 en 1769-1770. Phénomène nouveau, on y offrait l'instruction et l'éducation à tout garçon qui acceptait les règlements d'un futur prêtre, même s'il entrevoyait de devenir plutôt avocat, notaire, arpenteur ou médecin.

Des curés participèrent à une œuvre semblable de promotion vocationnelle, en établissant une école classique dans leur presbytère. On y complétait l'instruction primaire

Le Séminaire de Nicolet inauguré en 1831. Fondé en 1803, le collège-séminaire de Nicolet est un bel exemple des nouvelles institutions de formation de la jeunesse. Ses progrès nécessitent la construction de nouveaux édifices, qui passent pour le chef-d'œuvre de l'architecture conventuelle de l'époque. ASN.

et on initiait les jeunes au latin. Un de ces curés, Jean-Baptiste Curatteau de Longue-Pointe, incita ainsi les marguilliers de Notre-Dame de Montréal à instaurer un collège dans cette ville. D'ailleurs les Sulpiciens s'étaient depuis longtemps préoccupés d'enseigner le latin et même de faire «la seconde et la méthodique», quand il s'était trouvé assez de maîtres et d'élèves. Au collège Saint-Raphaël (1773), l'ancêtre du Collège de Montréal, s'ajoutèrent au début du XIXe siècle le Séminaire de Nicolet (1803), le Séminaire de Saint-Hyacinthe (1811), le Collège de Chambly (1825), le Collège de Sainte-Anne-de-la-Pocatière (1829), ainsi que les écoles classiques de Saint-Pierre, Rivière-du-Sud (1807), de Saint-Roch (1818), de Boucherville (1821), de l'Assomption (1825) qui devint un collège en 1832.

Mgr Plessis fut le principal promoteur de ces institutions scolaires; on verrait ainsi «en peu d'années le clergé abonder en sujets, les fidèles mieux desservis et les curés moins surchargés[4]». Des curés de la rivière Chambly fondèrent même, à Varennes, le 4 juillet 1822, la Société pour encourager l'Éducation Ecclésiastique, en vue d'amasser de l'argent et de «secourir, durant leurs études, seuls les jeunes gens privés de moyens financiers, qui se montreraient disposés à la vocation sacerdotale[5]».

Les nombreux exercices spirituels

Le quotidien des prêtres influait sur le règlement de vie des étudiants dans les collèges ou séminaires. Québec donna le ton vers 1800 en parvenant à un règlement qui demeurerait quasiment intact pendant de nombreuses décennies. Dans la perspective d'une piété bien encadrée et susceptible de favoriser les vocations sacerdotales, on y exigeait retraite annuelle, confession générale de ses péchés à l'entrée au Séminaire et à chaque année en la fête de l'Immaculée-Conception de Marie, confessions ordinaires bimensuelles la veille des jours de communion ou de grandes fêtes, assistance quotidienne à la messe. À Saint-Hyacinthe, on ajouta un quart d'heure de méditation à la prière du matin, un examen particulier à partir de l'*Imitation de Jésus-Christ* avant le dîner, et on précisa la teneur des prières récitées au début et à la fin de chaque heure de classe. Les autres exigences du règlement font ressortir l'éloignement de tout abus ou de tout jeu tendancieux, la charité mutuelle, la propreté et l'ordre; les punitions ne tardaient pas en cas de manquement. On invitait les externes et les demi-pensionnaires à suivre par eux-mêmes un règlement de vie semblable à celui des pensionnaires; ils y étaient d'ailleurs astreints une bonne partie de la journée, puisqu'ils arrivaient au collège pour la messe de 7 h 30 et se joignaient aux pensionnaires même le dimanche. Mgr Plessis atténua parfois le zèle intempestif d'un curé, tel celui de Saint-Pierre, Rivière-du-Sud, à qui il suggéra d'octroyer une ou deux heures de récréation de plus par jour et d'intéresser les jeunes gens à des travaux manuels. Le costume uniforme était de mise tous les jours; il était mitoyen entre l'habit ecclésiastique et l'habit laïque. Mgr Lartigue termina ainsi ses recommandations au nouveau directeur Thomas Maguire de Saint-Hyacinthe en 1827: qu'il n'oublie pas sa principale responsabilité, c'est-à-dire le devoir d'exciter et de maintenir parmi les étudiants «le goût de la piété, de la vertu et des bonnes études, vous souvenant que nous devons surtout tendre à former des ecclésiastiques et que les études doivent être dirigées d'après cette vue[6]».

Tel ou tel collège favorisait d'autres moyens de formation spirituelle, par exemple la congrégation mariale à Québec et à Nicolet, qui comportait, entre autres choses, la récitation quotidienne du petit Office à Marie et des litanies à la Sainte Vierge. Apparurent aussi la confrérie de l'Adoration du Saint-Sacrement à Québec et, un peu partout, le chemin de la croix ainsi que l'Œuvre de la Propagation de la foi. Parmi les livres qui se trouvaient dans les bibliothèques ou qu'on distribuait en prix à la fin de chaque année scolaire, on retrace: *Histoire de l'Ancien et du Nouveau Testament*, *Traité du vrai mérite*, *Œuvres spirituelles* de Fénelon, *Vie de saint François de Sales*, *Commentaire littéral de la bible*, *Toutes âmes* de Beurdrant, *Carême* de Jean-Baptiste Massillon, *Œuvres de saint Bernard*, *Confessions* de saint Augustin, *Vie des Saints* de Godescart en 10 volumes.

La piété était la base de la formation des futurs prêtres. Mgr Briand le rappela lors de la bénédiction d'une chapelle au Petit-Cap, le 11 septembre 1780. Il s'agissait d'un camp de vacances pour les petits et les grands séminaristes. Ils y étaient invités dès la fin des classes, à la mi-août, jusqu'à la reprise des cours au début d'octobre. Leur piété ne se refroidirait donc pas durant les vacances. Mais l'avènement de nouvelles institutions scolaires modifia peu à peu le sens de celles-ci: les étudiants prirent de plus en plus leurs vacances dans leur famille; on avança les dates de 15 jours surtout dans la région de Montréal où les récoltes commençaient plus tôt; on accorda même des vacances l'hiver à l'occasion des Fêtes.

L'accroissement tardif des vocations

Le corps professoral des divers collèges s'est constitué à même les anciens étudiants devenus prêtres, à l'exception du Collège de Montréal qui profita occasionnellement de la venue de sulpiciens français. Le Séminaire de Québec réussit à s'en tirer assez bien grâce au choix que lui offrait le grand nombre d'élèves et à sa longue expérience. Les nouvelles institutions fonctionnèrent de peine et de misère. La compétence des professeurs laissait à désirer. Ils restaient d'ailleurs peu longtemps dans l'enseignement, car les évêques en avaient besoin pour les cures à pourvoir.

Même si dans l'ensemble les collèges classiques semblaient des institutions propices à l'éclosion de vocations sacerdotales, Mgr Hubert déplorait dès 1793 le peu de dispositions des jeunes pour l'état ecclésiastique, les progrès inquiétants que faisaient parmi eux «l'esprit d'indépendance et le libertinage», le très petit nombre ainsi que le peu de qualité des sujets fournis par les récentes classes de finissants du Séminaire de Québec[7]. Gabriel-Jean Brassier, le supérieur des Sulpiciens, remarquait chez ceux de Montréal «beaucoup de paresse et peu de religion[8]». L'option pour l'état sacerdotal semblait s'évanouir quand arrivait le temps de se décider; en 1808, par exemple, aucun finissant de Montréal ne se dirigea vers le Grand Séminaire. À Sainte-Anne-de-la-Pocatière, sur les 82 finissants des sept premières années, trois seulement devinrent prêtres. Le recrutement tant désiré finit cependant par se concrétiser. À long terme, les institutions collégiales produisirent les fruits attendus. À Nicolet, 31,8% des diplômés de 1803 à 1823 optèrent pour le sacerdoce. De 1821 à 1825, la moyenne de 10,2 ordinations par année et celle de 15,2 entre 1826 et 1830 témoignent de ce succès. De 1827 à 1836, 47 finissants du Séminaire de Québec entrèrent dans l'état ecclésiastique. Même si seulement la moitié des étudiants étaient pensionnaires, 30 des 47 vocations provenaient de leurs rangs. L'Église catholique romaine s'assurait donc un clergé autochtone grâce aux collèges-séminaires. De nombreux prêtres y consacrèrent leurs biens et plusieurs années de leur vie. Les disparités locales de chaque institution ne contredisaient en rien un schéma commun de formation, où primaient la piété, la discipline et la pratique des vertus morales.

2. La formation sacerdotale

La prière et l'ascèse caractérisaient les responsables du Grand Séminaire de Québec. Comme le témoignage était le principal moyen de formation des ecclésiastiques, les directeurs se souciaient de leur fidélité à la prière, à la méditation et autres exercices spirituels, de leur charité entre eux, de leur détachement du monde, de leur esprit de pauvreté, de leur docilité à suivre le règlement du Séminaire, de leur renoncement à eux-mêmes et de l'intégrité de leurs mœurs. Il appartenait aux futurs prêtres d'être ardents, studieux, capables d'édifier par leurs paroles et par leurs exemples. Le temps du Grand Séminaire servait à faire réfléchir les jeunes lévites sur les motifs et la valeur de leur vocation. Les meilleurs moyens de discernement restaient la prière, l'appel de l'évêque et la volonté de Dieu.

Peu de futurs prêtres demeuraient plus de deux ans au Grand Séminaire; plusieurs n'y passaient que la dernière année de leur formation. En effet, le manque de prêtres paraissait si grave qu'au début de leurs études théologiques, les ecclésiastiques étaient dépêchés dans les collèges soit comme régents, c'est-à-dire maîtres de discipline à l'étude, en récréation, au dortoir et à la chapelle, soit comme professeurs titulaires des basses classes, ou même dans des presbytères comme maîtres d'écoles paroissiales, ou encore auprès des missionnaires chez les Amérindiens afin de se familiariser avec leurs langues. On retrouvait partout cinq points de règlement: se soumettre au prêtre responsable, se confesser tous les huit ou quinze jours, méditer chaque jour pendant une demi-heure, faire quotidiennement un quart d'heure de lecture spirituelle, réciter le chapelet tous les jours. Mgr Plessis ajouta à l'intention des régents de Saint-Hyacinthe qu'ils devaient rendre service à l'église paroissiale, tant pour le catéchisme des dimanches et fêtes que pour l'entretien de la sacristie et la décoration de l'église. Les évêques s'attendaient à les voir étudier la théologie au moins deux heures par jour, sous la direction du prêtre responsable. Les vacances des futurs prêtres comportaient un règlement de vie assez semblable à celui du reste de l'année. Excepté trois jours passés dans leur famille au début ou à la fin de leur congé estival, ils résidaient chez le curé qui leur était assigné. Où qu'ils fussent, les candidats au sacerdoce étaient astreints à un régime de vie exigeant et marqué de relations réglementées avec le Seigneur. L'uniformité et la fidélité étaient de mise.

Les études théologiques

Les études théologiques étaient sclérosées. Le manuel le plus répandu au tournant du XIXe siècle s'intitulait *Compendiosae Institutiones Theologicae*, paru en 1771 ou 1772 et réédité en 1778 pour les grands séminaristes de Poitiers. Les six volumes d'environ 650 pages chacun, excepté le dernier d'à peine la moitié, traitaient des matières suivantes:

    I. Foi, écriture sainte, religion, Église, Dieu;
   II. Sainte Trinité, incarnation, grâce, actes humains, lois;
  III. Péché, décalogue, obligations propres aux laïcs et aux clercs, censure;
   IV. Droit, contrats, bénéfices, prières, sacrements en général, baptême, confirmation, eucharistie;
    V. Messe, sacrements de pénitence (indulgences et purgatoire), d'extrême-onction, d'ordre et de mariage;
   VI. Prolégomènes: écriture sainte et tradition.

D'autres manuels se trouvaient à la bibliothèque du Séminaire, en particulier les *Institutiones Theologicae* en 5 volumes, plutôt de type dogmatique, parues à Lyon en 1784 pour les grands séminaristes de ce diocèse et reprises puis complétées en 1810 par Louis Bailly sous le titre de *Theologia dogmatica et moralis* en 8 volumes et le *Traité historique et dogmatique de la vraie religion, avec réfutation des erreurs qui lui ont été opposées dans les différents siècles*, écrit par Nicolas Bergier et publié en 1784. Les *Institutiones Theologicae* de Jean-Baptiste Bouvier, parues en 6 volumes en 1834, reprendraient en bonne part l'œuvre de Bailly et finiraient par concurrencer le manuel de Poitiers.

Mais les exemplaires de ces manuels, même celui de Poitiers, se faisaient rares. Les étudiants devaient souvent transcrire les notes de cours. Il en fut ainsi des *Fondements de*

*la doctrine catholique, contenus dans la profession de foi du pape
Pie IV*, des *Compendiosae quaestiones de Incarnatione* et *Compendiosae quaestiones de gratia* du professeur Jérôme Demers,
du traité d'ecclésiologie du professeur Pierre Bossu, de l'*Abrégé
des Fondements de la Religion* du professeur Louis Antoine
Montmigny, de l'*Abrégé d'histoire et de chronologie* du professeur Jean-Baptiste Lahaille, des *Cas réservés* du professeur
Antoine Bernardin Robert de la Pommeray, enfin du *Traité
des Rubriques.*

En somme, les futurs prêtres assimilaient une série de
traités, écrits en latin, tout empreints de cartésianisme et de
scolastique. Le diagnostic de Félicité de La Mennais valait
aussi bien dans le Bas-Canada qu'en France:

> La théologie n'est aujourd'hui, dans la plupart des séminaires, qu'une scolastique mesquine et dégénérée, dont
> la sécheresse rebute les élèves et qui ne leur donne aucune idée de l'ensemble de la religion et de ses rapports
> merveilleux avec tout ce qui intéresse l'homme[9].

Mais on ne saurait en attribuer le tort aux nombreux prêtres
canadiens qui s'adonnaient ici et là, sans préparation théologique adéquate, à la formation des ecclésiastiques. Les professeurs agrégés du Séminaire de Québec, particulièrement voués
à cette tâche, auraient dû se préoccuper davantage du degré
d'approfondissement théologique des candidats au sacerdoce.
Au lieu de se limiter à transmettre le contenu de manuels
périmés, ils auraient gagné à réfléchir théologiquement avec
leurs étudiants et à leur apprendre à poursuivre eux-mêmes
la démarche entreprise dans les cours. Mais ces professeurs
exécutaient leur travail en autodidactes, n'ayant pas eu la
possibilité de côtoyer les grands maîtres européens.

Mgr Plessis regrettait un tel laisser-aller, non seulement
au niveau des études qu'il trouvait trop peu marquées par
les Saintes Écritures, mais aussi quant à la discipline ecclésiastique. Comme Mgr Denaut, il redoutait l'influence de certains
directeurs, comme Lahaille et Robert, sur les futurs prêtres;
leur indépendance vis-à-vis de l'évêque diocésain se trouvait
à peine contrebalancée par la docilité d'Henri-François Gravé
de la Rive. Une fois évêque titulaire, Mgr Plessis décida de

résider au Séminaire, ce qui lui permit d'être présent à ce qui s'y passait. La tension subsista et l'évêque, flatté par les Sulpiciens, envisagea même de leur confier la formation des futurs prêtres du district de Montréal. Mais là aussi, on craignait l'immixtion de l'évêque dans la direction de l'institution éventuelle; on avait déjà redouté son intention de faire résider à Montréal son coadjuteur, Mgr Panet, et on avait aussi remarqué sa façon unilatérale de procéder avec des finissants du Collège de Montréal, qui avaient opté pour le sacerdoce et qui ne pouvaient rendre service comme régents à leur *alma mater*. De plus, à Québec, les maîtres des deux institutions traditionnelles regardaient d'un mauvais œil la panoplie des écoles classiques et des collèges qui se fondaient avec l'agrément épiscopal. La formation des futurs prêtres demeura chaotique et fort imparfaite.

Les candidats non ordonnés ou rapidement ordonnés

Le manque de prêtres et le peu d'exigences intellectuelles pouvaient ouvrir la voie du sacerdoce à des individus de tout acabit. Les vocations tardives n'étaient pas rares à la fin du XVIIIe siècle; en effet, 9 des 70 prêtres d'origine canadienne, ordonnés entre 1766 et 1780, avaient plus de 30 ans. Mais l'évêque et ses consulteurs usaient de circonspection; ils se méfiaient de ceux qui insistaient présomptueusement et impertinemment. Les renvois, assez fréquents, dépendaient surtout des motifs comme la trop grande suffisance, le peu d'intelligence, le manque de santé. D'autres quittaient de leur propre volonté. De 1766 à 1836 inclusivement, 109 candidats à la prêtrise abandonnèrent, plus de la moitié (56) à partir de 1820. Pendant les 70 mêmes années, 453 de leurs confrères furent ordonnés, ce qui équivaut tout de même à 80%. La proportion varie avec les époques. Avant 1820, alors que les vocations s'élevaient en moyenne à six par année, environ 16% (un par année) changeaient d'orientation. Après 1820, le pourcentage s'accrut à 22%, ce qui représentait trois par année sur une entrée de 11. Plusieurs anciens séminaristes servaient ensuite tout à la fois de maîtres d'école, de sacristains et d'assistants pour l'enseignement du catéchisme; certains d'entre eux continuaient de porter la soutane, ce que Mgr Lartigue réussirait à enrayer, du moins dans son district épiscopal.

Les évêques éprouvaient la forte tentation d'ordonner prématurément d'excellents candidats. Mgr Plessis se retint:

> Ordonner des gens qui n'ont que deux ans de tonsure [ils l'avaient dès le début de la première année] et ne savent encore ni étudier, ni prier, c'est à quoi je ne saurais me résoudre. La religion a trop souffert des ordinations précipitées[10].

Mais treize ans plus tard, il conseilla lui-même à son auxiliaire Lartigue d'accélérer certaines ordinations vu l'important manque de prêtres dans son district. Pourquoi, précisa-t-il, ne pourrait-on pas exempter de la seconde année de philosophie ceux qui dépassaient 21 ans et qui avaient étudié l'arithmétique dans les classes inférieures? Il s'agissait d'une minorité importante, puisque 13 des 41 tonsurés des trois années précédentes (1822-1824) avaient 22 ans et plus. Mgr Panet exigerait pour sa part au moins trois ans de formation, excepté lors de l'épidémie de choléra en 1832.

Le Séminaire Saint-Jacques, foyer d'ultramontanisme

La référence constante au Grand Séminaire de Québec comme lieu de perfectionnement théologique pour les ecclésiastiques ne doit pas faire oublier la fondation du Grand Séminaire Saint-Jacques à Montréal en 1825. Pour Mgr Lartigue, l'érection du diocèse de Montréal lui paraissait imminente. Or, le concile de Trente requérait l'existence d'une telle institution dans chaque Église diocésaine. Mgr Plessis avait d'ailleurs appuyé son auxiliaire dans la réalisation de ce projet. Malgré ses démêlés avec les Sulpiciens, Mgr Lartigue les en avait entretenus, d'autant plus que le but principal de cette compagnie cléricale consistait justement en la formation des prêtres. Depuis leur arrivée au pays en 1657, les Sulpiciens n'avaient pas à vrai dire réalisé cet objectif. Ils refusèrent l'offre de l'évêque, à cause de la difficulté de se recruter en France et de l'incertitude de leur avenir financier (le gouvernement convoitait toujours leurs biens seigneuriaux). De fait, le conflit

La cathédrale et l'évêché de Montréal de 1825 à 1852. Le premier Grand Séminaire loge dans l'évêché même. Cette esquisse parut dans *Hochelaga Depicta* de Bosworth en 1839. BNQ.

d'autorité entre Mgr Lartigue et Roux, le supérieur des Sulpiciens, n'était pas étranger à ce refus.

Le nouveau Grand Séminaire, situé à l'angle des rues Sainte-Catherine et Saint-Denis, se trouvait dans la maison même de l'évêque, attenante à l'église Saint-Jacques. Il ne surabonda jamais d'étudiants, car Mgr Lartigue devait pourvoir de régents les diverses institutions collégiales de son district, envoyer quelques ecclésiastiques dans les paroisses et dans les missions, et même en laisser étudier quelques-uns au Grand Séminaire de Québec. En 1826, on en compta 14 au Grand Séminaire Saint-Jacques, 13 puis 11 durant l'année scolaire 1827-1828, 6 en 1832, 2 en 1833-1834 et 2 en 1838-1839. C'était tout de même un pied-à-terre pour les futurs prêtres du district et du diocèse de Montréal. Mgr Lartigue et Mgr Bourget pouvaient ainsi rencontrer et connaître un peu mieux leurs collaborateurs éventuels.

L'institution s'avéra le premier foyer canadien de l'ecclésiologie à la mode, c'est-à-dire l'ultramontanisme. L'auxiliaire de Montréal s'abonnait à divers journaux français de cette tendance: *Le Drapeau blanc* (jusqu'à sa cessation en 1827), *Le*

Correspondant (publié de 1829 à 1831) et *L'Avenir* (1830-1831). Soucieux d'expurger l'enseignement théologique du gallicanisme, l'évêque dicta «à ses élèves un traité qu'il avait composé lui-même en faveur des doctrines ultramontaines[11]». Il leur fit partager l'engouement pour la papauté, qui se répandait alors en Europe en réponse aux immenses besoins d'ordre, de sécurité, d'autorité, de souveraineté et d'infaillibilité, ressentis par les populations ébranlées par les guerres récentes. Mgr Lartigue enseignait que le pape jouissait de droit divin d'une juridiction pastorale sur tous les évêques du monde, qu'il pouvait les déplacer ou les déposer à volonté et qu'il était pourvu d'infaillibilité indépendamment du collège des évêques. Le nouveau gouverneur James Kempt transmit à Londres en 1829 un mémoire anonyme qui reprochait à l'évêque d'enseigner la doctrine de Félicité de La Mennais et de Joseph de Maistre sur l'autorité du pape en matière temporelle. On y souhaitait la suppression du Séminaire Saint-Jacques, construit sans égard aux droits du roi, du seigneur, du patron, des marguilliers, de la fabrique et des citoyens de Montréal, et devenu un foyer d'idées nouvelles.

De fait, Mgr Lartigue pouvait se disculper, comme il le fit auprès de son évêque, Mgr Panet. Celui-ci trouvait cependant inutile cette proposition de son collègue: le pape a une puissance indirecte sur plusieurs choses temporelles, par exemple sur l'eau et le vin devant servir à l'eucharistie, sur les saintes huiles, sur les missels et sur les vases sacrés. Une deuxième — le jugement du pape, parlant *ex cathedra* sur des articles de foi ou de mœurs, jouit d'infaillibilité, indépendamment du consentement de l'ensemble de l'Église — était contraire à l'enseignement professé au Grand Séminaire de Québec, du moins en ce qui avait trait à la dernière clausule de la proposition. Quand Thomas Maguire revint d'Europe en 1830 avec quelques appréhensions vis-à-vis des nouvelles idées libérales de La Mennais, Mgr Lartigue rétorqua: «Jusqu'à preuve du contraire, je ne puis penser que favorablement de cet écrivain supérieur et de ce *Papiste* complet[12].» Elle survint en 1832 avec l'encyclique *Mirari vos* et, encore plus en 1834, avec la condamnation romaine des *Paroles d'un croyant*. Mais la raison n'en était pas l'ultramontanisme dans lequel continua de frayer Mgr Lartigue; peu à peu de nombreux prêtres canadiens se joignirent à lui.

Le Séminaire Saint-Jacques servit aussi comme lieu d'initiation à la ferveur. La prière et la dévotion à Marie, surtout grâce à la congrégation mariale, y occupaient une large place. L'évêque présidait lui-même la méditation, l'examen de conscience et la prière du soir. La charité faisait l'objet d'exhortations incessantes. Le règlement de vie des ecclésiastiques de Montréal ressemblait à celui de Québec, mais l'application y était moins rigoureuse. Jusqu'en 1834, les vacances avaient lieu du 15 août au 1er octobre, puis on les devança de quinze jours sans les prolonger. Les grands séminaristes se rendaient alors dans des presbytères où les curés prenaient soin d'eux.

Le Grand Séminaire de Montréal

Une fois le district de Montréal érigé en diocèse, il fallut faire certains aménagements avec le diocèse de Québec. Lors de l'érection, les prêtres demeuraient normalement là où ils exerçaient leur ministère, quitte à opérer certains échanges. Les futurs prêtres pouvaient retourner à leur diocèse d'origine. Le Séminaire Saint-Jacques s'avéra vite trop exigu pour accueillir les ecclésiastiques du diocèse de Montréal. De plus, débordé de travail dans les paroisses, le clergé ne pouvait plus diriger leurs études dans les presbytères, ni assurer un personnel suffisant et compétent au Grand Séminaire. Mgr Bourget désirait d'ailleurs plus de continuité et d'homogénéité dans leur formation. En août 1840, après la mort de Mgr Lartigue, il demanda au supérieur des Sulpiciens de prendre désormais en main la formation des futurs prêtres de son diocèse. Quiblier répondit affirmativement quelques semaines plus tard, sans avoir consulté son général en France. Les membres de son conseil avaient vu «dans cette œuvre le moyen de rendre à l'évêque, au clergé, au diocèse et à la maison [sulpicienne] des services de la plus haute importance[13]». Officiellement assurés de conserver leurs biens seigneuriaux, après quatre-vingts ans d'attente, les Sulpiciens réalisaient ainsi l'objectif premier de leur société. Le concordat fut signé le 7 novembre 1840 et le Grand Séminaire de Montréal ouvrit ses portes le jour même; il se trouvait alors dans l'aile gauche du Collège de Montréal, rue Saint-Paul.

Les régents

À mesure que les collèges classiques prenaient de l'expansion, nombreux furent les futurs prêtres qui y rendirent des services comme régents, d'autant qu'ils y gagnaient leur pension. Ils y poursuivaient leurs études théologiques, chacun individuellement à l'aide d'un tuteur ou encore en recevant des cours en commun. En général, chaque candidat passait au moins sa troisième année de formation au Grand Séminaire, où il étudiait les traités de théologie jugés les plus fondamentaux.

En principe, les régents étaient soumis à un règlement plus sévère que celui des prêtres; le prototype fut élaboré par Mgr Plessis pour ceux du Collège de Nicolet. Il leur appartenait de travailler à leur propre avancement et à celui des écoliers; ils y parviendraient en obéissant à leurs supérieurs et en acquérant l'amour du silence et du recueillement. Ils se tiendraient le plus possible éloignés de toute personne de l'extérieur, même de leurs parents. On les invitait à beaucoup de condescendance les uns envers les autres. Ils devaient se réunir le matin pendant une demi-heure pour la méditation, puis en fin d'après-midi pour la conférence de théologie et la lecture spirituelle. Compte tenu de ses tâches d'éducateur, il appartenait à chacun de pourvoir à son travail intellectuel (environ une heure et demie par jour) et à ses exercices spirituels: un quart d'heure d'adoration du Saint-Sacrement, une demi-heure de lecture des Saintes Écritures; les prières du matin et du soir, l'examen particulier et le chapelet s'effectuaient avec l'ensemble de la communauté collégiale. La messe quotidienne ne comportait pas la communion; celle du dimanche était précédée du sacrement du pardon et suivie de celui de l'eucharistie. Les régents s'occupaient ce jour-là du plain-chant, des cérémonies religieuses, de l'enseignement du catéchisme à la paroisse comme au collège.

Le directeur de l'institution veillait pour sa part à confesser les régents, à les former adéquatement au sacerdoce, à leur enseigner la théologie et à les informer sur la discipline ecclésiastique. La réponse de Mgr Turgeon au directeur François Pilote du Collège de Sainte-Anne-de-la-Pocatière traduit bien la pensée des évêques: «Il vous faut avoir des prêtres et les avoir bons, dites-vous. Là, vous avez raison. Eh bien, cher Monsieur, faites-les bons et par votre pieux enseignement et par votre exemple[14].»

L'ordination

Le cheminement vers le presbytérat comportait plusieurs étapes. La tonsure coïncidait avec la prise de soutane; elle signifiait l'incardination au diocèse. L'aspirant devenait ainsi ecclésiastique et avait droit aux privilèges des clercs. Les quatre ordres mineurs: portier, lecteur, exorciste et acolyte, étaient habituellement octroyés au début de la deuxième année; le sous-diaconat, généralement conféré entre un et deux ans plus tard, comportait l'engagement au célibat et l'obligation de la prière quotidienne du bréviaire; le diaconat et le presbytérat étaient souvent rapprochés à l'intérieur d'une quatrième année de formation.

Au moment de présenter des sujets à la tonsure et aux ordres, un directeur de collège ou un curé prenait soin de bien décrire leur conduite et leur degré de connaissances théologiques. Les évêques y tenaient beaucoup. Le directeur du Collège de Chambly, Jean-Baptiste Abraham Brouillet, systématisa son évaluation selon les critères suivants: régularité de conduite, fréquence de participation aux sacrements de pénitence et d'eucharistie, succès dans les études théologiques, accomplissement de la tâche de régent, dispositions de caractère et de volonté, considération de la part des élèves et des confrères. Même si beaucoup de candidats parvenaient au sacerdoce à un âge assez avancé — dans la décennie de 1820, on en compte 31 sur 98 entre 26 et 35 ans —, les évêques demandaient régulièrement à Rome un indult pour ordonner des candidats de moins de 24 ans, âge canonique minimal;

dans les mêmes années, par exemple, 30 furent ordonnés entre 22 ans et demi et 24 ans. Pendant ces dix ans, la moyenne d'âge s'éleva à 25 ans et quelques mois au moment de l'ordination.

À l'occasion du sous-diaconat, l'évêque vérifiait si le candidat jouissait d'un titre clérical qui lui garantissait, sa vie durant, une subsistance temporelle minimale. Il existait diverses modalités de titres cléricaux: sur patrimoine, de bénéfice, pour les missions, de pauvreté; la première se trouvait la plus répandue. Un tel titre consistait en un acte juridique par lequel les parents du candidat ou souvent un bienfaiteur s'engageaient à lui verser comme rente annuelle 150 £ (livres de 20 sols) jusqu'à la fin de sa vie, au cas où il ne jouirait pas d'un bénéfice ecclésiastique suffisant. La plupart du temps, ce titre était assigné à un lot, à une partie de terre ou à une maison hypothéquée à cette fin. Le titre clérical était publié en chaire par trois fois en même temps que l'ordination au sous-diaconat, puis était signé devant notaire et témoins.

Une retraite de quatre jours précédait les ordinations aux ordres mineurs et une de six jours, celle des ordres majeurs. Avant toute ordination, demandée à l'évêque par le candidat après entente avec son conseiller spirituel, s'insérait un examen de juridiction sur le sens de l'ordre à recevoir. Au stade du presbytérat, l'examen portait aussi sur les connaissances du futur prêtre en théologie morale et sur les aptitudes au ministère pastoral.

Les ordinations se déroulaient dans une ambiance grandiose. Le lieu et le temps de ces célébrations dépendaient de diverses circonstances, mais surtout de la personnalité de l'évêque. Mgr Briand s'en tenait à la chapelle du Séminaire de Québec, les samedis des quatre-temps et le samedi avant le dimanche de la Passion, en somme les jours privilégiés par le droit canonique pour les ordinations aux ordres majeurs. Mgr Hubert préférait la cathédrale, tout en célébrant ailleurs à Québec ou à Montréal et souvent à des moments différents, le dimanche par exemple. Mgr Denaut et Mgr Plessis profitaient des fêtes importantes, en même temps qu'ils se rendaient parfois dans les églises paroissiales, surtout là où se trouvaient des collèges classiques; la cathédrale demeurait cependant l'endroit coutumier. Mgr Panet, Mgr Signay et Mgr Turgeon continuèrent de la même façon. À Montréal, la chapelle de saint Joseph de l'Hôtel-Dieu servit souvent aux ordinations, particulièrement avant la construction de l'église Saint-Jacques. Mgr Lartigue revint à l'habitude canonique de Mgr Briand de célébrer les ordinations un samedi des quatre-temps, ordinairement celui de septembre. Des candidats à tous les ordres s'y présentaient et les journaux en faisaient grand état. Ces célébrations étaient suivies d'un banquet où parents et amis fêtaient les bienfaits de Dieu.

À mesure que le XIXᵉ siècle progressait, de plus en plus de Canadiens ressentaient les sentiments exprimés dans l'*Impartial* de 22 janvier 1835: «Les hommes qui ont le courage de sacrifier les jouissances terrestres et qui se sentent de hautes qualités peuvent, en se vouant au ministère ecclésiastique, rendre à la société de grands services.» Les plus aptes au presbytérat apparaissaient au journaliste ceux «que les vicissitudes de la vie ont éprouvés, qu'une foi vive a soutenus, qu'aucun lien ne retient». Il leur appartenait donc de se préparer «par l'étude et la réflexion à la mission la plus belle qu'il soit donné à un homme de remplir, celle de faire descendre du haut de la chaire le langage du christianisme».

3. L'ÉDUCATION PERMANENTE

Mgr Briand demandait à ses prêtres une vie de sacrifice. Malgré un état de santé défaillant, un curé ne devait pas se dispenser de faire maigre, surtout si des paroissiens risquaient de se scandaliser de sa table trop bien garnie. Les curés demeuraient à jeun aussi longtemps que n'étaient pas terminées les messes de mariage ou de funérailles, même si les personnes concernées arrivaient en retard; manger passait après tout service pastoral. Un prêtre devait se confesser tous les mois en vue d'une plus grande humilité. L'ascétisme se concrétisait aussi en l'isolement d'un curé, par exemple celui de Percé dont le confrère voisin se trouvait à 20 lieues de distance. La visite aux parents, surtout s'ils demeuraient assez loin, requérait une permission de l'évêque, qui était rarement accordée. Après 1825, date de la mort de Mgr Plessis, des critiques percèrent ici et là à propos des promenades de prêtres désœuvrés; Mgr Signay en mettrait plus tard la faute sur l'incurie de son prédécesseur, Mgr Panet; Mgr Lartigue serra la vis lui aussi. Si un curé pouvait attendre sept ans avant de revoir ses vieux parents, les prêtres irlandais ne retournaient pas plus facilement dans leur pays natal pour se reposer. Un prêtre ne s'achetait ni un instrument de musique ni un jeu d'échecs sans une permission épiscopale; les loisirs se trouvaient ainsi contrôlés.

Le règlement de vie des vicaires

Mgr Plessis avait été le premier évêque à imposer un règlement de vie à ses vicaires, afin de bien les encadrer. Levé à 5 h 00 en été et à 6 h 00 en hiver, le jeune prêtre se préparait à la messe quotidienne par une méditation d'une demi-heure, par la récitation de l'angélus et de deux petites heures du bréviaire, par l'étude du rituel ou de la liturgie; son action de grâces durerait une quinzaine de minutes. Pendant l'avant-midi, il devait lire deux chapitres de l'Ancien Testament et les commentaires qui s'y rapportaient, réciter les deux autres petites heures du bréviaire, étudier de la théologie et procéder à son examen particulier. Après la récréation et la promenade de l'après-midi, il récitait vêpres et complies, s'adonnait pendant deux heures à la théologie morale ou à la préparation d'un futur sermon, puis se succédaient l'adoration du Saint-Sacrement, le chapelet, la lecture commentée de deux chapitres du Nouveau Testament, la récitation de matines et de laudes du lendemain, une lecture spirituelle d'environ une demi-heure. Après une heure de délassement et de conversation avec le curé au début de la soirée, le vicaire récitait sa prière du soir, préparait sa méditation du lendemain, repassait son sermon à venir, étudiait les sciences ecclésiastiques jusqu'à 22 h 00 au plus tard. Mgr Lartigue ajouta d'autres recommandations: retraite annuelle, confession bimensuelle, abstinence d'alcool à l'exception d'un peu de vin au repas, aucune rencontre avec une ou des femmes.

Qu'on ne se surprenne pas de l'importance donnée à

l'étude: un jeune prêtre perfectionnait ainsi les quelques notions acquises avant l'ordination. Le vicaire général de la région où il exerçait son ministère supervisait ses nouvelles connaissances. Il l'examinait annuellement sur un grand traité ou sur deux petits; il le faisait oralement, habituellement entre le 15 août et le 15 septembre. Les jeunes prêtres ne se souciaient pas tous d'y exceller ou même de s'y présenter au temps voulu; certains se laissaient tirer l'oreille. Même si ces études surveillées cessaient au moment de la première cure, c'est-à-dire trois ou quatre ans après l'ordination, le ressourcement intellectuel faisait normalement partie intégrante de la vie des prêtres. L'inventaire des bibliothèques de curés effectué lors des encans ou lors d'héritages aux collèges révèle souvent une liste de 350 à 700 volumes, surtout des œuvres théologiques, spirituelles, mais aussi des livres d'histoire et de droit.

Les diverses formes de solidarité

Mgr Briand avait instauré en 1777 la fête du Christ-Prêtre, célébrée le jeudi qui suivait le 29 août. En promouvant ainsi la messe et l'office du sacerdoce, il cherchait un moyen de susciter à Québec et ailleurs dans le diocèse une cérémonie annuelle de la profession cléricale. L'idée venait des Sulpiciens qui renouvelaient chaque année le don d'eux-mêmes comme au jour de leur entrée dans le clergé par la tonsure. L'évêque avait invité ses prêtres à célébrer leur engagement presbytéral soit publiquement et en commun, soit avec quelques confrères fervents, soit en privé, après quelques jours de recueillement. L'habitude se prit, puisqu'en 1803, par exemple, des cérémonies eurent lieu à Saint-Denis, à Berthier et à Montréal pour ce qui concerne le sud du diocèse. Mais la fête du sacerdoce fut abolie en 1822, faute d'un réel intérêt. Les anniversaires importants d'ordination au presbytérat et à l'épiscopat prirent en quelque sorte la relève; en y participant, les prêtres trouvaient une source d'encouragement dans la poursuite de leur ministère. De plus, les évêques les invitaient à se rencontrer entre confrères; les vicaires généraux s'assuraient de telles

communications. Selon Mgr Bourget, ces réunions tendaient
«ordinairement au bien de la religion; on se consulte, on avise
aux moyens de déraciner les abus, on discute quelques points
de discipline ou de rubrique, on se ranime dans la pratique
du bien, on se console, on s'encourage[15]». Une autre forme
d'entraide presbytérale consistait en l'offrande de trois messes
pour chaque confrère décédé. Cette association existait depuis
le régime français et regroupait plus de la moitié du clergé
canadien; 248 prêtres en faisaient partie en 1833. Deux ans
plus tard, la majorité des membres voulurent réduire leur
obligation à une messe, car le nombre des associés, et partant
des décès, augmentait sensiblement. L'évêque accepta l'arran-
gement en 1837.

Le ressourcement spirituel

La prière individuelle demeurait pour tout prêtre le principal
garant de son union avec Dieu. La seule obligatoire était la
récitation quotidienne du bréviaire. Dans le diocèse de Québec, il s'était toujours agi du bréviaire romain. Les cas de dispense furent très rares et chaque fois pour cause de cécité ou
de vieillesse; le bréviaire devait être remplacé par d'autres
prières comme le rosaire. Les missionnaires en voyage usaient
du même privilège, s'il leur était impossible de réciter l'office
divin.

Parmi les écrits spirituels les plus répandus et les plus
utilisés lors de la méditation quotidienne des prêtres ressortent
sans conteste le *Miroir du Clergé*, plusieurs titres relatifs à
l'âme, tels l'*Âme élevée*, l'*Âme sanctifiée*, la *Vie de Jésus-Christ*,
les biographies de saints, en particulier celle de François de
Sales, de Thérèse d'Avila et de François-Xavier.

Le moyen privilégié de ressourcement spirituel apparut
tardivement; c'était la retraite d'au moins cinq jours. Mgr
Plessis obtint de Rome une indulgence plénière pour chaque
participant qui aurait, à cette occasion, confessé ses fautes et
communié au Seigneur dans l'eucharistie. Mais, comme une
telle retraite s'effectuait alors de façon individuelle, très peu
de prêtres s'y adonnaient, même si l'évêque était prêt à relever

les paroissiens du précepte de la pratique dominicale dans le cas d'une absence ainsi motivée de leur curé. Mgr Plessis ne réussit pas non plus à regrouper les prêtres pour une retraite en commun. Mgr Bourget y parvint à Montréal en 1838: 13 participants durant la seconde semaine d'octobre, 9 ou 10 la semaine suivante; c'était modeste, mais le mouvement était lancé. L'année suivante, le jésuite Pierre Chazelle, recteur du collège St. Mary, dans le diocèse de Bardstown au Kentucky, prêcha à Montréal une retraite de huit jours à 80 curés, selon les *Exercices spirituels* de saint Ignace. Le tout se termina à l'église paroissiale où les prêtres communièrent à la même eucharistie et renouvelèrent leur profession cléricale entre les mains de Mgr Bourget. Du côté de Québec, des prêtres firent pression auprès de Mgr Signay en vue d'une initiative semblable, sans laquelle il n'y aurait pas «de véritable esprit sacerdotal» (Alexis Mailloux). Avec la permission de son évêque, celui-ci réunit, en 1840 et pour cinq jours, dans le presbytère de Sainte-Anne-de-la-Pocatière, 13 curés de la rive sud entre Lévis et Gaspé. À partir de 1841, des retraites générales eurent lieu à tous les deux ans dans le diocèse de Québec; 103 prêtres participèrent à la première, prêchée par Mgr de Forbin-Janson.

L'éducation permanente des prêtres sous ses différents aspects dépendait donc, du moins en bonne part, de l'initiative et de l'encadrement des évêques. Mgr Plessis fut le grand responsable d'une véritable amélioration à ce niveau de la vie ecclésiale; un sursaut dans le même sens s'opérait en France à la même époque. Il reste que souvent cette éducation permanente se limita au minimum et se réduisit à l'ascèse et à la prière.

4. LES MOYENS DE SUBSISTANCE

Les dîmes

La dîme consistait en «une offrande, faite à Dieu et à l'Église entre les mains de ses ministres, que l'Église a destinée à nourrir les prêtres[16]»; l'obligation de la payer ne dépendait ni de la qualité du ministère du curé ni de l'usage qu'il en faisait. Théoriquement du moins, les surplus devaient servir aux pauvres ou à l'ornementation de l'autel.

La première constitution de la nouvelle colonie anglaise, passée en 1764, fit disparaître l'obligation du paiement de la dîme, car les pasteurs anglicans étaient payés par le gouvernement et les presbytériens s'opposaient à ce système de financement. En pratique, les catholiques romains continuèrent, en très grande majorité, à verser annuellement à leur curé 1/26 des grains produits, habituellement le blé, l'avoine et les pois; dans certaines paroisses, selon des ententes ratifiées par l'évêque, il s'agissait de sarrasin, de seigle, d'orge, de patates, de blé d'Inde. Après l'Acte de Québec de 1774, la dîme redevint civilement obligatoire pour les catholiques romains comme sous le régime français. L'Angleterre avait déjà reconnu une telle redevance dans une autre de ses colonies, l'île Minorque, de 1713 à 1756.

Mgr Briand tenait fermement au paiement des dîmes, comme un dû à Dieu et à l'Église; sinon, hors le cas de pauvreté, pas de sacrement. La condescendance de Mgr Hubert envers les paroissiens amena plus tard les prêtres à recourir le moins possible à la justice pour obtenir leurs dîmes, même s'ils avaient rarement pris de telles mesures auparavant et même s'ils avaient été reconnus dans leurs droits dans la très grande majorité des cas. Il rappela à ses curés qu'aucune ordonnance n'avait rayé celle de 1662 qui exemptait de la dîme les produits d'une nouvelle terre ensemencée depuis cinq ans ou moins. Il trouvait préférable de ne jamais parler en public de refus de sacrements aux paroissiens réfractaires; qu'on se limitât à le mentionner en privé, en particulier au tribunal de la pénitence. Mgr Plessis précisa qu'il ne fallait ni refuser les sacrements ni intenter un procès à qui ne paierait pas de dîme non légalement obligatoire, par exemple celles des patates ou de l'huile de marsouin. Il s'agissait alors d'une contribution volontaire quand le curé ne parvenait pas à obtenir, en dîmes ordinaires, 400 minots de grains ou 100 livres par année. La règle commune continuait à s'appliquer à ceux qui refusaient de payer et à ceux qui devaient une partie de leur dû sans aucune raison suffisante. Seul l'évêque ou un vicaire général pouvait absoudre ces pécheurs. Mgr Lartigue mit en garde tout nouveau curé d'excuser trop facilement les débiteurs de son prédécesseur. Mgr Bourget atténua les exigences excessives de certains pasteurs. Tout en sollicitant les dîmes pour leurs besoins et pour l'acquit de conscience des paroissiens, ils devaient être coulants dans les modalités de paiement, surtout dans les cantons où les nouvelles dessertes se multipliaient. Mais, soulignait quand même Mgr Lartigue, selon «l'Évangile et la justice, tout prêtre devait vivre de l'autel; il ne pouvait y avoir de bonne volonté, lorsque tous ensemble les paroissiens ne sauraient procurer à un seul homme, leur curé, le logement et les autres choses indispensables, que chacun d'entre eux trouvait moyen de se procurer à soi-même[17]».

La dîme était versée avec régularité, mais peu de catholiques le faisaient avec générosité. Mgr Briand, d'origine française, avait déjà constaté: «On aime fort dans ce pays-ci à être bien desservi sans qu'il en coûte.» Les Anglais le remarquaient eux aussi: «Nous ne sommes pas, nous autres protestants, comme vos peuples; nous payons bien nos ministres.» Mais si des représentants du gouvernement ou tout anglophone non catholique parlaient publiquement dans ce sens, les Canadiens devenaient subitement les ardents défenseurs de leurs curés et de leur droit aux dîmes. Ils ne manquaient pas d'arguments: la dîme consistait en 1/26 seulement des grains récoltés, les catholiques n'y étaient pas soumis indistinctement, la classe agricole n'était pas la seule à la payer, le clergé ne l'exigeait pas avec dureté et faisait bon usage de ses surplus en faveur des malades, des pauvres et de l'éducation.

Le montant des dîmes différait selon les endroits et selon les années. En 1824, par exemple, à Chambly, où la population s'élevait à 3700 personnes dont 2200 communiants, les parois-

siens donnèrent 1160 minots au curé, alors que celui de Varennes, où se trouvaient 300 personnes de plus dont 2000
communiants, en reçut 1800. À Terrebonne, on peut faire les
constatations suivantes:

Années	Communiants	Minots
1821	1 250	360
1832	1 450	1 750
1838	1 650	1 488

Dans la décennie de 1830, en certains milieux urbains, il fallut
penser à une dîme en argent, car les revenus ne provenaient
plus des grains, en tout cas de moins en moins.

La dîme devait être payée avant la fin du temps pascal,
mais, après entente entre les personnes concernées, elle était
parfois versée l'été suivant, du moins avant la Saint-Michel
(29 septembre), date habituelle des changements de curés.
Un nouveau curé avait seulement droit aux dîmes de l'année
à venir. Les pasteurs ne jouissaient pas d'une égalité de
traitement, mais ils vivaient au diapason de la population
qu'ils desservaient. Les vicaires recevaient 200 livres par année
jusqu'à la fin du XVIIIe siècle, 25 livres ou 100 écus vers 1820,
sans compter leur nourriture, leur logement et leurs honoraires de messes. Leur rémunération se stabilisa à partir de
1825 et s'établit annuellement à 100 $.

Les tarifs des célébrations liturgiques

Les revenus de certaines célébrations religieuses, comme les
mariages et les funérailles, et les honoraires de messes servaient eux aussi à la subsistance des prêtres, «étant juste que
ceux qui profitent d'une manière spéciale de son ministère
l'assistent préférablement à ceux qui n'en reçoivent que des
services généraux[18]». Par exemple, le célébrant recevait trois
shillings pour une grand-messe et six pour les funérailles
d'adulte. Tout était gratuit pour les pauvres. Après 12 ans de
patientes expérimentations, Mgr Plessis publia en 1822 une
tarification commune à toutes les paroisses. Il y précisait la

répartition des revenus entre le célébrant, la fabrique et le bedeau, jusqu'au partage de ce qui restait des cierges une fois la cérémonie terminée. Il ajouta qu'à partir de l'année suivante, aucun prêtre ne pourrait exiger plus que les montants indiqués dans son ordonnance épiscopale. L'arrivée de Mgr Lartigue à Montréal et les changements inhérents à toute nouveauté rendirent ce document caduc à certains endroits. Le nouvel évêque auxiliaire dut rappeler que les curés étaient liés en conscience par les règlements épiscopaux et qu'ils se rendaient coupables de simonie s'ils exigeaient, par exemple, cinq shillings au lieu de quatre pour une grand-messe. Dans les années 1830, Mgr Lartigue envisagea l'accroissement des honoraires de basses messes, inchangés depuis le XVIIe siècle. Mgr Signay s'y opposa. Étant donné leur grand nombre dû au tarif peu élevé, le diocèse de Québec continua d'envoyer annuellement à l'étranger des milliers d'intentions de messes et leurs honoraires.

Il appert que le clergé vivait modestement et même misérablement dans le cas des missionnaires. Les chiffres publiés par Amury Girod en 1837 sont plausibles: 80 curés recevaient entre 75 £ et 100 £ par année, 50 entre 100 £ et 150 £, 30 entre 150 £ et 250 £, 10 entre 250 £ et 350 £. Mais que restait-il à ces curés après avoir payé le salaire d'un ou de vicaires, d'une ménagère, et après avoir acheté un peu de nourriture?

Les caisses ecclésiastiques

Si, dans l'ensemble, les prêtres réussissaient à vivre, ils se trouvaient cependant dans le besoin lors d'une maladie ou de la retraite. À peine choisi comme évêque coadjuteur en 1793, Mgr Denaut émit l'idée d'une caisse ecclésiastique, lors d'une réunion avec des curés de la rive sud du Saint-Laurent, dans la région de Montréal. Leur assentiment fut spontané. Mis au courant de cette initiative en décembre 1795, Mgr Hubert ne tarda pas à élargir la consultation sur le sujet. Grâce à ses archiprêtres, il reçut des prêtres des réponses aux trois questions suivantes: une caisse du clergé est-elle à propos? quels pourraient en être l'objet et l'étendue? quelle forme d'administration conviendrait le mieux?

Il en ressortit onze objectifs. Les prêtres de chacun des douze cantons éliraient un administrateur. La cotisation serait de 1/50 des revenus autres que les honoraires de messes et le casuel, perçus depuis un an, au 1er juillet; on accepterait avec reconnaissance les legs ou autres dons. Selon plusieurs commentaires recueillis, les objectifs gagneraient cependant à être réduits, à se présenter selon des priorités et à se limiter au service des prêtres: retraite honorable, supplément de revenus à l'évêque coadjuteur, puis, si le fonds le permettait, subsistance des confrères dans le besoin, pension de futurs prêtres.

La Caisse ou mieux la Société ecclésiastique Saint-Michel, fondée en 1796, prit son envol en 1799. Douze membres seulement s'y affilièrent au début; en 1816, on comptait 94 inscriptions. Mgr Lartigue stimula ses futurs prêtres à y participer. Les administrateurs ne cherchèrent pas à accumuler du capital; ils répartissaient chaque année à peu près tout l'argent qu'ils recueillaient en cotisations, selon les demandes d'aide qui leur parvenaient. À mesure que les cotisations s'accrurent vers 1808, l'aide, d'abord accordée aux prêtres malades ou âgés, s'étendit à d'autres champs de services, en particulier du côté de l'éducation. Les dirigeants de la Société payaient ainsi en partie le coût du pensionnat de quelques collégiens pauvres, susceptibles d'opter pour le presbytérat. Ils firent des dons de l'ordre de 25 £ à 100 £ aux institutions d'enseignement classique et rendirent divers services: 50 £ à l'église Notre-Dame du faubourg Saint-Roch, l'impression de certains livrets comme *La journée du chrétien* en iroquois ou le *Nouveau Testament* en français, diverses sommes d'argent à de nombreux missionnaires, surtout au Haut-Canada. En tant que président de la Société, Mgr Plessis s'occupait lui-même de verser les allocations; son influence était prépondérante. Il trouvait là, comme évêque, une façon de répondre à toute demande d'argent qu'il trouvait justifiée et d'encourager financièrement toute initiative pastorale. L'aide aux bonnes œuvres prit une grande importance. En 1828, par exemple, on distribua 287.6.0 £ alors que la recette s'élevait à 291.14.4 £.

Une seule des huit allocations fut faite à un prêtre. Le capital accumulé antérieurement demeurait néanmoins de 561.15.11 £.

De plus en plus de prêtres posaient des questions aux responsables sur les objectifs de la Société; plusieurs s'en retiraient et ne cotisaient plus. N'avait-elle pas été instituée pour aider et secourir ses membres? Mgr Panet reconnut n'être autorisé à utiliser les deniers de la Caisse, sans attendre la réunion des administrateurs, que dans le seul cas où l'un des membres devenait subitement incapable d'exercer son ministère. Durant la décennie de 1830, l'arrivée d'un plus grand nombre de jeunes prêtres permit à plusieurs curés de prendre leur retraite. En 1839, on prévoyait ne plus pouvoir aider ni les missions, ni les dessertes, ni les maisons d'éducation, ni toute autre bonne œuvre. L'objectif des allocations annuelles se restreindrait désormais à l'aide aux membres. On se souvint cependant que tout curé retiré, ayant œuvré au même endroit au moins les dix dernières années de son ministère, avait droit jusqu'à sa mort au tiers des dîmes versées à son successeur. Mais tous ne se retiraient pas après avoir travaillé aussi longtemps dans la même paroisse et certains curés n'étaient pas suffisamment pourvus avec les deux tiers des dîmes restantes.

Si, dès les débuts de la Société Saint-Michel, le projet d'une caisse semblable pour les prêtres du seul district de Montréal avait été envisagé, comment ne pouvait-il pas poindre de nouveau à mesure qu'un nouveau diocèse apparaissait de plus en plus probable? En 1832, Mgr Lartigue avait encore sonné la cloche en demandant pourquoi 40 £ seulement sur 200 £ avaient été attribuées à son district, alors que la région fournissait plus de cotisations que tout le reste du diocèse de Québec. L'évêque auxiliaire ne s'y opposa donc pas, quand le curé Édouard Crevier de Saint-Hyacinthe prit l'initiative d'une Société ecclésiastique du district de Montréal, dédiée à saint Jean l'Évangéliste; elle perçut ses premières cotisations le 1er août 1834: 2.10 £ par année pour les curés et les dignitaires et 1 £ pour les autres prêtres. Son objectif était unique: «un secours suffisant dans le cas d'infirmité, de maladie ou de vieillesse». L'érection du diocèse de Montréal en 1836 accrut l'importance de cette nouvelle société par rapport à la première qui apparut de plus en plus propre au diocèse de Québec. L'idée de Mgr Bourget d'instaurer une caisse diocésaine, à partir de la portion des cotisations de la Société Saint-Michel venant du district de Montréal, ne fit que jeter de l'huile sur le feu. Dédiée à saint Jacques, elle aurait été sous la direction de l'évêque, comme celle de Québec, alors que la Société Saint-Jean l'Évangéliste avait un curé comme président. Il y eut des pourparlers qui se conclurent sur un compromis: séparation complète d'avec la Caisse Saint-Michel à la fin de l'année fiscale 1839-1840, existence d'une seule société, appelée Saint-Jean et placée sous la présidence de l'évêque.

5. Comportements inacceptables

Démêlés avec les pouvoirs publics

De 1760 à 1840, une vingtaine de prêtres ont été amenés ou, souvent, se sont présentés devant les autorités judiciaires ou politiques. Dans le premier cas, les évêques laissaient habituellement la justice suivre son cours: parfois, ils soutenaient les prêtres concernés, tel Pierre Mauque Garaut de Saint-Onge de Trois-Rivières accusé de tous les maux par le sieur Pélissier des Forges; parfois, ils laissaient les curés subir les conséquences de leurs bêtises ou de leur tendance processive, entre autres Joseph Basile Parent, emprisonné pour dettes contractées par besoin d'alcool. Quand il s'agissait d'interventions d'ordre politique, le gouverneur et l'évêque de Québec s'entendaient sur des procédures adéquates, les peines pouvant être plutôt ecclésiastiques que civiles, par exemple à propos d'Eustache Lotbinière, prêtre apostat qui avait déblatéré à Londres contre la religion catholique romaine, ou à propos de Pierre Huet de la Valinière considéré comme proaméricain en 1776 par le gouverneur. Dans le même domaine, Étienne Chartier suscita encore plus de complications. À la suite de son discours nationaliste du 23 septembre 1829, prononcé lors de l'inauguration du Collège de Sainte-Anne-de-la-Pocatière, une polémique surgit dans les journaux. Les pressions s'intensifièrent auprès de l'évêque du côté du Château Saint-Louis et Chartier dut faire face à un exil au Nouveau-Brunswick, exil qu'il évita grâce à la maladie. Lors des troubles de 1837, les interventions patriotiques du même prêtre, devenu curé de Saint-Benoît, le contraignirent à s'enfuir aux États-Unis et lui firent subir l'interdit de ses fonctions ecclésiastiques par Mgr Lartigue; le 28 juin 1838, il fut, à l'instar de nombreux Canadiens, banni d'Amérique britannique aussi longtemps que le gouverneur en déciderait ainsi; il rentrerait au pays en 1841 et redeviendrait curé.

Des catholiques s'adressèrent parfois directement au gouverneur pour faire changer leur curé; telle, par exemple, la requête de 53 paroissiens de L'Ancienne-Lorette en 1792, qui demandaient d'être libérés de Charles-Joseph Brossard Deschenaux qui, semble-t-il, n'avait cessé depuis six ans de les tourmenter, de les chagriner et de les persécuter. Une copie de ce texte fut transmise à Mgr Hubert, qui y trouva trop d'aigreur pour le croire; d'ailleurs, une pétition signée par une majorité des paroissiens le contredisait. L'évêque conseilla à son collaborateur de démissionner, mais celui-ci s'obstina à demeurer là où il se trouvait et il y resta 40 ans. Une autre fois, Craig demanda, ricaneur, à Mgr Plessis ce qu'il était advenu du curé de Saint-Augustin. L'évêque s'aperçut une fois de plus que les dirigeants politiques étaient tenus au courant des failles publiques du clergé; «les protestants n'auront pas manqué de s'en divertir[19]!» soupira-t-il.

Les entorses au célibat

Les cas d'excès alcooliques ne semblent pas avoir dépassé la vingtaine. Les évêques intervinrent alors surtout auprès des habitudinaires. Quelques-uns firent face à une suspense ou à un interdit; le repentir déboucha sur une véritable amélioration d'un certain nombre. La mondanité a été plus fréquente. Chez 60 prêtres concernés, on retrace les manquements suivants: être présents à des bals et à des danses (jusqu'à y participer), jouer à l'argent, posséder des livres frivoles et romanesques dans leur bibliothèque, entretenir un petit commerce, pratiquer la médecine (alors que c'était défendu par les statuts synodaux du diocèse), aller à la chasse, se promener dans des voitures luxueuses, se battre en public. Dans ce nombre, il faut inclure aussi une trentaine de libertins ou de présumés libertins. À part quelques individus trop entreprenants et quelques preuves de grossesse, ce fut plutôt occasionnel ou passager. Dans ces cas, les évêques insistaient sur la vigilance et la prière; ils usaient de l'interdit si le coupable ne se corrigeait pas. Le prêtre repentant se rendait alors pendant un an chez un curé, où il vivait selon le règlement de vie proposé aux vicaires; il y reprenait progressivement l'exercice de ses tâches ministérielles. Mgr Panet, qui avait rendu de tels services comme curé, avait trouvé cette responsabilité lourde et inquiétante. Comme évêque, il aurait souhaité une maison de retraite et de pénitence, mais il ne passa pas à l'action.

La principale préoccupation des évêques sur les relations des prêtres avec les personnes du sexe féminin porta sur les ménagères de presbytères. Non pas que l'on y relève souvent des naissances d'enfants: on n'en compte que cinq. Mais les évêques se souciaient d'appliquer les règlements canoniques sur la présence féminine dans les presbytères. Mgr Briand, Mgr Hubert, Mgr Plessis et Mgr Lartigue reviennent une trentaine de fois sur le sujet, surtout à l'occasion de plaintes contre les curés ou de leurs visites pastorales. En général, il est question de dames trop jeunes demeurant avec le curé. Il arrive aussi que la ménagère contrôle la paroisse, que la famille du curé passe en premier devant les paroissiens, que le curé a été vu en voiture avec sa ménagère. En fait, des paroissiens intervenaient uniquement dans des situations scandaleuses. Dans le cas de calomnies, seules une personne ou deux écrivaient à l'évêque.

Mgr Plessis reconnut que les ordonnances de ses prédécesseurs sur le sujet étaient trop vagues; on semblait avoir retenu le seul point suivant: «n'avoir chez soi aucune femme dont la cohabitation puisse être pour le prêtre une occasion de dérèglement ou pour les gens du dehors un sujet de scandale». L'évêque présenta une série de décisions ecclésiastiques antérieures, à partir de celle du synode d'Elvire, en Espagne en 306, en particulier le fragment d'une lettre de Basile (fin du IVe siècle), rapporté dans les Conférences ecclésiastiques d'Angers, comme toujours d'actualité: «Les hommes sont partout les mêmes et dans tous les siècles; ils ont toujours eu besoin de précautions très sévères pour se tenir en garde contre les séductions du mauvais esprit, surtout ceux qui, se trouvant appelés dans le monde pour leurs fonctions, sont néanmoins astreints à l'obligation du célibat[20].» Dans l'ensemble, les évêques prirent pour modèles les conciles provinciaux de France qui avaient adopté les règlements du concile de Trente sur les mœurs du clergé et ils rappelèrent tous la même vigilance. Ils valorisèrent chaque fois le célibat et la chasteté. Les menaces de censures ecclésiastiques s'atténuent à mesure que les décennies passent, mais la présence de jeunes filles chez les curés est toujours fustigée énergiquement. Gêné dans sa conscience d'avoir pardonné trop longtemps en ce domaine, Mgr Briand aurait voulu aller au fond de cette plaie. Mgr Plessis tenta plutôt d'obtenir du Saint-Siège la permission de dispenser temporairement certains curés de l'application de cet article disciplinaire, compte tenu de leur vertu et de leur caractère depuis longtemps éprouvés. En attendant une réponse qui ne viendrait jamais, il appliqua une réglementation de l'ancien archevêque de Bologne, Mgr Prosper Lambertini, devenu plus tard Benoît XIV: pouvaient résider dans un presbytère, même seule avec un curé, une dame de 40 ans et plus, une femme plus jeune, mariée au domestique ou parente du curé au premier ou au second degré d'affinité ou de consanguinité. Aucun vicaire ne serait cependant nommé dans une paroisse où demeurait au presbytère une dame de moins de 40 ans.

Le témoignage de vie

L'ensemble des prêtres canadiens se comportaient bien. Mgr Hubert écrivait à Rome: «Ils portent tous l'habit ecclésiastique et célèbrent la messe tous les jours. [...] Ils aiment leurs évêques et en sont aimés réciproquement.» Le prêtre de 1800, en effet, mène une vie exemplaire et accomplit fidèlement les devoirs de sa charge. Ses vertus chrétiennes et son zèle pastoral produisent de bienfaisants résultats. On l'accuse rarement d'exhorter les gens à faire ce qu'il ne fait pas lui-même, note en 1818 le voyageur John Lambert. Par comparaison avec le clergé des diocèses américains, celui du Bas-Canada était animé d'un même esprit et tendait au même but. De plus, il était fort généreux. En 1787, par exemple, la souscription pour les pauvres recueillit 6537 livres et 12 sols. Deux ans plus tard, l'évêque invita de nouveau ses prêtres à subvenir aux besoins des habitants qui n'avaient pas de quoi semer; le Séminaire de Québec y contribua à lui seul pour 300 £ et le grand vicaire de Trois-Rivières, François-Xavier Noiseux, au lieu de vendre son blé deux dollars le minot, s'en départit pour la moitié de ce prix.

Quand on imagine le prêtre de cette époque, on le voit en soutane noire avec rabat. À un tel habit de deuil perpétuel, il suffisait d'ajouter un crêpe à la ceinture et un autre autour du chapeau pour signifier le décès d'une personne chère ou d'un personnage important, le roi par exemple. Vers 1830, Mgr Lartigue constata avec stupeur que les prêtres portaient des paletots de diverses couleurs, parfois doublés en rouge. Mgr Panet, qui avait constaté le même phénomène dans le district de Québec, acquiesça au désir de son auxiliaire d'enrayer cette mode à la racine, mais n'intervint pas sur le sujet. Les chapeaux à bords larges demeurèrent de mise, car les bords étroits donnaient «à la tête une forme aussi grotesque que lorsqu'elle était coiffée d'un bonnet carré», du moins de l'avis de Louis-Stanislas Malo[21]. Comme le camail de drap noir, qui couvrait en avant jusqu'à la ceinture et en arrière jusqu'aux talons, le bonnet fut en usage jusque vers 1850-1860, après quoi il fut remplacé par la barrette; la calotte continua d'être portée l'hiver, où le froid sévissait souvent dans les églises.

Les jeunes prêtres s'adonnaient à l'ensemble de ces comportements cléricaux. Mgr Plessis regrettait cependant que, depuis 1791, date de l'instauration du régime parlementaire, l'insolence se répandait vis-à-vis des administrateurs: «L'esprit de démocratie et d'indépendance a gagné le peuple, est passé de là au clergé et vous en avez les fruits[22].» Mgr

Lartigue avait détecté cette tendance du clergé depuis fort longtemps. Pour sa part, Mgr Provencher trouvait que l'esprit du siècle progressait dans la tête des plus jeunes. Mgr Signay espérait dans le grand attachement des prêtres aux obligations cléricales; il s'agisssait de le ménager et de l'exploiter; la tentation de suivre la mode et de s'entourer d'aise finirait ainsi par s'estomper. Le fait que les journaux rapportaient de plus en plus d'interventions de la part des prêtres inquiétait aussi Mgr Lartigue. Il préférait qu'ils restent à l'écart; autrement, il en serait éventuellement question même dans des circonstances peu édifiantes. En 1835, à la suite d'une supercherie du *Protestant Vindicator* de New York, les communautés religieuses et le clergé de Montréal furent accusés de présumés crimes; c'est l'affaire Maria Monk. Tous les journaux de la métropole, même d'allégeance protestante, s'insurgèrent contre de telles calomnies et encensèrent de grands éloges le personnel religieux et clérical. Les qualificatifs de Louis-Joseph Papineau contre les prêtres en 1835 — «fainéants et paresseux oisifs» — rebondirent eux aussi dans le peuple de façon avantageuse au clergé. En somme, les lacunes de quelques-uns de ses membres n'empêchèrent jamais les chrétiens de reconnaître la qualité du clergé qui leur rendait service.

6. L'impact des nominations

Des tentatives d'immixtion gouvernementale

Dès le début du régime britannique, le gouverneur Murray s'aperçut que les nominations des curés relevaient de l'évêque. Pour assurer au roi ou à son représentant en ce pays la soumission des curés et ainsi évincer progressivement l'évêque, il considéra le contrôle des cures comme primordial. Mgr Briand en arriva tout de même à un compromis avec lui: l'évêque soumettrait annuellement au gouverneur la liste des nouvelles obédiences; comme les curés concernés ne seraient pas encore au courant de leur changement, on pourrait y apporter des modifications. Dans les faits, cette liste devint bientôt une simple information de bon aloi.

À la fin du XVIIIe siècle, le diocèse de Québec comptait

une majorité de paroisses non reconnues civilement. Le gouvernement désirait s'immiscer dans ce domaine, à la manière de celui de Londres à l'endroit des paroisses anglicanes, mais l'évêque de Québec n'entrait pas dans ces vues. Deux seuls curés étaient inamovibles, celui de Notre-Dame de Québec et celui de Notre-Dame de Montréal. Le sujet fut finalement traité par Mgr Plessis et l'avocat général Sewell au printemps 1805. L'évêque s'opposa à la fixation des curés ailleurs que dans les deux paroisses mentionnées. Le petit nombre de prêtres et le grand nombre de missions pauvres requéraient des déplacements fréquents; la nomination des curés à des paroisses fixes handicaperait grandement leur service pastoral là où souvent des besoins pressaient.

Le projet de Sewell prévoyait ceci: le gouverneur présenterait les prêtres à leurs cures respectives, les y nommerait de façon inamovible et leur donnerait des commissions royales pour assurer leurs droits temporels; l'évêque les instituerait ensuite comme curés en leur transmettant la juridiction spirituelle. Mgr Plessis y pressentit immédiatement des dangers de favoritisme qui conduirait immanquablement de moins bons sujets à des postes importants et qui entraînerait une dévalorisation de la vie en Église. Mgr Denaut, qui détectait l'influence du docteur Mountain sur Sewell, ne comprenait pas que le roi ou son représentant pût participer ainsi à la vie interne de l'Église catholique romaine; n'était-ce pas contraire au serment prêté par le monarque lors de son accession au trône, à moins qu'ils ne voulût transformer cette Église en Église anglicane?

Le fonctionnaire du gouvernement le plus sensibilisé à cette question, William Grant, affirma en conversation privée à Mgr Plessis que la nomination des curés amovibles faite par l'évêque après le consentement du gouverneur suffisait au gouvernement; comment celui-ci pouvait-il, en effet, présenter des prêtres inconnus à des cures dont les besoins lui échappaient? De toute façon, si d'une part un tel mode de nomination des curés était appliqué et si d'autre part l'évêque devenait salarié du gouvernement comme il en était question, cela voudrait dire que l'évêque aurait échangé son pouvoir de nomination pour de l'argent. L'important, selon Grant, était que l'évêque fût reconnu civilement. Mgr Plessis informa son représentant à Londres, François-Emmanuel Bourret, du système dangereux que le gouverneur voulait instaurer dans le Bas-Canada et des effets néfastes qui s'ensuivraient pour la religion catholique. En réalité, le projet s'estompa.

Les procédures habituelles

Entre-temps, les évêques procédaient comme d'habitude à la nomination des prêtres. Ni ceux-ci ni les paroissiens n'étaient appelés à intervenir; toute pression auprès de l'évêque produisait souvent des effets contraires à ceux qu'on espérait. La complaisance de Mgr Panet fut vite réprimandée par son auxiliaire plus directif, Mgr Lartigue. Consulter les prêtres et les inviter à vérifier si le nouvel endroit leur convenait entraînerait des abus: «Je trouve que les évêques avant nous n'agissaient point ainsi et s'en trouvaient mieux; ils nommaient un prêtre à quelque poste sans le consulter et celui-ci y allait sans répliquer[23].»

Les critères de nomination étaient pragmatiques; les évêques tenaient compte des besoins à combler ou des remèdes à apporter dans telle ou telle paroisse, d'une répartition équitable du personnel selon la population, des capacités financières de faire vivre un curé, du nombre d'années passées à un même poste, en particulier pour un missionnaire (après trois ou quatre ans, il pouvait être nommé ailleurs), de l'ancienneté des vicaires (qui en général devenaient curés après quatre ans de ministère). Les changements de curés demeurent assez peu nombreux à cette époque. Plus de la moitié d'entre eux rendirent service dans la même paroisse plus de 10 ans. Un grand nombre de curés restent au même endroit pendant 20 ans et plus: 34,4% en 1785, 37% en 1805, 53,4% en 1816 et 44,4% en 1825. Malgré les inconvénients inhérents à toute nouvelle nomination, des changements s'opéraient chaque année, étant donné les mortalités, les démissions, l'accroissement du nombre de paroisses et l'opportunité d'octroyer de petites cures d'apprentissage aux jeunes prêtres, les plus expérimentés étant alors nommés dans des paroisses plus importantes.

Comme l'année fiscale commençait à la Saint-Michel pour la dîme, les nouveaux curés arrivaient dans leurs paroisses respectives le premier dimanche d'octobre. Ils avaient reçu, deux semaines plus tôt, une brève dépêche de leur évêque: «Vous vous rendrez, pour le dimanche de la Solennité de Saint-Michel, dans la paroisse une telle, pour y exercer, jusqu'à révocation, les pouvoirs ordinaires aux curés [ou aux vicaires, selon le cas] du diocèse.» Vers 1830, on commença à publier la liste des nominations dans les journaux. La prise de possession s'effectuait simplement, à l'occasion de la messe dominicale. Les évêques profitaient de l'occasion pour donner certains conseils: «Il faut commencer par se faire estimer, aimer, afin de mériter la confiance» des nouveaux paroissiens (Mgr Briand, 1776); «Ranimez donc votre zèle [...] instruisez, prêchez souvent et de paroles et d'exemples»; et, à l'égard des protestants: «voyez-les; soyez honnêtes; mais ne vous livrez pas et comportez-vous avec eux de manière à les forcer à vous louer» (Mgr Denaut, 1802); «Je vous recommande surtout la prédication fréquente et une application particulière à l'instruction des enfants; ce n'est que par ces moyens que l'on peut réussir à rendre ses paroissiens de vrais chrétiens; le bon exemple, que je m'attends que vous leur donnerez, achèvera ce qui pourrait manquer» (Mgr Denaut, 1805).

En arrivant dans une paroisse, un curé ne changeait pas ce qui était établi, à moins d'abus criants; cette règle valait surtout pour la première année. Une autre consistait à donner le moins de tort possible à son prédécesseur aux yeux des habitants: «gardez-vous de prendre pour amis particuliers ceux qui ont été ennemis de vos prédécesseurs» (Mgr Lartigue, 1821), comme il importait de se méfier de tous ceux qui s'efforçaient de gagner le nouveau curé à leur cause.

Les démissions

Les démissions de curés comportaient un certain pathétisme dont il est resté assez peu d'écho si ce n'est à partir de 1830, moment où les journaux commencèrent à s'y intéresser. L'attention aux malades, aux pauvres et aux malheureux, la douceur et la candeur caractérisèrent Paul Loup Archambault de Saint-Joseph-de-Soulanges, si on se fie aux louanges exprimées lors de son départ. Le zèle d'Amable Brais et de Pierre Béland durant l'épidémie de choléra fut particulièrement souligné par les paroissiens de Saint-Pie-de-Bagot et de L'Isle-Verte quand ils quittent en 1834. La discrétion de Louis-Marie Cadieux et l'ardeur constante de Pierre Duguay furent aussi rapportées dans les journaux en 1835 et 1836. Autant d'exemples de ce que pouvaient ressentir de nombreux catholiques lors du départ de leur curé. Rarissimes sont les cas de prêtres, comme Louis Naud de Saint-Jean-Baptiste-de-Rouville en 1836, qui s'obstinèrent à demeurer dans une paroisse; l'éloge était alors remplacé par des critiques, d'autant plus que l'excuse de ces curés reposait sur leur prétendu droit à l'inamovibilité.

La perspective de la retraite, en raison de la maladie ou du grand âge, provoquait des démissions. Après l'établissement de la Caisse ecclésiastique, les prêtres purent compter sur une petite pension. L'évêque jouissait aussi d'un indult de Rome, qui lui permettait de demander à une fabrique et au curé remplaçant de verser un tiers des dîmes au démissionnaire jusqu'à la fin de sa vie, s'il avait travaillé un grand nombre d'années dans cette paroisse. Étant donné l'amovibilité des curés dans le Bas-Canada, Mgr Lartigue obtint de Rome la permission de faire passer de 15 à 10 le nombre d'années nécessaires pour se prévaloir de ce droit.

Les décès et les funérailles

De nombreux curés mouraient à la tâche. Les commentaires, les oraisons funèbres, les journaux, servaient de lieux d'expression des diverses qualités laissées en souvenir aux personnes qui les avaient connus. On louangea ainsi la pieuse et édifiante conduite du curé Jean-Félix Recher de Québec, dont l'épitaphe comprenait ces lignes: «Et pour soulager les pauvres, il s'est rendu lui-même pauvre»; les grandes connaissances et la modestie de Jean-Baptiste Lahaille, supérieur du Séminaire de Québec; le souci du curé de Québec, David-Augustin Hubert, pour le pauvre, l'aveugle, la veuve, l'orphelin, le malade; les lumières de ce flambeau du clergé, Agapet Rocher, vicaire à Berthier, décédé après deux jours de maladie à l'âge de 27 ans; la douceur, la bonté et le courage (dans la souffrance) de Maurice Joseph Lamedèque Félix, curé de Saint-Benoît; le caractère joyeux et le zèle apostolique de Jean-François Hébert, curé de Saint-Ours; la piété et l'affabilité de Jean-Baptiste Pâquin, curé de L'Acadie...

Après les funérailles, généralement sobres bien que célébrées en présence de nombreux confrères et souvent d'un évêque, l'exécuteur testamentaire donnait suite aux dernières volontés du défunt; elles ressemblaient habituellement à celles de tout citoyen. Selon la loi civile, les parents héritaient des prêtres qui avaient négligé de rédiger leur testament, «à moins qu'on ne soit sûr que ces curés n'aient reçu aucun patrimoine de leurs parents et que tout ce qu'ils ont laissé en mourant venait de leur bénéfice»; dans ce cas, les pauvres ou la fabrique de la paroisse devenaient les héritiers. Lartigue ne conseillait pas de désigner les parents comme héritiers. Dans les testaments, il se trouvait toujours des honoraires pour la célébration de messes en faveur du défunt. Des confrères, des paroisses, le diocèse, les pauvres, des institutions comme l'Hôtel-Dieu ou les communautés religieuses elles-mêmes étaient les principaux récipiendaires des biens ou de l'argent laissés par les prêtres défunts; la manne était en général limitée. François-Joseph Deguise laissa tout de même 4000 £ en biens meubles et immeubles, qui allèrent au Collège de Saint-Hyacinthe. La richesse de ces prêtres avait été dépensée durant leur vie; c'était celle du don de soi.

*   *   *

Personne ne pouvant inventorier la conscience des gens et la vie quotidienne ne faisant pas l'objet d'une correspondance importante, on sait finalement assez peu de ce que vivaient vraiment les prêtres du Québec ou du Bas-Canada entre 1760 et 1840. Les quelques facettes qu'on a vues les montrent cependant dans un contexte de vie assez réaliste. Habituellement, les prêtres se font connaître à travers leur travail public et leur comportement extérieur. Leur image ne correspond pas toujours à ce qu'ils sont vraiment dans la vie privée, surtout en périodes de chrétienté, quand on les hisse sur un piédestal. Les apparences sont parfois trompeuses, ce qui est soit au désavantage soit à l'avantage des prêtres. Mais cela, c'est sans doute vrai de l'ensemble des êtres humains qui ont des responsabilités sociales.

Chapitre V

LA PAROISSE

Le cadre institutionnel habituel des prêtres et des catholiques romains est la paroisse. Celle-ci assure un milieu d'appartenance clairement identifiée. Le tissu social s'y confectionne à taille humaine. La fraternité ecclésiale y trouve un lieu d'application naturel.

L'institution paroissiale s'était répandue lentement durant le haut Moyen Âge dans les territoires européens, situés au nord de l'ancien empire romain ou des Alpes. Comme les diocèses s'étendaient sur de vastes régions rurales, on ne pouvait plus identifier l'Église diocésaine à un seul lieu de rassemblement urbain, d'autant moins que le nombre de chrétiens s'accroissait énormément chez les Francs, les Germains et autres immigrants.

Le diocèse de Québec s'est évidemment organisé à son tour en regroupements paroissiaux peu après l'envoi à Québec de Mgr François de Montmorency-Laval. L'expérience séculaire de l'Église de France s'est ainsi transportée sur les rives du fleuve Saint-Laurent, autant par les laïcs qui avaient vécu paroissialement dans leur pays natal que par les clercs qui avaient été formés dans cette perspective.

1. ÉRECTION DE NOUVELLES PAROISSES

L'importance de la paroisse ressort de façon unique sous le régime britannique, car elle devient le seul lieu communautaire des Canadiens. La famille y trouve un élargissement naturel et le curé y exerce une paternité socio-religieuse tantôt contestée, tantôt admirée, toujours reconnue. Bien avant l'instauration du régime parlementaire ou de tout autre pouvoir démocratique, les paroissiens font l'expérience d'une administration locale de leurs biens faite par certains d'entre eux, appelés fabriciens, élus par les marguilliers en charge et les anciens.

Les municipalités n'existant pas encore, les habitants de chaque paroisse s'élisaient annuellement un baillif et un sous-baillif qui assuraient l'inspection des routes et des ponts de même que la surveillance de l'ordre. En 1777, le gouvernement rétablit la fonction de grand voyer à qui il attribua la première tâche des baillifs qui limitèrent désormais leurs activités au domaine policier. Les maîtres d'œuvre des paroisses ne demeurèrent pas moins, jusqu'en 1841, comme sous le régime français, le curé, le seigneur et le capitaine de milice.

Un changement législatif laborieux

Depuis l'homologation des 36 paroisses du diocèse de Québec en 1721, l'évêque seul s'occupait d'ériger les nouvelles; cela se poursuivra jusque vers 1830, moment où 74 paroisses ne seront pas reconnues civilement. Les évêques s'étaient toujours souciés d'obtenir l'approbation des gouvernants politiques lors de l'inauguration d'une nouvelle paroisse et lors des modifications territoriales apportées à certaines autres. Par exemple, quand il fut question de détacher de Machiche le fief Gatineau pour le réunir à la Pointe-du-Lac, Mgr Hubert présenta un mémoire au Conseil législatif (d'autres fois il s'adressait à la Chambre d'assemblée): «J'ai tâché d'y établir le droit exclusif de l'évêque sur les unions et divisions des cures; il a été bien accueilli», assura-t-il à Mgr Denaut; mais la proposition fut battue 14 contre 4.

Les évêques crurent longtemps que les paroisses érigées

L'Ange-Gardien. Tableau de James Pallerson Cockburn. APC, I-212.

canoniquement à partir de 1722 et endossées d'une manière ou de l'autre par les autorités civiles jouissaient de toute la reconnaissance nécessaire. L'ordonnance de 1791 n'autorisait-elle pas l'évêque à agir comme sous le régime français pour ce qui concernait l'érection d'une paroisse? Devant Sewell, Mgr Plessis soutint en 1805 qu'avant la conquête britannique, l'évêque érigeait des paroisses, alors que l'avocat général défendit l'opinion contraire. Selon lui, l'érection d'une paroisse consiste en sa démarcation; or, cela avait eu lieu une seule fois dans l'histoire du pays, précisément en 1721: trois commissaires, dont l'évêque, s'étaient alors entendus sur la démarcation des paroisses, ce qui avait été approuvé l'année suivante par un arrêt du Conseil d'État en France. Mgr Plessis reconnut que les décrets subséquents d'érection n'incluaient point de démarcation: ou elle était présupposée, ou elle devait être effectuée par qui de droit.

La même année 1805, le voyage du lieutenant-gouverneur Milnes en Angleterre comportait l'objectif d'offrir à l'évêque catholique romain de Québec la reconnaissance civile de son siège épiscopal en retour du droit pour le gouverneur de nommer les curés et d'ériger les paroisses. Mais, nous l'avons vu, Mgr Denaut s'y opposa et le secrétaire d'État aux colonies remit le dossier à plus tard.

Avant même de connaître cette conclusion et malgré le rapport du procureur général bas-canadien du 20 décembre 1806, selon lequel le droit d'ériger des paroisses relevait exclusivement de la couronne, Mgr Plessis continua d'agir comme ses prédécesseurs. Il pressentait cependant qu'il faudrait en arriver à une entente sur le plan légal. Un acte du parlement bas-canadien, qui aurait d'un trait approuvé l'érection de toutes les paroisses érigées depuis 1722, lui sembla le meilleur moyen de prévenir toute contestation sur la légalité de leur existence. La Chambre d'assemblée y concourrait volontiers, mais le Conseil législatif et le gouverneur requerraient probablement un mémoire pour justifier la nécessité de cette multiplication subite de paroisses et l'opportunité de leur reconnaissance civile à ce moment-là. Le nouveau gouverneur Craig découragea rapidement l'évêque; il n'était aucunement disposé à aller dans ce sens.

Par la suite, Mgr Plessis ne parla plus de nouvelles paroisses ni de nouvelles succursales, mais de missions: «Cela m'a donné plus de liberté pour les arrondir et en jeter les fondements. Insensiblement ces missions deviennent paroisses et le gouvernement s'accoutume à les considérer comme telles, quoique leur existence ne soit pas légale[1].»

Mgr Lartigue préférait des situations claires et définitives; l'incertitude lui pesait lourdement. Il se rappela que le juge en chef lui-même avait trouvé important, en 1822, que fussent reconnues civilement toutes les paroisses érigées depuis cent ans, selon le principe de l'ordonnance de 1791: l'évêque exerce le même pouvoir que ses prédécesseurs du régime français. Mgr Plessis n'endossa pas ce point de vue optimiste: on était

Le village de Charlesbourg en 1830. Aquarelle de James Pallerson Cockburn. Royal Ontario Museum, Toronto.

fort rébarbatif au Conseil législatif, alors que des membres de la Chambre d'assemblée cherchaient à rédiger un bill qui contenterait l'autorité ecclésiastique.

À l'automne 1824, Mgr Plessis trouva les officiers de la couronne favorables à l'érection de paroisses. Comme il redoutait l'arrivée du nouveau procureur général le printemps suivant, il conseilla de tirer profit immédiatement de la situation. Dans les circonstances, Mgr Lartigue voulut faire ériger civilement toutes les paroisses et missions du district de Montréal, dont l'existence légale pouvait être contestée en cour.

Il suivit la démarche suivante: il prévenait les curés concernés et leur envoyait un modèle de requête à adresser éventuellement à l'évêque de Québec; une fois le document rempli, il en vérifiait le contenu et le renvoyait aux curés pour le faire signer par les habitants; comme la plupart ne savaient pas signer leur nom, on devait attester leur croix ou leur marque par deux témoins sachant écrire. Cependant, les curés et surtout les habitants ne saisirent pas l'importance de cette démarche.

Entre-temps, le nouvel attorney général James Stuart arriva à Québec; l'auxiliaire de Montréal le suspecta, même s'il ébaucha peu après un bill pour permettre aux missionnaires de tenir des registres légaux. Mgr Lartigue cherchait toujours à aller plus loin: ne pourrait-on pas leur ajouter le droit de percevoir des dîmes? Et dans les requêtes en vue des érections de paroisses, pourquoi ne pas insérer une clause qui accorderait l'amortissement des biens acquis et permettrait l'acquisition d'autres biens nécessaires? Il trouvait possible et opportun d'ériger une paroisse catholique sur un territoire désigné par le gouvernement comme circonscription paroissiale anglicane ou protestante, par exemple à Noyan. En mai 1825, aucune des vingt érections en marche n'avait abouti; Mgr Plessis ne désespérait pas. En septembre, les anicroches se réglaient l'une après l'autre, mais les procédures prenaient beaucoup de temps.

Après le décès de Mgr Plessis, Mgr Lartigue incita Mgr Panet à poursuivre le travail de son prédécesseur auprès du gouverneur; passer par le procureur général comporterait beaucoup de risques. Le nouvel évêque corrigea l'impression de son auxiliaire, mais avoua que le problème de Saint-Bernard, dans la région de Joliette, retardait pour le moment le déroulement ordinaire du dossier. En avril, l'évêque de Québec stimula Stuart à régulariser la situation.

Mgr Lartigue demeura aux aguets. Le projet de loi, provenant du Conseil législatif, lui parut inadmissible, car on n'y indiquait aucun moyen d'ériger de nouvelles paroisses après la passation de ce bill, ni aucune reconnaissance du pouvoir spirituel de l'évêque dans ce domaine. Les amendements ultérieurs ne le comblèrent pas davantage; selon lui, les autorités politiques n'avaient rien d'autre à faire qu'à reconnaître officiellement les décisions des autorités ecclésiastiques. Dalhousie envoya finalement à Bathurst, le 27 mai 1827, le texte de l'«acte pour constater, confirmer d'une manière légale et régulière, et pour des effets civils, les subdivisions paroissiales des différentes parties de cette province»; il y inséra les objections du procureur général, une lettre de satisfaction de l'évêque catholique de Québec (moins exigeant que son auxiliaire de Montréal); il conclut en recommandant l'approbation de ce bill, car différentes lois demeureraient inefficaces ou sujettes au doute aussi longtemps que ces paroisses n'existeraient pas civilement. Il mentionna que l'approbation demandée entraînerait l'autorisation de payer le coût des commissaires (l'évêque et trois laïcs) qui recueilleraient sur place toutes les informations nécessaires à l'établissement de chacune des 108 paroisses en cause: respectivement 16, 27, 10 et 55 dans les districts de Gaspé, Québec, Trois-Rivières et Montréal.

Mgr Lartigue n'était pas satisfait du projet de loi et il voulut le remplacer par un texte qu'il envoya à Denis-Benjamin Viger, avocat et député. Même s'il n'avait pas l'appui de Mgr Panet, l'auxiliaire de Montréal n'a pas insisté en vain puisque, en mai 1830, Kempt envoya à Londres un bill fort remanié passé à la Chambre d'assemblée et au Conseil législatif. En février 1831, on apprit que le bill des paroisses n'avait pas été sanctionné par Londres, car on y avait reçu deux avis contradictoires. Réintroduit et adopté de nouveau tel quel à la Chambre et au Conseil, il fut renvoyé à Londres où il fut finalement sanctionné.

Le travail des commissaires

Pour chacun des districts du Bas-Canada, Mgr Panet proposa au gouverneur le nom de trois commissaires laïques et du prêtre qui le représenterait. À Québec, par exemple, il suggéra Hector Simon Huot, Jean-Baptiste Édouard Bacquet et Édouard Caron, écuyers et avocats. Pour Montréal, il transmit les six noms que lui avait proposés Mgr Lartigue, afin que le gouverneur en choisît trois. Mais aucun des six n'accepta la tâche et Mgr Panet se rangea au choix du gouverneur: un protestant, John Finlay, et deux catholiques non favorables à Mgr Lartigue, Michael O'Sullivan et Pierre de Rastel de Rocheblave. Il adjoignit à chaque groupe son représentant ecclésiastique et invita Mgr Lartigue, fort mécontent, à manifester aux commissaires de son district «cet esprit de conciliation que vous savez avoir en certaines occasions[2]».

Les commissaires du district de Montréal tardèrent à se mettre à l'action. En décembre 1834, 28 paroisses n'avaient entrepris aucune démarche de reconnaissance civile, alors que 69 semblaient en contact avec le comité. C'était, en réalité, un mécanisme lourd et peu efficace. Les fabriques trouvaient cher le coût des voyages des commissaires qu'elles devaient payer. Dans ces conditions, les décrets ecclésiastiques d'érection de paroisses furent tout simplement ratifiés. Pour sa part, Bourget, abouché aux trois commissaires civils du district de Montréal, obtint la confirmation civile des décrets ecclésiastiques initiaux pour 18 paroisses; il suggéra des changements mineurs dans la délimitation de six autres. Comme l'évêque de Québec endossait ces recommandations de changements, il ne resta plus à l'autorité civile qu'à ratifier les nouveaux décrets épiscopaux.

La préséance reconnue de l'autorité ecclésiastique

Un nouveau bill fut présenté en 1835 à la Chambre d'assemblée sur l'érection des paroisses, la construction et la réparation des églises, presbytères et cimetières. Mgr Lartigue pensait qu'il ne passerait que l'année suivante; de fait, il fut rapidement voté à la Chambre d'assemblée, amendé par le Conseil législatif, laissé de côté par la Chambre à l'époque où elle contestait la branche supérieure. Le bill permettait au gouverneur de changer les limites d'une paroisse sur le seul rapport des commissaires civils. Sur les instances de Mgr Turgeon, Mgr Lartigue proposa des amendements au projet; il le rendit le plus favorable possible à l'Église de qui seule relevait, selon lui, l'érection d'une entité spirituelle: «le civil ne doit intervenir ensuite que pour reconnaître et sanctionner au temporel les opérations de l'évêque».

Les mois passèrent. Buller se pencha à l'automne 1838 sur le projet de loi en cours et sur un autre relatif aux sociétés religieuses. Mgr Lartigue fut appelé à livrer son point de vue sur chacun. En avril 1839, ils furent tous deux sanctionnés à l'avantage de l'Église. En 1840, Mgr Signay annonça avec joie à Mgr Bourget que la paroisse Sainte-Ursule, érigée canoniquement le 9 mars 1836, venait de l'être civilement par une proclamation du 23 octobre. Ce précédent, tenté par les commissaires de Trois-Rivières, allait dans le sens d'une confirmation civile pure et simple de ce qu'avait décidé l'autorité ecclésiastique. Un seul problème d'interprétation subsistait: la majorité des intéressés; on ne savait pas s'il s'agissait de ceux de la nouvelle paroisse, de ceux qui demeuraient dans l'ancienne paroisse ou encore des deux groupes. Cela aussi finirait par se régler quand, une dizaine d'années plus tard, l'Église s'occuperait seule de la délimitation des paroisses; l'État les reconnaîtrait dès lors comme des institutions uniquement ecclésiastiques et endosserait civilement les décisions prises par les autorités compétentes.

2. LA FABRIQUE ET L'ÉLECTION DES MARGUILLIERS

Les avis épiscopaux lors des visites pastorales

Toute paroisse se constituait en fabrique. Lors de sa visite pastorale, l'évêque regardait le livre des comptes et approuvait les dépenses et les résolutions qui le requéraient. Dans un mandement, une lettre pastorale ou des commentaires ultérieurs, il mentionnait souvent des recommandations comme celles-ci:

- que le curé et le marguillier en charge aient chacun une clef du coffre-fort, celui-ci étant placé dans un lieu sûr et n'étant ouvert qu'en présence de tous les marguilliers réunis;
- qu'on y mette le livre des comptes, l'inventaire des biens de la fabrique, les titres, les documents importants et l'argent nécessaire;
- qu'on inscrive dans un livre les actes des assemblées

de fabrique et de paroissiens, les ordonnances gouvernementales et les documents épiscopaux adressés à la paroisse;

— qu'on ne prête aucun argent de la fabrique sans l'autorisation de l'évêque ou de son grand vicaire;

— qu'on s'assure de la propriété et des limites du terrain de la fabrique;

— qu'à la fin de son mandat, le marguillier sortant de charge rende compte des revenus et des dépenses de l'année en assemblée de la fabrique.

Ces recommandations, qui deviennent plus nombreuses au moment où les évêques Hubert et d'Esgly entreprennent systématiquement les visites pastorales, accompagnent souvent une lettre personnelle adressée au curé. On y trouve diverses remarques:

— les marguilliers ne participent pas suffisamment à l'administration de leur fabrique, alors qu'ils en répondent devant les paroissiens;

— ne pas confondre l'argent du curé et celui de la fabrique, même si celle-ci y trouve souvent un avantage;

— laisser la perception de l'argent au marguillier en charge, quitte à ce que le curé lui apporte son aide en inscrivant lui-même les recettes et les dépenses dans un brouillon approprié.

Les tensions entre curés et marguilliers

Des tensions s'élevaient parfois entre un curé et des marguilliers; elles étaient ordinairement causées par l'ignorance des lois et des règlements ou le manque de confiance dans les personnes. Il est vrai que plusieurs marguilliers étaient illettrés, que certains utilisaient l'argent de la fabrique pour leurs propres besoins et qu'un grand nombre se souciaient plus ou moins de la situation financière de la fabrique. Les lacunes de telle ou telle personne, curé ou marguillier, conduisaient à des coutumes différentes d'un endroit à l'autre. On se demandait, par exemple, qui avait la voix prépondérante, c'est-à-dire qui votait le dernier, quand les chances étaient égales? Était-ce le curé ou le marguillier en charge? On pouvait décider pour l'un ou l'autre, alors qu'il était clair que le curé avait ce pouvoir. Dans le cas de différends sérieux, l'évêque, avec le consentement des marguilliers et du curé, envoyait un ou deux délégués comme arbitres de la situation.

Les procédures d'élection et le bill des notables

Nécessairement présidées par le curé comme les assemblées de fabrique, les assemblées de paroisse devaient obligatoirement être convoquées pour une nouvelle construction ou pour une réparation extérieure majeure d'un immeuble, pour une division territoriale de la paroisse et, selon l'usage, pour l'élection annuelle d'un nouveau marguillier. Le choix de ce dernier se faisait parmi les chefs de famille; on exprimait habituellement son suffrage à voix haute, parfois à voix basse pour éviter toute inimitié. Le nouvel élu devait accepter sa responsabilité. Personne n'était réélu à cette charge avant qu'un grand nombre de paroissiens n'aient joui de cet honneur. Un paroissien qui ne fréquentait pas les sacrements pouvait devenir marguillier, mais jamais un cabaretier. On invitait à démissionner tout marguillier aux mœurs incertaines. Là où l'usage subsistait, le nouveau marguillier prêtait un serment d'office avant d'entrer dans le banc d'œuvre.

Vers 1828-1829, Mgr Panet voulut remplacer les élections en assemblée de paroisse, qui se faisaient encore en de rares endroits, par des élections en assemblée d'anciens et de récents marguilliers. Se posa alors la question des notables. Devait-on les accepter encore aux réunions d'élections? Et, surtout, qui pouvait-on considérer comme notable? En général, le terme désignait les seigneurs et coseigneurs, les officiers de justice et de paix, les capitaines de milice, les notaires, les médecins, tout commissaire du gouvernement et tout écuyer. Mais certains autres, comme les cultivateurs à la campagne, prétendaient aussi au titre. Admettre aux élections tous les propriétaires aurait comporté les mêmes inconvénients que lors d'une assemblée de paroisse ou de l'élection d'un député à la Chambre d'assemblée. Pourtant, le curé Charles-François

Baillargeon commença en 1829 à inviter les notables de Château-Richer et de L'Ange-Gardien aux élections de marguilliers. Mais, pour la reddition annuelle des comptes, il ne convoquait que les anciens et nouveaux marguilliers. En 1831, dans 41 paroisses du district de Québec, les notables n'étaient présents ni à l'élection des marguilliers ni à la reddition des comptes, de même que dans 52 et 17 paroisses des districts de Montréal et de Trois-Rivières, pour un total de 110. Dans l'ensemble, on en comptait seulement 8 où ils étaient constamment présents et 13 où ils participaient à l'élection seulement. Selon une liste compilée par Mgr Lartigue, il n'y avait que 11 curés à se dire en faveur de la présence des notables.

Le bill des notables n'en fut pas moins présenté à la Chambre d'assemblée. Papineau et ses partisans se donnèrent la mission libératrice d'ouvrir les assemblées de fabrique à tous les notables, voire à tous les francs-tenanciers de chaque paroisse. Louis Bourdages, député de Nicolet et doyen de la Chambre, s'occupa de la passation du bill. Arrivèrent des pétitions de citoyens, surtout de la région de Saint-Hyacinthe. À partir de janvier 1831, divers journaux publièrent de nombreux articles en faveur du bill. On y peignait les notables comme dépouillés de leurs droits ancestraux, eux, les gens les plus respectables du pays. Le cas de Trois-Rivières fut monté en épingle.

Mgr Lartigue s'aperçut vite que, par les journaux, on cherchait à soulever le peuple contre le régime traditionnel des fabriques: «Il faudrait qu'on répondît fortement à ces diatribes de gazettes, qu'on tâchât à Québec de gagner les membres influents des deux Chambres en leur faisant sentir les troubles qui suivraient de ces nouveautés dans nos paroisses et qu'on engageât les curés du diocèse à faire signer à leurs habitants des contre-requêtes sur cet objet[3].» On ne sait pas si l'évêque de Québec a donné suite à ces recommandations, mais on remarque ensuite d'autres sons de cloche dans les journaux. Plusieurs des arguments avancés par les partisans du projet y sont mis en pièces et Mgr Lartigue lui-même, sous le pseudonyme d'Un catholique, rappela dans *La Minerve* du 3 février 1831 comment l'Église avait été bafouée par le gouvernement depuis 70 ans et prévint les instigateurs du bill: «Ce n'est pas en s'isolant des talents et du crédit de leur clergé qu'ils amèneront les diverses classes du peuple à cette union si désirable et nécessaire pour la juste réclamation de nos droits civils.»

Aux yeux des autorités ecclésiastiques, il s'agissait d'un empiétement manifeste du pouvoir civil sur les droits de l'Église; Mgr Panet, Mgr Lartigue et les Sulpiciens étaient du même avis. L'auxiliaire de Montréal regrettait que des curés aient introduit cette mode des notables sans consulter préalablement leurs supérieurs. Dans la région de Saint-Hyacinthe surtout, il suscita quelques requêtes de paroissiens, susceptibles de contrebalancer celles qu'on avait déjà adressées à la Chambre d'assemblée. Le comité parlementaire *ad hoc* envoya un questionnaire aux curés au sujet de leur façon de procéder; ils répondirent en général qu'ils s'en remettaient là-dessus au rapport déjà produit par leur évêque, les statistiques y étant complètes et précises sur l'usage des assemblées de fabrique. D'ailleurs, le gouvernement ne devait-il pas comme d'habitude s'adresser à l'évêque quand il désirait communiquer avec les prêtres? De toute façon, la législature introduisit en Chambre le bill des fabriques dès le 11 mars, sans attendre la réponse des curés, et, déjà le 14, il en était à la deuxième lecture. Mais, conformément aux espoirs de Mgr Lartigue, le 21 mars, la majorité repoussa le projet tel que présenté.

Les évêques prévoyaient que le bill serait amendé et représenté en chambre à l'automne. Mgr Lartigue, constatant beaucoup d'apathie de la part des paroissiens et des curés, envisagea un accommodement avec les législateurs. Pour sauver les principes et diminuer les inconvénients fâcheux inhérents aux assemblées de notables, il opta pour la publication d'une ordonnance épiscopale qui apparaîtrait comme un compromis et qui précéderait la passation du bill. Les notables seraient définis comme les propriétaires catholiques de terres cultivées à la campagne et, en ville, d'immeubles d'une valeur telle qu'ils ne seraient pas nombreux; ils ne participeraient qu'à l'élection des marguilliers et à la reddition des comptes; le curé présiderait ces assemblées et y conserverait une voix prépondérante. Après consultation, Mgr

Lartigue s'aperçut qu'on ne parviendrait pas à s'entendre là-dessus avec la législation et que beaucoup de prêtres seraient malheureux d'un tel compromis. Il pencha dès lors vers une requête de tout le clergé contre l'empiétement de l'autorité civile sur les droits de l'Église. Il se dit prêt à préparer un mémoire pour accompagner cette pétition. Ce qu'acceptèrent Mgr Panet et son conseil épiscopal.

Signée par le clergé de tout le Bas-Canada, la requête soulignait que la mesure envisagée s'opposait aux droits de l'Église et invitait les membres de la Chambre d'assemblée à s'opposer au bill. Le mémoire de 35 pages avançait trois grandes idées, qui étaient autant de réponses à des interrrogations: selon la législation et la coutume du pays, seuls les anciens et nouveaux marguilliers ainsi que le curé peuvent participer aux assemblées de fabrique; le gouvernement ne peut légiférer sur l'administration des fabriques, à moins d'appuyer un changement que l'Église trouverait nécessaire à titre de propriétaire unique des biens des fabriques; même si elle le croyait opportun, l'autorité politique n'aurait pas intérêt à s'immiscer dans ce domaine, car la bonne entente, jusque-là présente entre le clergé et les représentants politiques du peuple, serait alors compromise. Publiés sans signature et imprimés avec l'assentiment de Mgr Panet, ces propos de Mgr Lartigue offensèrent de nombreux députés qui les interprétèrent comme des prétentions intempestives du clergé. Déjà passionnés et remplis de préjugés, ils s'offusquèrent de tant de remontrances et ils votèrent de façon majoritaire pour le bill des fabriques, à 30 voix contre 19. Le Conseil législatif, composé en majorité de protestants et aiguillonné par le juge en chef Sewell, ajourna par 12 contre 8 la discussion du projet de loi au 1er août, c'est-à-dire aux calendes grecques. C'était une chiquenaude à la députation majoritairement catholique.

Les conséquences de ce projet de bill des notables furent importantes. Que Papineau eût alors arboré l'étendard de la suprématie anglicane et reconnu au gouvernement plein contrôle sur toutes les affaires temporelles de l'Église accentua l'antagonisme entre le clergé et le parti patriote, tout en montrant chez l'orateur de la Chambre plus de parti pris libéraliste contre l'Église que de logique nationaliste. «Autre

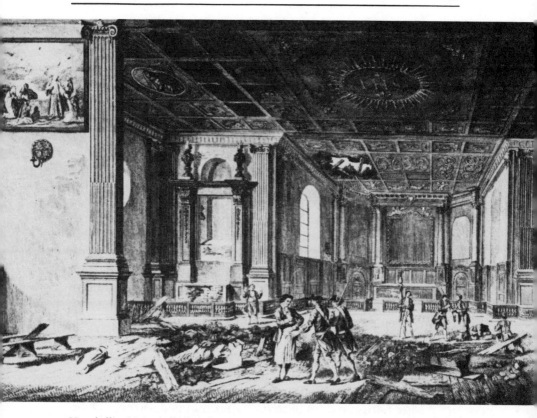

Vue de l'intérieur de l'église des Jésuites en 1759. Gravure de Anthony Walker, d'après un dessin de Richard Short. Musée du Québec, A-54.123-E.

chose est pour l'Église de se laisser dépouiller quand elle ne peut l'empêcher et autre chose est qu'elle donne elle-même les mains à son asservissement», clama Mgr Lartigue[4]. La lutte serait à finir et le peuple choisirait.

Les derniers soubresauts

Malgré les craintes de certains membres du clergé, la question ne revint pas devant la Chambre, mais des notables, par exemple à Saint-Hyacinthe en janvier 1834, contestèrent l'élection faite par les seuls anciens et récents marguilliers. À Sainte-Marie-de-Monnoir, l'élection de 1834 fut faite non par les seuls fabriciens invités en chaire par le curé, mais aussi par des notables qu'avait invités le marguillier en charge à la porte de l'église; devant une telle assemblée, le curé se retira et le marguillier en charge présida à l'élection du capitaine Vient. Par la suite, le curé Pierre Robitaille ne réussit pas à reprendre validement l'élection du même homme à l'intérieur d'une réunion d'anciens et nouveaux marguilliers, car plusieurs d'entre eux acceptaient la précédente.

Mgr Lartigue y pressentit un exemple contagieux selon lequel «on apprendrait qu'il n'y a qu'à résister aux supérieurs ecclésiastiques pour venir à bout de tout bouleverser». Mgr Turgeon percevait tout de même l'importance de faire participer davantage les paroissiens à l'élection des marguilliers. L'auxiliaire de Montréal donna son accord à la publication d'une ordonnance épiscopale qui uniformiserait une participation plus grande des paroissiens, soumise cependant à l'approbation de Rome. En attendant, Mgr Signay devait, selon lui, intervenir avec autorité à Sainte-Marie-de-Monnoir; le curé et le vicaire pourraient même quitter cette paroisse si les fabriciens ne reprenaient pas légalement l'élection. L'évêque de Québec passa à l'action et l'élection de 1834 fut reprise en bonne et due forme à l'occasion de celle de 1835.

Mgr Lartigue demanda en vain un avis de Rome. D'autres incidents survinrent, qui se réglèrent parfois devant les tribunaux. De plus en plus se confirma le besoin d'une uniformité claire et précise, déterminée conjointement par l'autorité ecclésiastique et par l'autorité civile ou du moins préparée par la première et reconnue par la seconde, ce qu'il advint après 1840.

3. La construction et l'aménagement des églises

Pendant la campagne militaire de 1758-1759, une trentaine d'églises avaient été endommagées ou détruites, ce qui requérait leur réfection. De plus, l'érection de nouvelles paroisses entraînait la construction d'un lieu de culte.

Les considérations préalables à une construction

L'emplacement et la construction d'une église provoquaient parfois de la discorde. Dès le début de son épiscopat, Mgr Briand se rendit lui-même au cap Saint-Ignace pour y déterminer le lieu d'érection de l'église, c'est-à-dire comme d'habitude au milieu des habitations et à égale distance des extrémités. L'opiniâtreté de certains contestataires retarda l'édification de l'église. L'évêque ne ratifia aucune décision qui ne fût prise en assemblée de paroissiens «avec zèle et ferveur, en paix, en union et en bonne intelligence, comme faisaient les premiers chrétiens». Deux ans plus tard et après vingt ans de tergiversations, l'évêque leur rappela son parti pris pour les chrétiens dociles, intéressés à leur vie de foi, zélés pour la gloire de Dieu et leur salut, efficacement désireux d'un lieu de culte décent et convenable. Ces paroissiens ne se décideraient sur l'emplacement de leur église qu'en 1775.

Par ailleurs, devant le désir de nombreux catholiques d'une région de se constituer en paroisse et de se construire une église, Mgr Briand leur fait penser à leur pauvreté, au fait que les églises voisines ne sont pas très éloignées et au manque de prêtres qui empêchera la présence d'un curé dans chaque paroisse. Il tient surtout à être informé du nombre et de la qualité des opposants. S'il s'en trouve, il invite les autres à ne rien leur reprocher, ni à les injurier, mais à retarder un peu leur projet. Il importe que la construction d'une église soit un acte de religion pour tous et non une corvée ou un devoir à remplir. Dans plusieurs lettres, il insiste sur le fait que «les églises sont aussi bien pour les pauvres que pour les habitants aisés; si quelques-uns méritent la préférence, ce sont les premiers, qui peuvent moins se procurer des moyens de se transporter dans une église éloignée; mais les pauvres ne pourront bâtir; aussi est-ce ici où la charité chrétienne doit se faire connaître[5]». Il ne s'étonnait pas de trouver dans les paroisses «des familles indociles à la voix des pasteurs, des personnes hautes, orgueilleuses, pleines d'elles-mêmes, attachées à leurs propres sentiments, qui s'imaginent que tous les autres doivent leur céder et qu'il n'y a que chez elles où l'on pense bien. Ces sortes de personnes ne démordent jamais du parti qu'elles ont une fois embrassé[6].» Qu'on ne les maudisse pas, dit-il; qu'on pleure sur elles comme Jésus sur Jérusalem. Mais une fois la paroisse constituée, l'église bâtie et souvent la répartition déterminée, si des rebelles continuent de s'obstiner, qu'on ne les regarde plus comme appartenant à l'Église, à moins qu'ils ne reconnaissent leur faute et ne la réparent. Après 1820, les évêques atténuèrent ces peines ecclésiastiques. Dans des cas d'opposition comme celui des habitants des deux Yamachiches, seul le jugement rendu par la cour des plaidoyers communs de Montréal a pu permettre à ceux du grand Yamachiche de poursuivre la construction de l'église, commencée avec l'agrément et l'approbation de l'évêque.

Mgr Briand commentait les plans de toute nouvelle église. Il écrit, par exemple, au curé Jacques Hingan de L'Islet que son église lui paraît petite, qu'il vaut mieux la bâtir basse à cause des grands vents et du froid, qu'il aimerait la voir en croix, qu'il tient aux confessionnaux, aux fonts baptismaux, aux bancs du seigneur et des marguilliers, au chœur des chantres (à l'extérieur du sanctuaire), à une sacristie en pierre avec cheminée et confessionnal. Il suggère comme modèle l'église de Château-Richer. Afin de ne pas écraser financièrement les paroissiens, il suggère de mettre quatre ou cinq ans à la bâtir: «rien ne presse; il faut reculer, dit-on, pour mieux sauter; on se précipite trop et voilà pourquoi la maçonnerie n'est pas si bonne et qu'il arrive souvent des accidents».

Le mode de paiement utilisé habituellement par les syndics, élus responsables de la construction d'une église par l'assemblée de paroisse, suivait le modèle décrit par le secrétaire J.-O. Plessis en 1789: «Chacun paye au prorata du nombre qu'il a d'arpents de terre en superficie, avec cette différence que les propriétaires de terres qui ne sont pas en valeur ne

payent que la moitié des autres.» Ainsi, à Rimouski, de 1787
à 1790, une fois établi le montant des dépenses, les 72 habitants
se répartirent la dette et versèrent annuellement, sous forme
de contribution volontaire, la somme de 5 livres et 18 sols
par arpent de terre. Mais on ne pouvait exiger aucun argent,
avant que l'évêque ne présentât le plan de la construction au
gouverneur général, que ce dernier y joignît ses réflexions et
observations, qu'il les soumît à son conseil et que s'ensuivît
l'homologation, ce qui exigeait une prévision approximative
des frais de construction et de la répartition requise de chaque
habitant. Entre-temps, on pouvait accumuler le bois et effectuer des corvées en toute générosité. Tout catholique inclus
dans une répartition contractait, selon la loi civile, une obligation de justice envers les autres paroissiens. Il ne pouvait en
être exonéré que par les autres contribuables eux-mêmes,
avant ou après la reddition des comptes de la part des syndics.
L'argent reçu après le paiement complet de l'ouvrage achevé
restait à la disposition des paroissiens. Les propriétés hypothé-
quées par une répartition entraînaient, pour un nouveau
propriétaire, l'obligation d'en poursuivre le paiement.

L'ordonnance gouvernementale

Le 30 avril 1791, Dorchester publia une ordonnance importante à propos de la construction et de la réparation des églises, des presbytères et des cimetières. Il optait pour les mêmes
procédures que celles qui existaient avant la Conquête. Le
surintendant de l'Église romaine, après la réception d'une
requête de la majorité des habitants, visiterait lui-même ou
par délégué l'endroit concerné et permettrait l'exécution du
projet en précisant, s'il y avait lieu, la place exacte et les
dimensions principales de l'église à construire. Puis les habitants présenteraient leur propre requête au gouverneur et lui
demanderaient de s'assembler en vue de procéder à l'élection
de trois syndics ou plus. Ceux-ci devaient accepter cette tâche
non rémunérée et présenteraient une requête au gouverneur
ou à ses commissaires pour être approuvés comme syndics
et autorisés à faire une estimation des dépenses des construc-

tions ou réparations à faire. Milnes réduirait plus tard les pouvoirs qu'il avait lui-même donnés aux commissaires — trois dans chaque district — nommés pour l'érection, la construction et la réparation des immeubles de fabriques, en ne leur laissant que la charge de préparer les dossiers et de les lui référer. Mgr Lartigue veilla à laisser les commissaires dans les limites de leur juridiction: il ne s'agissait ni d'une cour de justice qui réglerait les différends, ni d'un comité ayant droit d'amender ou de compléter les procès-verbaux faits par les autorités ecclésiastiques, seules responsables des immeubles de l'Église.

Les diverses contributions financières

Même si, selon la coutume, les frais d'une construction ou d'une réparation majeure d'église dépendaient de l'apport financier des paroissiens concernés, il arriva qu'un évêque recueillît de l'argent pour une telle œuvre, par exemple Mgr Plessis dans le cas de l'église Saint-Roch dans la basse-ville de Québec. Aucun ne recourut à une loterie comme le fit à cette époque l'évêque de New York pour la construction de sa cathédrale. Plus tard, Mgr Plessis permit aux fabriques de participer, dans certaines circonstances, au paiement de réparations d'églises:

> Il faut prendre pour maxime que la construction et la réparation des églises, presbytères et cimetières doivent être supportées par les paroissiens et que l'argent de la fabrique n'est que pour les décorations intérieures de l'église et pour les dépenses de la sacristie, telles que cierges, vin, hostie, linge, ornements, buffets, huile, bois de chauffage, etc. Néanmoins, lorsqu'il s'agit de réparations peu considérables qui ne valent pas la peine de mettre une paroisse en contribution, il est bon que l'Ordinaire, sur demande du curé et des marguilliers, se rende facile à permettre à l'extérieur l'emploi des deniers de la fabrique, surtout si elle est riche et l'église bien pourvue[7].

La recrudescence de constructions

Montréal servit de lieu privilégié pour la construction d'églises vers 1825, celle de Saint-Jacques-le-Majeur dont la première pierre fut bénie le 22 mai 1823 et la nouvelle église Notre-Dame dont la même cérémonie eut lieu le 28 août 1824. Malgré les tensions entre Mgr Lartigue et les Sulpiciens, les Montréalais participèrent généreusement à la construction de ces deux édifices imposants, soit par des dons, soit par des prêts sans intérêts ou à 6% dans le cas de l'église paroissiale, pour laquelle les marguilliers furent autorisés par la cour à emprunter 36 000 £. La première fut consacrée le 22 septembre 1825 et la seconde bénie avec discrétion, sinon en cachette, le 7 juin 1829; le 15 juillet suivant, Mgr Lartigue présida son inauguration solennelle, signe d'une meilleure entente entre lui et ses anciens confrères sulpiciens; 8000 personnes assistèrent à la cérémonie. En 1833, ce sera au tour des Irlandais de désirer, comme à Québec, une église qui leur serait propre; malgré les tracasseries de l'unique fabrique de la ville, on en termina la construction en 1836.

Vers 1830, alors qu'un louis valait deux fois plus qu'une quinzaine d'années plus tôt, on construisit de nombreuses églises un peu partout dans le Bas-Canada, surtout autour de Montréal: à Saint-Valentin, à Saint-Jean, à Saint-Pie, à Saint-Rémi, à Saint-Édouard, à Sainte-Scholastique et à Saint-Laurent. Il y avait parfois de violentes oppositions, comme celle de plusieurs paroissiens de Saint-Pierre-les-Becquets qui rebondit en cour et dans tous les journaux du Bas-Canada. Le feu couvait depuis 1823, lorsque Mgr Plessis avait fixé le lieu de la nouvelle construction au troisième rang de la paroisse; il regrettait de voir les habitants tarder à se libérer de la mauvaise habitude du régime français de situer leur église le long du fleuve, et donc au front de la paroisse, au lieu de la placer en son centre. À Saint-Pierre-les-Becquets, les opposants désiraient leur église à côté de l'ancienne, près du fleuve. En 1824, ils avaient obtenu un jugement de cour pour annuler les démarches antérieures. Une nouvelle requête de construction d'église eut lieu en 1826. En 1830, l'évêque avait consenti à la situer près de l'ancienne, mais les opposants avaient changé d'idée et la voulaient au centre du front au deuxième rang, puis, en 1834, exactement là où Mgr Plessis l'avait prévue en 1823. Murs démolis, fondations rasées, procès, marquèrent la construction en 1835-1836 et aboutirent à une nuit de violence les 17 et 18 juillet 1836. Le procès qui s'ensuivit entraîna la condamnation de trente-sept personnes. Les opposants perdirent leur cause en appel. En avril 1837, le grand jury de Trois-Rivières en condamna encore une fois un grand nombre. Les intéressés avaient «déjà dépensé en procès et en perte de temps une somme plus que suffisante pour bâtir deux églises», comme on le signalait dans *La Minerve* du 8 mai 1837. Enfin, les paroissiens en arrivèrent à un compromis l'été suivant. La bénédiction solennelle de la première pierre de la nouvelle église eut lieu le 19 juillet 1837; elle fut construite selon la décision épiscopale de 1830, c'est-à-dire près de l'ancienne.

À de multiples occasions, des cataclysmes ou des accidents entraînèrent la destruction totale ou partielle d'une église. La foudre frappa celle de Belœil le 13 octobre 1817 et, malgré un article du *Spectateur Canadien* sur l'utilité des paratonnerres aux clochers des églises, celle de Verchères subit le même sort l'automne suivant. Celle de La Prairie ne brûla pas, malgré d'importants dégâts en 1819, comme à Terrebonne en 1831 et à Saint-Thomas en 1834. En septembre 1836, on apprit finalement qu'une première église, celle de Sainte-Élisabeth, serait munie d'un paratonnerre, construit d'après le plan de l'abbé Duchaîne; l'invention paraissait fort économique d'application. En 1839, trois églises furent épargnées des dégâts de la foudre, grâce à leur paratonnerre: Charlesbourg, Ancienne-Lorette et Beauport. L'incendie de l'église de Saint-Michel en 1807 et peut-être ceux de la Pointe-Claire et de la Pointe-Lévi en 1830 semblent avoir été causés par le feu des cierges qui aurait pris aux rideaux décorant l'autel. Il s'agissait parfois de dommages partiels, comme l'arrachement par le vent de la calotte d'une des tours de l'église de Montréal en 1834 ou l'écroulement du toit de celle de Saint-Paul en 1839. En 1836, la rapidité du secours apporté par de nombreux citoyens, qui utilisèrent de la neige, empêcha le feu de se propager à l'église de Trois-Rivières.

Au moment de la construction d'une église, d'une partie de celle-ci, d'un ajout important ou d'une réparation majeure, on publiait dans les journaux une notice aux entrepreneurs, surtout à partir de 1820. On leur demandait de se présenter à telle ou telle personne en particulier, en vue de plus amples informations et de soumissions éventuelles. Il en était de même pour les sculpteurs, pour les peintres et pour les ouvriers aptes à tel ou tel travail. Mgr Bourget conseilla au curé Joseph Quevillon de Saint-Polycarpe de convenir d'abord, avec les divers entrepreneurs, de l'ensemble de l'ouvrage, puis de conclure un marché pour chacune de ses parties, à mesure que la paroisse aurait assez d'argent pour payer: «Par ce moyen, vous tiendrez toujours les ouvriers en haleine; vous aurez du meilleur ouvrage et à meilleur marché; rien comme *l'argent comptant* pour commander et gouverner tout.» On évitait ainsi les suites fâcheuses d'une faillite d'entrepreneur.

Les bénédictions

Les célébrations entourant la construction d'une église comportaient la bénédiction de la première pierre, la bénédiction puis la consécration de l'église, enfin la bénédiction de la ou des cloches. Celles-ci avaient leur importance et on pouvait s'en procurer à Québec même. Dans un journal de 1768, Perrault offre en vente une cloche de 630 livres. Celle de la cathédrale de Québec, arrivée de Londres à l'automne 1774 et payée par l'évêque, pesait 2500 livres; comme c'était l'habitude, on lui attribua un prénom, en l'occurrence celui de Louise; le parrain fut Étienne Montgolfier, supérieur des Sulpiciens, et la marraine Mademoiselle de Léry. La célébration se termina par un *Te Deum* et ... le décès d'un père de famille imprudent qui, pour mieux entendre, monta au clocher et en tomba. Comme le souligne l'évêque coadjuteur au secrétaire de l'administrateur du pays en 1820:

On sonne les cloches dans nos églises pour convoquer les assemblées pour le service divin. On les sonne encore en signe de joie, lorsqu'on y chante le *Te Deum* pour remercier Dieu d'une victoire sur les ennemis de l'État ou pour le recouvrement de la santé du souverain. Enfin, on les sonne à la mort de ceux de notre communion, non pas en signe de deuil mais pour avertir de prier pour le défunt ou la défunte. Dans ces différents cas, la manière de les sonner varie entièrement[8].

On remplaçait les cloches quand elles se fêlaient; le métal de la précédente servait souvent dans la fonte de la suivante, comme ce fut le cas à l'église paroissiale de Montréal en 1831; une nouvelle bénédiction était requise.

Les orgues et les ornements

Un autre instrument important apparut dans les églises à partir de 1825. Une manufacture d'orgues s'établit en effet à Montréal à cette époque. Le premier orgue annoncé en fut un à clavier de six pieds. L'église de Trois-Rivières s'en procura un; le curé et les marguilliers se montrèrent satisfaits au-delà de leurs espérances. Les fabricants, des Français, se dénommaient J. B. Jacotel et Auguste Fay. «C'est le premier grand orgue à cylindre qui ait été fait dans ce pays et placé dans une église», précisa *Le Spectateur Canadien* du 10 septembre 1825. Il possédait un «clavier élégant et commode». À la cathédrale de Québec, l'architecte Baillairgé fut appelé en 1829 à ornementer en bois d'acajou l'ameublement qui entourait l'orgue récemment acheté. Les orgues fabriqués au pays coûtaient 25% moins cher que ceux qui étaient importés, mais les fabriques en faisaient encore venir d'Angleterre, parce que, dit *La Minerve* du 26 septembre 1837, «l'idée que tout ce qui vient de l'étranger est supérieur aux productions locales domine trop en ce pays». D'autres fabricants s'installèrent au pays, tels Mead et Warren en 1837, ainsi que Joseph Casavant en 1839, à Sainte-Thérèse-de-Blainville, dont la première œuvre fut un orgue à sept jeux.

Quant aux ornements d'églises, ils provenaient souvent d'Europe. Les fabriques se souciaient de se procurer des vases sacrés d'excellente qualité, en particulier le calice et la patène,

À gauche: *Chandelier pascal de l'église de Verchères*. En bois peint et doré, ce chandelier fait vers 1815 est attribué à Louis Quévillon. ANQ, coll. initiale, 74255 (45).

À droite: *Encensoir* fabriqué par Pierre Huguet dit Latour pour l'église de Rigaud vers 1810. Musée du Québec, A 57 443 0.

des burettes d'argent, un beau missel, un chandelier pascal, des chasubles et des chapes de très bon matériel, des fonts baptismaux et des bénitiers de grande valeur. Des marchands servaient d'intermédiaires et faisaient venir de France des damas de soie ou de Londres des soies garnies d'or et d'argent, de la frange, du galon et du limaçon d'or. Les marchands offraient encore en vente: bouracan, étamine, cé, camelots, ceintures de ruban et de laine. Des fabriques vendaient parfois à d'autres fabriques les décorations d'une ancienne église, avant qu'elle ne soit détruite, comme à Montréal en 1830: les stalles et la boiserie du chœur, le baldaquin du grand autel, les balustrades des jubés, la chaire et le banc d'œuvre, les tabernacles et les retables des petits autels, les bancs et prie-Dieu.

«Un ami du peuple et du clergé» écrivit en 1840 que les églises construites depuis une quinzaine d'années étaient fastueuses et coûteuses. Il y rapportait les propos d'un évêque qu'il ne nomma pas: «Ne dépensez pas tous les revenus des fabriques à orner les églises, mais bien plutôt à bâtir des temples au Seigneur dans les cœurs des enfants»; et encore, «mieux vaut une église modeste et des fidèles éclairés qu'un temple magnifique rempli d'ignorants dévots». Il ajoutait que des syndics traînaient en cour des paroissiens pour défaut de paiement d'une église de 100 000–150 000 livres, alors que les enfants de neuf paroisses sur dix n'avaient pas d'école. Cette ère des églises grandioses suivait tout de même une longue période d'indigence durant laquelle de piètres édifices étaient privés de poêle, ce qui obligeait les hommes à se couvrir la tête d'une calotte et les femmes à se protéger du froid grâce à de chaudes coiffes. Une nouvelle époque commençait, celle d'un certain triomphalisme ultramontain.

4. Les diverses propriétés de la fabrique

Les presbytères

Le presbytère, qui faisait souvent partie intégrante de l'église au début du régime britannique, s'en distingua de plus en plus. Pour s'attirer un curé résidant, des fabriciens et des seigneurs offraient de construire ou de reconstruire un presbytère, mais l'évêque ne les entretenait dans aucune illusion; il ne s'y trouverait pas un prêtre pour autant. Par contre, les prélats tenaient à ce que les curés jouissent d'un logement convenable. À l'automne 1791, Mgr Hubert prévint les paroissiens de Saint-Eustache que, s'ils n'amélioraient pas leur vieille maison curiale, faute de bâtir un nouveau presbytère tel que convenu, ils perdraient leur curé; un voisin viendrait, une fois par mois seulement, leur rendre service: «Il n'y a pas assez de prêtres dans ce diocèse pour les exposer à périr dans le chemin du roi faute de logement.» Plessis irait plus loin, comme vicaire général: «Souvenez-vous que la maison d'un pasteur doit être la plus édifiante de toute la paroisse, sans quoi il ne peut mériter cette confiance qui lui est

Voûte de l'église de La Visitation du Sault-au-Récollet, 1816-1820. Œuvre de David-Fleury David, cette voûte est l'exemple «le plus luxuriant», selon John R. Porter, d'une fausse voûte à motifs décoratifs. ANQ, coll. initiale, D-10.

nécessaire pour faire du fruit dans les âmes et soutenir l'honneur de l'Église[9].»

Il ne suffisait pas d'avoir un toit. Mgr Lartigue invita le curé de Saint-Clément-de-Beauharnois à indiquer dans une assemblée de paroisse que, si dans un mois les paroissiens ne s'étaient pas arrangés «pour mettre dans le presbytère un ménage convenable et à votre goût, en prévoyant des moyens de vous y chauffer cet hiver», ils ne seraient plus desservis chez eux par un prêtre. Plus tard, il interviendrait dans le même sens à Contrecœur et à La Présentation, près de Saint-Hyacinthe. En cas d'impossibilité d'effectuer les réparations requises, il imposa, comme à Sainte-Élisabeth, de louer, au moins pour l'hiver, un logis convenable et de réparer le presbytère dès le printemps suivant. Il arrivait même que, considérant le manque d'argent, l'évêque permît à un curé de vivre en pension plutôt que dans un presbytère, comme à la Pointe–du-Lac en 1836.

Les salles publiques

La salle publique faisait partie des édifices paroissiaux, comme la sacristie. Elle servait en cas de pluie et durant la saison froide; on s'y rendait avant et après les messes du dimanche. Là, comme sur le perron de l'église, les paroissiens tissaient leurs liens communautaires. La salle des habitants servait aussi de salle de réunion et de catéchisme; elle se trouvait souvent sous le même toit que le presbytère. La sacristie ne pouvait servir aux rassemblements; on y administrait les sacrements privément. Un chemin couvert, souvent à l'intérieur de l'église et de chaque côté du chœur, conduisait de la nef à la sacristie. On aménageait parfois le dessus de la sacristie en salle, par exemple celle des femmes; une allonge ou une partie du presbytère servait aux hommes. À certains endroits, on utilisait comme salle des femmes une partie du second étage du presbytère, au-dessus de la salle des hommes. Il était défendu cependant d'y dormir, même la nuit de Noël. Ces salles existaient à peu près dans chaque paroisse. On utilisait parfois un ancien presbytère comme salle des habitants.

Les cimetières

Une portion du terrain de la fabrique servait de cimetière. C'était un endroit entouré d'un grand respect. À Montréal, le cimetière changea souvent de place; on en était à la neuvième

Enclos paroissial et église de Saint-Mathias. L'église a été construite de 1784 à 1788 et agrandie en 1817; l'enclos date de 1818. C'est le cœur de la paroisse. ANQ, coll. initiale, 78-2323-29.

en 1781. Là comme ailleurs, on inhumait des personnes sous l'église paroissiale: les Sulpiciens sous le sanctuaire, les propriétaires de bancs à perpétuité sous leur banc et les congréganistes de la Sainte-Vierge sous la chapelle des âmes du purgatoire. Inauguré dix-huit ans plus tard, le cimetière suivant durerait cinquante-cinq ans au faubourg Saint-Antoine et recevrait 57 000 morts.

L'évêque exigeait généralement d'élever un mur autour d'un cimetière, afin d'en tenir les animaux éloignés; les paroissiens prenaient habituellement eux-mêmes cette précaution. Au tournant du XIXe siècle, l'État se préoccupa de plus en plus de l'hygiène des lieux utilisés comme cimetières. En 1803, la Chambre d'assemblée rejeta un bill qui aurait rendu impossible toute inhumation sous les églises ainsi qu'à l'inté-

Le cimetière de Sainte-Anne-de-Beaupré. Au XIXe siècle, il arrive de plus en plus souvent que le cimetière ne forme plus un enclos à l'église. ANQ, fonds Livernois, N 89-0544.

rieur des villes. Mais à Montréal, un règlement de police s'opposa à l'inhumation à l'intérieur de la ville, ce qui fut confirmé par les juges de la Cour du banc du roi en 1830 et par la Cour d'appel en 1831. En d'autres endroits, on prit en assemblée de paroisse ou de fabrique la décision de ne plus se servir de l'église comme lieu d'inhumation, par exemple à Cap-Saint-Ignace en 1813. Beaucoup de gens, cependant, tenaient à cette coutume, car il s'agissait d'un honneur. On rappelait une ordonnance de 1701, selon laquelle le seigneur et sa famille, qui avaient donné le terrain pour la construction de l'église, héritaient du droit d'y être inhumés. Dans ce cas, on creusait la tombe à au moins cinq pieds de profondeur et, le cercueil rouvert, on l'emplissait de chaux avant de l'enterrer, pour prévenir toute mauvaise odeur. À certains endroits, comme aux Cèdres, pour s'assurer des revenus plus élevés, on rendit de nouveau possible l'enterrement sous l'église; mais c'était dans une cave commode, le plancher de l'édifice ayant été haussé; il ne serait plus nécessaire comme auparavant de déranger les bancs et d'enlever des planches chaque fois. Le fait d'accroître le tarif de ces enterrements par rapport à ceux du cimetière en restreignit le nombre; les églises servirent de moins en moins de cimetières pour le plus grand bien des paroissiens.

Les encans

Les environs de l'église incluaient des écuries ou du moins des abris pour les chevaux. Les paroissiens demeuraient ainsi plus longtemps dans les salles paroissiales et participaient aux vêpres. De plus, le terrain de la fabrique servait aux encans; cette pratique importée de France se généralisa au XVIIIᵉ siècle. Les encans se déroulaient surtout à partir du mois d'avril, le dimanche, à la porte des églises. On y vendait des terrains, des emplacements, des propriétés entières, comme la maison de feu Lemoine à Montréal, le 14 septembre 1788, et la maison en pierre à deux étages avec ses dépendances, rue Saint-Paul, le dimanche 15 avril 1789. Assez souvent, trois criées se succédaient trois dimanches d'affilée; on annonçait l'encan qui aurait lieu le troisième dimanche à l'issue de la grand-messe. À la fin du XVIIIᵉ siècle et au début du XIXᵉ, un notaire ou des juges ou plus souvent le shérif y participaient. On vendait même des rentes constituées. Il arrivait à un acheteur de se charger de payer annuellement à un jeune prêtre, par exemple Jean-Baptiste Perras, une rente viagère de 150 livres ancien cours sa vie durant pour son titre clérical, «au principal de 3000 livres imputables sur la part des héritiers Perras en la succession». On tint des encans le lundi à 10 heures, surtout à partir de 1808 avec le shérif Edward William

Gray; dès la première année, il en organisa 14 dans 13 paroisses du district de Montréal; il utilisait partout le terrain de la fabrique gratuitement. En 1825, sur 17 ventes, le shérif en présida 13 à la porte des églises et 4 à son bureau.

Les bedeaux

L'entretien de tous les établissements d'une fabrique relevait du bedeau. Le choix du bedeau dépendait à la fois du curé et du marguillier en charge. Il appartenait néanmoins à l'assemblée de fabrique de fixer ses appointements. Sa tâche comportait le balayage hebdomadaire de l'église, la sonnerie de l'angélus trois fois par jour, l'entretien des poêles et de la lampe du sanctuaire. La fabrique de la Pointe-Lévis allouait, en 1817, 25 £ de salaire annuel à son bedeau; Mgr Lartigue recommanda un montant similaire aux paroissiens de Lachine onze ans plus tard. Il était d'usage que le bedeau fît aussi sa tournée des étrennes et des œufs de Pâques; «chacun des habitants donne ce qu'il juge à propos, peu ou beaucoup», assura le curé de Saint-Joseph-de-Lévis en 1793. En 1836, Mgr Lartigue écrivit: «L'usage du diocèse est qu'après la quête de l'Enfant-Jésus le bedeau fasse la sienne dans la paroisse et que chaque habitant s'engage d'avance à lui donner alors les uns un quart de blé, les autres un demi-minot ou d'autres denrées chacun selon ses facultés», sinon 30 sols en argent[10]. Les paroissiens lui remettaient directement les frais d'enter-rement et des messes spéciales, par exemple de dévotion. Ces diverses sources de revenus suffisaient à le faire vivre. Mais, comme le constatait Mgr Signay, en général «ces servi-teurs d'Église ne sont pas trop riches»; on n'a pas à craindre d'abus de pouvoir de ces «subalternes [...] ils perdent beau-coup sur ce qui leur est promis même par convention[11]». On confiait habituellement les tâches de bedeau et de sacristain à la même personne, si bien qu'elle devait aussi s'occuper de la préparation aux cérémonies. Mgr Lartigue s'opposa à ce que le même homme eût, à Sainte-Blandine, non seulement cette double responsabilité, mais aussi celles de chantre et de maître d'école. Cela lui semblait exagéré; deux hommes différents y étaient nécessaires: «Je pense qu'en réunissant toutes ces *dignités* sur la tête du même, vous en feriez un homme trop opulent que vous ne conserveriez pas longtemps.» Pour l'exercice public de ses fonctions à l'église, le bedeau revêtait une robe et portait une baguette.

5. LE FINANCEMENT DES FABRIQUES ET LA VENTE DES BANCS

Les revenus de la fabrique provenaient de diverses sources: quête de l'Enfant-Jésus, quête à l'occasion des célébrations liturgiques, dons, rente des bancs, un tiers des honoraires de grand-messes, inhumations. Mgr Hubert accepta difficilement en 1789 de faire servir la quête de l'Enfant-Jésus de Sainte-Rose pour payer les ouvriers en train de construire une nouvelle église; cet argent devait plutôt servir au fonctionnement courant de la fabrique. Il se montra d'accord avec le curé Jean-François Lefèbre de Sainte-Anne-de-la-Pocatière pour distribuer cet argent aux pauvres de la paroisse en vue des semences, avec l'assentiment des fabriciens; Mgr Plessis fit de même à Rivière-du-Loup en 1811. Il s'était montré tout aussi condescendant à l'égard de la fabrique de Saint-Pierre, Rivière-du-Sud, en 1804, en reconnaissant que la quête de l'Enfant-Jésus pouvait être appliquée aux travaux de l'église, d'autant plus que les paroissiens l'avaient rendue plus abondante qu'à l'ordinaire. Les curés qui répugnaient à faire cette quête avec leurs marguilliers étaient considérés comme originaux et présomptueux par Mgr Plessis. Les grains qui en provenaient, comme tous les autres qui appartenaient à la fabrique, étaient habituellement vendus soit après délibération des fabriciens rassemblés, soit par le seul marguillier en charge.

L'argent de toutes les quêtes appartenait à la fabrique; les évêques tenaient beaucoup à cela. On convertissait cependant en honoraires de grand-messes pour les fidèles défunts les offrandes du jour des morts, le 2 novembre. Les quêtes étaient ordinairement effectuées par un enfant de chœur, mais la coutume se répandit dans plusieurs paroisses, même si elle n'était pas favorisée par les évêques, de la faire faire par de jeunes filles.

Les évêques insistèrent à l'occasion sur le fait qu'«aucun curé n'était libre de dépenser un denier de l'argent de la fabrique, à moins d'y être spécialement autorisé par une délibération des marguilliers; cette autorisation serait regardée comme abusive si elle était donnée pour une somme indéterminée ou pour un temps indéfini. Le marguillier en exercice peut sans autorisation spéciale faire les dépenses courantes et ordinaires, telles que l'achat du vin, de l'huile, du luminaire, le paiement du bedeau, de la blanchisseuse et à ces dépenses ordinaires j'ajouterai la fourniture du bois de chauffage nécessaire pour la sacristie. Mais il ne peut prendre sur lui aucun achat ni dépense extraordinaire. Il faut une délibération qui se renouvelle à chaque fois et l'autorise ou seul ou conjointement avec le curé[12].»

Les prêts

Il était exceptionnel d'utiliser l'argent de la fabrique pour des prêts; dans de tels cas, l'évêque était normalement consulté. Il s'opposait ordinairement à un prêt de la fabrique autant aux syndics, qui administraient la construction ou la réparation majeure d'un édifice de la fabrique, qu'à des habitants dans le besoin pour l'achat de leurs semences. Il cherchait à éviter tout précédent et conseillait d'autres voies de solution; prêter à un individu aurait souvent correspondu à un don, à moins de démarches judiciaires désagréables.

Jusqu'en 1813, on ne connaît aucun prêt d'une fabrique à une autre. Celle de Saint-Gervais en exprima alors la demande à celle de Saint-Pierre, île d'Orléans. Mgr Plessis donna son accord à condition d'en décider en assemblée de paroisse. L'expérience de prêts effectués par des fabriques du district de Montréal aux Sulpiciens pour la construction du collège avait montré que les murmures se répandaient rapidement quand l'emprunteur ne tenait pas ses promesses. Dix ans plus tard, Mgr Plessis se réjouissait d'une aide semblable de Sainte-Anne-de-la-Pérade à Trois-Rivières; la coutume s'en était répandue et s'était avérée avantageuse même pour les fabriques prêteuses: leur coffre-fort avait cessé d'être la proie des voleurs. En 1839, une résolution de la fabrique de Saint-Michel, approuvée par Mgr Signay, suffit pour un prêt sans intérêt de 300 £ à celle de Saint-Ambroise; l'assemblée de paroisse n'était plus nécessaire. Une fabrique pouvait même donner de l'argent à une autre dans certaines circonstances, par exemple 30 £ de la part de Rivière-du-Loup à Sainte-Ursule, lors de la construction d'une chapelle. Il est vrai que les catholiques de la nouvelle circonscription avaient contribué à titre individuel à la construction de l'église mère dont ils se détachaient.

La vente des bancs

La rente annuelle des bancs s'élevait au prix de l'adjudication, souvent un minot et demi de blé. Vers 1770, il commença à être question d'une somme d'argent, ce qui éviterait les arrérages dus à la disette des grains. La règle diocésaine subsista de faire passer chaque banc par la criée; aucun droit héréditaire n'existait. On mettait en vente tout banc non payé. Une veuve qui se remariait perdait son banc, de même qu'un habitant qui quittait la paroisse, même s'il continuait à y être propriétaire; il devait cependant être parti depuis un an révolu. On ne permettait aucune aliénation. Lors du passage d'une ancienne à une nouvelle église, les propriétaires de bancs conservaient leurs droits; c'était d'ailleurs financièrement avantageux pour la fabrique. À la mort du dernier des parents, les enfants avaient priorité pour l'achat du banc familial. Si plus d'un se présentaient pour l'acquérir, la criée publique était le moyen le plus sûr d'éviter les disputes de famille. Là où s'était répandue l'habitude de payer un prix d'entrée dans un banc, auquel s'ajoutait une rente annuelle, l'évêque obligea de se limiter à une seule rente annuelle comme partout ailleurs.

Dans certaines fabriques, on passa un règlement défendant à un chef de famille d'avoir plus d'un banc et même à un paroissien non marié tenant feu et lieu d'en posséder un. À la cathédrale de Québec, on ne s'y opposait pas; c'était d'ailleurs différent des petites églises où les places disponibles étaient à peine assez nombreuses pour les pères de famille.

On constata quelques cas de trafic de bancs à Saint-Thomas en 1802: les propriétaires les louaient à un prix plus élevé qu'ils ne les avaient payés. D'abord exceptionnels, ces cas s'accrurent. Mgr Plessis intervint en 1815: «Cette coutume qui s'introduit dans quantité de paroisses de se faire adjuger plusieurs bancs pour les louer ensuite avec profit est un abus intolérable, une spéculation criminelle qui tient beaucoup de la simonie et à laquelle il faut vous opposer par tous les moyens possibles.» Pour procéder légalement, il fallut, dans chaque paroisse concernée, voter une résolution de fabrique empêchant tout paroissien de posséder plus d'un banc. La fabrique de Saint-Louis-de-Terrebonne dut demander à la Cour du banc du roi du district de Montréal d'obliger Joseph Clément, écuyer, capitaine de milice, à se délester de ses trois bancs; le défendeur n'eut que huit jours pour se conformer à cet ordre. Mgr Lartigue recommanda ensuite aux curés de ne pas adjuger plus d'un banc à la même personne, sauf s'il en restait et s'il ne se présentait aucun habitant qui n'en eût pas.

L'augmentation de la population occasionna la rareté des bancs et la montée des prix. À Montréal, un banc dont la rente s'élevait à 7 livres et 10 sols en 1796 coûtait 366 livres en 1817. En 1826, il y restait encore 20 bancs adjugés à perpétuité; ce privilège prit fin avec la démolition de l'église et l'inauguration de la nouvelle. Les deux plus anciens bancs dataient de 1692 et de 1693; ils appartenaient à François Lemaître Lamorille et à Antoine Adhémar. À partir de 1829, dans la nouvelle église, les bancs furent loués pour un temps limité: les 504 de la nef pour cinq ans, les 372 du premier jubé et les 368 du second pour quatre et trois ans; le banc le plus coûteux fut adjugé à l'honorable T. Pothier pour la somme de 10 louis.

De nombreux paroissiens n'apprécièrent pas beaucoup ce changement; les prix de location baissèrent et plusieurs bancs ne se vendirent pas; les journaux firent état de la chose et mirent au jour la tension existant au sein du conseil de la fabrique, comme entre ce dernier et un grand nombre de paroissiens. Le tout rebondit en 1833 au moment du renouvellement des locations. Il se tint même, le 24 juillet, une assemblée de paroissiens, sans la présence des marguilliers et du curé; on y passa des résolutions pour le retour à la façon traditionnelle de procéder et on envoya à l'évêque de Québec une pétition signée par 400 personnes. L'ancien marguillier François Antoine Larocque, fort estimé des Montréalais, défendit entre-temps la cause du changement auprès de la population par des écrits dans les journaux et autrement. On s'aperçut alors qu'il s'agissait pour la fabrique d'amasser plus d'argent: «En supposant que par la vente des bancs pour un temps limité, au lieu de les vendre pour la vie des adjudicataires, vous payeriez une tant soit peu plus forte rente annuelle, ne serait-ce pas une moyen bien doux de contribuer à former les fonds nécessaires pour rembourser la dette contractée par la construction ainsi que les intérêts sur l'argent emprunté[13]?» Le 19 août, l'évêque de Québec répondit à C. O. Perreault, écuyer, avocat et porteur de la requête, qu'il regrettait la division entre des paroissiens et les fabriciens; sous plusieurs aspects, il pensait que le problème était du ressort de l'autorité civile. La fabrique intenta finalement un procès en septembre; d'autres suivirent. L'issue laissait toujours la question indécise. Le 11 mai 1834, une majorité de fabriciens renversa toute résolution antérieure sur le sujet et revint à la concession à vie des bancs de leur église. Les bancs de la nef, loués cinq ans auparavant, furent remis en vente, cette fois pour la vie du preneur, moyennant une rente annuelle à payer au début de chaque année, qui commençait dans ce cas le 1er juillet. La fabrique vendit aussi les bancs de l'église Notre-Dame-de-Bonsecours, d'abord pour le reste de l'année 1836-1837, puis à vie à partir du 1er juillet.

L'occupation d'un banc se comparait au loyer d'une maison; si le locataire n'avait pas payé au bout de l'année, on n'avait pas le droit de le mettre dehors; il fallait pour cela un jugement de la cour. Mgr Panet recommandait au marguillier en charge de procéder si possible par des commissaires pour le recouvrement des petites dettes. De plus, dans une nouvelle église, avant même d'adjuger le premier banc, on exigeait un relevé exact des dépenses, de même qu'une répartition proportionnelle entre les habitants selon le décret de l'évêque; ceux qui n'avaient pas fourni leur quote-part ne jouissaient d'aucun droit d'accès à l'église ni d'aucun service pastoral.

Les concessionnaires ne pouvaient ni changer la forme des bancs, ni les peindre, ni y mettre des portes ou des serrures. Tous les bancs devaient être égaux et personne ne pouvait ponter le sien; dans un cas de non-conformité, il fallait corriger rapidement toute entaille à l'uniformité; après un an de résistance, il valait mieux procéder par la cour.

Les honneurs rendus à l'église

On rendait des honneurs à l'église, comme cela avait été établi dans le règlement du 8 juillet 1709. Les évêques le rappelèrent de temps à autre. Le seigneur qui avait fourni le terrain sur lequel l'église était construite avait droit à un banc double, en avant, à quatre pieds de la balustrade, du côté droit par rapport à l'entrée de l'église; il recevait le premier les cierges, les cendres, les palmes, l'eau bénite, le pain bénit. Dans les processions, le seigneur venait immédiatement après le curé. Quand il décédait, on l'enterrait dans l'église. À la fin du XVIIIᵉ siècle, on accorda les mêmes faveurs à des coseigneurs. Dans le cas d'un seigneur qui n'avait contribué d'aucune façon à l'érection de l'église, comme cela arriva à Rimouski, les fabriciens voulurent lui attribuer un banc ordinaire; l'évêque tint à le faire considérer comme un bienfaiteur: il finirait bien par le devenir. La veuve d'un seigneur et ses enfants de plus de 16 ans bénéficiaient des droits acquis, à moins qu'ils ne vendissent leur seigneurie sans réserver les bancs à l'église; sinon, l'acheteur les acquérait automatiquement. Quand il s'agissait d'un seigneur protestant, on supprimait l'eau bénite et le pain bénit, ainsi que la prière que l'on faisait pour lui au prône. En 1821, Kenelm Conor Chandler de Nicolet voulut se rendre en cour pour obtenir les mêmes honneurs religieux que s'il était catholique. D'après une consultation antérieure, la Congrégation romaine de la Propagande s'y opposait. Le juge Vallières indiqua à Mgr Plessis que l'Église catholique, priant pour tous les êtres humains, ne pouvait en exclure un seigneur protestant, mais qu'elle pouvait ne pas lui accorder l'encens, l'eau bénite, le pain bénit, parce qu'elle ne communique qu'avec ses membres lors des célébrations et que tout étranger à l'Église ne peut sans malice vouloir obtenir une participation à des célébrations auxquelles il ne croit pas; un tel seigneur devrait aussi être exclu de toute procession, de la sépulture dans l'église, des rameaux et des cendres. Chandler n'alla pas plus loin. Peter Charles Lœdel de Saint-Paul de La Valtrie eut des prétentions semblables, en 1826, mais ne les soutint pas devant la justice.

Dans les églises se trouvait également un banc pour le capitaine de milice, appelé aussi banc du roi, au centre, le premier en avant du côté droit; on le lui octroyait gratuitement. Après la Conquête, les capitaines avaient été remplacés, jusqu'en 1775, par des baillifs qui avaient les mêmes droits que les capitaines, selon l'intention du gouverneur. S'il y avait deux capitaines ou plus dans une paroisse, seul le plus ancien avait ce privilège. Les autres honneurs suivaient par ordre de préséance, le seigneur étant le premier privilégié. Toute tentative de coseigneur et de divers officiers de milice, comme à Saint-Grégoire en 1812, de rechercher les mêmes droits honorifiques que le seigneur ou le capitaine devait être enrayée ou renvoyée au gouvernement qui avait déjà statué sur le sujet.

Vers 1830 se répandit la tentative de faire payer le banc du capitaine au prix du banc le plus cher; un jugement de la cour ne s'y opposa pas et Mgr Lartigue favorisa cette façon de procéder. Des officiers et des miliciens envoyèrent une requête à la Chambre d'assemblée pour savoir si leur banc était gratuit ou non et s'il appartenait de fait au capitaine ou à l'officier supérieur en grade. On ne se prononça pas sur le premier point et on opta pour le capitaine dans le second, en somme dans le sens de la continuité ancestrale.

Des juges prétendirent aussi à des droits honorifiques. Mgr Briand répondit au juge G. Taschereau de Montréal que ce n'était pas le cas à Québec et qu'il n'avait jamais entendu parler de cela à Trois-Rivières ni à Montréal. De fait, Montgolfier précisa à l'évêque que, sous le régime français, il y avait un banc pour la justice. En 1777, le juge se demandait si l'évêque consentait aux droits qu'on lui attribuait depuis quelque temps dans ce banc, alors qu'il y était préféré aux

marguilliers qui, eux, dans le banc d'œuvre, avaient tout de
même droit à beaucoup d'honneurs. De toute façon, cette
coutume ne se répandit pas et s'estompa avec les juges anglophones et souvent protestants.

*   *   *

Envisagée sous ces diverses facettes, la paroisse apparaissait
comme une institution profondément enracinée dans le peuple
canadien. Le passage du régime français au régime britannique s'y fit à peine sentir. Les habitants s'y retrouvaient comme
dans l'ancien temps et y constataient une continuité bienfai-
sante. Le signe le plus concret et le plus immédiat de leur
organisation sociale demeurait le même. Ils pouvaient continuer de s'identifier comme paroissiens de tel ou tel endroit
et c'était rassurant. Ce mode d'incarnation de l'Église comportait ses inconvénients; la figure du Christ ne ressortait pas
toujours dans toute sa pureté. Diverses modalités d'évangélisation étaient cependant rendues possibles grâce au regroupement des chrétiens en paroisses.

Chapitre VI

LES ÉCOLES PRIMAIRES

Le souci de l'éducation des gens a été porté par l'Église dès le haut Moyen Âge en même temps qu'elle s'est organisée en paroisses. Les immigrants de l'Europe du Nord avaient besoin d'apprendre à lire, à écrire, à compter. Les sept arts libéraux, grammaire, rhétorique, dialectique, arithmétique, géométrie, astronomie et musique servaient de base à toute étude religieuse que suscitait l'Église.

Même si l'enseignement scolaire et l'éducation des enfants sont censés relever des parents et de l'État, il est indéniable que les chrétiens réunis en Église s'en sont occupés. Était-ce de la suppléance? Certes. C'était aussi par souci d'éducation chrétienne des enfants, des adolescents, car tout se tient chez un être humain, surtout chez un jeune.

1. LA LÉGISLATION SCOLAIRE

Durant les quarante années qui suivirent la Conquête, le gouvernement ne promulgua aucune politique scolaire. L'enseignement primaire continua de se répandre comme sous le régime français, c'est-à-dire sous l'initiative d'organismes privés, tenus par des institutions ou par des individus. Des 47 petites écoles antérieures, 20 ou 30 au plus ont survécu à la tourmente; une vingtaine s'ajoutèrent de peine et de misère, alors que la population doublait. Des instituteurs, peu nombreux, circulaient de paroisse en paroisse et réussissaient en quelques semaines à initier des groupes d'enfants à la lecture, à l'écriture et au calcul. Des filles de seigneurs, de marchands et d'habitants devenaient pensionnaires chez les Ursulines à Québec ou à Trois-Rivières et chez les Sœurs de la Congrégation à Montréal. Quelques religieuses s'établirent peu à peu à d'autres endroits.

En 1787, Dorchester prescrivit une enquête globale sur l'instruction au Québec. Après deux années de travail, les neuf membres enquêteurs — cinq Anglais protestants et quatre Canadiens catholiques — recommandèrent l'établissement d'une école primaire par paroisse, d'une école modèle par comté (les comtés prendraient bientôt de l'importance grâce à l'instauration du régime parlementaire) et d'une université à Québec. Selon John Cosens Ogden, l'instruction des Canadiens se trouvait à son plus profond déclin en 1789. Il attribua cette ignorance extrême au clergé, qui voulait conserver son emprise sur les gens. Mgr Hubert reconnut lui-même qu'à peine 25 ou 30 personnes, plus de femmes que d'hommes, savaient lire et écrire dans la plupart des paroisses, ce qui donnait environ 4000 personnes dans l'ensemble du Québec. Au lieu de se précipiter au niveau universitaire, le gouvernement devait, selon lui, améliorer d'abord l'enseignement primaire. De Montréal vint un projet de confier aux Sulpiciens la fondation de l'université. Mais on ne donna aucune suite aux conclusions de l'enquête.

Les responsables ecclésiastiques continuèrent, avec leurs pauvres moyens, de favoriser l'instruction des enfants. L'évêque signa bientôt devant notaire un contrat avec le maître d'école John Donohue pour la tenue d'une école catholique anglophone à Québec. Un mois plus tard, en mars 1792, il s'y trouvait 30 élèves, mais 30 autres jeunes étaient prêts à se présenter. Mgr Hubert encouragea le sulpicien Brassier à lancer son projet de leçons publiques en mathématiques et en français, sans se préoccuper d'obtenir l'avis du gouverneur.

L'Institution royale

La première loi scolaire, l'Institution royale de 1801, ne porta pas beaucoup de fruits, vu le double objectif qu'y voyaient les catholiques: l'anglicisation et la protestantisation. La majorité canadienne en chambre avait réussi à amender la loi, en assurant l'indépendance des écoles confessionnelles privées et en assujettissant à la volonté de la majorité la création des écoles publiques paroissiales. En 1820, l'État subventionnait ainsi 37 écoles, dont moins de la moitié en milieu francophone catholique; à ces endroits, des habitants ou un instituteur, souvent inspirés par le curé, avaient fait les démarches appropriées, tout en s'assurant des orientations francophones et

Le couvent des Ursulines en 1830. Tableau de James Pallerson Cockburn. Monastère des Ursulines, Québec.

catholiques de l'école. Pour autant que le gouvernement acceptât le curé comme inspecteur de l'école et qu'il se chargeât de payer le maître, l'évêque endossait tout projet qui lui était présenté, comme celui de Sainte-Marie-de-Beauce. La façon d'agir différait selon les endroits, selon les curés, peut-être même selon les époques; en 1822, le curé Painchaud de Sainte-Anne-de-la-Pocatière refusa d'être visiteur de l'école royale de sa paroisse, afin d'y avoir les mains libres, mais il se proposait bien de la surveiller.

Les écoles de fabrique

En 1814, le député Taschereau avait introduit un bill, à la Chambre d'assemblée, pour remplacer la loi de 1801. Deux ans plus tard, Blanchet revint à la charge et parla d'une école dont le curé et les marguilliers seraient les syndics dans chaque paroisse; le gouvernement verserait 100 £ à chaque maître d'école. Lee s'opposa à la présence du clergé, mais il se fit rabrouer par Sherwood qui considérait cette classe sociale comme la plus utile de toutes. Viger démontra l'importance d'une éducation religieuse intégrée à l'ensemble de l'instruction scolaire. Ces propos de députés en chambre n'aboutirent à aucune loi nouvelle.

En 1820, *Le Spectateur canadien* rapporta des informations obtenues par la Chambre d'assemblée: il y avait une moyenne de 20 élèves dans chacune des 37 écoles royales, ce qui faisait 740, au coût annuel d'à peu près 3 £ par écolier; 32 écoles de paroisse — 800 élèves — soutenues par les fonds privés des curés; 11 écoles de filles — 330 élèves — et 4 couvents — 400 élèves — dirigés par des religieuses dans les villes; 25 écoles privées — 1000 élèves — reliées à des individus ou à des associations; 230 enfants instruits dans leur famille. À ce total de 3500 élèves, on pouvait ajouter les 500 garçons des collèges classiques. Or, le nombre des jeunes en âge scolaire dans le Bas-Canada atteignait alors les 70 000.

En 1819, Jacques L. J. de Calonne, aumônier des Ursulines de Trois-Rivières, écrivit un article sur la religion comme base d'une bonne éducation; il se montra fort influencé par

L'École nationale vue des Remparts en 1829. Aquarelle de James Pallerson Cockburn. Royal Ontario Museum, Toronto.

Félicité de La Mennais qui venait de publier *De l'indifférence en matière de religion.* À partir de 1821, les journaux publièrent plusieurs articles des tenants d'un nouveau bill d'éducation où le clergé aurait son mot à dire; ils appuyaient leur confiance sur de nombreux témoignages en faveur des curés qui entretenaient une école paroissiale à leurs frais. Le curé Mignault de Chambly proposa à Mgr Plessis de faire signer, dans chaque paroisse, une requête demandant des moyens d'instruction et de l'envoyer au gouverneur, sinon au roi: «Nous avons peut-être gardé le silence trop longtemps [...] nous n'avons plus rien à ménager de ce côté-là. C'est l'emploi de nos deniers que nous demandons, c'est [...] le bien des jésuites, que l'on nous a ravi, que nous pourrions exiger. C'est l'avantage de notre jeunesse que nous cherchons.» En 1822, consulté par son évêque sur le projet de loi, Mgr Lartigue suggéra d'abord plusieurs amendements dans le sens d'un contrôle quasi exclusif du clergé, mais affirma finalement qu'il l'accepterait intégralement s'il le fallait; pour avoir mieux, dit-il, on finit souvent par tout perdre.

Après son acceptation en Chambre d'assemblée, le bill subit des amendements au Conseil législatif en janvier 1824, un certain nombre en accord avec de nouvelles observations de Mgr Lartigue sur le respect des lois et des usages relatifs au fonctionnement des fabriques. La loi des écoles de fabriques équilibra finalement en faveur des Canadiens catholiques celle de 1801. Elle stipulait ceci:

> Les fabriques ont le droit de posséder des biens meubles et immeubles pour fonder et entretenir des écoles primaires dans les limites de leur paroisse: un établissement par paroisse de moins de 200 familles avec possibilité d'en ajouter un autre à raison de 100 familles supplémentaires. Un quart des revenus paroissiaux peut être affecté à la marche de ces écoles, qui sont sous la direction absolue des fabriques et doivent recevoir l'assentiment de l'évêque[1].

L'évêque et les curés épaulèrent tout effort dans le sens de cette loi. En l'espace de cinq ans, 68 écoles furent établies, c'est-à-dire dans presque toutes les paroisses du Bas-Canada où il ne s'en trouvait pas encore.

Des écoles royales subsistèrent, mais très peu avec un curé comme visiteur officiel, car certaines exigences continuaient d'être dommageables aux enfants catholiques; d'ailleurs, on y refusait toujours des instituteurs catholiques, même si on y enseignait le catéchisme catholique. Les écoles royales demeuraient cependant subventionnées par l'État, alors que celles des fabriques étaient administrées comme des écoles privées, l'argent venant des paroissiens par le biais de la fabrique. Les paroisses pauvres étaient désavantagées et les Canadiens catholiques ne profitaient pas des biens publics alloués à l'éducation.

La méthode lancastrienne

En 1814, en invitant un instituteur catholique d'Angleterre dans une école à Québec, Mgr Plessis avait précisé que, «s'il était au courant de la méthode d'enseigner de Mr Lancaster, ce serait encore mieux». Mais c'était une opinion personnelle qui n'a pas prévalu dans le Bas-Canada. De Calonne y fit allusion dans *Le Courrier du Bas-Canada* du 21 novembre 1819, en parlant de cet auteur comme d'un philosophe matérialiste qui substituait l'évolution à l'instruction. Rabroué par un lecteur, il reconnut avoir plaisanté sur cette pédagogie à la mode comme sur celle de Madras, les deux donnant l'impression que jamais auparavant il n'y avait eu de bons plans d'éducation, par exemple au temps de Newton, Leibniz, Bossuet, Fénelon ou Malebranche. Quand Joseph-François Perrault répandit, avec un certain succès, la méthode lancastrienne dans le Bas-Canada en 1821 — des moniteurs assistaient les maîtres et l'entraide mutuelle des élèves y était en tout point favorisée —, Mgr Lartigue s'y opposa farouchement, la trouvant porteuse de germes du libéralisme. Il reprocha à Mgr Plessis de laisser l'école de la congrégation mariale à Québec employer un tel système.

Vaines tentatives d'améliorer les écoles publiques

Dalhousie chercha à remédier à l'injustice faite aux catholiques dans le domaine des écoles publiques. Il consulta Bathurst à Londres et en parla avec Mgr Plessis, mais les tractations se firent avec Mgr Panet. L'auxiliaire de Montréal craignait qu'il ne fût trompé par les propos du gouverneur. Il le mit sur ses gardes et lui recommanda fortement de ne pas devenir membre du comité responsable de l'Institution royale: «Si le gouvernement ne veut pas nous donner une Institution royale pour nous seuls, nous pouvons nous en passer.» Mgr Panet savait à quoi s'en tenir, mais il cherchait un moyen d'obtenir les 1800 £ que la législature se disait prête à verser annuellement pour l'engagement de maîtres dans les écoles catholiques.

Il fut question d'un comité catholique qui, à l'instar d'un comité protestant, serait relié à la corporation générale de l'Institution royale. Mais à quelles conditions? Et, se demandait Mgr Lartigue, devenir une section d'une société originairement protestante, n'était-ce pas imprudent? Le projet avançait; chaque comité semblait pouvoir prendre la direction exclusive de ses écoles et les deux branches jouir d'une égalité totale. Mais de qui relèveraient les deux, continuait d'objecter Mgr Lartigue, très méfiant vis-à-vis de cette nouveauté bâtarde. Très sûr du résultat, Dalhousie recommanda à la Chambre de voter, dans le budget de 1827-1828, en faveur de l'Institution royale, 3000 £ pour les salaires et 100 £ pour des livres, car, selon lui, le nombre des écoles royales s'accroîtrait beaucoup. Cette illusion se dissipa rapidement. Les craintes de Mgr Lartigue étaient partagées par d'autres, en particulier des membres de la Chambre d'assemblée.

Après un répit nécessaire, la loi revint sur le tapis à l'hiver 1829. Le gouvernement s'apercevait que la Chambre n'accorderait plus de subsides à un système scolaire public dont les catholiques profitaient à peine. De son côté, l'auxiliaire de Montréal ne cessait d'insister auprès de D. B. Viger et de Mgr Panet:

> Je crois qu'on ne peut rien faire de bon là-dessus qu'en révoquant sans miséricorde la loi de 1801 et en créant deux Institutions Royales, différentes et indépendantes l'une de l'autre. Si l'on établit deux comités, l'un catholique et l'autre protestant, dans une même Institution ou Corporation, ce dernier finira par dominer l'autre et par dissiper les fonds du comité catholique ou par les appliquer au protestantisme; d'ailleurs la bonne intelligence ne régnera pas longtemps entre ces deux branches hétérogènes; et cette machine deviendrait par la suite entre les mains du gouvernement un moyen efficace d'angliciser et de protestantiser le pays[2].

Mgr Lartigue envisageait de plus que l'éventuelle Institution royale catholique pourrait incorporer des établissements de niveau secondaire ou collégial, tels les couvents, les séminaires et les collèges classiques. Mais Bathurst, secrétaire d'État aux colonies, s'opposa à une Institution royale propre aux catholiques; c'était aller à l'encontre de la jurisprudence britannique anglicane. Le projet fut encore une fois reporté. Entretemps, pendant que Mgr Lartigue voulait promouvoir encore plus les écoles de fabriques, Mgr Panet trouvait inopportun d'insister dans ce sens, alors qu'un débouché s'offrait toujours du côté de l'Institution royale.

Dans les journaux, des auteurs anonymes réitéraient leur option en faveur de l'instruction des Canadiens ou rapportaient des exemples de curés méritoires ou de paroissiens érigeant des écoles dans la pauvreté. De nombreux témoignages favorables à l'action des prêtres dans l'éducation contredisaient les préjugés des protestants selon lesquels le clergé catholique s'opposait à l'établissement d'écoles afin de garder davantage le peuple dans l'ignorance. On oubliait rarement de rappeler la malheureuse disparition des Jésuites et l'utilité qu'on pourrait tirer de leurs biens, anciennement donnés pour l'éducation, mais exploités autrement par le gouvernement protestant. Le souci de la confessionnalité des écoles, porté autant par les catholiques que par les protestants, n'entravait-il pas finalement l'instruction de la jeunesse, finit par se demander un lecteur.

Les écoles de syndics

La Chambre d'assemblée et le gouvernement optèrent en 1829 pour des écoles de syndics ou d'assemblée. Les contribuables élisaient des syndics chargés de veiller à la construction et à la direction d'une école. Le pasteur ou curé y exerçait la tâche de visiteur officiel et pouvait être syndic en même temps. Comme le député d'un comté surveillait de droit toutes les écoles de sa circonscription, la politique s'infiltrait dans le domaine scolaire. Le financement relevait des contribuables, mais le gouvernement versa des contributions à chaque groupe de syndics en signe d'encouragement, ce qui permit l'expansion et la diffusion de l'enseignement. Ce fut, en effet, la ruée vers les écoles. Dès 1829, on compta 262 écoles de syndics sur 468, les écoles royales atteignant le maximum de

84 cette année-là; en 1830, 752 écoles de syndics sur 981, le nombre d'écoliers passant de 18 401 à 41 791; en 1832, 872 sur 1216 écoles. Comme conséquence, le déclin de l'Institution royale s'amorça dès 1830; de 61 écoles en 1833, elle s'effondra à 3 en 1837 et à aucune en 1846.

Beaucoup d'institutions privées poursuivirent leurs activités, surtout dans les villes et plus particulièrement aux niveaux secondaire, collégial et universitaire, le collège McGill devenant université en 1829. Elles se ressentirent rapidement de l'impact d'un système scolaire généralisé au primaire; leur nombre d'inscriptions augmenta considérablement.

L'instauration d'une école de syndics comportait souvent une grand-messe où se rassemblait une portion importante de la population; on procédait ensuite à la bénédiction de la nouvelle école. Le curé profitait de l'occasion pour valoriser l'instruction des jeunes, comme le fit André Toussaint Lagarde de Saint-Vincent: «L'éducation, quand elle est bien dirigée, est un moyen de cultiver l'esprit des enfants, de rectifier et de régler leur cœur par des principes d'honneur et de probité pour en faire de bons citoyens.» Il réfuta aussi l'objection que l'instruction rendait les gens plus méchants et son sermon fut rapporté dans *La Minerve* du 19 novembre 1829. À Gentilly, on constata dans de semblables circonstances que jamais paroisse n'avait été plus unie.

L'âge d'entrée aux écoles se situait entre 6 et 12 ans. Dans le programme, la prière du matin se faisait en français et celle de la fin des classes, dans l'après-midi, en latin. On enseignait le catéchisme le samedi après-midi; le dimanche, les écoliers assistaient ensemble aux offices de l'église paroissiale et au catéchisme sous la surveillance du maître. Le jour de la confession mensuelle, c'était congé à l'école, comme lors des exercices de préparation à la première communion. En fin d'année, le curé présidait l'examen et la distribution des prix, ce qui encourageait les élèves dans le sérieux de leurs études.

Mgr Lartigue était mécontent de la loi de 1829, car n'importe qui pouvait devenir syndic, même des protestants pour une école catholique, et le contrôle lui semblait échapper des mains du clergé au profit des laïcs; en fin d'année 1829, il transmit à Mgr Panet un nouveau projet de loi sur l'éducation dans la ligne d'une confessionnalité totale. Tout en améliorant les lois de 1824, de 1827 (qui avait apporté des éléments complémentaires aux écoles de fabriques) et de 1829, il introduisait, dans la loi de 1801, tous les amendements qui lui semblaient nécessaires et il adjoignait à l'Institution royale un Bureau catholique. Son projet était trop avantageux au catholicisme pour être accepté par les protestants, mais, croyait-il, on ne devait pas en changer un iota, si l'on ne voulait pas mettre la religion catholique en danger. Il regrettait que son projet fût lié à l'Institution royale, mais il prévoyait ainsi obtenir l'incorporation civile des institutions collégiales. Mgr Panet donna suite à ses suggestions, surtout pour faire profiter les paroisses pauvres et les catholiques des *townships* de l'argent du gouvernement, la subvention annuelle de 3000 £ ne servant encore qu'aux écoles protestantes alors qu'elle provenait des biens des Jésuites. Les deux évêques consultèrent quelques personnes et poursuivirent leur correspondance à ce sujet.

Le système scolaire intéressait au plus haut point la Chambre d'assemblée, son comité permanent de l'éducation et le Conseil législatif où étaient fortement représentés les intérêts des commerçants anglais de la province. Le parti de Papineau, influencé par le mode d'enseignement de New York, tentait d'élaborer un programme d'éducation national et démocratique. Mgr Lartigue réagit donc avec colère à un projet de Perreault qui reposait, selon lui, sur le faux principe que les parents, les tuteurs et le gouvernement étaient obligés «de faire apprendre à tous les enfants du pays à lire, à écrire et [à faire] un métier [...], tandis qu'ils ne sont tenus qu'à leur donner la religion, une saine morale et des moyens suffisants pour gagner leur vie[3]». On prévoyait même taxer tous les citoyens pour dispenser cette instruction. Bien plus, l'enseignement octroyé à tous les niveaux relèverait de commissaires provinciaux nommés par un gouverneur protestant à l'intérieur de l'Institution royale. Quelle aberration et quelle tyrannie, ajoutait-il; on reviendrait au temps de Julien l'apostat!

Pendant que ces pourparlers tournaient à vide, des individus intervenaient régulièrement dans les journaux, la plupart en faveur de la décentralisation — on attendait du gouvernement quelques normes générales seulement et des subventions — et en faveur d'une place prépondérante du clergé contre lequel certains autres déblatéraient. L'instruction religieuse, disait-on, serait ainsi assurée et il s'ensuivrait une éducation intégrale. Ah! si la loi suivait l'opinion publique, ce serait simple, clair et sûr. Entre-temps, on continuait à fonder des écoles de fabriques, surtout dans le district de Montréal. Dans la ville même, des souscriptions soutenaient la fondation d'autres écoles privées sous l'initiative de Mgr Lartigue. Comme on faisait des pressions pour des études brèves et pratiques, complémentaires à une éducation orale et à une logique naturelle déjà répandues dans le peuple, l'évêque entreprit d'établir «une école propre à former les ouvriers et autres gens de la classe moyenne aux connaissances capables de les perfectionner dans leur métier». Il fut question aussi d'instaurer l'école du soir et du dimanche. Quant aux écoles de fabriques, l'auxiliaire de Montréal s'opposa à les voir régies par des syndics, même si cela leur aurait donné droit à des subventions gouvernementales; il invita plutôt les syndics «à remettre leurs pouvoirs entre les mains des curés et des marguilliers, pour faire de vos écoles de syndics des écoles de fabriques, régies selon les deux bills précédemment faits pour l'éducation[4]». Pas question non plus de faire servir un terrain de la fabrique à la construction d'une école de syndics, car on ne saurait jamais ce qui pourrait s'y passer. Qu'adviendrait-il, par exemple, d'une telle école dont trois syndics sur cinq seraient protestants, comme cela existait déjà dans une paroisse à grande majorité catholique?

L'explosion des écoles de syndics prit fin comme elle avait commencé. Le Conseil législatif refusa de suivre la Chambre d'assemblée en 1836 et on cessa de distribuer les subventions prévues par la loi de 1829. Ses liens étroits avec le parti patriote en provoquèrent la cessation. Le fonctionnement de 1200 nouvelles écoles, érigées en moins de sept ans, avait transformé en profondeur les habitudes de la population, mais les habitants soutiendraient-ils financièrement ces institutions? Mgr Lartigue crut qu'il en ressortirait plutôt une revalorisation des écoles catholiques. Mgr Signay s'engagea dans le même sens en permettant aux fabriques d'engager 25% de leurs revenus pour le soutien d'une école paroissiale, pour autant qu'elle dépendît du conseil de fabrique.

Les écoles de syndics fermèrent leurs portes, faute de fonds et de motivation. Elles ne devinrent pas pour autant des écoles de fabriques. Quelques-unes subsistèrent grâce aux efforts des habitants et du clergé, comme à La Malbaie où les gens se regroupèrent et payèrent les 53 £ requises pour le maître et l'institutrice. Pendant trois ans se succédèrent une enquête parlementaire, le rapport de Durham, des polémiques dans *Le Populaire, La Minerve, Le Canadien*. Il s'y manifesta beaucoup d'intérêt pour l'enseignement primaire d'où fleurirent de nombreux projets et des idées généreuses. Certains proposèrent des taxes directes aux habitants, seul moyen de forcer les parents à envoyer leurs enfants à l'école. Jean-Baptiste Meilleur ne cessa de considérer la paroisse comme la base de l'organisation scolaire; le curé devait y avoir une place discrète, mais efficace; l'instituteur serait socialement considéré s'il était compétent et s'il était suffisamment salarié.

Le système linguistique et confessionnel

Au milieu de 1838, le gouvernement sembla vouloir s'emparer de toute l'éducation. Qu'il s'en tînt à une éducation générale et qu'il établît deux bureaux indépendants, l'un pour les catholiques, l'autre pour les protestants, Mgr Lartigue ne s'y opposerait pas. Mais il ne fallait pas composer avec lui sur d'autres points: le clergé administrerait le Bureau de la confession catholique qui dirigerait l'enseignement; il choisirait les instituteurs et les manuels scolaires. Mgr Turgeon rassura son collègue de Montréal; il ne ferait rien sans son accord et il tenterait d'amener Charles et Arthur Buller dans le sens des efforts déjà faits, plutôt que dans la perspective d'un nouveau système d'enseignement. Le plan d'Arthur Buller, président de la nouvelle commission gouvernementale sur l'éducation, d'instaurer partout une éducation générale sans religion refit surface; le coadjuteur de Mgr Signay veillait au grain, entouré de John Holmes, un prêtre du Séminaire de

Québec, et de John Neilson. Si un tel plan se réalisait, ce serait, selon l'évêque de Montréal, le plus grand malheur qui pourrait arriver à la religion en cette province. Comment éviter que l'enseignement ne soit marqué par la religion? Mais de laquelle s'agirait-il? D'une religion générale?

Avec l'Union furent abrogées les lois de 1801, 1824, 1829 et 1832. L'enseignement religieux demeura au cœur du nouveau projet de loi sur l'éducation. Chacune des dénominations religieuses tenait à la responsabilité totale de l'éducation de ses enfants. Les *Mélanges Religieux* de Montréal s'opposèrent au projet, car tout se déroulait trop vite: dépôt de la loi le 20 juillet 1841 et passation en deuxième lecture le 3 août, sans consultation. Elle fut tout de même ratifiée le 18 septembre. Il s'agissait d'un système d'écoles publiques, qui respectait la population. Comme dans le Canada-Est la majorité était catholique et francophone, il en fut ainsi des écoles. Un surintendant administrait le fonds de l'éducation primaire et interprétait le texte législatif au besoin. On instaurait en même temps les commissions scolaires et les taxes foncières. Bien qu'occasionnellement amendée, cette loi prévaudra pendant plus de 100 ans.

2. LE CORPS PROFESSORAL

Des laïcs célibataires

Les relations entre curés et instituteurs se déroulaient généralement bien. Plusieurs de ces derniers étaient de futurs prêtres endettés ou d'anciens séminaristes, ce qui favorisait les liens avec le pasteur de la paroisse. Louis Labadie, un célibataire qui enseigna dans divers milieux, se fit connaître à travers *La Gazette de Montréal* en 1792. Ses malentendus avec le curé Jean-Baptiste Pouget de Berthier firent sensation. Quoique chassé par ce dernier, il rassembla, avec l'appui de la population, 44 écoliers dont les parents payaient les frais, 14 pauvres qu'il recevait gratuitement ainsi que 5 jeunes Amérindiens. Un instituteur portait habituellement sur lui un certificat de bonnes mœurs, de loyauté et de bonne conduite chrétienne, signé par un curé et par d'autres personnes qualifiées. Ainsi pourvu, il était souvent engagé non seulement comme maître d'école, mais aussi comme premier chantre et comme caté- chiste dominical. Il devenait un adjoint du curé, au bénéfice de l'ensemble des paroissiens. Il devait être célibataire. Même dans une paroisse aussi importante que Boucherville, le curé Pierre Conefroy préférait retarder l'entrée des classes et attendre la venue possible d'un célibataire plutôt que d'ac- quiescer à l'engagement d'un maître d'école marié.

Mais les enseignants étaient rares. Autour de 1830, alors que les écoles se multipliaient, les offres d'emploi étaient très nombreuses dans les journaux. Par exemple, en juin 1829, on demandait pour Saint-Mathias deux personnes compétentes, munies de bonnes recommandations. De leur côté, certains candidats se faisaient connaître par le même canal. Il manquait tout de même de professeurs instruits, qualifiés et vertueux. Une des lacunes les plus courantes chez les instituteurs était le manque de sobriété.

En 1836, 96% des enseignants du niveau primaire étaient laïques. Ils ne jouissaient pas d'un rang social très élevé. Après la date fatidique du 1er mai, qui marqua l'arrêt des subven- tions, certains d'entre eux poursuivirent leur travail ici et là, à peu près sans rémunération. Certains se laissèrent entraîner dans les rangs des patriotes, d'autres s'exilèrent aux États- Unis, plusieurs se cherchèrent un autre travail. Pour sa part, Mgr Bourget encouragea ses curés à valoriser les instituteurs, même si leur salaire était fort réduit. Il ne voulait pas que ceux «qui avaient toutes les qualités pour faire respecter une profession de soi si honorable, ne pouvant vivre *honorablement* selon leur état, y renonceraient», ce qui réduirait chaque milieu à n'avoir que des maîtres inaptes à former la jeunesse[5].

Les communautés religieuses enseignantes rendaient des services fort limités. Les Ursulines se confinaient à Québec et à Trois-Rivières, auprès de jeunes filles pensionnaires et exter- nes. Les Sœurs de la Congrégation Notre-Dame avaient accep- té d'essaimer de Montréal. À la suite de son projet exposé à Mgr Briand en 1773, le curé François Cherrier avait réussi à les attirer à Saint-Denis; il avait en tête l'éducation de la jeunes- se le long de la rivière Chambly. L'évêque y ajouta celle de la Yamaska où il prévoyait un accroissement de population.

En 1790, une mission des mêmes religieuses existait aussi à Saint-François-du-Lac. Mais ces religieuses demeurèrent peu nombreuses; elles atteignirent leur maximum de professes en 1836, avec 81 sujettes.

Les frères enseignants

Dès 1819, lors de son voyage en Europe, Mgr Lartigue aurait aimé amener au pays des Frères des Écoles chrétiennes, qu'il appelait comme plusieurs de ses contemporains des Frères de la Doctrine chrétienne. Il contacta le supérieur général de la communauté, mais le projet ne put se réaliser. Neuf ans plus tard, il entretint Mgr Panet du même sujet. Selon lui, plusieurs Canadiens, appelés à l'état religieux, se joindraient à la communauté, une fois établie au Canada. Mais l'évêque de Québec ne trouvait pas le temps venu, car «le gouvernement s'opposerait à l'introduction de ces personnes [les frères] et ne les souffrirait pas dans la province sous prétexte que c'étaient des étrangers. En second lieu, il faudrait des fonds pour faire aller des écoles et où les prendre? Enfin, troisième raison, on les considérait comme des religieux et c'était assez pour leur fermer l'entrée de la province[6].»

Par la suite, le sulpicien François Bonin réunit en société dite des Écoles chrétiennes des jeunes gens qui s'occupaient de l'éducation des enfants dans les premières sciences et dans la religion. Ils s'étaient donné un règlement et reconnaissaient l'autorité de l'évêque; ils se nommaient, à tous les trois ans, un conseil de douze membres composé des plus anciens et des plus expérimentés. Ces jeunes adultes prenaient l'option du célibat, sans faire aucun vœu. La mise en commun de leurs biens se réaliserait plus tard, même si chacun fournissait 21 shillings par année dans un fonds pour pouvoir soulager un membre ou l'autre, devenu vieux ou infirme. Il y avait l'équivalent d'un noviciat, qui durait deux ans, et l'expérience des sœurs de Marguerite Bourgeois leur servait d'exemple. Les exercices spirituels quotidiens comportaient une demi-heure de méditation, la visite au Saint-Sacrement, la lecture d'un chapitre du Nouveau Testament et de l'*Imitation*, un quart d'heure de lecture spirituelle, la récitation du petit office de la Sainte Vierge ou des morts le vendredi, ainsi que la confession de ses fautes à tous les quinze jours, la communion eucharistique et une journée de récollection à tous les mois, une retraite de huit jours chaque année. Le curé Charles Ducharme de Sainte-Thérèse, qui avait préparé depuis quelques années quatorze jeunes gens à devenir maîtres d'école, envoya deux candidats à cette communauté. Un bienfaiteur offrit tous ces biens à cette œuvre et un citoyen de Montréal s'apprêta à lui donner une terre, sise non loin de la ville; mais, craintif, l'évêque de Québec laissa passer ces occasions.

En 1833, Mgr Lartigue rappliqua. «Ce serait d'envoyer en France quelques jeunes Canadiens, disposés et propres à faire les écoles primaires de notre pays et surtout à former des maîtres, après avoir fait leur noviciat et leur profession chez les frères de la doctrine chrétienne.» Il écrivit même à Mgr Davy, évêque coadjuteur de Bardstown, pour vérifier si, au lieu de les envoyer en France, il ne pourrait pas diriger ses candidats vers un noviciat américain. Les réponses furent encore négatives. Mais l'idée faisait son chemin et le curé Charles Bégin de Beauport invita le maître d'école Patrick Costello à se joindre au groupe de Montréal. L'érection du diocèse de Montréal donna le champ libre à Mgr Lartigue. À Québec, on attendit ce qui en résulterait: «*Nous autres*, écrivit Mgr Turgeon à l'abbé Holmes, nous n'aimons pas aller à tâtons ni trop vite, lorsqu'il s'agit de faire de grands sacrifices.»

Mgr Lartigue attendit les Frères des Écoles chrétiennes avec enthousiasme. Il leur offrait gratuitement une belle maison, sise près de la cathédrale, qui servait déjà à l'éducation; il ne doutait pas que la communauté se propagerait rapidement, étant donné les vocations religieuses que Bonin et certains autres prêtres avaient suscitées et entretenues. Malgré le ressentiment de *La Minerve*, *Le Populaire*, *L'Ami du peuple* et *Le Canadien* se montrèrent accueillants envers les quatre frères des Écoles chrétiennes arrivés en novembre 1837. Les Sulpiciens s'occupèrent d'eux à tous les points de vue. Alors que le *Herald* désirait leur départ en 1840, *La Canadienne* se porta à leur défense. De toute façon, ils avaient déjà prouvé leur utilité; leur avenir était assuré.

Le travail auprès des enfants défavorisés

Bien plus, on remédia à une lacune encore flagrante, le manque d'instruction des jeunes garçons pauvres ou orphelins. En 1815, les administrateurs d'un fonds prélevé pour l'éducation des pauvres de toutes les dénominations religieuses avaient formé un comité à Québec. Ils espéraient établir leur institution à Montréal. Les résultats se révélèrent fort mitigés, surtout du côté des catholiques. En 1828 fut fondée l'Association de charité des dames et demoiselles de Montréal pour l'instruction des filles de l'école appartenant à l'église Saint-Jacques. Mgr Lartigue en faisait partie. On mit l'accent sur les petites filles pauvres, qu'on voulait elles aussi instruire pour une meilleure évangélisation. Le but principal de l'association était la formation manuelle des jeunes filles, sous le patronage de sainte Anne, celle qui avait initié Marie aux tâches quotidiennes. Dès l'année suivante, le comité exécutif comptait seize personnes, dont la présidente était madame Jacques Viger et la trésorière madame Denis Benjamin Viger; l'association comptait dans ses rangs trente-neuf autres dames et cinq volontaires occasionnelles. *La Minerve* du 20 avril 1829 rapporta la lettre d'une certaine R., qui invitait les hommes à suivre l'exemple des femmes qui avaient regroupé des jeunes filles des faubourgs pour leur apprendre à lire, à écrire, à travailler manuellement. Ces activités valaient bien quelques parties de cartes, quelques visites à des boutiques de mode et quelques heures dérobées à la toilette. Il était malheureux que des adultes ne prissent pas ainsi en charge les jeunes garçons des classes laborieuses et pauvres:

> Ils s'élèvent trop souvent dans l'oisiveté et contractent l'habitude des vices qu'elle enfante. Sans industrie, [...] élevés dans le dénuement, ils vivent dans la misère. Cependant, il est vrai de dire que c'est pourtant cette classe qui le plus souvent paie, en consommant les boissons spiritueuses, les impôts à même lesquels on prend les sommes destinées à fournir aux frais de l'instruction des enfants des personnes qui viennent d'autres pays s'établir dans le nôtre. [...] Les premiers, en se dégradant,

fournissent aux seconds les moyens de s'élever au-dessus d'eux.

Ne devait-on pas sortir de la léthargie qui semblait alourdir les Canadiens? L'arrivée des frères apparaissait donc comme un stimulant.

Les écoles normales

Enfin, en 1835, des députés et le gouvernement s'intéressèrent à l'instauration d'écoles normales. Mgr Lartigue y songeait depuis longtemps et son projet de faire venir des frères enseignants allait dans ce sens. Mais, faute de ressources pécuniaires suffisantes, il n'avait pu agir. Il accueillit avec beaucoup de joie la proposition du comité de la Chambre d'assemblée pour l'éducation d'utiliser l'école Saint-Jacques pour une école normale. Le député J. J. Girouard consulta les évêques de Québec et de Montréal sur la teneur du projet de loi concernant l'établissement d'écoles normales éventuelles. Mgr Lartigue craignit une institution ouverte tant aux protestants qu'aux catholiques; il connaissait la tendance des Écossais à dominer partout où ils se trouvaient et les ministres de toutes les sectes voudraient être présents au comité de régie, ce qui y réduirait le nombre des catholiques. À Québec, on réagissait autrement. «Lorsqu'on ne peut conduire les gens, il faut en tirer le meilleur parti possible; c'est là mon principe», répondait Mgr Turgeon à son collègue. La situation religieuse de la capitale différait énormément de celle de Montréal; les catholiques s'y trouvaient en plus grand nombre, alors qu'à Montréal leur faible majorité ne subsisterait peut-être pas longtemps. On prévoyait confier la direction des écoles normales du Bas-Canada à l'abbé John Holmes et on l'engagea à visiter des écoles semblables en Europe. Mgr Lartigue ne fut pas soulagé pour autant.

À mesure qu'il y pensait, il envisageait d'interdire ces éventuelles écoles normales aux professeurs et aux étudiants catholiques, car elles se révéleraient des lieux d'éducation protestante. Il ne voyait pas d'autre issue que l'établissement de quatre écoles normales, deux à Québec et deux à Montréal, l'une catholique et l'autre protestante dans chaque ville. Le député Girouard fut ébranlé par les arguments et les statistiques de Mgr Lartigue. Il eut à peine le temps d'introduire des amendements qui en tenaient compte. On prit le vote très rapidement, limitant le temps de la consultation à moins de trois semaines. Mgr Lartigue préférait ne pas immiscer le clergé là-dedans; il lui serait plus facile d'instaurer ses propres écoles normales, s'il s'apercevait du peu de valeur de celles du gouvernement. Les protestants de Québec levèrent leurs boucliers contre le projet de loi, alors qu'il était rendu devant le Conseil législatif, très mal placé à cette époque pour contrarier la Chambre d'assemblée. Le 5 mars 1836, tout était consommé, sans aucun autre amendement. Comme les électeurs du comité de régie des écoles normales de chaque district incluaient entre autres les membres de la Chambre d'assemblée et du Conseil législatif du district concerné, Mgr Lartigue y sentit sa présence fort inopportune. Mais il s'y rendit, car les Sulpiciens, qui avaient droit à huit votes, ne s'y présentèrent qu'au nombre de trois. «Nous avons eu 6 élus d'origine anglaise et 4 d'origine française, 6 catholiques dont 2 prêtres [...], et 4 protestants, dont 1 ministre presbytérien[7].» À Québec, le comité se composa de sept catholiques et de trois protestants. La première réunion du comité de régie des écoles normales du district de Montréal eut lieu chez Louis-Joseph Papineau, qui en fut nommé président.

Les comités de Québec et de Montréal chargèrent John Holmes, préfet des études au Séminaire de Québec, de trouver des maîtres pour les écoles normales, ainsi que d'y acheter des livres, des cartes géographiques et autres instruments essentiels, le tout autant pour les anglophones que pour les francophones. Il se rendit en Écosse, en Angleterre, en Irlande, en Belgique et en France. En ce dernier pays, le ministre de l'Instruction publique se chargea de communiquer à tous les journaux la demande de personnel de Holmes; les propositions lui arrivèrent à flot. Il engagea finalement pour Montréal un dénommé Moreau de France et un monsieur Findeater d'Angleterre. Le travail de formation débuta le 8 juillet 1837; il s'y trouvait quatre élèves. Certaines personnes jugeaient bizarre de porter tant d'attention à la formation des maîtres, alors qu'il n'y avait plus d'école primaire subventionnée. Cette impasse ne fut que temporaire, cependant, et les écoles normales devinrent fort nécessaires.

3. Deux problèmes de mixité

Garçons et filles

Depuis toujours, les évêques et les curés s'opposaient à la présence d'enfants des deux sexes dans la même école. Les instituteurs des écoles royales tenaient plus ou moins compte de ces exigences, surtout là où il y avait un petit nombre d'enfants; les parents n'intervenaient pas non plus. À Sainte-Marie-de-Monnoir, en 1816, Mgr Plessis rappela au curé l'ordonnance qui défendait à un homme d'enseigner aux filles. «Ceci vous autorise suffisamment à exiger des pères et mères de familles, même par le refus d'absolution, qu'ils ne laissent pas instruire les leurs de la sorte», surtout dans une école mixte; d'autant plus qu'il y avait dans la paroisse deux autres écoles, l'une pour les garçons et l'autre pour les filles avec des professeurs appropriés. Mais l'évêque n'osa demander au pasteur de se déclarer en public contre l'école mixte; c'était affaire de prudence. En 1822, le nouvel évêque auxiliaire à Montréal fut étonné du nombre considérable d'écoles où se côtoyaient filles et garçons avec un homme comme instituteur. Mgr Plessis, qui acceptait qu'une femme enseignât à des garçons, n'indiqua aucun moyen à son collègue pour remédier à la situation; il réitéra cependant l'importance de s'y opposer.

Mgr Lartigue aurait permis à un maître ambulant d'enseigner aux filles de maison en maison, pourvu que ce soit à la vue des parents. Il accepta qu'une femme âgée d'au moins 40 ans enseignât à des garçons et à des filles dans une même école, si les deux groupes se trouvaient dans des locaux différents, chacun donnant directement sur l'extérieur, et si leurs horaires différaient à l'entrée comme à la sortie des classes. Autrement, écrivit-il au curé du Sault-au-Récollet en 1829,

> vous devez refuser les sacrements au maître d'école qui enseigne aux filles avec les garçons, aux syndics qui souffrent ce mélange, aux parents qui y enverront leurs

enfants, après que vous leur aurez fait connaître la défense, et aux enfants qui fréquentent une pareille école en opposition à toutes les règles du diocèse. Mais il faut faire tout cela avec prudence et charité de manière à ne pas vous compromettre et à ne pas heurter de front l'amour propre des uns et les préjugés des autres. La présente lettre n'est pas pour être communiquée à qui que ce soit, mais vous pouvez vous en servir pour votre propre conduite.

L'évêque mentionnait que le mélange des sexes comportait des dangers pour les bonnes mœurs, surtout à l'aller et au retour de l'école.

Les écoles tenues par les protestants

Les protestants étaient présents dans l'enseignement primaire. Même dans les journaux francophones, on annonçait fréquemment l'ouverture d'une nouvelle école privée où l'on accueillait des pensionnaires, par exemple chez le révérend John Doty à Québec en 1809 ou encore chez madame Scott qui fit agrandir son logement en 1811 pour y loger un plus grand nombre de jeunes filles pensionnaires. John Doherty acheta une maison à Trois-Rivières où il pensionnait 24 enfants: il enseignait même les grammaires française et latine aux élèves qui le désiraient. En cette même année 1811, un nommé Gill ouvrit une école à Terrebonne, ses élèves pouvant loger chez des voisins du village. Le premier janvier 1816, ce fut au tour de l'école classique et commerciale de Michael Reed d'ouvrir ses portes à Québec. Le *Quebec Daily Mercury* annonça qu'une quête serait faite à l'église épiscopalienne, le 21 janvier 1816, pour l'école de filles de la ville. Ces quelques exemples montrent l'ampleur prise par les écoles privées anglophones dans la décennie de 1810. C. E. Collier garantit, dans le même journal du 4 novembre 1817, le plus grand respect pour la vie religieuse des élèves de son école de Québec: «La jeunesse, appartenant à l'Église anglaise, française ou écossaise, aura une surveillance stricte pour l'accomplissement de ses devoirs religieux, par des tuteurs appartenant à chacune de ces Églises. Les prières en commun seront dites dans des appartements différents et on surveillera le langage, les manières et la conduite des élèves». Il n'était pas rare que, comme à Chambly en 1818, une école protestante et anglophone fût tenue par le ministre et s'insérât dans le système de l'Institution royale, ce qui incluait une subvention gouvernementale.

Ces nombreuses écoles attirèrent des catholiques, ce qui provoqua des tensions entre des curés et des parents. L'arrivée d'un ministre anglican à Terrebonne inquiéta le curé Jean-Baptiste Saint-Germain, d'autant plus qu'un presbytérien s'y trouvait déjà et dirigeait une école de dix enfants dont quatre ou cinq étaient catholiques. Qu'adviendrait-il avec ce nouveau pasteur? Mgr Plessis lui écrivit le 25 janvier 1822: «Ces efforts du clergé protestant pour s'introduire partout et s'emparer de l'éducation publique sont vraiment alarmants. Il est du devoir des curés de les entraver par tous les moyens que le zèle autorise et que la prudence doit régler.» Il paraissait inopportun, sinon dangereux, de se laisser prendre au jeu de l'Institution royale et, pour des raisons d'argent, de réunir dans une même école des enfants protestants et catholiques. «Aux uns, prévint encore l'évêque, on enseignera qu'il y a sept sacrements, aux autres qu'il n'y en a que deux. Voilà un scandale pour ceux de l'une et de l'autre religion. Et combien d'autres articles sur lesquels elles ne sont pas d'accord? Un mélange tend donc à introduire un système de tolérance ou plutôt d'incrédulité, auquel il ne vous est nullement permis de vous prêter.» Mgr Lartigue précisa au curé de Rigaud, où une douzaine d'enfants catholiques fréquentaient deux écoles protestantes, «d'employer tous les moyens avoués par la prudence, même le refus des sacrements, pour empêcher que les parents catholiques confient l'éducation de leurs enfants à des maîtres protestants», surtout là où il se trouvait des instituteurs catholiques. Même là où cette possibilité n'existait pas, «vous n'en devez pas moins dissuader leurs parents de les envoyer à ces écoles, parce qu'il vaut mieux que ces enfants n'aient pas d'éducation littéraire que de risquer d'avoir une mauvaise éducation morale; ils courent toujours ce danger, quand ils ne reçoivent pas leur instruction de personnes pieuses et chrétiennes[8]».

La promotion de l'école lancastrienne du protonotaire Jean-François Perreault tourna bientôt en école biblique, c'est-à-dire, selon Mgr Lartigue, en école de protestantisme ou d'impiété. Les principes inhérents à l'Institution royale se répandraient-ils de cette manière dans tout le Bas-Canada? Dalhousie, en effet, patronnait cette nouvelle institution latitudinaire suscitée par les méthodistes. Mais le projet de loi, qui rendrait obligatoire le système lancastrien et biblique dans toutes les écoles du Bas-Canada, expira, dès sa parution, au comité spécial où on l'avait référé. La mode passerait, sans trop de dommage. Là où les protestants gagnaient du terrain, c'était auprès des enfants irlandais, qu'ils attiraient à leurs écoles anglophones et gratuites; ils y offraient même la nourriture et l'habillement. L'implantation d'un présumé séminaire protestant à La Prairie en 1823 n'inquiéta pas le curé Jean-Baptiste Boucher. Les journaux lui accordaient une importance artificielle. Dans le milieu, personne n'en parlait; il ne s'y trouvait que trois ou quatre écoliers anglophones protestants.

Les évêques et la confessionnalité

Les évêques résistèrent toujours à la tentation de laisser des enfants catholiques étudier dans des écoles protestantes, autant les Amérindiens et les Irlandais que les Canadiens. Mgr Lartigue apparaît certes le plus ferme à ce sujet; Mgr Signay soutint le même point de vue auprès d'Arthur Buller, commissaire pour l'éducation en 1838:

> Et d'abord je dois réclamer contre cette prétendue nécessité d'établir un mode d'éducation qui convienne à toute la jeunesse du pays, quelle que soit la croyance dans laquelle elle soit élevée. Ce mode, s'il est nécessaire, pourrait être établi tout au plus dans ceux des *townships* où les catholiques sont mêlés avec les protestants, et ce en attendant que chaque communion pût avoir des écoles séparées.

Les évêques de Québec venaient d'ailleurs de signer une requête dans le même sens au gouverneur général: «Il ne suffit pas de donner de l'éducation à un peuple, mais il faut encore que cette éducation soit morale et religieuse. C'est l'unique moyen de la rendre fidèle à son Dieu et à son Souverain.»

4. LES MANUELS DE CATÉCHISME

Dès 1765, alors que Briand cherchait à obtenir la permission du gouvernement britannique d'accéder à l'épiscopat, les imprimeurs protestants Brown et Gilmore, récemment arrivés de Nouvelle-Angleterre à Québec, firent leur premier succès d'édition avec la publication du catéchisme du diocèse de Sens; ils en vendirent 2000 exemplaires en moins d'un an et publièrent une seconde édition dès l'année suivante. En 1774, on imprima le psautier de David avec des cantiques, le tout à l'usage des écoles.

Le Petit Catéchisme de Québec (1777)

Le deuxième catéchisme officiel, fortement marqué par Montgolfier, parut en 1777. Les parents, les prêtres et les maîtres ou maîtresses d'écoles se firent alors rappeler, par un mandement de Mgr Briand, que du catéchisme dépendait «principalement la conservation de la foi et des bonnes mœurs». L'évêque recommanda aux instituteurs d'enseigner le catéchisme deux fois par semaine dans les écoles, d'utiliser le petit catéchisme comme premier livre de lecture et de se servir du grand catéchisme lors de la préparation des enfants à leur première communion. Il exhorta les parents à faire du catéchisme le livre de chevet de leur famille. Ce mandement se révélerait «le point culminant de son œuvre catéchistique, de l'œuvre d'instruction religieuse de l'enfance dans le XVIIIe siècle pour l'Église canadienne. Nous dirions que c'est un point de cristallisation de l'Institution catéchistique [...] déjà les coutumes et traditions y apparaissent fixées et combien fécondes, et les promesses de plus amples développements s'y laissent deviner[9].» Le petit catéchisme fut mis en vente le 14 août, la publication du grand étant un peu retardée par manque de papier. Cette édition du petit, du grand et des deux réunis s'écoula en deux ou trois ans. Une deuxième édition apparut à l'automne 1782 et une troisième fut imprimée en 1792.

Le contenu de ce catéchisme ressemblait à celui du diocèse de Sens, en usage au Québec depuis 1752. On retoucha cependant le petit catéchisme de façon particulière, tant au niveau de la méthode qu'à celui du contenu. Dans le grand, on conserva la même méthode, mais on introduisit ici et là des questions et des réponses plus détaillées. On s'adaptait à la capacité de compréhension des utilisateurs de cet instrument d'évangélisation. Les trois objectifs poursuivis par l'instruction religieuse concernaient les dogmes, les sentiments inspirés par la piété et la pratique des vertus chrétiennes. L'évêque amenuisait dans son mandement la portée des changements et insistait sur le fait qu'il s'agissait de la doctrine universelle de l'Église catholique.

Le Petit Catéchisme du diocèse de Québec (1815)

Mgr Plessis ne cacha pas son intention de substituer un nouveau catéchisme au petit, dont la méthode lui avait toujours semblé peu appropriée aux besoins des enfants. Dès sa parution, des curés s'y étaient opposés. Lui-même l'avait utilisé pendant une douzaine d'années. «Les réponses m'en ont semblé trop longues, obscures, encombrées de mots scientifiques, ingérant péniblement beaucoup de mots dans la mémoire sans y introduire de sens, en sorte que telles personnes qui possèdent toute la lettre de ce petit catéchisme ignorent les vérités fondamentales de la religion.» Des réponses ne s'accordaient pas aux demandes et celles-ci, parfois trop longues, ne pouvaient être comprises. De plus, on n'y trouvait aucune explication du Notre Père et du Symbole des Apôtres. Montgolfier et Mgr Briand avaient une grande réputation de savoir; «malheureusement, ni l'un ni l'autre n'avaient la pratique de catéchiser et n'ont su se mettre à la portée de ceux pour lesquels ils écrivaient». Pour sa part, Mgr Plessis appréciait l'approche pédagogique du catéchisme anglais de

Douai. Il était très répandu dans le diocèse, car on en avait imprimé 6000 exemplaires en 1779 et une troisième édition était sous presse en 1812. Son introduction dans le clergé et dans le peuple devait s'effectuer insensiblement, à partir d'une simple permission d'impression, quitte à en ordonner l'usage quand il aurait vraiment été préféré au précédent. Mais prendre l'option de corriger l'ancien lui paraissait une tâche très lourde; tout était à refaire et, à la fin, on ne le reconnaîtrait plus du tout[10].

Bien conscient de l'importance de consulter ses vicaires généraux, surtout dans un diocèse où il n'y avait pas de chapitre, Mgr Plessis persista néanmoins à croire qu'ils se montreraient mauvais juges s'ils n'avaient pas catéchisé eux-mêmes, particulièrement au niveau «de la méthode qu'il faut donner à un catéchisme pour le mettre à la portée des enfants et surtout de ceux de la campagne qui dans ce pays ont peut-être moins de dispositions qu'en aucun lieu du monde à saisir les choses intellectuelles». Quant à la doctrine et à la discipline, il se fierait sans doute à ses grands vicaires. Il acquiesça finalement à l'idée de s'en remettre au jugement de sept ou huit examinateurs connaissant bien la langue anglaise, en vue d'opter pour l'un ou pour l'autre des deux catéchismes anglais, celui de Douai ou celui de Londres, et d'en faire la traduction et l'adaptation pour le diocèse.

Les consultations se poursuivirent. Qu'on penchât vers celui de Douai ou vers celui de Londres, des changements importants étaient requis. Or, s'il fallait tant les remanier, l'évêque préférait modifier le Petit Catéchisme de Québec de 1777; c'est ce qu'il advint. Le dernier projet du texte retouché suscita les commentaires approbateurs du coadjuteur Panet: «Ce petit catéchisme est plus court de quelques cents mots que l'ancien et est beaucoup plus instructif pour les fidèles dans le règne où nous sommes.» Le 1er avril 1815, paraissait donc le Petit Catéchisme du diocèse de Québec, nouvelle édition approuvée et autorisée par l'évêque. L'ouvrage, dit catéchisme de Mgr Plessis, qui était le quatrième après ceux de Mgr de Saint-Vallier (1702), de Sens (1752) et de Sens-Québec (1777), se répandit partout sans que l'évêque n'écrivît de mandement à ce propos. Des curés de la rive sud de Montréal y découvrirent des pseudo-hérésies, mais il s'agissait tout simplement d'une réaction critique, comme d'autres l'avaient fait en 1777 et comme cela accompagne tout changement. Les éditions du nouveau catéchisme s'additionnèrent rapidement.

La publication d'un nouveau grand catéchisme fut suspendue. Mgr Plessis y travailla un peu toute sa vie durant. «En attendant, écrivit-il au curé de Terrebonne en 1821, le petit doit suffire [...]; il est déjà aussi étendu que l'était le grand catéchisme de Paris, publié par le cardinal de Noailles.» En effet, alors que les trois catéchismes précédents comptaient respectivement 25, 10 et 23 pages, celui de Mgr Plessis en avait 58. Les fondements du mystère chrétien y étaient rattachés au Symbole des Apôtres et incluaient l'Église. On y développait l'oraison dominicale, la salutation angélique et le chapelet, et les exercices de la vie chrétienne s'y trouvaient bien catalogués. Comme dans les précédents catéchismes, on y traitait aussi des sacrements et des commandements de Dieu et de l'Église.

Le Grand Catéchisme (1829)

En 1828, le temps était venu de compléter l'œuvre de Mgr Plessis en révisant le grand catéchisme. Consulté par le coadjuteur Signay, Mgr Lartigue lui expliqua, le 20 août, n'avoir pas catéchisé depuis 20 ans; alors que «vous pratiquez cet exercice depuis tant d'années, vous pouvez savoir ce qui conviendrait le mieux aux enfants». Il précisa tout de même son point de vue: le petit catéchisme de Mgr Plessis lui semblait très défectueux, alors que le précédent valait beaucoup mieux; le grand catéchisme de Sens lui paraissait toujours excellent. Il ajouta: «moins l'on changera la méthode d'enseigner le catéchisme, plus le peuple sera facilement et solidement instruit; la religion perd toujours à ces changements».

Mgr Panet publia une nouvelle édition du grand catéchisme, le 2 mars 1829. Celui de Sens demeura l'instrument de base, auquel on apporta de légères modifications à l'intérieur de l'une ou de l'autre des quatre divisions fondamentales: doctrine chrétienne (47 leçons), catéchisme des fêtes (14 leçons), catéchisme de communion (23 leçons) et catéchisme de confirmation (9 leçons). Les nouveautés consistaient en l'intégration dans la troisième division de tout ce qui concernait la pénitence et l'eucharistie, l'ajout d'un catalogue des fêtes d'obligation et de dévotion du diocèse dans la deuxième partie, ainsi que quelques autres détails de contenu ou de présentation. En 1834, Mgr Signay se préoccupa de la réimpression du petit catéchisme du diocèse en anglais, car il voulait y apporter diverses corrections, la première édition ayant comporté une traduction trop littérale. En 1838, l'évêque projeta de faire traduire en anglais le grand catéchisme du diocèse, car on le désirait un peu partout depuis longtemps. Deux ans plus tard, la traduction était terminée; il restait à l'imprimer, même si le coût en était très élevé à cause du petit nombre d'exemplaires par rapport à l'édition française.

* * *

La vision de l'école, favorisée par Mgr Lartigue, se concrétisait peu à peu vers 1840. Il n'avait pas réussi à faire de l'instruction des enfants l'affaire exclusive de l'Église, comme il l'aurait désiré, mais il avait fait partager son opinion sur la nécessité d'écoles catholiques, où la morale et le catéchisme seraient bien enseignés. Son rêve consistait à confier toutes les écoles de garçons aux Frères des Écoles chrétiennes et celles des filles aux Sœurs de la Congrégation Notre-Dame. «Quels fruits heureux n'en résulterait-il pas pour vos familles! Mais il dépend en grande partie de vous de procurer ces pieux établissements à vos paroisses respectives, en favorisant la vocation de ceux et de celles de vos compatriotes qui seraient propres à ce saint état et en leur fournissant des élèves qui ensuite en formeraient d'autres pour vos arrondissements[11].»

CHAPITRE VII

LES ŒUVRES SOCIALES

La Bonne Nouvelle apportée au monde par Jésus s'adresse aux pauvres, aux malades, aux personnes défavorisées. L'Église est envoyée dans le monde comme un reflet de Jésus le Christ. Que dans ses paroles et gestes d'évangélisation elle se soucie de ce public évangéliquement privilégié, c'est compréhensible. Tout comme l'école, les institutions sociales relèvent normalement de l'État. Mais celui-ci prend plus ou moins ses responsabilités selon les époques et les gouvernements. L'Église de Jésus le Christ est aux aguets, supplée s'il y a lieu aux lacunes qu'elle discerne et auxquelles elle peut remédier.

Sous le couvert de la charité, la justice n'est pas toujours assurée. Or, il importe qu'elle le soit. Tant mieux si des œuvres caritatives procurent un supplément. Des êtres humains marginaux sont ainsi valorisés comme individus et comme membres de tel ou tel réseau de vie en société.

1. LES MALADES ET LES PERSONNES HANDICAPÉES

De 65 000 Canadiens en 1763, la population du Bas-Canada s'élevait à 427 465 habitants en 1823. Huit ans plus tard, le district de Montréal comptait 290 032 habitants, celui de Québec 151 985, celui de Trois-Rivières 56 570 et celui de

Gaspé 13 312; les catholiques s'y trouvaient respectivement au nombre de 229 293, de 119 809, de 47 796 et de 6684. Le taux d'accroissement naturel n'avait pas moins subi le contrecoup de désastres majeurs. La maladie de Baie-Saint-Paul, probablement importée au Québec par un matelot, était disparue en 1786 après treize ans de ravage. Mgr Briand et Mgr d'Esgly avaient mis les curés à contribution en leur demandant de dénombrer les malades et de les amener à se soigner. La mortalité due à ce mal écossais demeure inconnue, mais le nombre de malades atteignait 328 et 317 personnes en 1785 et 1786, à Baie-Saint-Paul seulement. Durant l'hiver 1809-1810, particulièrement doux, une fièvre épidémique se répandit de Saint-Denis à Saint-Hyacinthe et à Chambly, puis atteignit Varennes, Longueuil et Boucherville. Les médecins ne s'entendaient pas entre eux sur deux moyens fort rudimentaires de soigner la maladie: la saignée ou le vomissement. À Saint-Denis, 15 adultes moururent dès la première semaine de novembre et 13 autres reçurent le sacrement des malades la semaine suivante. Les personnes âgées succombaient les premières. Les habitants étaient alarmés et s'en remettaient au Seigneur. Dans la semaine du 15 avril, quatre personnes de Boucherville moururent du même mal. Une fièvre rouge emporta 34 personnes à Rivière-Ouelle en janvier et février 1821, mais la maladie semble s'être limitée à cet endroit.

Le choléra

Malgré l'avis émis par le gouverneur et transmis par les curés, qui défendait aux Bas-Canadiens de fréquenter les navires venant d'outre-mer et aux immigrants de descendre au rivage avant d'être visités par un officier de la santé, malgré aussi la proclamation gouvernementale du 4 avril suivant, appuyée par un mandement épiscopal, qui faisait du vendredi 4 mai un jour de jeûne et de prières pour demander la protection du Seigneur contre un mal qui ravageait une grande partie de l'Europe, le choléra se déclara à Montréal au début de juin 1832. Sa marche fut foudroyante: le 15 juin, Montréal faisait face à 1200 cas dont 230 décès et le 26 juin à 3384 cas dont

847 mortels. Le 16 juillet, 1500 personnes avaient déjà perdu la vie à Québec. À Courval, dans les concessions, huit membres de la même famille mouraient. *L'Ami du peuple, de l'ordre et des lois* publia le bulletin sanitaire de Montréal du 27 au 28 juillet à 20 h: 31 nouveaux cas et 23 décès, dont 16 catholiques. Il semble que la maladie faisait plus de victimes chez les adultes que chez les enfants. À Montréal, en 1832, le nombre des décès a triplé par rapport à chacune des années précédentes et a surpassé de 2186 le nombre des baptêmes.

Nuit et jour, les curés se rendaient dans les familles affligées par la maladie et apportaient le secours de la religion aux mourants. À titre d'exemple, le curé et le vicaire de Chambly visitèrent huit malades le 4 juillet, treize le lendemain et cinq le 6 juillet. À Saint-Antoine-de-Tilly, les paroissiens plantèrent sept croix dans les différentes parties de la paroisse pour implorer le Seigneur de les protéger. Comme on enterrait les cholériques quelques heures après leur décès, les funérailles avaient lieu le jour suivant. On remercia le curé Norbert Blanchet des Cèdres et du Coteau-du-Lac, comme plusieurs autres, pour son zèle auprès des malades; les habitants lui donnèrent un crucifix en signe de gratitude. Le mercredi 6 février 1833 fut désigné conjointement par les autorités des Églises catholique et anglicane comme journée d'action de grâces pour la cessation du choléra; dans chacune des paroisses, on célébra une messe solennelle le matin, puis, l'après-midi, des vêpres et un libera pour le repos de l'âme des défunts emportés par ce terrible fléau.

L'épidémie de 1834 fut de plus courte durée, quoique très grave dans certains milieux: 40 décès au 12 août à Saint-Hugues, 23 sur une distance de trois quarts de lieue dans un rang de Contrecœur, 29 adultes et 12 enfants décédés le 26 août à Saint-Constant (les médecins de La Prairie ne s'y rendaient même plus), à Trois-Rivières, six fois plus touché qu'en 1832, 53 décès. À Québec, il y eut 1200 décès et un peu moins à Montréal. Épargné en 1832, le clergé perdit trois prêtres en 1834 et une religieuse de l'Hôtel-Dieu de Montréal mourut des suites de la maladie.

Les soins hospitaliers

Les soins hospitaliers étaient alors assurés par les Hospitalières de la Miséricorde de Jésus à l'Hôtel-Dieu et à l'Hôpital général de Québec, les Ursulines à Trois-Rivières, les Hospitalières de Saint-Joseph à l'Hôtel-Dieu et les Sœurs Grises à l'Hôpital général de Montréal. Leurs services s'étendaient à l'année longue, le temps des épidémies les surchargeant un peu plus. Tolérées lors de la Conquête, protégées à partir de 1791, les communautés religieuses féminines du Bas-Canada ne se recrutaient pas au même rythme que la population; les membres des sept communautés existantes passèrent de 223 en 1791 à seulement 322 en 1838. D'autres personnes veillaient aux soins des malades: les médecins, les sages-femmes et certains bienfaiteurs. À Québec, par exemple, un dispensaire fut ouvert par des notables désireux de meilleurs soins à donner aux pauvres, aux femmes enceintes, aux gens soucieux d'être vaccinés contre la variole. Les évêques invitèrent souvent les sages-femmes à subir un examen devant un médecin afin d'obtenir un certificat de compétence pour mieux exercer leur métier.

Les anglophones de Montréal érigèrent un autre hôpital général. Même si les fondateurs refusaient la présence de Canadiens dans le comité de direction et dans le corps médical, ils s'attendaient à des dons de la part des francophones. À part les Sulpiciens qui leur versèrent 40 £, peu de Canadiens s'en portèrent garants; d'ailleurs, du 30 avril 1827 au 1er mai 1828, seulement 166 patients sur 1260 étaient de leur groupe ethnique. Le gouvernement allouait des subventions aux centres hospitaliers; 3331 £, par exemple, en mars 1830; on semblait porter une attention spéciale aux aliénés. On versait une somme à peu près semblable chaque année. Lors des épidémies, on établit des dispensaires pour des services immédiats comme au bassin du canal Lachine en 1832. En 1836, Mgr Turgeon fut invité à consacrer la chapelle de l'hôpital de la marine, sise au lieu de débarquement de Jacques Cartier en 1535. Le curé Édouard Crevier réussit à fonder l'Hôtel-Dieu de Saint-Hyacinthe en 1840, administré par une équipe de sœurs grises de Montréal, qui en même temps

Ex-voto de la salle des femmes de l'Hôtel-Dieu de Montréal. Anonyme du XVIIIe siècle. Musée des religieuses hospitalières de Saint-Joseph, Montréal.

constituait le noyau d'une communauté autonome; l'hôpital fut béni le 9 mai et la chapelle dédiée à Sainte-Geneviève. Partout, surtout à l'extérieur des villes, des parents, des amis, des prêtres entouraient de leur présence, de leurs services et de leur encouragement les malades et les personnes âgées, rivés à leur domicile.

Les infirmes

Les infirmes se débrouillaient assez bien. Nombreux (893 sur 113 012 hab. en 1784), ils vaquaient à toutes leurs occupations selon leurs limites. Les sourds et muets, même adultes, étaient considérés comme des enfants qui se contentaient d'imiter les autres. Des signes d'intelligence développée semblaient rares de leur part. Mgr Plessis possédait un exemplaire, mais un seul, de la grammaire de l'abbé Sicard pour les sourds et muets, mais aucune institution ne se souciait d'eux. En 1831, ils étaient 393 sur une population de 511 917 Bas-Canadiens. La législature s'occupa de remédier à leur problème, en établissant en cette même année un local d'enseignement et de pension pour eux. En 1836, le Séminaire de Saint-Hyacinthe ouvrit une classe régulière pour les sourds et muets; ils pouvaient être pensionnaires ou externes selon les mêmes conditions que les autres étudiants.

2. Les pauvres et les déshérités

À côté de la misère chronique, les causes de la pauvreté étaient surtout les incendies, les disettes et les cataclysmes. Dès le début du régime britannique, Montréal fut la proie de grands incendies le 18 mai 1765 et le 11 avril 1768: maisons brûlées (la moitié de la ville la première fois et le quart la seconde), citoyens sans toit, artisans ruinés, journaliers réduits à la misère, commerces anéantis, institutions à rebâtir (l'Hôpital général en 1765). Lors du premier incendie, le vicaire général Étienne Marchand permit une quête dans toutes les paroisses du district de Montréal et, lors du second, Mgr Briand fit de même dans la ville de Québec, en vue d'aider par l'aumône — argent, grains et autres effets — les déshérités de Montréal: «C'est Dieu qui vous a donné ce que vous avez et ce dont vous vous dépouillez en sa considération et pour son amour vous sera rendu avec usure. [...] N'écoutez pas le langage de la cupidité ni de la prudence humaine, qui vous fourniront mille faux prétextes[1].»

L'aide aux pauvres

Partout, les bienfaiteurs se mettaient à l'œuvre pour secourir les pauvres. La direction du Séminaire de Québec décida, en 1768, de ne plus donner de pain aux miséreux de façon directe, mais indirectement par le curé (14 pains par semaine) et par les Récollets (2 par mois). Mgr Briand consentit à faire aider les pauvres du milieu par les fabriques qui le pouvaient. Chez les anglicans de Québec, un comité pour le soulagement des protestants pauvres de la ville se réunissait chaque dimanche pour secourir les personnes certifiées en détresse. Un héritage substantiel, celui d'Étienne Augé, privilégia les pauvres de Montréal, qui étaient en lien avec la paroisse, l'Hôtel-Dieu et l'Hôpital général. En 1784, on constitua à Québec un fonds pour venir en aide aux pauvres touchés par la maladie; le curé en fut l'administrateur et une équipe de laïcs recueillit les souscriptions. Afin d'avoir droit à cette aide, il fallait produire un certificat d'indigence, signé par un membre du clergé ou un magistrat. L'Hôtel-Dieu recevait en tout temps les dons en bois, viande, pain, vin, vinaigre, raisin, sucre, linge usagé. En 1799, on imprima le mandement de Mgr Denaut et le discours de Plessis, respectivement écrit et prononcé à l'occasion de la victoire des forces navales britanniques, et on les vendit à un chelin, au profit des pauvres de Québec. À l'hiver 1808, on effectua une souscription œcuménique à Québec en vue d'acheter du bois de chauffage pour les indigents; les deux tiers des contributions furent remis au curé André Doucet et l'autre tiers à Jacob Mountain et à un nommé Spark de l'Église anglicane. Le chirurgien J. Rowand ouvrit une boutique d'apothicaire à Montréal et traita gratuitement les pauvres munis d'un certificat signé par le curé. Simon Sanguinet, seigneur de La Salle, exigea par testament de distribuer, le 1er mai de chaque année, 200 minots de blé aux pauvres de sa seigneurie. Mentionnons aussi la guignolée, effectuée dans la soirée du 31 décembre par une bande de gais lurons qui acceptaient bien un petit verre d'alcool, mais qui recueillaient surtout tout ce que les gens leur donnaient pour les pauvres.

Le curé de Rivière-du-Loup se fit l'intermédiaire entre les donateurs et les pauvres de sa paroisse selon un plan clair et respectueux des personnes. Ainsi aiguillonné, Mgr Hubert, lui aussi fort sensible à la disette de 1788, invita l'hiver suivant tous les curés à favoriser le partage entre les mieux nantis et les plus pauvres de leur paroisse, particulièrement en assurant à chacun le grain nécessaire aux semences du printemps; on pouvait également distribuer aux pauvres le produit de la quête de l'Enfant-Jésus de 1789. À Boucherville, il ne valait même pas la peine de faire cette quête, parce que la misère était généralisée et qu'on venait d'en faire une pour les pauvres; les villageois avaient encore une fois montré leur générosité. Avec l'assentiment de l'évêque, le curé Charles Youville Dufrost utilisa même 4000 des 10 000 francs (ou livres ou chelins, ayant tous la même valeur) de la fabrique pour nourrir les pauvres jusqu'au printemps; autrement, certains mourraient de faim; 45 familles n'avaient plus rien pour se sustenter à la mi-février et d'autres s'y ajoutèrent. Après avoir consulté les dix-sept archiprêtres sur l'état exact de la disette et sur l'opportunité d'utiliser les deniers des fabriques, Mgr Hubert permit aux curés et aux marguilliers (anciens et nouveaux) de chaque paroisse de décider s'il était nécessaire d'ouvrir le coffre-fort de leur fabrique pour les pauvres de la paroisse et, si oui, de déterminer le montant d'argent à distribuer (pas plus de la moitié de l'avoir, cependant); on pouvait répartir la somme d'argent en dons ou en prêts sans intérêt, en faveur des plus affamés et pour les semences. De plus, l'évêque risqua une souscription auprès de son clergé pour venir en aide aux pauvres des fabriques sans le sou; il recueillit 6527 francs.

Les cataclysmes

La crue des eaux du printemps 1798 causa de grands dommages à Sorel et à Contrecœur; trente-neuf maisons furent emportées avec les granges et autres bâtiments. Mgr Denaut invita les curés du district de Montréal à stimuler l'aumône de leurs paroissiens afin de soulager ces infortunés et de leur procurer des grains de semence. Un mois plus tard, dix-sept paroisses et l'évêque les avaient pourvus de 2792 minots de blé; de la seule ville de Montréal étaient parvenus environ 4000 francs, du linge, de la farine, du lard.

À la fin de mai 1813, le Conseil exécutif du Bas-Canada se soucia enfin des habitants du district de Québec, victime d'une disette causée par la maigre récolte de l'année précédente. Le curé Charles Deschenaux de L'Ancienne-Lorette s'emporta; l'aide arriverait-elle quand il ne serait plus temps de semer du blé? Le pain manquait toujours et cela semblait devoir durer un an de plus. Le gouvernement prétextait la guerre anglo-américaine. De fait, le bill pour le soulagement des pauvres en détresse ne serait pas encore passé au printemps 1817. Entre-temps, les administrateurs des fabriques se questionnaient sur leurs possibilités de rendre service. Mais sur la rive sud de Québec, à part Rivière-Ouelle, chacune des fabriques était dans la dèche, sinon endettée. La crise agricole devenait flagrante et les années 1813-1817 s'avéraient catastrophiques. La misère régnait aussi dans les villes à cause de l'interruption des chantiers. L'idée de 1808 fut reprise, cette fois par les amateurs du Théâtre français, de distribuer aux pauvres de la ville les profits de deux représentations; ce n'était pas pire que ces deux mamans qui vendirent à des chirurgiens les cadavres de leur enfant 4 $ chacun. À la Chambre d'assemblée, on introduisit alors un bill pour enrayer l'habitude des parents d'envoyer leurs enfants quêter de porte en porte afin de pouvoir subsister.

Une maison d'industrie

En 1807, *Le Courrier de Québec* publia une série d'articles sur le projet «d'avoir des maisons de travail où les pauvres trouvent de l'emploi et des maisons de correction où les oisifs et les vagabonds sont forcés de travailler». La description en montrait la complexité et les frais initiaux. En plus de débarrasser la ville des mendiants de toutes sortes, on s'occuperait charitablement des pauvres, on rectifierait les mœurs des fainéants et on enseignerait aux infortunés les moyens de subvenir à leurs besoins. Il s'agirait en somme d'une école d'industrie, une façon plus efficace d'exercer la charité que de faire continuellement l'aumône. L'idée est reprise en 1815 dans *La Gazette de Québec*; le soutien des pauvres n'est plus seulement un acte de charité, mais un devoir de justice. Le 6 février 1817, d'une réunion publique sur l'état des pauvres de Montréal surgit un comité de dix membres, incluant un ecclésiastique de chacune des dénominations religieuses, dont les objectifs se limitaient à faire le bilan des pauvres et à obtenir des souscriptions pour leur venir en aide. C'était encore une fois une mesure provisoire.

Enfin, en 1819, s'ouvrit une maison d'industrie, dépendante de la générosité de la population. *La Gazette de Québec* l'annonça le 29 mai: «À compter du 14 juin prochain, la corporation sera prête à procurer de l'emploi à tous les pauvres industrieux qui n'en pourront trouver ailleurs et qui voudront se présenter pour en avoir; à l'effet de quoi elle se propose de se pourvoir d'une quantité suffisante de matériaux non préparés.» À partir de ce jour, selon l'assurance des magistrats, il ne serait plus permis de mendier dans les rues. Les syndics comptaient sur les sommes d'argent que les citoyens avaient l'habitude de verser aux mendiants, car les biens légués par John Conrad Marsteller ne suffisaient pas à payer le coût de l'œuvre. Le but était de faire travailler manuellement les pauvres; on leur versait un salaire en vivres et leurs enfants pouvaient fréquenter l'école. Le tout entra en vigueur le 26 juin. Au début d'octobre, les mendiants étaient disparus de Montréal. Les gens s'entendaient pour leur refuser l'aumône et transmettaient l'équivalent à l'institution bénéfique qui s'occupait des «vrais» indigents. Quant aux fainéants, ils devaient se mettre au travail. On désignait des collecteurs dans chaque quartier de la ville, d'après un choix approuvé en présence de personnes bien connues, tel Mgr Bourget à la réunion du 4 novembre 1837. On faisait parfois une quête spéciale dans les églises de Montréal; l'une d'entre elles, après les vêpres à Notre-Dame en 1837, rapporta près de 50 £. Au milieu de 1838, on servait de la soupe et des pommes de terre à 900 personnes chaque jour et on avait livré, à des pauvres, 140 cordes de bois, à prix réduit, comme l'année précédente. L'institution aidait les anglophones dans une proportion de deux tiers; les autres étaient Canadiens. Après un arrêt important, l'œuvre de la soupe reprit ses activités le 9 janvier 1840.

Les initiatives de dépannage

Une autre initiative avait vu le jour l'hiver 1828-1829. Les Sulpiciens réunirent des citoyens responsables en vue de secourir les pauvres durant la saison froide. Grâce à une sous-cription, on paierait des indigents qui accepteraient de casser de la pierre, fournie gratuitement par les magistrats dans le but de macadamiser les rues. Les magistrats s'engageaient de plus à acheter toute cette pierre brisée, ce qui permettrait aux pauvres de recevoir de l'argent l'hiver suivant. Après avoir remédié au manque de vêtements adéquats pour un tel travail au froid, grâce à la générosité de gens plus aisés, les respon-sables accueillirent quotidiennement de 100 à 200 personnes au chantier.

La décennie de 1830 déborda de miséreux dans les endroits où les organisations de bienfaisance n'existaient pas comme en ville. En dernier ressort, les curés s'adressaient à l'évêque qui leur transmettait quelque aide financière reçue d'ailleurs. La description de pénibles situations à Cacouna en 1833 et en 1837, à Trois-Pistoles et à Saint-André en 1834, à Carleton et à Saint-Urbain-de-Charlevoix en 1837, à Saint-Eustache et à Saint-Benoît pendant l'hiver 1838, à L'Isle-Verte en 1839, reflète à peine l'indigence de très nombreux habitants. Même si Mgr Lartigue n'autorisait pas les fabriques à distri-buer leur argent aux pauvres — d'autres sources, en particu-lier l'aumône des riches, lui semblaient préférables —, il permit de s'en servir pour des prêts sans intérêt aux parois-siens nécessiteux de Sainte-Geneviève en 1829 et de Saint-Hyacinthe en 1836; on a pu aussi verser la quête de l'Enfant-Jésus aux pauvres de Saint-Athanase en 1838 et de Saint-Martin en 1839. Non seulement Mgr Signay accordait un trans-fert semblable, comme à la Pointe-du-Lac en 1837, mais il autorisait aussi les fabriques à effectuer des dons, quoiqu'avec discrétion, par exemple à Saint-Antoine-de-Tilly en 1837 en faveur de 50 familles, à la Malbaie en 1838 où l'on comptait 1200 pauvres, à L'Islet en 1839 pour 150 familles.

Les sociétés de bienfaisance

Une pastorale sociale transparaît à travers les bienfaits des fabriques, des Sulpiciens, du Séminaire de Québec, d'individus, de groupes de laïcs, d'organismes protestants, des communautés religieuses de femmes. D'autres groupes se constituèrent vers 1830, tous empreints de générosité. En fin de 1828, des sociétés de bienfaisance débutent à Québec et à Montréal, à ce dernier endroit sous la direction d'anglophones protestants. Dès mars 1829, on remet 20 £ à Mgr Lartigue pour les pauvres de l'Église catholique romaine. Un tiers des revenus du bazar de 1831 est prévu pour les dames catholiques de la Société, qui en disposeront selon leur jugement. Depuis 1822, les orphelines avaient attiré l'attention des Sulpiciens, qui les avaient confiées aux Sœurs Grises. En 1832, ils instaurèrent un orphelinat pour garçons à l'ancienne maison des Récollets. L'Église presbytérienne avait agi de même pour les deux sexes en 1825. Les enfants trouvés s'identifiaient jusqu'alors aux orphelins. Pour leur part, les dames de la Société d'éducation et de la Société des orphelins s'unirent dans l'organisation du bazar de 1833. Celui de 1836, tenu par les Dames de l'asile des orphelins, relevant des presbytériens, rapporta 500 £, signe d'une générosité publique vraiment extraordinaire.

La Société de bienfaisance des dames de Québec, catholique et francophone, ouvrit une résidence pour les orphelins. Bientôt, elle s'intéressa aussi à l'éducation. En 1834, la bazar apparut à cette société comme une source de financement efficace; en deux jours, les dames y vendirent pour 500 £. Cette même année, les membres formèrent deux sociétés distinctes; l'une devint la Société charitable des dames de Québec pour le soulagement des orphelins, tandis que l'autre s'adonnait davantage à l'éducation; le patron de chacune était l'évêque. Elles prirent la relève du curé Charles-François Baillargeon qui, dès 1832, avait trouvé des foyers nourriciers pour plus d'une vingtaine d'orphelins des deux sexes, grâce à la collaboration des curés de la Rivière-Ouelle, de Sainte-Anne-de-la-Pocatière et de L'Islet. Les deux épidémies de choléra occupèrent beaucoup les dames de Québec. Comme à Montréal, elles reçurent une subvention du gouvernement en 1834. Leur institution gardait alors vingt-quatre enfants et réussissait à en placer régulièrement dans des familles. Les deux groupes achetèrent conjointement un local, le 5 novembre 1834. Puis d'autres groupes apparurent: les Dames de Saint-Roch, celles de la Malbaie et celles de Rimouski en 1837. À Saint-Roch seulement, on comptait 1100 pauvres dont 165 familles et 150 veuves ayant 161 enfants, auxquels il fallait ajouter une centaine d'autres, protestants et Irlandais catholiques. À Rimouski, la secrétaire, Adèle Rivard, pria l'évêque de les aider financièrement, car leur société se chargeait de 400 personnes complètement dépourvues.

À l'annonce d'un hiver très rude, une autre société s'était formée à la fin de 1827, l'Association des Dames de la Charité de Montréal; on s'y préoccupait d'indigents et d'infirmes; madame Gabriel Cotté en fut l'instigatrice, encouragée par les Sulpiciens. Pendant trois hivers, elles servirent de la soupe aux pauvres, à raison de 600 portions par jour, et des patates avec de la viande trois fois par semaine. Dès le début, une jeune veuve de 27 ans, Émilie Tavernier dite madame Jean-Baptiste Gamelin, se fit membre visiteuse de ce groupe. Constatant la détresse des pauvres femmes qui languissaient dans l'indigence et l'isolement, elle prit la décision d'accueillir des pauvresses au rez-de-chaussée d'une école. En 1831, elle aménagea un logement contigu à une maison de rapport qu'elle loua pour sa famille d'adoption. Pendant ce temps, l'association inclut dans ses œuvres une résidence semblable, quoique indépendante de celle de madame Gamelin. Celle-ci, tout en demeurant une des visiteuses dans le faubourg Saint-Laurent, s'entoura d'un comité entièrement composé de femmes, toutes parentes ou amies. Durant l'épidémie de choléra de 1832, débordée par les veuves et les orphelins, l'association se délesta des femmes âgées dont elle s'occupait (sept sur dix venaient d'être emportées par le choléra) en demandant à madame Gamelin de les accueillir auprès des siennes. Pendant que l'association diversifiait ses services en allant au plus pressé et suscitait, par son exemple, une société semblable à Saint-Jean, l'œuvre d'Émilie Tavernier prenait de l'ampleur. Elle abritait vingt femmes en 1835. L'année

suivante, elle profita du don d'une vaste propriété. Mgr Lartigue continua de l'appuyer. En 1837, elle utilisa le bazar comme
source de revenus, les quêtes et les dons demeurant cependant
privilégiés; elle gardait alors vingt-cinq personnes. Lors du
bazar de 1840, elle en avait trente-deux. Son œuvre prit progressivement le nom de Providence. En 1844, Mgr Bourget
reconnut officiellement Émilie Tavernier comme la fondatrice
des Sœurs de la Charité de la Providence.

Les laissés-pour-compte

Les esclaves (304 en 1784, la plupart Amérindiens), dont le
statut fut définitivement aboli en 1833, se trouvaient dans
une situation assez semblable à celle des domestiques, dont
le nombre s'élevait à 6491 en 1784, signe d'un emploi fort
répandu quoique peu rémunérateur. Parler des prisonniers
rappelle les exécutions ou autres peines comme le pilori.
Mentionnons l'existence d'une institution charitable à Québec,
promotrice de l'éducation et du travail manuel des prisonniers, de même que de leur formation morale et religieuse; ce
bénévolat commença vers 1830. Mgr Lartigue insista, en 1837,
auprès du supérieur des Sulpiciens, pour faire donner hebdomadairement une instruction à la prison de Montréal et, si
possible, y célébrer une messe.

Les prostituées, désireuses de se convertir, attirèrent
l'attention d'Agathe-Henriette Huguet, dit Latour, Mc Donell
de Montréal, femme pieuse, respectable et industrieuse. Au
bout d'un an, en 1830, elle en avait regroupé une trentaine.
Ces femmes changeaient de conduite et gagnaient désormais
leur vie en travaillant dans une institution. Les Sulpiciens
avaient encouragé Mme Mc Donell. Ils célébraient la messe
une fois la semaine dans l'établissement du faubourg Saint-
Antoine, car la présence de ces filles repenties à l'église pouvait comporter certains inconvénients. Cette institution reçut
son incorporation civile à l'automne 1834. En visite à Québec,
madame Mc Donell reçut 20 £ de Mgr Signay à qui Mgr
Lartigue l'avait recommandée. Quiblier devint le supérieur
ecclésiastique de l'institution et François Bonin fut nommé

aumônier; il remplaça Nicolas Dufresne. Au printemps 1836, il s'y trouvait cinquante-deux pensionnaires; trois cents y étaient passées depuis l'ouverture de l'Institution charitable pour les Filles repenties de Montréal; très peu d'entre elles ne s'étaient pas converties. La directrice s'était entourée de nombreuses bénévoles. Mais les ennuis financiers étaient constants, malgré un bazar et une loterie organisés en 1836. Le 22 juin de cette année-là, la directrice dut fermer les portes de l'institution.

L'aide financière apportée aux personnes dans le besoin se limitait d'ordinaire aux défavorisés du Bas-Canada et à quelques missionnaires des autres provinces d'Amérique du Nord britannique. L'encyclique de Léon XII pour le rétablissement de la basilique Saint-Paul à Rome reçut pour sa part un accueil mitigé. Mgr Lartigue trouvait qu'elle tombait mal, compte tenu de la construction en cours de l'église Saint-Jacques et de la réparation de Notre-Dame. Mgr Panet et l'auxiliaire de Montréal craignaient une collecte publique, car le gouvernement regardait d'un mauvais œil l'argent passer à l'étranger, mêmes les honoraires de messes. Les Sulpiciens, par ailleurs, regrettaient le retard apporté par Mgr Plessis à la demande du pape; ils envoyèrent leur don directement à Rome, sans l'intégrer à l'éventuelle offrande des Canadiens. Le montant s'éleva finalement, deux ans plus tard, à 1480 $. «Cette pauvre aumône des catholiques du Canada, écrivit Mgr Panet, prouvera du moins [...] l'union des bonnes œuvres qui existent entre ce diocèse et le Saint-Siège du vicaire de Jésus-Christ. J'aurais désiré que la somme eût été plus forte, mais nos moyens ne nous l'ont pas permis[2].» Mgr Lartigue prévint Mgr Benedict Fenwick de Boston que son envoyé pour une quête dans le Bas-Canada retournerait les mains vides, étant donné les propres besoins des Canadiens. En 1831, Mgr Panet écrivit la même chose à Mgr Joseph Rosati, évêque de Saint-Louis, qui demandait de l'argent pour la chapelle de son séminaire. Mgr Macdonell de Kingston reçut une réponse semblable en 1837, d'autant plus que la Chambre d'assemblée du Haut-Canada venait de décider que la *Clergy reserve* serait employée en bonne partie pour l'éducation des catholiques.

3. LES IMMIGRANTS

Avant que les Canadiens n'émigrent aux États-Unis (quelques centaines par année durant la décennie de 1820 et de 1000 à 2000 par année la décennie suivante), des Américains, des Allemands, des Français, des Italiens, quelques dizaines de Portugais, de Hollandais, de Suisses et d'Antillais, des unités de Russie, de Pologne, d'Espagne, de Chine, de Malte, de Guernesey, de Suède, du Danemark, de Norvège, de Grèce, de Hongrie et de Prusse, enfin des dizaines de milliers de Britanniques Irlandais, Écossais et Anglais s'établirent au Québec, puis dans le Bas-Canada. En 1820, les immigrants constituaient près de 20% de la population, soit 80 000 hab. sur 420 000.

Les Irlandais

En cette même année, Mgr Plessis invita les curés du district de Québec à accueillir, dans chacune de leurs paroisses, une famille d'Irlandais catholiques, partis de chez eux à cause d'une publicité fallacieuse et traînant de façon misérable à Québec sans autre espoir que celui de survivre une journée de plus. Le curé Charles-François Painchaud de Sainte-Anne-de-la-Pocatière trouva rapidement une place à la famille de Michael O'Sullivan et d'Ellen Lane, les paroissiens prenant sur eux de l'accueillir et de l'assister dans ses divers besoins. Par ailleurs, Charles Joseph Brassard-Deschenaux de L'Ancienne-Lorette donna plusieurs raisons à son évêque pour expliquer l'opposition de sa population à une telle demande: les pauvres du milieu, des batailles possibles entre les Canadiens et ces étrangers comme cela se produisait ailleurs, la responsabilité du gouvernement dans ce surplus d'immigrants. À Montréal, toute personne intéressée à engager des immigrants des deux sexes comme domestiques ou journaliers s'adressait au sulpicien LeSaulnier ou au révérend John Bethune, tous deux membres du comité des émigrants. En 1831, en réponse à la demande de J. C. Gundlack, secrétaire de la nouvelle Société des émigrants, Mgr Lartigue délégua son chapelain Charles Prince, un prêtre de l'église Saint-Jacques et deux laïcs. Il s'agissait d'un comité œcuménique provenant de huit groupes dont trois catholiques: la paroisse Notre-Dame, l'église Saint-Jacques et les Irlandais. Chaque jour, en après-midi, trois représentants de la société accueillaient des immigrants en détresse et leur fournissaient des billets pour s'approvisionner ou pour se rendre ailleurs.

Les malheureuses conditions de vie

Les ports de Québec et de Montréal ne cessaient d'être envahis par des immigrants britanniques: 51 746 personnes en 1832, de 12 000 à 30 000 à chacune des années suivantes de la décennie; ils ne s'établirent pas tous dans le Bas-Canada. Soucieux non de s'enrichir mais de subsister, ces Britanniques s'engageaient là où ils le pouvaient, entre autres dans les entreprises publiques comme le creusage des canaux. Les conditions de travail et de logement étaient inhumaines; les patrons spéculaient sur l'argent du gouvernement et sur les sueurs des travailleurs. Mgr Lartigue confia un grand nombre de ces familles au curé Mignault de Chambly et Mgr Bourget assigna un aumônier aux Irlandais du canal de Beauharnois. Un correspondant de l'*Aurore des Canadas*, discernant comment l'Angleterre chargeait les Canadiens «du soin des malheureux sans nombre que crée dans son sein chaque jour la dureté païenne de ses Lords et autres personnages de haut rang», trouva le 9 octobre 1840 que «les spéculateurs sur l'émigration veulent faire des anciens habitants et des nouveaux habitants du Canada un seul peuple d'esclaves. [...] D'abord le mode usité de concéder des terres à ces émigrants est tel que souvent après s'être épuisés ils sont obligés de remettre aux agioteurs les terres pour payer le prix de la concession.» Pendant ce temps, on dépendait entièrement des produits manufacturés anglais, chargés d'impôts indirects exorbitants. Quand en arriverait-on à fabriquer au pays les choses nécessaires à la vie?

Le peuplement des townships

En attendant, les cantons de l'Est se peuplaient. En 1783, Haldimand les réservait aux Canadiens, pour faire une excellente frontière de langue, de lois, de religion face aux Américains. Le premier noyau d'habitants vint plutôt des États-Unis; les loyalistes à la couronne britannique y assurèrent une véritable barrière, quoique fort différente de celle qui avait été prévue. En 1814, la population de la région était de 20 000 habitants, puis de 38 000 en 1825, de 54 500 en 1831 et de 82 295 en 1844. Vers 1830, la majorité des habitants qui s'y trouvaient étaient arrivés de Grande-Bretagne. Quant aux Canadiens, ils y pénétrèrent progressivement, en débordant les frontières seigneuriales; ils y formaient 20% de la population en 1831 et 30% en 1844. Les cantons constituaient une sorte de fief des immigrants britanniques.

Dans *La Gazette de Québec* du 2 janvier 1812, un Canadien, père d'une famille de six enfants, dont trois décédés, demeurant à Shipton depuis onze ans avec sa jeune épouse, se plaignit que le gouvernement tardât à ouvrir un chemin vers Trois-Rivières; il ne restait que neuf lieues à faire. De cette façon, les enfants seraient baptisés, les jeunes gens se marieraient, les malades seraient soignés, les morts seraient enterrés dans un cimetière. Depuis deux ans, trente familles avaient quitté la région. L'établissement du major Heriot à Drummondville en 1814 et celui de l'officier de marine William Felton à ce qui deviendrait Sherbrooke entraînèrent finalement des services religieux. Ces hommes d'initiative, le premier large d'esprit et l'autre marié à une Espagnole catholique, obtinrent de l'évêque une visite annuelle de Jean Raimbault, curé de Nicolet, à partir de l815. Le remplaça de 1823 à 1827 John Holmes, un prêtre anglo-américain converti à l'âge de 18 ans. Il s'adonna à temps plein aux cantons de l'Est et fixa son pied-à-terre à Drummondville, où habitaient environ 500 personnes en 1824, dont plusieurs anciens soldats et leur famille.

Mgr Lartigue se souciait lui aussi des immigrants irlandais et des colons canadiens qui se trouvaient à l'est et à l'ouest (jusqu'au Témiscamingue) de son district épiscopal;

les secours spirituels manquaient dangereusement en ces milieux. Même dans les paroisses limitrophes aux *townships*, des curés parlant anglais devenaient nécessaires, à cause des services pastoraux qu'ils étaient appelés à rendre aux Irlandais des environs. Dans ce sens, Mgr Plessis recommandait instamment aux futurs prêtres d'étudier l'anglais, mais très peu le firent. Il invitait même ceux qui parlaient gaélique d'utiliser cette langue avec les Irlandais pour qu'ils se sentent ainsi un peu plus chez eux.

Le curé Mignault de Chambly entreprit annuellement la visite des catholiques du lac Champlain, tout en s'adjoignant Godmanchester, Hinchenbrook, Hemmingford, Sherrington. La présence d'un prêtre bilingue devenait indispensable. Odeltown se peuplait aussi; on y comptait 400 personnes en 1824. Mgr Lartigue s'efforçait d'amener tous ces gens dispersés à se regrouper en prenant des terres les unes à côté des autres afin de constituer d'éventuelles paroisses et, en attendant, à se cotiser pour défrayer le voyage des missionnaires. Les curés de Saint-Jacques-le-Majeur et de Saint-Paul se partagèrent la desserte de Rawdon. Comme les habitants des seigneuries de Sabrevois et de Noyan, beaucoup de ces fidèles des *townships* s'empressaient, malgré leur pauvreté, de demander une chapelle ou une église. Quoique malade, Mgr Plessis se rendit à Frampton en 1825 pour la bénédiction du lieu où la chapelle serait construite.

Mgr Lartigue portait en son cœur tous les habitants des 45 ou 50 *townships* (il ne savait pas exactement) de son district épiscopal. Il supplia Mgr Panet et son coadjuteur de lui envoyer un ou deux prêtres irlandais, payés par la Caisse ecclésiastique, qui à longueur d'année passeraient d'un endroit à l'autre. James Moore y fut enfin nommé à l'automne 1829. Du côté de Québec, un prêtre permanent continua de desservir les cantons jusqu'à Sherbrooke: Michael Power de 1827 à 1831, Hugh Paisley jusqu'en 1832, Hubert Robson jusqu'en 1834. Tous étaient des Irlandais. Robson, établi à Drummondville, fut surpris de la haute classe sociale du milieu et de ses rapports constants avec les pasteurs protestants; il se sentait à l'aise avec ces gens lettrés, habitués à prendre le thé et à recevoir à dîner. Il trouvait la foi et les mœurs très relâchées dans les nombreux *townships* qui relevaient de lui; la propagande protestante, même celle des universalistes, se répandait à profusion. Faire le tour de 80 *townships* de plus de trois lieues de diamètre chacun l'épuisait et lui donnait une impression d'inefficacité. Il demanda l'aide d'un deuxième prêtre, ce qui lui fut accordé en 1834; John Baptist Mc Mahon fut alors nommé à Sherbrooke; ils se répartirent le territoire.

La tâche pastorale de ces missionnaires consistait à rencontrer tous les catholiques de l'endroit visité, entendre les confessions, prêcher sur le dogme et la morale, inviter les gens à faire baptiser leurs bébés dans les paroisses voisines ou du moins indiquer les personnes qui pourraient les ondoyer, bénir les mariages, compléter la préparation des jeunes aux sacrements du pardon et de l'eucharistie, voir à faire bâtir une chapelle et un logement qui servirait d'école en même temps que de résidence pour le prêtre de passage, enfin s'assurer d'un cimetière. L'ouverture d'une nouvelle église dans ces milieux éloignés comportait une célébration tout empreinte d'émerveillement. À Rawdon, le 21 septembre 1834, le vicaire Louis Olivier Deligny de Saint-Jacques-le-Majeur présida comme missionnaire une grand-messe solennelle et donna un superbe pain bénit de sept étages; il était accompagné d'un peloton de trente miliciens qui saluèrent par trois salves le *Gloria in excelsis*, la consécration et la communion. Plusieurs des 1200 personnes des environs y demeurèrent pour les vêpres et la bénédiction du Saint-Sacrement. À partir de 1836, les évêques commencèrent à se rendre régulièrement dans les *townships* pour les confirmations.

Après l'érection du diocèse de Montréal, Mgr Lartigue s'informa sur la situation exacte de chacune de ces agglomérations. En 1838, il nomma une équipe de quatre prêtres bilingues qui parcouraient tous les *townships* au sud et au nord du fleuve, le Témiscamingue compris; Mgr Bourget se soucia concrètement, en 1840, de la pastorale dans les chantiers. Mgr Signay lui aussi parait à l'essentiel; les curés et vicaires, voisins des *townships*, allaient y visiter les catholiques; une mission le long du Saguenay se fit durant l'été 1840 et le vicaire de Rimouski poursuivit annuellement la visite de Matane, de Sainte-Anne-des-Monts et des environs.

4. LES AMÉRINDIENS

Avec l'avènement du régime britannique et la disparition progressive des communautés religieuses masculines, les Amérindiens ont-ils conservé leurs liens avec l'Église? Les Sulpiciens n'ont jamais cessé, pour leur part, d'animer spirituellement ceux du lac des Deux Montagnes. Dès le 5 septembre 1760, le chef des Hurons de Lorette obtint de Murray, en retour de sa soumission, l'assurance du libre exercice de leur religion catholique romaine. Les Jésuites poursuivirent leur travail au Sault-Saint-Louis (Kahnawake) et à Tadoussac aussi longtemps qu'ils le purent. Au premier endroit, Mgr Briand appuya Joseph Huguet, le 14 août 1767, en écrivant un mandement dans lequel il mettait les Iroquois au pied du mur. «Si l'adultère, l'impureté, l'ivrognerie, les batailles, les homicides et les assassinats y continuent comme par le passé, il [le missionnaire] vous abandonnera et descendra aussitôt[3].» Il ne voulait pas les retenir de force dans le christianisme et il enverrait le religieux vers des personnes qui désiraient la présence d'un prêtre en leur milieu. La foi ne sert de rien sans les œuvres; il n'attendait plus d'eux des promesses, mais des signes concrets. Son langage direct et ferme porta effet; les indigènes furent ravis quand il arrêta au bord du rivage, lors d'une randonnée pastorale subséquente; l'évêque oublia son mécontentement et continua de demander au Seigneur la grâce de persévérance pour eux. Quand le gouverneur voulut, plus tard, leur enlever Huguet, parce que ce dernier les considérait comme une nation libre et non vassale du roi, Montgolfier et Mgr Briand intervinrent énergiquement et avec succès.

De toute façon, l'évêque aimait les Amérindiens. La nomination du jésuite Charles Germain à Saint-François-du-Lac en 1767, malgré l'opposition du seigneur Montesson, avait pour but de mieux desservir ceux de Saint-François, de Bécancour, de Naranssouac et de la rivière Saint-Jean. Il savait que plusieurs s'enlisaient dans l'ivrognerie, mais, écrivait-il au vicaire général Saint-Onge de Trois-Rivières, en 1766, «ce sont des âmes rachetées par Jésus-Christ qui me sont confiées tout comme les autres et je dois prendre tous les moyens possibles pour les sauver. [...] J'ai toujours eu pour les pauvres peuples de la compassion et une forte inclination pour leur salut.» L'eau de feu continuait son ravage auprès des autochtones, en particulier dans les trois paroisses de la Beauce et à Rimouski. À Tadoussac, les commis francophones soûlaient les Montagnais et les scandalisaient par leur propre ivrognerie et par leur impudicité.

Des prêtres séculiers comme missionnaires

La mort du dernier jésuite missionnaire au Sault-Saint-Louis provoqua un changement qui semblait inévitable. Les prêtres séculiers devenaient les seuls pasteurs possibles. Après que le curé de Lachine leur eut assuré transitoirement quelques services, Laurent Ducharme y fut nommé. Probablement le premier Canadien et certes le premier prêtre diocésain à y exercer son ministère, il se mit immédiatement à l'étude de la langue iroquoise. Pierre Compain de l'île aux Coudres, prévoyant le besoin d'un missionnaire dans les postes du roi, passa l'hiver 1785 à étudier la langue de ces Amérindiens; l'évêque lui confia ensuite la tâche de la tournée annuelle. Laurent Aubry de Saint-Stanislas s'offrit pour s'occuper de ceux de la rivière des Envies. Antoine Rinfret, curé de Maski-nongé, fit de même pour les Têtes de Boules, qui descendaient chez lui assez souvent. Il se mit ardemment à l'étude de leur langue, fort semblable à celle des Algonquins, afin de les confesser, de les instruire et de les catéchiser. Quand ils cessè-rent de venir vers lui à cause de leur crainte de la picote et surtout parce que les traiteurs allaient jusqu'à eux, le curé prit un mois par année, à ses frais, pour se rendre dans les Chenaux et continuer de les éclairer de la lumière de la foi. Joseph Pâquet de L'Isle-Verte s'occupa des Malécites. Quand un prêtre ne savait pas la langue d'un Amérindien, comme dans le cas de Pierre Antoine Porlier de Sainte-Anne-de-la-Pocatière, il fallait utiliser une méthode originale pour le sacrement du pardon: le confesseur et le pénitent se tenaient la main à l'intérieur d'une manche de surplis, puis le premier posait des questions au second par un interprète pieux et discret; le pénitent serrait la main du confesseur quand il avait péché dans le sens de la question posée. Stimulé par ses collaborateurs, Mgr Hubert étendit sa visite pastorale de 1790 auprès des Montagnais de Portneuf, de Tadoussac, des Islets-de-Jérémie, de Sept-Îles et de Chicoutimi. En 1799, arriva un eudiste français, François-Gabriel Le Courtois, qui fut missionnaire à Tadoussac jusqu'en 1814, tout en demeurant curé de Rimouski. Mais les évêques ne purent assurer la présence d'un prêtre dans chaque mission. Lorette s'en ressentit dès 1804.

Les modes de présence pastorale

Pour les missionnaires, il y avait quatre façons d'être présents aux Amérindiens. Chez les sédentaires, comme au Sault-Saint-Louis, à Saint-Régis (relevant toujours de l'évêque de Québec, car celui de New York ne s'en occupait pas), à Lorette, à Bécancour, au lac des Deux Montagnes, à Saint-François-du-Lac, les missionnaires demeuraient au milieu d'eux ou un prêtre de la paroisse voisine leur était assigné à temps partiel. Les nomades, qui venaient passer l'été et parfois une partie de l'hiver le long du fleuve Saint-Laurent, étaient accueillis par les curés de Maskinongé, de Trois-Rivières, de Saint-Stanislas, de Trois-Pistoles, des paroisses de la Beauce (le long de la Chaudière); la venue de ces groupes était sporadique et diminua avec le temps. Une troisième façon d'agir consistait à rencontrer les Amérindiens qui venaient régulièrement au fleuve, mais là où il n'y avait pas de paroisse établie, c'est-à-dire à Mingan, à Sept-Îles, aux Îlets-de-Jérémie, à Tadoussac et à Godbout. Surtout à partir de 1830, une dernière approche pastorale consista en des missions à l'intérieur des terres, le long des cours d'eau comme le Saguenay, le Saint-Maurice, l'Outaouais, jusqu'au Témiscamingue et en Abitibi.

Le point de vue sur l'évangélisation des Amérindiens, dans les années 1760-1840, semble se résumer dans les propos de Mgr Plessis:

> leur apprendre à craindre Dieu et à Le servir, vrais moyens de les retirer de la barbarie. Cet heureux effet a été produit chez tous ceux qui ont pu saisir le vrai esprit

de la religion catholique qu'ils professent. On n'a pas
cru, du reste, que pour les civiliser il fût convenable de
les éloigner de la manière ordinaire dont ils gouvernent
leurs familles, où l'on trouve généralement des mœurs
plus pures que celles des Européens. Beaucoup moins a-
t-il paru sage de leur apprendre des langues étrangères,
l'expérience ayant démontré dans les villages voisins des
villes du Canada que les Sauvages adoptent volontiers
les vices de toutes les nations dont ils apprennent la langue et que leurs filles, malheureusement trop recherchées
par les Blancs, sont beaucoup plus aisées à séduire,
lorsqu'elles comprennent la langue de leurs séducteurs[4].

On n'est donc pas surpris que le missionnaire de la Nouvelle-
Lorette, à qui fut confiée la paroisse de Saint-Ambroise, fût
appelé par son évêque à biner chaque dimanche. Les Hurons
ne seraient ainsi ni laissés de côté ni mêlés aux Blancs. Tout
se faisait comme si le prêtre desservait à temps plein et la
mission et la paroisse, les deux entités apparaissant tout à
fait distinctes.

Le travail auprès des sédentaires

Auprès des sédentaires, le travail pastoral du missionnaire
était souvent remis en question. Les Abénaquis de Saint-
François-du-Lac reprochèrent au curé Charles-Ambroise
Brouillet, qui était censé être en mission au milieu d'eux, de
ne pas catéchiser les enfants, de ne pas prêcher aux adultes
et de ne pas visiter les malades à l'article de la mort. De plus,
il ne cherchait pas à apprendre leur langue, les obligeant
plutôt à connaître le français, et il les traitait brutalement.
L'évêque ne le changea pas, mais l'invita à s'améliorer. Après
les trois années de service de François Ciquard, fort compétent
en langues amérindiennes, le nouveau venu Jacques Pâquin
s'annonçait bien et écrivait à son évêque: «J'aime mieux passer
l'hiver chez les sauvages pour être plus au fait de leurs
manières et au courant de leur langue.» Mgr Plessis l'y
encouragea et l'invita à catéchiser et à confesser en abénaquis.
Mais là encore, on se plaignit. Une délégation des Abénaquis

rencontra l'évêque et lui rapporta que, depuis son retour au presbytère de la paroisse, Pâquin avait réduit ses services auprès d'eux à une apparition et une messe à toutes les deux semaines. Mgr Plessis lui rappela que le village amérindien était sa principale mission et que la paroisse n'était qu'un accessoire; il valait mieux choisir sa résidence en conséquence, excepté durant le temps de la chasse. Il précisa en 1818 que la messe devait y être célébrée à tous les dimanches; «la prière publique du matin et du soir ainsi que le catéchisme journalier des enfants sont des exercices auxquels on ne manque pas dans les missions sauvages bien réglées».

Mis au courant du manque de retenue et de gravité de Joseph Vallée, missionnaire à Saint-Régis, Mgr Panet l'invita à améliorer sa conduite, au moins pour gagner la confiance et l'estime de son troupeau, de même que pour édifier les étrangers de toutes religions qui passaient à cet endroit; il lui recommanda particulièrement la sobriété. On apprendra par la suite que sa tenue des livres et son administration de l'argent laissaient à désirer. Les missionnaires menaient, en réalité, une vie exigeante, comme le notait, en 1834, Louis Stanislas Malo de Carleton: «Plus je demeure avec les Sauvages, plus je deviens sauvage. Je vis [...] comme un ours en hivernement [...], n'ayant vraiment d'autre société que mes trois chiens et mes bêtes empaillées.»

Au Sault-Saint-Louis, les Iroquois acceptaient mal le tempérament d'Antoine Rinfret; il manquait de patience et faisait tout de suite confiance. L'évêque le remplaça par Antoine Van Felson en 1802. Plus tard, après un autre séjour tumultueux de Rinfret, on nomma Joseph Marcoux, déjà fort au courant de la situation et désireux de devenir de plus en plus compétent. Ce qu'il lui advint en 1835 ne se comprend pas si on ne saisit pas l'opposition qu'il avait engendrée à son égard chez des fonctionnaires du gouvernement nommés aux affaires amérindiennes. Le loyalisme des Iroquois du Sault pour la couronne et son représentant au pays ne faisait pas de doute. En mars 1832, au nom de ces Indiens auxquels il avait consacré sa vie depuis vingt ans, dont treize au Sault, Joseph Marcoux s'adressa au gouverneur Goderich. Il lui rappela la députation de deux chefs, en Angleterre, quatre ans plus tôt, à propos d'une portion de terre qui leur appartenait de droit, mais dont ils avaient été privés de fait. Il demanda qu'en cas de non-restitution on leur versât une somme d'argent annuelle en compensation, sans oublier le complément de 1023 £ déjà promises par George Murray pour les réparations de l'église et du presbytère du Sault. Les propos s'envenimèrent. Le missionnaire employa des termes durs, dans une lettre au capitaine M. Cullock: les promesses de George Murray «se sont allées en fumée, comme toutes celles qui ont été faites aux sauvages par tous les gouverneurs du pays». Mgr Signay dut excuser ces expressions auprès du gouverneur Aylmer, en parlant du zèle trop ardent de Marcoux pour les Iroquois, mais ne l'appuya pas moins dans le geste qu'il avait posé.

Deux ans plus tard, des officiers du Département des Sauvages, profitant de certaines tensions entre les Iroquois à propos du métis Georges Oronhiatekha De Lorimier, traversier au Sault-Saint-Louis, favorisèrent la rédaction d'un mémoire contre Marcoux, signé par quelques chefs. Mgr Signay insista auprès de Gosford pour qu'une enquête eût lieu, présidée par Mgr Gaulin, évêque de Kingston, en présence du colonel Napier et du capitaine Hughes, représentant le gouvernement. Le missionnaire en sortit indemne, comme de celle de 1840 qui confirma la même innocence. Le gouverneur Thomson ne résista pas à la fermeté de Mgr Bourget qui prit alors les mêmes procédures et qui écrivit à son représentant à Londres et à l'ex-gouverneur Gosford pour faire connaître son point de vue au Bureau colonial. Marcoux demeura missionnaire du Sault-Saint-Louis jusqu'à sa mort, quinze ans plus tard.

Les expéditions des missionnaires

Si le mode d'agir des curés qui accueillaient les Amérindiens de passage dans leurs parages ne comportait rien de spécial, si ce n'est qu'ils jouissaient auprès d'eux des pouvoirs juridictionnels des vicaires généraux, le troisième mode de présence des missionnaires exigeait une organisation fort précise. L'évêque s'occupait lui-même de remplacer le curé durant son expédition. Le missionnaire se pourvoyait d'un autel portatif, des saintes huiles, de l'eau baptismale, d'hosties, de chapelets, de catéchismes. La compagnie de traite venait le chercher, le conduisait de poste en poste, en canot jusque vers 1820, puis en goélette ou en brigantin à certains endroits, le nourrissait et le logeait, enfin le reconduisait à sa cure. Le 1er octobre suivant, elle lui versait 50 guinées ou 1400 $ pour ses services. Durant la mission, deux Amérindiens accompagnaient le prêtre comme interprètes, catéchistes, servants de messe, parrains aux baptêmes et témoins aux mariages. La Côte-Nord et le Saguenay, par exemple, requéraient de la part de Le Courtois les mois de mai, juin et juillet.

À Tadoussac en 1806, comme dans les autres postes en tout temps, les Montagnais accueillirent avec joie leur père spirituel, les hommes en rang devant la chapelle faisant éclater une fusillade, les femmes, coiffées de leurs plus beaux bonnets, avec les enfants autour du talus de la dune. Après les poignées de mains individuelles se succédèrent des prières au Seigneur et à Marie, puis un repos. Les baptêmes communautaires eurent lieu à la fin de l'après-midi, suivis d'un salut au Saint-Sacrement accompagné de chants magnifiques en langue vernaculaire. Le soir, on chanta un libera au cimetière pour les fidèles défunts. Le lendemain, après la messe solennelle, on enterra un vieillard récemment décédé, chacun des participants jetant trois poignées de terre sur le cercueil. Entre ces célébrations, le missionnaire entendait les confessions, visitait les malades, bénissait le mariage de nouveaux couples. Puis il repartait pour un autre poste.

Les évêques priaient depuis longtemps les agents des compagnies d'éviter la vente ou le don de rhum aux indigènes et toute communication inutile avec eux. Il fallait donc des commis de bonnes mœurs et de grande fermeté avec les employés subalternes, souvent dénommés les voyageurs. Luc Aubry est heureux de rapporter à son évêque, après la tournée de 1836 dans les postes du roi sur la côte nord, qu'en général les Amérindiens «sont très attachés à la religion catholique, pleins de respect et de soumission pour leur missionnaire [...] et dociles à faire ce qu'il prescrit», excepté la sobriété au poste si les commis n'y veillent pas. «Généralement ils font soir et matin la prière en famille et disent le chapelet chaque jour. Les pères et les mères sont assez fidèles à montrer les prières à leurs enfants et savent en général assez bien le catéchisme pour les [faire] admettre sûrement aux sacrements.»

Jean-Baptiste Roupe s'était rendu jusqu'à Fort-Coulonge en 1819, mais les missionnaires tardèrent à se rendre régulièrement au nord de la rivière des Outaouais. En 1832, le supérieur des Sulpiciens refusa l'envoi de son confrère Eusèbe Durocher au lac Témiscamingue par Mgr Lartigue. Enfin, en 1836, Jean-Baptiste Dupuy et Charles de Bellefeuille, lors d'une expédition qui dura du 20 juin au 16 août, se rendirent au lac, à 150 lieues de Montréal, où se trouvaient 200 Algonquins, fort bien disposés à embrasser le christianisme; 114 furent baptisés, dont 19 adultes, les autres devant attendre d'être mieux instruits. Ils s'attendaient au retour des missionnaires l'année suivante; pendant l'hiver, ils en répandirent la nouvelle auprès d'autres Amérindiens qu'ils rencontraient dans leur pérégrination. La compagnie avait deux autres établissements au sud-est du Témiscamingue, à 80 et à 120 lieues de ce dernier, où 300 Abitibites de langue algonquine se retrouvaient régulièrement. L'année suivante, Charles de Bellefeuille retourna dans cette vaste région où il fit 218 baptêmes, 25 mariages et 62 premières communions. Les Abitibites, plus habitués à rencontrer des Blancs, étaient moins simples de mœurs et moins empressés à être évangélisés; ils témoignèrent tout de même en 1838 une grande joie de revoir le missionnaire. De Bellefeuille décéda en 1839 et fut remplacé par Charles-Édouard Poiré et Hippolyte Moreau.

D'autres postes requéraient les services des missionnaires au Grand Lac et au lac Nipissing dans le Haut-Canada, à Mattawikamang et au poste Volant dans le Nord-Ouest, au lac à la Truite dans le diocèse de Montréal. À l'hiver 1840, à la demande même d'une députation d'Amérindiens et au nom des évêques de Québec et de Montréal, Mgr Bourget négocia avec les dirigeants de la Compagnie de la baie d'Hudson en vue d'établir de façon permanente deux missionnaires dans l'un des postes. Leur territoire incluait l'île des Allumettes, Fort-William, le lac Témiscamingue, le lac Abitibi, le Grand Lac, le lac à la Truite et même Rikandach sur le

Saint-Maurice, jusqu'alors évangélisé par ailleurs. La compagnie, craignant que les missionnaires regroupent de façon sédentaire tous les Amérindiens de la région, soit au lac Témiscamingue soit au lac Abitibi, s'opposa au projet; ce ne serait que partie remise.

Tout en stimulant le vicaire apostolique de Terre-Neuve en faveur de l'évangélisation des Esquimaux du Labrador, où les Frères moraves avaient déjà établi quatre congrégations qui regroupaient environ 800 autochtones, l'évêque de Québec se soucia concrètement des Amérindiens du Saint-Maurice. Nicolas Dumoulin se rendit, en effet, à Warmontashingan en haute Mauricie durant l'été 1837; il y trouva des Têtes de Boules bien disposés.

Elles étaient environ 180 personnes à vouloir être évangélisées davantage et elles allongèrent leur séjour d'une semaine, malgré leur manque de nourriture et le jeûne qui s'ensuivit. Tous se confessèrent; on baptisa 21 enfants et deux adultes; la séparation s'effectua dans l'espérance d'un au revoir, car on désirait désormais un missionnaire chaque année. Dumoulin revint l'année suivante et continua jusqu'à Kikendache, 45 lieues plus loin, laissant son compagnon James Harper à l'endroit où il s'était arrêté précédemment. Les plus instruits avaient enseigné, durant l'année, les principes du christianisme aux plus ignorants, de façon que 60 adultes purent recevoir le baptême. D'autres ne l'ont pas reçu, car ils s'étaient enivrés quatre fois durant l'année. Voyant cela, le chef demanda au commandant du poste de ne plus leur donner du rhum, mais plutôt de la farine.

Une autre direction fut celle de la baie James. Le projet était que Poiré, laissant Moreau au lac Témiscamingue, se rendrait au lac Abitibi et, de là, continuerait en 1840 jusqu'à Moose. Le bourgeois Fraser s'y opposa, sous prétexte que les Amérindiens de cet endroit parlaient l'anglais et se trouvaient déjà évangélisés par un pasteur méthodiste.

L'immoralité

L'ivrognerie était fréquente chez les Amérindiens. Malgré les promesses des commis, le rhum coulait à flot. Il ne valait rien de recommander aux Amérindiens de se répartir également la quantité d'alcool reçue; ils la buvaient en petits groupes et se soûlaient. Le Courtois, qui se rendit sur la Côte-Nord pendant des années, en remarquait partout les mêmes effets: impudicité, enfants étouffés, noyades. Mgr Denaut prévint les Iroquois du Sault-Saint-Louis que leur village continuerait à se dépeupler s'ils ne revenaient pas aux restrictions anciennes dans l'usage de l'alcool. Lorsque des indigènes se déplaçaient, ils se procuraient de l'alcool soit chez des cabaretiers peu scrupuleux, soit auprès de Blancs qui servaient d'intermédiaires; il s'ensuivait souvent des batailles entre les Amérindiens eux-mêmes. À Saint-François-du-Lac, Ciquard réussit à libérer les femmes de l'ivrognerie, mais ne voyait pas comment corriger les hommes, car les chefs et les anciens étaient les plus ivrognes; il essayait au moins d'empêcher les jeunes de le devenir. La venue d'un cabaretier à Saint-Ambroise, paroisse voisine de la Nouvelle-Lorette, avait amené des Hurons à vendre leur fusil et même leur chemise pour se soûler; ils avaient ensuite maltraité leurs femmes et leurs enfants. Des ethnies, comme celle des Malécites, s'enivraient moins que d'autres; celles qui se trouvaient continuellement ou occasionnellement le long du fleuve y étaient davantage portées, toujours cependant avec la complicité des Blancs et malgré l'existence chez les catholiques d'un cas réservé au tribunal de la pénitence pour quiconque vendait ou procurait à un Amérindien une quantité d'alcool suffisante pour l'enivrer.

L'impudicité qui s'ensuivait menait surtout à l'adultère. Celle des commis et des engagés blancs avec des Amérindiennes n'était pas moins condamnée par les missionnaires. La paresse se répandait peu à peu.

> Le gouvernement, tout sage qu'il est, le serait encore davantage, s'il ne gâtait pas les Sauvages par les présents auxquels il les accoutume. Ceux de Saint-Régis dorment et fument, tandis que le poisson se joue dans leurs

rapides [...] et qu'ils ont une si vaste étendue de terre à cultiver. Les autres villages en font autant et se croient dispensés de travailler, se fiant sur ce qu'on leur donne.

Et que dire des jeunes Iroquois du Sault-Saint-Louis, qui passaient le temps de la messe dominicale «à barbotter dans des canots ou à courir le village à cheval. Je conçois que les danses de nuit sont [aussi] une grande occasion de péché[5]». Les bals organisés par le bourgeois pour les Amérindiens en visite au fleuve apparaissaient fort malheureux au missionnaire, d'autant plus que le rhum s'y mêlait.

Lors des troubles de 1838, des Iroquois de Saint-Régis accompagnèrent de pillage leur expédition à Sainte-Martine contre les rebelles; l'évêque les incita à restituer le bien d'autrui. Le geste sacrilège et scandaleux de certains habitants du même endroit, transférant des morts du nouveau à l'ancien cimetière à l'encontre de la décision épiscopale, amena l'évêque et le gouverneur général à intervenir dans le milieu. Les peines civiles et canoniques semblèrent les seuls moyens de remédier efficacement à une situation aussi dégradée. Mais l'autorité civile ne changea pas les chefs; bien plus, l'année suivante, l'officier du gouvernement, un protestant de Chesley, envenima les désordres. Mgr Lartigue regretta qu'on ne se fût pas limité à régler cette question au seul niveau ecclésiastique.

Des situations conjugales complexes

C'est ce qui advenait d'ailleurs dans les cas litigieux de mariage mixte entre Blancs et Amérindiens. Charles François de la Ronde Thibaudière arriva un jour au lac des Deux Montagnes pour se marier avec une sauvagesse; ils avaient donné naissance à neuf enfants tous ondoyés, dont l'un était accompagné lui aussi d'une femme et de plusieurs enfants. Mc Gillis, un pieux catholique écossais, fit de même en 1818, en amenant au baptême ses cinq enfants et leur mère, une Amérindienne qu'il désirait épouser; auparavant, il avait habité avec la sœur aînée de sa future épouse, ce qui semblait coutumier chez les Amérindiens. On peut imaginer la quantité d'empêchements de mariage dont il fallait dispenser ces gens selon le rituel de l'Église. Un différend surgit en 1826 entre Mgr Lartigue, d'accord avec le mariage d'un indigène du lac des Deux Montagnes avec une Canadienne, et les Sulpiciens tout à fait opposés à cette mixité. Ceux-ci alléguaient qu'il s'agissait là d'une nouveauté, que les deux partenaires, mal assortis, ne parlaient pas la même langue, ne jouissaient pas de la même éducation et n'avaient pas les mêmes habitudes, que la mixité des Blancs et des sauvages était préjudiciable à ces derniers, enfin que des Blancs désireux d'un tel mariage avaient, s'ils étaient des hommes, un esprit ambitieux, trouble-fête, et, s'ils étaient des femmes, des habitudes morales équivoques et très peu de retenue. Depuis treize ans, les Sulpiciens s'étaient refusés à quatre projets de mariage entre une Blanche et un Amérindien. Le gouverneur les appuya, en regrettant qu'une telle fermeté n'ait pas été appliquée ailleurs. Mgr Panet avait, dès le début du débat, donné son point de vue à Mgr Lartigue en faveur des Sulpiciens.

Dans l'ensemble, les mariages entre Amérindiens de différentes ethnies ou de diverses tribus, comme les mariages entre nomades, requéraient de la part du prêtre une grande confiance en la véracité de leurs dires, car très peu de vérification était possible sur les antécédents de ces personnes.

> Chez les Sauvages, écrit Marcoux, si l'on ne faisait que des mariages fondés sur l'amitié, on n'en ferait pas. Jamais ils ne se parlent avant le mariage; quelques fois même ils ne se sont pas vus bien distinctement. Il leur suffit qu'ils ne se haïssent pas. [...] Depuis 19 ans, je n'ai pas fait quatre mariages de gens qui eussent fait faute ensemble. Pour l'ordinaire, les filles qui tombent en faute sont réputées indignes et restent en graine. Tels sont nos usages[6].

L'attention portée à la langue vernaculaire

Mgr Plessis avait été surpris, dans ses tournées pastorales, de remarquer que les Amérindiens chantaient seulement en langue vernaculaire durant la messe et les vêpres. Il comprenait que les premiers missionnaires avaient agi ainsi pour attirer davantage les aborigènes, mais il ne trouva aucune trace de permission accordée par Rome dans ce sens. Sans prendre une décision ferme, il inocula tranquillement chez ses missionnaires l'idée de faire chanter les indigènes en latin, durant la grand-messe, comme partout dans l'Église, du moins le *Gloria*, le *Credo*, le *Sanctus* et l'*Agnus Dei*. Ils pourraient utiliser leur propre langage aux vêpres, durant les saluts au Saint-Sacrement, lors des sépultures et dans d'autres occasions similaires. Mgr Plessis se fit quand même l'instigateur d'une kyrielle de livrets en langue vernaculaire. Il demanda à Antoine Rinfret et à Michel Félicien Leclerc de rédiger un catéchisme en langue iroquoise. Jean-Baptiste Roupe entreprit, pour sa part, la publication d'un livre incluant un extrait du rituel sur les principales vérités de la religion, les prières d'avant et d'après la communion, les hymnes et les psaumes des vêpres, les réponses aux calomnies des protestants contre les catholiques; Nicolas Dufresne et Joseph Marcoux voulurent y ajouter les prières de la messe, ainsi que celles d'avant et d'après la confession. L'évêque promit une subvention pour l'impression, ces dernières prières et la traduction du petit catéchisme pouvant s'y ajouter plus tard. Entre-temps, Marcoux publia en iroquois *La journée du chrétien*. Le catéchisme parut à part dès le début de l'année suivante, en 1817. Le missionnaire s'occupa même de la confection d'une grammaire et d'un dictionnaire en langue iroquoise. L'évêque anglican s'y montra très intéressé et se dit prêt à en subventionner l'impression, ce qui refroidit l'ardeur de Mgr Panet. Ils furent imprimés au Bas-Canada à un prix si peu élevé que la Caisse ecclésiastique y pourvut au complet.

À l'âge de 26 ans, Joseph-Marie Bellenger fut envoyé comme missionnaire à Carleton dans la Baie-des-Chaleurs. Ayant déjà montré un talent particulier pour la versification et pour la linguistique, il se spécialisa dans la langue micmaque. Comme encouragement, Mgr Plessis lui envoya dix cahiers, qui contenaient des éléments de grammaire et la traduction du petit catéchisme et de prières, ainsi que cinq volumes de vocabulaire et de grammaire, dont deux sûrement écrits par Antoine-Simon Maillard, le grand apôtre des Micmacs au XVIIIe siècle. Bellenger fit trois rédactions d'une ébauche de grammaire et le brouillon servit à John Dawson Gilmary Shea dans sa publication, en 1864, à la Cramoisy Press de New York, de la *Grammaire de la langue Micmacque, par M. l'Abbé Maillard, rédigée et mise en ordre par Joseph M. Bellenger, ptre.*

Durant un séjour à Saint-François-du-Lac, Bellenger, aidé par un instituteur du nom de Pierre-Paul Osunkhirhine, alias Masta, travailla à la rédaction du petit catéchisme diocésain en langue abénaquise. Il y inclut l'alphabet et quelques colonnes de lectures, pour faire servir le catéchisme comme premier manuel à l'école. Révisé par un Abénaquis instruit et fervent catholique, le livre fut publié à Québec en 1832 sous le titre de *Kagakimzouiasis ueji Uo'banakiak adali kimo'qik aliuitzo' ki za Plazua*, c'est-à-dire *Catéchisme dans la langue des Sauteurs.*

Les Montagnais possédaient un catéchisme dans leur langue. Pierre Béland de L'Isle-Verte en fit imprimer une seconde édition de 200 exemplaires, en 1833, dont 50 reliés de façon solide. Un calendrier paraissait chaque année en montagnais et le missionnaire en distribuait environ 250 lors de sa tournée.

Du côté algonquin, les travaux de Jean-Baptiste Thavenet furent critiqués, en 1833, par un confrère sulpicien, Flavien Durocher, très versé en cette langue: «cet ancien missionnaire, dit-il, *avait voulu faire une langue aux Algonquins, non pas écrire celle qu'ils parlent*». Thavenet avait composé une grammaire, un dictionnaire et avait traduit le catéchisme. À cette époque, il se vantait à Rome d'être en train de traduire l'*Histoire de la Bible* de Royaumont. De façon un peu contradictoire, Durocher l'appuyait dans ce travail.

M. Thavenet a tous les moyens que l'on peut désirer pour faire cet ouvrage avec la plus grande précision. Il aura sous les yeux copie des manuscrits de M. Malthavet qui a traduit en Sauvage l'*Histoire Sainte* avec une pureté, une élégance et une simplicité admirables; on le regarde comme le Tite-Live algonquin [...] tout ce qu'il y a à craindre, c'est qu'il [Thavenet] n'achève pas son travail, parce qu'il voudrait y apporter trop de perfection. Je suis convaincu que ce projet une fois exécuté, les résultats en seront les plus utiles pour tous les Sauvages de l'Amérique du Nord: Algonquins, Népisingues, Sauteux, Cris, Têtes de Boules, Outawais, Missisagues, Assiniposvenes, etc[7].

Mgr Lartigue ne croyait pas opportune la publication d'une telle œuvre, car elle servirait peut-être plus aux propagandistes protestants qu'aux catholiques. D'ailleurs, la Congrégation de la Propagande semblait avoir renoncé à défrayer l'impression d'un tel travail.

Instruction et protestantisation

Will Mc Cullock et Duncan Fischer, secrétaires conjoints d'une nouvelle société projetée pour l'encouragement de l'éducation et de l'industrie, demandèrent à Mgr Panet d'en accepter le vice-patronage, étant donné l'attention qu'ils voulaient y porter aux Amérindiens. L'évêque les remercia de leur offre, mais la refusa; il leur rappela que les missionnaires et le gouvernement s'étaient, de tout temps, souciés de procurer aux indigènes une éducation appropriée. Il s'en remettait à ses prêtres; leurs «instructions ont toujours été suffisantes jusqu'à présent pour faire remplir» aux Amérindiens «leurs devoirs de chrétiens et les rendre de bons et fidèles sujets de Sa Majesté Britannique [...] en mettant quelques-uns d'eux dans des maisons d'éducation, leur inconstance et leurs penchants naturels pour une vie active et vagabonde les ont presque toujours empêchés d'en profiter».

Les écoles instaurées dans les missions perduraient selon la valeur et la ténacité des instituteurs. Les petites filles s'y rendaient en plus grand nombre que les garçons; par exemple, au lac des Deux Montagnes en 1838, on comptait une école d'une vingtaine de garçons et deux écoles de filles comprenant une trentaine d'élèves chacune: l'une pour les Algonquines et l'autre pour les Iroquoises. On commençait par y enseigner le catéchisme, puis on les initiait à la lecture, à l'écriture et au calcul. En 1835, dans le but de ne plus payer d'interprètes, le gouvernement opta pour l'apprentissage de la langue anglaise dans les écoles des Amérindiens. Les missionnaires avaient la responsabilité de choisir l'instituteur, mais l'influence protestante s'y infiltrait par le biais gouvernemental.

Celle-ci s'était fait sentir, dès 1781, au lac des Deux Montagnes. Des chefs iroquois avaient joint à leurs prétentions d'entrer en possession de la seigneurie qui appartenait aux Sulpiciens celle d'y avoir des missionnaires anglicans; déjà des catéchismes anglicans, imprimés en iroquois, se répandaient dans la mission. Cette manœuvre de sourdine se limita à une minorité et finit par disparaître. Dans les instructions transmises en 1811 au gouverneur Prévost, Londres demandait de retirer successivement les missionnaires catholiques d'auprès des Amérindiens et de les remplacer par des protestants. En 1825, Mgr Lartigue, informé que plusieurs copies de l'Évangile en langue mohawk venaient d'être distribuées au Sault-Saint-Louis par des partisans d'une secte protestante, demanda aux chefs d'extirper de leur milieu une telle nourriture empoisonnée. L'année suivante, deux Blancs d'Angleterre s'établirent au Sault, avec la permission des chefs, en vue d'y établir une école. Sur l'invitation de l'évêque, Joseph Marcoux réussit à faire casser l'acquiescement des chefs et à établir une école qui limiterait l'influence des nouveaux arrivés.

Depuis quelques années, des adolescents abénaquis de Saint-François-du-Lac se rendaient au Darmouth College, à Hanover, New Hampshire; l'un d'eux, Pierre-Paul Osunkhi-rhine, alias Masta, devint en 1829, aux frais du gouvernement, le maître d'école de son village; il rassemblait une quarantaine d'enfants. Il se servait d'un livre de vocabulaire abénaquis-anglais, imprimé à Boston. Comme Masta avait, durant ses études, adhéré à l'Église congrégationaliste, qui pourvoierait gratuitement son école de livres, ce qui inclurait probablement un catéchisme protestant, le missionnaire Bellenger chercha d'abord à collaborer avec lui. Trois mois plus tard, les chefs du village mettaient toute leur confiance en Masta dans l'explication qu'il donnait à la bible. Mais cela ne dura pas longtemps; non satisfait de passer peu à peu d'instituteur à pasteur, il contesta le chef et ses assistants. Destitué, il convainquit des femmes de le suivre. Finalement rayé de la liste de paie du gouvernement en 1835, il poursuivit son œuvre grâce à des fonds américains qui lui permirent de bâtir une école et une chapelle où il accueillait ses fidèles. Ses sept élèves semblaient nombreux aux yeux du nouveau missionnaire Pierre Béland qui trouva finalement l'argent nécessaire pour qu'un dénommé Desfossés dirigeât l'école du village et que son épouse s'occupât de celle des filles. Tous les enfants se rendirent à ces écoles et les adultes délaissèrent Masta au printemps de 1840. Par la suite, il se fit donner, par les méthodistes de Troy dans l'État de New York, beaucoup de biens présumément pour les Abénaquis de son village; sa fourberie fut découverte et dénoncée.

À Saint-Régis, les officiers du Département responsable des aborigènes voulurent introduire, comme maître d'école salarié par le gouvernement, Lazare Williams, natif du village, qui revenait des États-Unis pasteur de l'Église épiscopalienne. Aiguillonné par son auxiliaire de Montréal, Mgr Signay s'adressa directement à Gosford. La comparaison avec Masta devenait éclairante. L'évêque insista sur l'importance de la recommandation du missionnaire dans le choix d'un maître d'école. Les Iroquois eux-mêmes envisagèrent de chasser l'apostat. L'agent du gouvernement Chesley devrait également être éloigné, souhaita Mgr Lartigue, «car il me paraît être ennemi personnel» du missionnaire François-Xavier Marcoux, «avoir la manie du prosélytisme et troubler toute la mission, comme le surintendant Hughes trouble celle du Sault Saint-Louis». Mais vu les appuis gouvernementaux de Williams, les autochtones de Saint-Régis durent envoyer une requête au gouverneur en vue de l'expulsion du présumé pasteur protestant, avant qu'il ne libérât les lieux.

La subsistance des missionnaires

La subsistance des missionnaires résidants posait des problèmes tant aux Amérindiens qu'aux Blancs de l'extérieur du Bas-Canada, là où la dîme n'existait pas, là surtout où les revenus étaient modestes. Comme les missionnaires n'étaient plus des religieux soutenus par leurs communautés respectives, mais des prêtres diocésains habituellement sustentés par leurs paroissiens, la situation comportait des problèmes réels.

Tout en pourvoyant Laurent Ducharme de 600 livres de componendes, Mgr Briand était intervenu à la fois auprès du lieutenant-colonel Campbell de Montréal et auprès des Iroquois du Sault-Saint-Louis pour assurer des revenus suffisants au remplaçant du dernier jésuite. Les Amérindiens tardèrent à faire leur part; ils comptaient sur des subventions gouvernementales. Mgr Hubert écrivit à Dorchester et lui rappela que les Jésuites, expropriés par le gouvernement, avaient reçu une grande partie de leurs biens pour leur ministère auprès des Amérindiens. En toute justice, leurs remplaçants ne devaient-ils pas être subventionnés par les administrateurs de leurs biens? Les Hurons de Lorette, accusant les Jésuites de les avoir entretenus dans une ignorance crasse et flattant habilement les nouveaux maîtres, les prièrent de leur remettre la seigneurie de la Nouvelle-Lorette, propriété des Jésuites, qui ne leur rendaient plus de services religieux. Ils demandèrent aussi que quatre de leurs jeunes gens soient reçus gratuitement au Séminaire de Québec, afin d'y être instruits et ainsi se préparer à devenir prêtres et maîtres d'école dans leur village. Un mouvement de réappropriation de leurs biens ancestraux se répandait à cette époque chez plusieurs ethnies autochtones. Depuis quelques années, des Iroquois cherchaient à se faire attribuer par le gouvernement la seigneurie du Lac-des-Deux-Montagnes, propriété des Sulpiciens, même si les Algonquins et les Nipissings qui s'y trouvaient s'opposaient à ces revendications.

Enlever au missionnaire de Saint-Régis le moulin construit par son prédécesseur jésuite, comme s'il appartenait aux aborigènes, frustrait leur pasteur d'un moyen de subsistance nécessaire pour qu'il puisse les desservir. «Enfin, si vous ne vous engagez à maintenir Roderick Mac Donell en possession de ce moulin ou que vous ne lui assuriez pas un revenu équivalent à celui-là, je lui enjoins de m'en donner avis [...] et vous serez privés de missionnaire», menaça Mgr Hubert en 1791. Quinze ans plus tard, Mgr Plessis leur reprocha de trop retarder le paiement de ce qu'ils devaient verser annuellement à leur missionnaire. Il devenait même avantageux de les accoutumer à payer la dîme comme chez les Canadiens. Mgr Plessis précisa à Ciquard en 1812 que «chez les Sauvages, vous pouvez exiger la dîme de tout, d'après l'usage des autres villages, mais avec des ménagements, surtout s'ils ne sont pas dans la pratique de la payer». Au missionnaire de Carleton, il proposa de recueillir deux ou trois saumons par cabane, quitte à les faire prélever par des personnes accréditées du milieu pour que ce ne fût pas identifié par les Amérindiens comme étant le prix de leurs confessions. À un autre, il précisa que la dîme des peaux, comme toute autre, devait être donnée par tête ou par famille et non par communion eucharistique. Tout en les laissant se taxer eux-mêmes, on devait les inviter à verser leur dîme au début d'une mission; autrement, ils pensaient payer les sacrements.

Ces maigres revenus s'ajoutaient aux 50 £ annuelles que le gouvernement octroyait aux missionnaires résidants, à même les profits qu'il tirait des biens des Jésuites. Sous Prévost, le montant s'accrut à 75 £ pour les missionnaires du Sault-Saint-Louis et de Carleton. Cette augmentation ayant été retranchée, l'évêque de Québec pria en vain Kempt de la remettre en vigueur. Dix ans plus tard, en octobre 1838, le gouverneur prévint les évêques du Bas-Canada que le gouvernement cesserait de verser de l'argent aux missionnaires, à partir du moment où ils seraient remplacés. Tout s'orientait vers une autonomie financière de l'Église, même auprès des Amérindiens. L'Œuvre de la Propagation de la foi garantissait certains revenus aux missionnaires, mais la Caisse ecclésiastique restreignait par ailleurs sa générosité de ce côté. Quant aux missionnaires occasionnels, les Amérindiens aimaient les gratifier, même si les compagnies s'y opposaient. Ces cadeaux, souvent en pelleteries, servaient comme honoraires de messe et pour le culte, par exemple pour l'achat d'hosties, de linges,

de livrets, ou même pour les veuves et les orphelins réduits
à la pauvreté.

5. LES JOURNAUX ET LES LIVRES

Un autre pan de l'œuvre sociale de l'Église concerne le ressourcement intellectuel de la population. Le 15 janvier 1779,
lors d'une réunion publique tenue à l'évêché, on mit sur pied
une bibliothèque publique; plusieurs anglophones s'y trouvèrent. Les personnes intéressées à se pourvoir de livres par
emprunt déboursaient 5 £ au départ et s'engageaient à verser
ensuite 2 £ par année. Ce service s'ouvrait à tout le Québec.
Il ne s'y trouverait aucun livre contraire à la religion et aux
bonnes mœurs. Les bibliothèques paroissiales apparaîtraient
seulement dans la décennie de 1830.

Le feu de paille voltairien, allumé par l'Académie de
Montréal et propagé par *La Gazette littéraire* en 1778 et 1779,
a été vivement éteint par des esprits qui s'alimentaient chez
les adversaires de Voltaire en France. Mais Montgolfier se
morfondait de la mauvaise influence des philosophes français
sur les jeunes Canadiens. Il cherchait à connaître les auteurs
qui, sous des pseudonymes, s'invectivaient dans les journaux,
afin d'arrêter leurs débats inutiles. *La Gazette de Montréal*
rétorquait le 23 février 1786 que la presse, nouveau moyen
d'expression des gens, «est un préservatif contre l'erreur. Dans
les places où il est établi une presse, il n'est pas possible de
débiter aucune mauvaise doctrine, soit en religion, en politique
ou en physique, sans qu'elle ne soit connue.»

Les nouvelles religieuses

Le curé Joseph Martel de Contrecœur sensibilisa son évêque
à la possibilité d'utiliser les journaux pour y faire connaître
des nouvelles sur la religion ou sur l'Église. *La Gazette canadienne*, lors de son lancement le 14 août 1822, prit soin de
préciser que «en nous imposant le devoir impérieux de ne
rien publier qui pourrait tant soit peu répugner aux autorités
constituées, nous ne ferons que nous conformer aux vœux

des hommes honnêtes, des citoyens vertueux et des sujets fidèles et loyaux». L'année suivante, Ludger Duvernay y écrivait: «Si les lois, si les principes de la Constitution sont des sujets propres à la discussion, il n'en est pas ainsi de la religion; il ne convient qu'à ceux qui par leur état en font l'étude de leur vie de discuter un sujet si important. Nous nous l'interdisons totalement.»

Le mensuel de Trois-Rivières, *L'Ami de la religion et du roi*, journal ecclésiastique, politique et littéraire, glorifia dès le départ, le 11 avril 1820, la royauté britannique et la fidélité des catholiques à la religion de leurs ancêtres: «Si des novateurs veulent troubler l'harmonie sociale, *L'Ami de la religion et du roi* les combattra avec la force et l'énergie que possède toujours celui qui n'est guidé que par des principes honnêtes. Notre journal contiendra toujours des sujets moraux. [...] la morale est la base des devoirs et du bonheur présent et futur; elle a pour auteur la DIVINITÉ même [...] elle ne veut que douceur et aménité.»

Mgr Lartigue s'est fait connaître pour quelqu'un qui ne voulait rien voir dans les journaux sur les affaires ecclésiastiques. Il regardait de façon hautaine le contenu éphémère de ce moyen de communication sociale. À certains moments, il trouva tout de même nécessaire de l'utiliser, surtout de façon anonyme. À l'évêché de Québec, on n'était pas rébarbatif à ce service public, mais on l'utilisait avec circonspection. Le directeur du *Coin du feu*, le médecin Jacques Labrie de Saint-Eustache, voulut ouvrir son journal aux prêtres et aux évêques, afin d'amener les Canadiens à bien remplir leurs moments de loisir. *Le Glaneur*, pour sa part, ne craint pas de s'afficher du côté religieux: on y «évitera de donner publicité à tout écrit qui porterait atteinte aux bonnes mœurs ou à la religion du pays. On se fera au contraire un devoir de donner de temps en temps quelques morceaux dont l'effet sera de faire aimer et respecter à ses lecteurs la religion, la première des institutions d'un peuple parce qu'elle est la plus essentielle à son bonheur» (15 septembre 1836).

Le contenu journalistique

Les dirigeants ecclésiastiques, à la fois signes et maîtres de la mentalité canadienne, témoignèrent tous d'un certain conservatisme et d'une grande fidélité à l'enracinement traditionnel du peuple. Des auteurs français comme Louis de Bonald, Joseph de Maistre et Félicité de La Mennais les entretenaient dans cet esprit. Le triangle de la monarchie-agriculture-catholicisme apparaissait le plus apte à garantir l'ordre et la paix. Des hommes tels Lartigue, Plessis et d'autres étaient abonnés aux journaux français comme *Le Drapeau blanc*, *L'Ami de la Religion et du roi*, *L'Univers*, tous des ennemis de la raison et du libéralisme intellectuel.

Dans les publications les plus courantes, les calendriers jouissaient d'une place importante; les maisons d'édition tenaient compte des préoccupations et des intérêts des gens. Elles s'appliquaient à noter avec exactitude les jours consacrés aux devoirs et aux rites religieux des catholiques; on y indiquait la couleur des ornements requis pour la célébration de la messe quotidienne. Dans la décennie de 1820, on y ajouta les phases de la lune et les éclipses, les faits marquants de l'histoire du Canada et de l'Angleterre, de même que des tables de poids, de monnaie, d'intérêts à 6%; on y dressa même la liste des cours de justice de la province et de tous les prêtres.

Le curé Joseph-Marie Bellenger offrit ses talents en poésie, en agronomie et en mathématiques à Michel Bibaud pour la publication de *La Bibliothèque canadienne*, parue entre 1825 et 1830; la revue poursuivait le quadruple objectif de «répandre la connaissance des sciences, des arts, des lettres, faire ressortir les talents inconnus ou effacés des compatriotes décédés ou vivants, produire au jour les monuments littéraires, les traits d'histoire, les événements mémorables, en instruire la jeunesse et le public[8]».

Les livres religieux en librairie

Dans les librairies, on trouvait aisément des livres de piété et de religion, des œuvres historiques et polémiques sur les matières religieuses et sur les sciences ecclésiastiques. On annonçait également les nouveautés: *Aperçu politique et historique du Bas-Canada avec des remarques sur l'état actuel du peuple quant à ses mœurs, caractères et religion*, livre de 276 pages, publié à Londres en 1830 par un médecin canadien du nom de Laterrière; *Nouvel abrégé de Géographie moderne suivi d'un appendice et d'un abrégé de géographie sacrée à l'usage de la jeunesse*, publié par Michel Bibaud en 1832.

Ces quelques bribes sur les publications de l'époque montrent le peu d'importance qui leur fut accordée du côté ecclésiastique. Qu'on se souvienne du petit nombre de catholiques qui savaient lire et qui avaient le loisir et les moyens pécuniaires pour le faire, et on comprendra le peu d'attention qui fut apportée à ce domaine d'ordre culturel. D'autres besoins sociaux plus immédiats retenaient toutes les énergies.

* * *

La pastorale sociale ou encore de la promotion humaine, comme on l'appelle de nos jours, s'ajuste et se colore aux circonstances d'époque. Elle se caractérise par des traits évangéliques. L'observation, l'interprétation, l'action, la prospective en constituent les arêtes méthodologiques, comme pour toute facette de la pastorale. Tout en respectant les responsabilités propres à toutes les personnes, à toutes les institutions, à tous les groupes concernés, l'Église rend service au monde en intervenant dans le domaine social selon son entité propre. Pour être signe du royaume des cieux à venir, il importe qu'elle pose des gestes incarnés dans le monde concret où elle se trouve à chaque époque.

Chapitre VIII

LA LITURGIE ET LES SACREMENTS

Un autre axe de la pastorale concerne sans aucun doute la liturgie et les sacrements. Même si ces derniers se sont cristallisés au nombre de sept à partir du XIIᵉ siècle autant dans l'Église grecque que dans l'Église latine, ce qu'ils signifient s'accomplissait auparavant. Les célébrations liturgiques existent pour leur part depuis les débuts de l'Église, alors que les premiers disciples de Jésus ressuscité «étaient assidus à l'enseignement des apôtres et à la communion fraternelle, à la fraction du pain et aux prières» (*Act. 2,42*). Le premier jour de la semaine, le lendemain du sabbat, le jour seigneurial, le dimanche servit vite d'occasion de commémorer liturgiquement l'événement historique de la résurrection de Jésus. On y parvenait, et cela est inhérent à la vie, par une initiation chrétienne sans cesse nécessaire. On ne naît pas chrétien. Chaque génération doit le devenir.

1. LES SACREMENTS D'INITIATION CHRÉTIENNE

Le baptême

Les parents se souciaient de faire baptiser leurs enfants le plus tôt possible après la naissance. Pour la moitié d'entre eux, c'était le seul lien sacramentel avec l'Église et Dieu;

uniquement dans la paroisse Notre-Dame de Québec, des 4357 enfants baptisés entre 1831 et 1835, 2132 moururent avant d'atteindre l'âge de sept ans. Même si les années de choléra s'y trouvaient incluses, ce nombre n'était pas beaucoup plus élevé que d'habitude.

De nombreux bébés étaient ondoyés avant d'être baptisés. C'était le cas des enfants malades. Aucun prêtre n'obligeait les sages-femmes à prêter le serment, prescrit dans le rituel, de poser un tel geste sacramentel en cas de nécessité; elles le faisaient plus souvent qu'autrement. À certains endroits éloignés où un laïc remplissait le ministère du baptême, à Port-Daniel par exemple, on ne lui permettait pas d'ondoyer les bien-portants. Le missionnaire vérifiait régulièrement la capacité de ces hommes et de ces femmes de bien administrer l'ondoiement.

Bien que tout baptême chrétien, célébré par un ministre du culte, soit valide à moins d'un doute légitime (le pape Benoît XIV l'avait réaffirmé au milieu du XVIIIe siècle), les curés se trouvaient parfois dans des situations délicates. Quand un chrétien se convertissait à l'Église catholique romaine ou même quand on apportait un enfant ondoyé à un curé, on renouvelait généralement le baptême sous condition. Mgr Plessis trouvait que, souvent, il eût mieux valu ne pas célébrer le sacrement, compte tenu de la grande qualité d'exécution du premier baptême, surtout quand il avait été fait par un pasteur anglican ou presbytérien. Mgr Lartigue considérait cette interprétation comme trop confiante; il favorisait un baptême sous condition dans presque tous les cas. Mgr Panet pensait aussi de cette façon.

Les baptêmes avaient ordinairement lieu au baptistère, situé à l'arrière de l'église, autant que possible du côté de l'Évangile, c'est-à-dire à gauche, au-dessous d'un tableau représentant saint Jean-Baptiste baptisant Jésus; en hiver, la cérémonie pouvait avoir lieu dans la sacristie. Lors de la célébration, la demande du baptême se faisait en langue courante, car les parrains et les marraines ne connaissaient généralement pas le latin. Pour endosser cette parenté spirituelle, il fallait avoir accompli son devoir pascal, mais les autorités religieuses devaient être prudentes. En 1832, en effet, le jeune avocat Berthelot, de tendance anticléricale, se fit gloire de prendre la cause d'un habitant qui n'avait pu ainsi être parrain; il intenta, mais en vain, une action contre le curé.

Les bébés de concubins, spécialement quand l'un des parents n'était pas catholique, n'étaient pas baptisés sans la permission de l'évêque, quelle que soit la qualité des parrains et marraines. Dans le cas de mariage mixte, on ne baptisait dans l'Église catholique que les seuls enfants du même sexe que celui du parent catholique. Quand se présentait un baptême d'adulte, le curé consultait l'évêque, sinon le vicaire général. S'il s'agissait d'un non-chrétien, on requérait une solide instruction religieuse, car au baptême s'ajoutaient l'eucharistie et ordinairement le mariage. Le curé invitait aussi le néophyte à certaines pratiques pénitentielles. Dans le cas d'un protestant, où le baptême sous condition se révélait préférable, on l'enjoignait aussi de se présenter au sacrement du pardon et de se remarier sous condition.

La première communion

La première communion ne se faisait pas sans le sacrement du pardon, ni sans une instruction de base, du moins sans des connaissances catéchétiques suffisantes. La longueur de cette préparation était d'au moins trois semaines, et même de quatre mois à certains endroits. En général, la célébration avait lieu en été, mais il n'était pas rare qu'un curé attendît la fin des récoltes pour entamer la préparation qui incluait la confession des fautes. Le nombre des premiers communiants s'élevait souvent de façon surprenante, soit parce qu'il s'adjoignait beaucoup de jeunes adultes non encore initiés à l'eucharistie (les parents ne s'étant pas souciés de les envoyer au catéchisme), soit parce qu'aucun curé ne résidait auparavant dans la paroisse ou qu'il était trop âgé pour s'adonner à cette tâche exigeante. En juin 1819, Joseph-Édouard Morisset, curé aux Éboulements, mentionne à l'évêque qu'il en est au sixième jour de confessions des 160 jeunes qui se préparent à leur première communion; plusieurs d'entre eux ont 22 ou 23 ans. Au cours de l'hiver 1823, Pierre Bourget se rend à Trois-

Pistoles, non encore érigé en paroisse, et y rencontra individuellement 180 enfants, tous âgés de 18 à 20 ans et très ignorants. Dans certains cas difficiles, comme dans celui de parents concubins, l'évêque s'en remettait au jugement de ses prêtres. Dans les anciennes paroisses, comme celle de Contrecœur, le curé accomplissait annuellement cette activité importante de son ministère. Il s'adressait alors à des enfants du même âge, pour autant qu'ils fussent suffisamment instruits. Quand le curé Antoine Bédard de Saint-Thomas les admit à 12 ans plutôt qu'à 14, il en prépara 265 à la fois. Lors de la célébration, par exemple en la fête de sainte Anne à Varennes en 1812, les premiers communiants chantaient avec ferveur *Loin de Jésus que j'aime, Mon âme vous désire, Ah! qu'Il est doux, Oh! que je suis heureux, Jésus l'ami de la jeunesse, Je mets ma confiance.*

La communion solennelle, appelée aussi la seconde communion et incluant le renouvellement des promesses du baptême, ne semble pas avoir été généralisée. Le seul exemple retracé s'est déroulé un jeudi de juin, à l'église Notre-Dame de Montréal. Trois instructions précédèrent l'événement, même pour les adultes qui voulurent se joindre aux jeunes.

La confirmation

L'évêque étant le seul célébrant ordinaire de la confirmation, ce sacrement s'insérait à l'intérieur de ses visites pastorales. À cause de l'étendue du diocèse de Québec, du grand nombre de paroisses, des deux ou trois jours requis pour chaque communauté paroissiale et du court laps de temps alloué annuellement par les évêques à cette tâche pastorale — environ deux mois: juin, juillet et parfois en début d'août, c'est-à-dire après la Pentecôte et avant les foins ou encore entre les foins et les récoltes —, les confirmations se déroulaient à tous les cinq ans à chaque endroit et s'adressaient à de nombreux jeunes à la fois. En raison de l'âge avancé et de la maladie de Mgr Briand et de Mgr d'Esgly, les visites pastorales cessèrent pendant une dizaine d'années. Leur successeur passa ensuite des étés exténuants. Dans la seule ville de Montréal, Mgr Hubert confirma plus de 1000 jeunes en 1787.

Mgr Lartigue prendrait plus tard quatre ans pour parcourir son district au début de son épiscopat et il confirmerait 22 000 personnes. Pour sa part, l'évêque anglican se limitait à célébrer la confirmation une fois par année à Québec, parfois en février, parfois en mai; toute personne de 14 ans et plus, désireuse d'être confirmée, était priée de donner son nom à son pasteur et de se rendre dans la ville épiscopale.

On conférait la confirmation aux jeunes qui avaient fait leur première communion, qui s'étaient confessés et qui présentaient un billet du curé témoignant de leurs connaissances religieuses et de leurs bonnes mœurs. L'évêque exigeait un enseignement catéchétique de quelques jours, parfois deux semaines, et l'acquiescement personnel du curé pour chaque candidat. Faute d'une assez bonne connaissance de leur foi, plusieurs étaient retardés, par exemple 70 sur 150 à Québec en 1795 et 60 l'année suivante. La cérémonie se déroulait avec beaucoup de solennité; les enfants du riche et du pauvre s'y côtoyaient, ainsi que ceux du seigneur et du meunier, du marchand et de l'artisan, du médecin et du charlatan. On enregistrait en bonne et due forme les noms des confirmands, pour éviter la répétition d'un sacrement qui imprimait un caractère au même titre que le baptême.

2. Le sacrement de pénitence et les funérailles

Le ministère du confessionnal était exigeant. Mgr Hubert réduisit les pouvoirs de juridiction des curés à leurs paroissiens et à ceux des paroisses voisines dont les premières habitations ne dépassaient pas trois lieues des extrémités de la leur; aucun prêtre de la campagne ne pouvait confesser en ville. Mgr Plessis précisa plus tard que les curés avaient le droit de confesser leurs paroissiens partout. Des gens, parfois nombreux quand leur pasteur ne confessait pas bien, se rendaient régulièrement chez un curé voisin.

La confession

Les prêtres entendaient les confessions à l'église ou dans la sacristie par temps froid. Ils rendaient ce service à toute heure, en particulier le dimanche, soit le matin, soit après vêpres. À certaines périodes de l'année, en particulier pendant l'avent ou à l'occasion de Pâques, les curés confessaient de six à huit heures par jour. Ils ne se limitaient pas à écouter et à absoudre les pénitents; ils les interrogeaient sur divers points de leur catéchisme, les instruisaient et leur donnaient des conseils, ce qui requérait une dizaine de minutes pour chaque cas. Certains prêtres, le plus souvent des jeunes, par inexpérience, par scrupule, peut-être aussi par curiosité, éternisaient une confession deux ou trois heures; les gens ne tardaient pas à s'en plaindre. Quand un nouveau curé arrivait dans la paroisse ou que beaucoup de paroissiens avaient été privés depuis longtemps du sacrement de pénitence, le confesseur était envahi et les confessions étaient habituellement longues; il ne pouvait pas y en avoir plus d'une trentaine par jour. Les pénitents se confessaient habituellement au même prêtre, même s'il s'en trouvait plusieurs dans la paroisse. On invitait les jeunes à se confesser à tous les trois mois et les plus âgés à tous les mois. Comme la première communion avait lieu à l'âge de 12 ans et plus, les enfants ayant atteint l'âge de raison accédaient au sacrement du pardon plusieurs fois auparavant. Le confesseur renvoyait sans absolution la personne qui n'accusait aucune faute particulière. En général, on jugeait de la contrition des pénitents par leur conduite effectivement améliorée.

Dans certains cas, des gestes concrets devaient précéder l'absolution, par exemple la séparation d'un couple adultère, même si l'un des partenaires était en danger de mort. D'autres exigences s'ajoutaient pour un adultère, comme un jeûne ou la récitation de trois chapelets par semaine pendant un an. Un avortement entraînait la récitation quotidienne de cinq actes de contrition et d'un chapelet ou un jeûne deux fois par semaine, l'une et l'autre durant trois ans. L'absolution et le retour à l'eucharistie des personnes qui avaient souvent tenu de mauvaises conversations requéraient un certain temps de propos édifiants et d'assiduité respectueuse aux offices religieux. Les habitudinaires risquaient un an de pénitence par l'un ou l'autre des actes suivants: assistance à la messe à l'arrière de l'église et à genoux, privation de tabac une demi-journée par semaine, omission d'un repas par semaine, récitation du chapelet chaque dimanche, éloignement des divertissements publics; s'ils ne succombaient pas de nouveau, ils étaient absous au bout de neuf ou dix mois, mais ils communiaient seulement une fois l'année complétée.

Les censures

Sans distinguer les diverses censures (l'interdit et l'excommunication), sans même énumérer les cas réservés à l'évêque ou à son vicaire général, d'ailleurs semblables à ceux du régime français, retenons que Mgr Briand a été le dernier évêque à donner beaucoup d'ampleur canonique à des peines vindicatives et curatives. L'excommunication, dont on retrace une dizaine de cas, s'adressait la plupart du temps à un couple qui s'obstinait dans un délit public. Mgr Briand, par exemple, informa les habitants de Sainte-Croix de la censure prononcée contre Jean-Baptiste Camanne et Thérèse Laroche, insolents et opiniâtres dans leur relation incestueuse. Préalablement informés devant témoins par leur curé, ils avaient été retranchés de l'Église, privés de tout lien avec les fidèles et, comme disait la formule, livrés au joug de Satan, dont Jésus les avait délivrés au baptême. Deux ans plus tard, Camanne conjura son curé d'obtenir de l'évêque la levée de son excommunication et même de son anathème; blessé à un pied, il ne pouvait se rendre à Québec ni se présenter lui-même à Mgr Briand. L'évêque exigea des preuves de ses bonnes dispositions. Depuis un an, lui dit-on, il menait une vie exemplaire et édifiait les habitants chez lesquels il s'était retiré, jeûnant une fois la semaine et passant une partie de la nuit en prière. Le prélat enjoignit son collaborateur d'inviter le pénitent à se présenter à l'église pour la grand-messe, d'y demeurer à l'extérieur, tête nue et mains jointes, de réciter cinq *Notre Père* et cinq *Je vous salue Marie*, en présence de toute la foule agenouillée dans l'église. Après avoir été absous en public de sa censure canonique et ayant en main un cierge allumé, il lui fut intimé par le curé «de se trouver pendant un an» sous la cloche à l'arrière de l'église «à la messe et vêpres de chaque dimanche et fête d'obligation, de ne manger que du pain et de ne boire que de l'eau à tous les vendredis et de réciter quotidiennement à genoux 5 fois les 2 prières ci-haut mentionnées[1]». Bien qu'absous sacramentellement, le pénitent ne put s'approcher de la sainte table qu'après un an.

Les pénitences publiques

Les pénitences publiques, sans excommunication préalable, continuèrent d'être assez fréquentes entre 1760 et 1840; on en compte une trentaine dans la correspondance des curés avec leur évêque. Selon l'une des prescriptions du concile de Trente, toute faute publique entraînait une réparation publique, à moins que l'ordinaire du lieu n'y substituât une pénitence secrète. Tout confesseur pouvait imposer une pénitence publique comme s'éloigner des cabarets dans un cas d'ivrognerie, respecter le sacré s'il y avait eu irréligion, édifier autant qu'on avait scandalisé, manifester, en cas d'avarice, de la générosité envers les pauvres, s'éloigner des rencontres mondaines s'il y avait eu débauche ou impudicité. Une insulte ou une calomnie requérait une réparation de même degré. Charles Potvin de Varennes invita par écrit le curé à publier au prône de la messe dominicale «la réparation du scandale que j'ai donné le jour de Pâques dans la sacristie, en y parlant avec emportement et en troublant les confessions[2]».

Les pénitences publiques solennelles sont bien différentes. Un homme de Château-Richer serait absous en public à la porte de l'église lors de la messe dominicale; il s'avancerait ensuite vers la balustrade au chant du *Te Deum*, puis retournerait en arrière pour assister à genoux à la messe, en tenant un cierge allumé, se ferait imposer de réciter son chapelet tous les jours à genoux jusqu'au dimanche des Rameaux (pendant un mois environ); s'il n'acceptait pas cette pénitence, le curé le déclarerait excommunié pour une seconde fois. Après une troisième excommunication, l'évêque procéderait à l'anathème. Apostat notoire depuis dix ans, un homme de Saint-Roch-des-Aulnaies dut assister à genoux à la messe et aux vêpres pendant quelques dimanches, pour faire connaître à tous les paroissiens son désir de réconciliation. Suivit une cérémonie où l'archiprêtre le releva des censures encourues et lui imposa quelques aumônes proportionnées à ses possibilités.

Vers 1820, la pénitence solennelle s'atténue en une reconnaissance devant la communauté paroissiale des péchés commis. Voici un exemple qui illustre bien cette nouvelle pratique. À la Pointe-aux-Trembles, en 1823, Louis Mongeon et Charlotte Brouillet, s'agenouillant à des endroits différents dans l'église, en signe d'humiliation, entendirent comme les autres paroissiens ce texte dont ils avaient préalablement été mis au courant:

> Ces deux personnes [...] ayant grandement scandalisé toute cette paroisse par le rapt de séduction qui a eu lieu sur la fille ainsi que par le faux mariage que tous deux ont prétendu contracter réellement devant un homme qui n'était pas leur pasteur légitime et par la cohabitation publique qu'ils ont eue ensemble depuis ce prétendu mariage, Mgr l'évêque de Telmesse [Lartigue] a ordonné qu'ils réparassent ainsi publiquement ce scandale; en conséquence tous deux m'ont prié de déclarer dans la présente assemblée qu'ils demandent pardon à Dieu et à l'Église du scandale affreux qu'ils ont donné par la conduite sus-dite et qu'ils sont très fâchés de l'avoir tenue. Prions Dieu, mes frères, qu'Il fasse miséricorde à ces pécheurs repentants; et comme nous nous sommes affligés de leur égarement, réjouissons-nous également de leur retour.

À mesure que les messes dominicales furent fréquentées par des étrangers à la paroisse ou que les paroissiens, plus nombreux, se connurent de moins en moins, les pénitences solennelles devinrent plus publiques que les fautes et il fallut les changer. Il suffisait dès lors que le pénitent assiste à la grand-messe agenouillé à l'arrière de l'église, au lieu de se rendre à son banc; les personnes au courant du méfait se rendaient compte de la punition, alors que les autres ne s'en apercevaient pas.

Mgr Plessis regrettait que des prêtres changent de plus en plus les pénitences publiques en pénitences privées. Il reconnaissait, vers la fin de son épiscopat, que les fidèles en arriveraient bientôt à refuser toute pénitence solennelle. Son successeur admit qu'en 1830 on ne la pratiquait que dans les missions éloignées. Mgr Panet affirmait que la sévérité du temps de Mgr Briand ferait désormais plus de mal que de bien. «Ces moyens [les censures rigoureuses de l'Église], dans notre siècle, ne peuvent être employés que très rarement, si l'on veut qu'ils produisent un bon effet», écrivait-il à Patrick Mc Mahon, missionnaire à Percé, en 1831. Dix ans plus tard, il n'existait plus de pénitence publique.

Le décès et les funérailles

Le sacrement du pardon s'adjoignait à celui des malades, appelé extrême-onction. Ce dernier pouvait et devait même être réitéré après quarante jours d'une même maladie susceptible de provoquer la mort. Le latin demeurait la langue liturgique même pour les prières des agonisants, mais celles-ci pouvaient être reprises en langue vulgaire, par exemple en iroquois. En route vers un grand malade, le prêtre apportait le saint viatique en grandes pompes, en compagnie de trois personnes, à moins que ce ne fût la nuit ou dans des circonstances très spéciales. Les gens rencontrés sur le chemin s'agenouillaient alors avec respect et dévotion.

En cas de décès, on exposait le défunt sur les planches, dans sa demeure. Quelques fabriques bâtirent à cette fin une petite chapelle près de l'église. La visite au corps se poursuivait jusqu'aux funérailles, le jour même ou le lendemain. La personne décédée était revêtue de son plus beau costume. Autour d'elle brûlaient des cierges. On fabriquait une bière en vitesse pour le transport du cadavre à l'église.

À la fin du XVIIIe siècle, du moins à la campagne, les parents d'une personne défunte se chargeaient de trouver les chantres et de fournir les cierges pour les funérailles. Peu à peu, il appartint au curé de voir à l'ensemble de la cérémonie. Excepté lors des fêtes solennelles de première classe, un service pouvait avoir lieu tous les jours, même le dimanche, pourvu que l'intention de la messe dominicale, célébrée habituellement pour les paroissiens, fût transférée en semaine. La messe basse, dite du *Credo*, qu'on commençait à célébrer après la grand-messe et le prône à partir du XIXe siècle, servit pour les funérailles du dimanche, de préférence aux grand-messes. On ne chantait qu'un libera, quand il s'agissait d'enfants ou même d'adultes incapables de défrayer les funérailles.

Certaines sépultures étaient entourées de beaucoup d'éclat, par exemple la procession de quarante jeunes demoiselles vêtues de blanc suivant le corps de Marie-Julie Dumaine, les 5000 assistants aux funérailles du juge en chef Michael O'Sullivan, le très grand nombre de personnes pleurant le décès des trois victimes du 21 mai 1832, tuées par des militaires britanniques. On revêtait généralement de noir l'intérieur de l'église et la présence de deux prêtres comme diacre et sous-diacre relevait la solennité de la cérémonie. Vers 1830 commencèrent à apparaître à Montréal des entrepreneurs de pompes funèbres; Mgr Lartigue y remarqua les catafalques énormes, souvent disproportionnés avec la qualité sociale de la personne défunte.

On refusait la sépulture ecclésiastique dans les cas où l'on n'était pas sûr de la bonne foi des gens, par exemple de quelqu'un qui n'avait pas fait ses pâques depuis longtemps et qui avait continué son impiété scandaleuse jusqu'à sa mort, ou encore d'un ivrogne invétéré, décédé en état d'hébétude complète. Comme pour les enfants morts sans baptême, la sépulture avait lieu dans un terrain décent, non béni, souvent attenant au cimetière, sans prière ni cérémonie, mais en présence du curé et de deux témoins pour les registres. Des paroissiens réagissaient rapidement contre leur curé quand, ajoutant foi aux dires des parents de la personne décédée, il acceptait la sépulture ecclésiastique pour un suicidé ou pour toute autre personne morte en flagrant délit de péché; on menait alors une enquête plus approfondie. En somme, assurait Mgr Lartigue à Quiblier en 1832, «tout chrétien, mourant dans le sein de l'Église a droit à la sépulture ecclésiastique, à moins qu'il ne s'en soit rendu indigne par quelque crime public qu'il n'ait pas réparé avant sa mort; et ce crime ne se présume pas, mais il doit être prouvé». Vers 1825, on commença à donner davantage le bénéfice du doute, en supposant par exemple que telle personne aurait pu faire ses pâques à l'insu du curé ou dans une autre paroisse.

3. LE MARIAGE

L'institution du mariage continua d'être bien encadrée à la fois sur le plan civil et sur le plan ecclésial. Les curés demeurèrent les officiers de l'État, tout en s'appliquant davantage à ce qui relevait d'eux comme pasteurs et représentants officiels de l'Église. Quoique le futur marié dût avoir au moins 14 ans et la future mariée 12 pour contracter mariage, ils atteignaient leur majorité à 21 ans comme en Angleterre. Avant cet âge, le consentement des parents ou d'un tuteur était indispensable. Ces conditions étant remplies, toute personne avait droit au mariage. Que l'un des partenaires souffrît d'une infirmité ou que les deux fussent exposés à la misère, il ne s'agissait pas là d'empêchements canoniques. Le prêtre leur signalait, cependant, les inconvénients prévisibles et y regardait à deux fois avec eux. Un sourd-muet, par exemple, pouvait se marier, mais en entrevoyant qu'il ne remplirait pas certaines responsabilités vis-à-vis de ses enfants. Devant un jeune homme qui ignorait presque tout de sa religion, il apparaissait nécessaire de l'en instruire, au moins pour qu'il confessât ses fautes et, si possible, fît sa première communion avant le mariage.

Un immigrant devait présenter un témoignage écrit de sa liberté matrimoniale. Mgr Panet, sur les instances de Mgr Lartigue, invita les évêques d'Irlande à pourvoir d'un certificat de liberté les garçons et filles nubiles en instance d'émigration. À défaut de preuves de non-mariage, un curé se servait des trois publications habituelles afin de vérifier si le prétendant n'aurait pas parlé d'un mariage antérieur. Dans un tel cas, on n'accordait aucune dispense de bans et on exigeait, pour un militaire, un certificat de liberté conjugale de la part de son capitaine ou de son colonel. Tous ces étrangers prêtaient serment qu'ils n'étaient pas ou n'étaient plus liés par le sacrement de mariage à qui que ce soit dans le monde. On compte 217 de ces serments ratifiés par le chanoine Briand entre 1759 et 1763, 33 signés par Mgr Hubert de 1786 à 1790 et 8 par Mgr Plessis de 1788 à 1795.

Des Canadiens reconnaissaient avoir vécu avec des Amérindiennes durant leurs années de travail dans les bois; il leur était souvent impossible de produire des certificats de liberté. Comme la majorité de ces femmes n'étaient pas baptisées et que c'était l'usage, pour les Blancs de ces contrées, d'habiter avec elles de façon temporaire, on présumait de leur liberté matrimoniale. On en requérait aussi la preuve de la part des candidats au mariage qui avaient vécu plusieurs années hors de leur paroisse ou qui se présentaient comme veufs ou veuves. Mais il y avait des cas difficiles, comme celui d'une femme dont le mari, reconnu pour ses crises de folie, avait été porté disparu depuis onze ans du chantier où il travaillait et que tout le monde s'accordait à dire qu'il avait péri dans le bois ou s'était noyé dans une rivière; que faire alors, sinon faire confiance aux gens?

Les mariages n'étaient pas aussi nombreux que d'aucuns pourraient l'imaginer et, surtout, ils s'effectuaient à un âge avancé. En 1827, dans le comté de Montréal, on dénombre 3437 hommes mariés et 3782 non mariés de 18 à 40 ans, alors qu'entre 14 et 45 ans il y a 4759 femmes mariées et 4879 non mariées.

Les empêchements de mariage

Quiconque était au courant devait révéler au curé les empêchements canoniques de la validité ou de la licéité d'un mariage. Par la publication des bans, les curés informaient les paroissiens sur la provenance des partenaires de tout projet de mariage. Même si un couple pouvait, en payant, être dispensé de la publication d'un ou de deux bans, très rarement de trois, il demeurait nécessaire de vérifier les possibilités de succès d'un tel engagement social. Les empêchements les plus fréquents concernaient la consanguinité et l'affinité, étant donné la population limitée, le nombre réduit d'occasions de se rencontrer entre personnes de sexe différent et la nécessité pour les conjoints d'éviter une souche commune et même des lignes intermédiaires.

Mgr Briand se troublait d'accorder des dispenses d'empêchement de mariage. En 1768, encore irrité par la démarche d'un homme venu le voir pour avoir la permission d'épouser la sœur de sa première femme, il remarqua: «L'on en viendra donc à se marier entre frères et sœurs», tout en accordant avec peine une dispense à des cousins germains; il élevait alors le montant de la componende. Lors d'un changement d'évêque, le nouveau écrivait à Rome pour obtenir les pouvoirs extraordinaires de ses prédécesseurs, afin de continuer à dispenser certains couples; la lenteur de la correspondance en amenait certains à se présenter devant un pasteur protestant pour recevoir la bénédiction nuptiale. D'autres trouvaient la componende trop élevée et faisaient de même. Certains en arrivaient à cohabiter sans se marier, ce qui ajoutait au scandale. Mais après résipiscence et pénitence, on finissait toujours par obtenir les dispenses. D'après Mgr Plessis, des curés auraient pu orienter certains jeunes gens vers d'autres partenaires. Il cédait aux demandes de dispenses, surtout s'il prévoyait du libertinage ou un mariage illégitime devant un pasteur protestant. L'évêque tenait compte de l'âge de la jeune fille; à 24 ans et plus, elle ne trouverait pas facilement un mari; il devenait alors plus condescendant.

L'empêchement dans les cas de parenté de quatrième degré apparaissait exagéré à bien des gens; seuls quelques vieillards des environs réussissaient à démêler la généalogie des candidats au mariage. Des parents de troisième degré parvenaient au mariage sans dévoiler leur parenté. Après quelques mois de vie en commun, ils exposaient leur cas, expliquaient qu'ils avaient craint d'essuyer un refus de dispense ou de payer une componende trop forte; ils se disaient prêts à faire face aux pénitences imposées. C'était plus compliqué quand un couple, nouvellement arrivé dans une paroisse, ayant des enfants et passant pour mariés, demandait une dispense de consanguinité en vue de se marier à l'église.

Tout en s'efforçant de restreindre les mariages entre parents de troisième et quatrième degrés de consanguinité et d'affinité, les évêques cherchaient surtout à éviter les mariages entre des personnes liées au deuxième degré. Un indult de Rome était nécessaire pour que l'ordinaire en dispensât les conjoints. Comme la permission romaine valait pour un nombre précis de cas, vingt par exemple, l'évêque s'en servait au meilleur de sa connaissance. Certains prélats, comme Mgr Hubert et Mgr Denaut, prétendaient que cette prérogative relevait de leurs propres pouvoirs; ils demandaient fréquemment à Rome de leur envoyer un nouvel indult et ils octroyaient plusieurs dispenses. Peu à peu marqué par l'ultramontanisme, Mgr Plessis accordait à peine une dispense sur dix qui lui étaient demandées; il acceptait bien les restrictions romaines sur ce point. L'évêque essayait de convaincre ses curés de le suivre dans la même voie. Il se rendait compte cependant qu'en accordant une dispense aux seuls couples qui s'étaient mariés illicitement devant un pasteur protestant ou qui avaient fondé un foyer sans se marier ou qui s'étaient mariés à la gaumine, il incitait les autres couples concernés à poser des gestes semblables afin d'obtenir ce qu'ils désiraient.

L'empêchement dirimant de l'honnêteté publique revient une dizaine de fois dans le courrier des évêques, mais le contenu des lettres laisse entendre une fréquence plus grande, en particulier à Rimouski vers 1820. Les fiançailles solennelles n'avaient jamais lieu au Canada, mais des jeunes gens se promettaient parfois le mariage, soit en privé, soit au su de certaines personnes; d'autres fois, un projet de mariage était abandonné par l'un des partis, même une fois commencée la publication des bans. Or, une promesse de mariage sincère, libre et réciproque, surtout quand elle était publique, obligeait les deux partenaires l'un envers l'autre, de façon telle qu'ils ne pouvaient se marier à une autre personne, sans que la partie intéressée par la promesse n'eût renoncé à son droit. Dans le cas d'un mariage ultérieur avec un parent au premier degré de la ou du partenaire initial, une dispense était même requise pour que le mariage fût valide. Un cas rare de nullité de mariage fut celui de l'impuissance. Après examens médicaux, deux fois seulement une épouse apparut physiquement inapte à toute relation sexuelle. Dans ce cas, tout rapport sexuel entre les deux conjoints cessait immédiatement et l'épouse ne pouvait plus se marier. Les conséquences étaient similaires dans le cas où l'époux souffrait d'impuissance totale, à moins qu'il ne s'agît d'une impuissance relative à telle femme en particulier; un nouveau mariage devenait alors possible. Dans les six ou sept cas retracés, le délégué de l'évêque enquêtait avec un magistrat; ils s'assuraient les services d'une sage-femme et d'un médecin.

Le prêtre et la validité

Aucun mariage n'était valide sans la présence du curé ou d'un prêtre délégué. Tout mariage clandestin ou à la gaumine était considéré comme nul aux niveaux civil et ecclésiastique. Plusieurs dizaines de couples canadiens utilisèrent toutes sortes de moyens pour présumément se marier: un couple entre à l'église durant une cérémonie de mariage, se tient à l'arrière et répond à voix basse aux questions posées à l'avant par le prêtre, les partenaires se disant oui l'un à l'autre; quelques témoins accompagnent un couple à l'église et, en présence de Jésus dans le tabernacle, les deux amoureux se promettent par serment de vivre mariés indéfiniment; un dimanche, pendant la lecture de l'extrait de l'Évangile, en présence d'une soixantaine de personnes dont les trois quarts peuvent en témoigner, Louis Paquet et Josephte Lauson se donnent leur consentement mutuel de mariage. Le mode le plus fréquemment utilisé était le mariage à la gaumine. Les futurs mariés se rendaient à la messe en compagnie de leurs témoins et, à l'instant où le célébrant se retournait à la fin pour bénir l'assistance, ils se levaient et déclaraient se prendre pour mari et femme, transformant le geste du prêtre en bénédiction nuptiale; pour d'autres couples, l'échange de consentement s'effectuait au moment de la consécration, en présence d'au moins deux témoins.

Pierre Robitaille découvrit en 1793, au poste Sainte-Anne, à 36 lieues de Rimouski, un dénommé Louis Vallé qui présidait au mariage des couples qui se présentaient à lui, s'ils promettaient de le célébrer avec un prêtre quand il en viendrait un. Le curé réussit à le remercier de ce service. Plus souvent, on contractait mariage devant un magistrat ou un responsable civil affecté à cette tâche. Certains couples se rendaient devant un juge du Haut-Canada ou des États-Unis; d'autres se rendaient chez un pasteur protestant ou même chez des témoins. À la suite d'un tel mariage civil entre deux catholiques, contracté sans fraude dans un lieu où un prêtre n'était pas censé aller prochainement, il suffisait de confesser les conjoints, de leur donner la communion, puis de les bénir.

Les mariages mixtes

L'empêchement prohibant le plus usuel se rapporte aux mariages mixtes. Dès l'arrivée des Britanniques en Nouvelle-France, les Canadiennes ne se montrèrent pas farouches vis-à-vis des habits rouges. La loi anglaise ne reconnaissant pas la validité des mariages mixtes célébrés devant un prêtre catholique, les pasteurs anglicans et protestants en héritaient. Mgr Briand s'opposait lui aussi à ce que ses prêtres bénissent de telles unions. Mgr Denaut fut le premier à demander au Saint-Siège le pouvoir de permettre aux prêtres de bénir des mariages mixtes, comme cela se faisait en Irlande et aux États-Unis. Il l'obtint, mais il mourut avant de pouvoir s'en servir. Heureusement, s'exclamerait Mgr Panet en 1827; d'abord, l'indult romain restreignait énormément son application, puis il s'en serait ensuivi «de funestes conséquences»: les protestants auraient obtenu les filles des familles les plus nobles «et tous les gentilshommes canadiens seraient privés de trouver des partis qui leur conviendraient». Quand des couples mixtes frappaient à la porte des curés pour faire bénir leur mariage, la réponse de l'évêque était la même chaque fois: ce n'est pas possible, à moins que la partie protestante n'embrasse la foi catholique.

Une fois évêque de Montréal, Mgr Lartigue trouva que les circonstances de la vie sociale avaient changé à un point où l'on devait demander à Rome un bref en vue de la célébration de mariages mixtes. Les catholiques bas-canadiens savaient que cela se pratiquait dans le diocèse de Kingston comme en d'autres pays. L'évêque obtint cet indult. Il se proposait de l'utiliser surtout en faveur des Amérindiens qui demeuraient aux extrémités du diocèse et qui désiraient se marier à un parti protestant. Pressé par plusieurs membres respectables de son clergé et par de nombreux couples, Mgr Signay se résigna lui aussi, en 1839, à se procurer l'indult romain approprié. Il se désolait que la présence du prêtre catholique fût purement passive en ces mariages mixtes, d'après ce qu'en disait le texte romain. On s'informa auprès de Mgr Fenwick de Boston et on se renseigna sur les façons de procéder en Angleterre et en Prusse. Seulement dans les cas sérieux de doute, le parti protestant prêtait serment de respecter la religion du conjoint catholique et de garantir l'éducation catholique des enfants; on interprétait partout l'indult romain avec latitude. Mgr Bourget, cependant, crut bon d'exiger un tel serment de la part des protestants: «Dans ce pays où l'hypocrisie protestante est à son comble, écrivit-il à Mgr Turgeon le 28 mai 1840, on ne saurait prendre trop de précautions pour mettre en sûreté la foi de la partie catholique et de ses enfants.»

Des doutes avaient subsisté longtemps sur la validité des mariages mixtes, célébrés devant un pasteur protestant. Mgr Plessis avait insisté à plusieurs reprises, auprès de Rome, pour avoir des éclaircissements sur le sujet. On sut enfin que la déclaration de Benoît XIV, faite en 1741 à l'Église de Hollande, s'appliquait à celle du Canada. La partie protestante, non sujette au décret *Tametsi* du concile de Trente, communiquait à la partie catholique sa capacité d'un mariage valide; aucun renouvellement du mariage n'était requis, même si, pour le partenaire catholique, son geste illicite entraînait des conséquences pénitentielles, comme l'éloignement du sacrement de l'eucharistie pour une période de six mois, avec le devoir entre-temps de se confesser régulièrement et d'assister aux offices religieux d'une manière édifiante pour réparer le scandale.

Les mariages mixtes continuaient d'apparaître néfastes pour l'éducation des enfants. Non seulement les parents se rendaient chaque dimanche dans leur église respective, ou n'y allaient pas du tout, ou l'un penchait du côté de l'autre, mais aussi leur progéniture n'était souvent ni protestante ni catholique; il en ressortait, semble-t-il, une espèce de chrétiens incrédules. Dans la pratique, compte tenu des personnes, il valait mieux faire plier la règle que de la rompre; et, dans un couple, la partie protestante pouvait naturellement orienter les enfants dans son sens, surtout quand il s'agissait de la mère.

Les componendes

Le paiement de componendes servait de motif ou d'excuse à de nombreux couples pour ne pas se marier à l'église. Toute dispense de bans et d'empêchements était accordée, excepté dans le cas de pauvres, en retour d'une taxe, correspondant aux frais de poste et de chancellerie, et d'une autre rétribution comme exigence inhérente à la faveur demandée. En accordant à Mgr Hubert, en 1791, des dispenses pour empêchement au deuxième degré de parenté, le cardinal Antonelli demanda qu'elles fussent conférées gratuitement. L'évêque insista auprès de Rome pour continuer à exiger des componendes en retour des dispenses accordées au for extérieur; autrement, les demandes s'accroîtraient démesurément. Aucune réponse ne vint. Mgr Plessis tint des propos semblables quinze ans plus tard à son procureur auprès de la Propagande. Encore là, aucune objection de Rome. Les Canadiens continuaient pour leur part de considérer les empêchements de mariage comme une occasion pour l'évêque d'amasser de l'argent. Certains savaient que le concile de Trente avait exigé qu'on accordât très peu de dispenses, mais gratuitement. Influencé par ses voisins protestants, un futur marié «argumenta fort contre les componendes dont», dit-il, «il n'est pas question dans la Bible[3]».

Les montants d'argent demandés variaient selon les dispenses requises, les motifs allégués et la capacité financière des personnes. En général, la componende s'élevait à six piastres d'Espagne pour une dispense de quatrième degré, à huit pour le troisième degré, à vingt-cinq pour le troisième mêlé au deuxième et à cent pour un double deuxième degré. À partir de 1805, on exigea un minimum de deux piastres pour toute dispense, les frais de bureau étant ainsi couverts. L'évêque administrait l'argent prélevé, mais ne le touchait pas toujours. En 1788, par exemple, le curé de Soulanges pria Mgr Hubert de lui laisser les componendes pour les pauvres de la paroisse: «La misère est à sa dernière période; les plus aisés manquent de nécessaire, les pauvres sont dans la plus grande nécessité. Moi-même, je suis hors d'état d'en soulager aucun efficacement. [...] Ne conviendrait-il pas en effet que cette componende [...] fût appliquée aux pauvres du lieu où le crime a été commis; ne serait-ce pas une réparation due au scandale commis?» La dispense de deuxième degré à Cavalier rapporta 300 livres à chacune des communautés religieuses de l'Hôtel-Dieu et de l'Hôpital général de Montréal. Une autre fois, le vicaire général Brassier informa l'évêque de la distribution des componendes: 400 livres aux religieuses et aux malades de l'Hôtel-Dieu, 300 au curé de Montréal pour les pauvres, 100 pour d'autres pauvres, 200 aux Sœurs de la Congrégation Notre-Dame, 200 pour la dot d'une postulante à l'Hôtel-Dieu. L'argent servait aux monastères, aux hôpitaux, à des étudiants, à la réparation ou à la construction d'églises, à des familles nécessiteuses accablées par des calamités publiques.

D'autres frais entouraient la préparation au mariage. L'habitude existait d'appeler un notaire à la maison pour la rédaction du contrat de mariage. Dans les extrémités du pays, les missionnaires rendaient ce service et, par la suite, on déposait l'acte chez un notaire. Ces conventions, souvent signées le samedi ou le dimanche précédant le mariage, en présence de parents et d'amis, comportaient généralement la mise en commun des biens meubles et conquêts immeubles, ainsi que leur transfert au survivant, à moins d'un partage avec des enfants vivants. Le contrat de mariage valait pour autant que le mariage fût célébré religieusement.

Le mariage et les noces

Les mariages n'avaient lieu ni en période pénitentielle ni à l'époque des grandes fêtes chrétiennes, c'est-à-dire de l'avent jusqu'à l'Épiphanie ainsi que du mercredi des Cendres jusqu'au dimanche de la Quasimodo, à moins d'une dispense d'empêchement prohibant, d'ailleurs rarement accordée. D'autres facteurs intervenaient dans le choix de la date d'un mariage; par exemple, une bonne ou une mauvaise récolte favorisait ou retardait beaucoup de projets matrimoniaux. Le deuxième dimanche de septembre 1832, le nombre de publications atteignit le record de 36 à Montréal. Le jour le plus généralement choisi passa lentement du lundi au mardi, après que Mgr Hubert eut indiqué cette voie en 1790; cela se stabilisa vers 1815-1820, du moins dans la région de Québec. À Montréal, les Sulpiciens conservèrent plus longtemps la routine du lundi, ce qui retarda le changement dans l'ensemble du district. Le mardi l'emporta, parce qu'il se passait ainsi plus de 24 heures entre les événements du dimanche: signature du contrat de mariage et dernière publication des bans. Les autres jours de la semaine étaient rarement choisis ou permis, surtout pas le dimanche. Bien qu'il fût indifférent que le mariage eût lieu le matin ou le soir, le rituel proposait fermement la première option, car elle favorisait la célébration de la messe, la communion eucharistique requérant alors le jeûne depuis la veille à minuit. Des mariages quasi secrets avaient lieu l'après-midi, le soir, ou très tôt le matin, c'est-à-dire à quatre ou à cinq heures, ou encore un autre jour que le mardi, généralement avant la messe quotidienne.

Le jour du mariage venu, le futur époux rejoint, à la maison de sa future épouse, les parents et amis des deux partis. Vers sept heures, les voitures se dirigent vers l'église paroissiale. Le témoin de la mariée, toujours majeur, habituellement son père, quoiqu'il puisse être une femme ou un homme, conduit la fiancée par la main à la balustrade, puis le garçon suit avec son témoin et s'agenouille près d'elle. Le mariage comporte le consentement mutuel et l'échange des anneaux comme signe d'un engagement indissoluble. Le prêtre tient des propos sur la paix et la tranquillité, sur les relations sexuelles et sur l'éducation religieuse des enfants. Comme les nouveaux mariés se sont confessés et ont communié le dimanche précédent, ils participent à la messe avec piété. Après le *Notre Père* s'insère la bénédiction nuptiale. Quand des enfants sont nés avant le mariage, la cérémonie comporte une oraison en vue de leur légitimation. Suivent, souvent au presbytère, la lecture et la signature des registres civil et ecclésiastique.

Les noces, parfois commencées depuis le dimanche précédent, se déroulaient à la maison paternelle de la nouvelle mariée. Après les souhaits d'usage aux nouveaux époux et un coup d'eau de vie pris en commun, tout le monde se mettait à table; on servait la mariée la première. La danse, ouverte par le nouveau couple, se poursuivait jusqu'au soir; après un autre repas, on recommençait à danser. Arrivaient alors les survenants, de jeunes gens de la paroisse non encore mariés, qui se joignaient aux festivités. Le lendemain, les convives accompagnaient le nouveau couple à la demeure qu'ils occuperaient désormais; là, repas et danses alternaient pendant toute la journée.

4. Les dimanches et les fêtes

Pour tout catholique qui avait l'âge de raison, la pratique religieuse incluait le respect du dimanche et des fêtes d'obligation. Ces journées devaient être consacrées au Seigneur; la population tout entière était appelée à assister à la messe, puis à revenir à l'église au milieu de l'après-midi pour les vêpres et le catéchisme ou le sermon. En général, surtout l'hiver, ces deux dernières activités prenaient place tout de suite après midi, la grand-messe ayant commencé à 9 h 30 et un bref intervalle ayant permis à la plupart de grignoter quelques galettes.

Étant donné le manque de prêtres et les migrations de la population, la messe était célébrée tous les deux ou trois dimanches dans plusieurs dessertes et paroisses du diocèse. Que la messe eût lieu en semaine ou qu'une célébration de la Parole, accompagnée des vêpres, remplaçât la messe dominicale, les catholiques s'y sentaient fortement invités, mais

La place du marché à Québec vers 1830. Tableau de James Pallerson Cockburn. Musée du Québec.

n'y étaient tenus par aucun précepte. On ne pouvait, cependant, se dispenser de l'obligation de la pratique dominicale quand on pouvait se rendre sans inconvénient à une église voisine. Les prêtres se préoccupaient de trouver, dans chaque agglomération où ils ne se rendaient pas tous les dimanches, une personne capable de présider à la prière des fidèles qui se rendaient à leur propre lieu de culte.

Le respect du dimanche

Le respect du dimanche avait rapidement fait l'objet d'une ordonnance gouvernementale au début du régime britannique. Des règlements municipaux de Montréal précisèrent par la suite que, les dimanches et fêtes, tout transport était interrompu, tout lieu public de divertissement fermé et rien n'était vendu d'une manière ou de l'autre. Malgré cela, de nombreux témoignages indiquent une pratique religieuse peu fervente. Le diagnostic de Mgr Briand apparaît-il trop pessimiste?

> N'est-il pas affligeant de voir si peu de monde tous les dimanches à l'office, soir et matin. [...] L'été, dit-on, il y fait trop chaud; l'hiver, il y fait trop froid; fausse excuse. Ce qui vous arrête, c'est l'indifférence de votre cœur pour Dieu [...] ou bien c'est que vous pensez faussement [...] que la porte du ciel est large et qu'on en fait toujours assez pour se sauver[4].

Les gens s'excusaient aisément de ce manque de ferveur. Plusieurs paroissiens de Batiscan, par exemple, se dispensèrent des offices religieux pendant quatre ou cinq mois en 1791, par crainte de la petite vérole. À l'encontre du curé, Mgr Hubert trouva suffisante la raison alléguée, car il s'agissait d'une maladie pouvant causer la mort. Le motif d'un travail agricole pressant lui paraissait moins sérieux, mais compréhensible.

À la campagne, le respect des dimanches et fêtes n'était pas réglementé. Diverses pratiques se répandirent au tournant du XIXᵉ siècle: les promenades par eau et par terre; le travail dans les moulins à l'année longue, quoique Mgr Briand s'opposât au transport du blé et obtînt que les employés fussent libérés pour le temps des offices; la vente coutumière dans les villages, excepté durant les offices religieux. Même à Québec, les bouchers, les pâtissiers, quelques marchands, des habitants des alentours vendaient leurs produits comme durant le semaine. Les cabaretiers ouvrirent de plus en plus leurs portes un peu partout.

En 1791, une lettre fait état, dans *La Gazette de Montréal*, du peu de ferveur dans les églises. Les conversations, à peine interrompues un moment lors de la consécration, y semblaient la principale activité des fidèles. Certains d'entre eux paraissaient tenir beaucoup à des distinctions ridicules, attachées à leur fonction ou à leur rang social. Lors de sa visite pastorale à Rimouski en 1806, Mgr Plessis se dit enchanté de voir tant de femmes communier au Seigneur dans l'eucharistie, mais fort chagriné d'y remarquer si peu d'hommes. Beaucoup d'entre eux, là comme ailleurs, se tenaient habituellement aux portes de l'église et y passaient le temps de l'office à s'entretenir de leurs chevaux ou de leurs escapades. La Chambre d'assemblée du Bas-Canada passa même une loi en 1808: dans toutes les paroisses de campagne, le bon ordre devait être assuré, le dimanche, par les marguilliers et les officiers de paix, tant à l'extérieur qu'à l'intérieur des lieux du culte; on fixa des amendes en cas de contraventions. Les mêmes désordres existaient à Québec; ils n'étaient pas sujets à la loi, car il s'agissait d'une ville, et personne ne se souciait d'appliquer les règlements municipaux. Le curé Doucet note en juillet 1810: «Du nombre des désordres, il en est un qui n'a pu échapper à la vigilance de nos chefs de police, c'est de voir, tous les jours de dimanches et de fêtes, des trois et quatre cents personnes attroupées, pendant tout le temps des offices divins, aux portes de nos églises, y jouant, s'y querellant, y formant des parties d'infâmes débauches[5].» Par la suite, la bourgeoisie prend peu à peu ses distances vis-à-vis de la pratique cultuelle. On en arrive à se suffire de la basse messe du dimanche, «on vaque sans permission et sans nécessité aux œuvres serviles, on fréquente les cabarets, on sert de grands repas, on fait des parties de campagne, on passe les après-midi au jeu[6]».

Les fêtes d'obligation

Les fêtes d'obligation avaient été réduites de 37 à 20 en 1744, 17 ayant ainsi été transférées au dimanche précédent ou suivant. En 1790, la Société d'agriculture pressa Mgr Hubert de supprimer les fêtes patronales de chaque paroisse, ainsi que toutes les fêtes célébrées entre le 1er mai et le 1er novembre. Les premières occasionnaient des désordres et les six autres semblaient préjudiciables à l'agriculture. L'évêque ne prit aucune décision sans consulter les curés, par l'intermédiaire des archiprêtres. En janvier 1791, chacun avait répondu à ses questions. Il en parle à son coadjuteur, Mgr Bailly de Messein, puis il écrit au cardinal Antonelli sur ce sujet:

> D'un côté les clameurs du petit peuple qui se scandalisera de la suppression de ses fêtes, la nécessité de le maintenir dans la connaissance des mystères de la religion et dans le culte des saints que les fêtes lui remémorent, la qualité de celles qu'on veut supprimer, lesquelles sont ou des fêtes titulaires de paroisses ou des fêtes fort anciennes et communes à presque toutes les Églises catholiques, voilà ce qui semble déposer en faveur de leur conservation. D'un autre côté, les besoins de l'agriculteur, la profanation que nos habitants de la campagne font des fêtes, surtout des fêtes patronales de paroisses, notre mélange avec les protestants dont les catholiques deviennent malheureusement les imitateurs et auxquels nos fêtes paraissent odieuses et à charge, tout cela semble annoncer que tôt ou tard on sera contraint d'en venir à leur suppression[7].

L'évêque demanda au préfet de la Propagande ce qui relevait de lui dans une telle initiative.

Sans attendre de réponse de son lointain correspondant et présumant que l'avoir entretenu là-dessus équivalait à l'obtention des permissions demandées, Mgr Hubert publia son mandement le 15 avril 1791. Espérant éviter tous les écueils et permettre aux vrais fidèles de ne pas souffrir de cette privation, il conserve sept fêtes d'obligation: Noël, l'Épiphanie, l'Annonciation, l'Ascension, la Fête-Dieu, la Toussaint et l'Immaculée-Conception; les treize autres fêtes d'obligation deviennent de simples fêtes de dévotion; on y conserve les célébrations habituelles pour les personnes qui peuvent y assister, mais elles ne sont pas chômées. Mgr Hubert informe ensuite le cardinal Antonelli du contenu de son mandement. S'il a agi contre les règles de l'Église, il se conformera à toute correction qu'on jugera bon de lui indiquer. À Rome, on n'acquiesça à ce passage à des fêtes de dévotion que là où c'était déjà l'usage. Le mandement fut néanmoins maintenu tel quel. La population fut secouée de nombreux remous et considéra l'événement comme une suppression des fêtes.

Même de dévotion, certaines fêtes, surtout patronales, ne continuèrent pas moins d'occasionner ici et là des abus dont les curés se plaignirent à l'évêque. L'ordinaire, qu'il s'agît de Mgr Hubert ou d'un successeur, optait alors pour la suppression complète de toute commémoration religieuse, comme à Varennes et à Yamachiche en la fête de sainte Anne, le 26 juillet. Par ailleurs, on restaura plus tard la fête patronale à certains endroits, par exemple à Saint-Pierre-du-Portage, mais sans en faire une fête d'obligation.

Déjà en 1808, des curés trouvaient inopportuns les offices religieux du lendemain et du surlendemain des fêtes de Noël et de la Pentecôte; après consultation, Mgr Plessis ne modifia pas le mandement de Mgr Hubert, si ce n'est qu'en 1810 il décréta, avec l'accord de Rome, que les fêtes patronales de paroisses seraient désormais toutes célébrées le dimanche après la Toussaint; les perpétuels fêtards étrangers ne pourraient donc plus être des agents de désordre dans les fêtes patronales qui parsemaient l'année; chacun des paroissiens se limiterait à fêter avec les siens. Mgr Lartigue en arriva en 1826 à vouloir supprimer complètement les offices religieux lors des fêtes de dévotion, car elles étaient souvent profanées. Mgr Panet ne remarquait pas ces inconvénients dans le district de Québec et se garda de tout changement. En 1833, la même tentative auprès de Mgr Signay par Antoine Tabeau, vicaire général à Montréal, François-Xavier Demers, vicaire général à Saint-Denis, et Hyacinthe Hudon, curé de Boucherville et porte-parole de quarante-huit curés du district de Montréal, provoqua une rebuffade de la part de l'évêque à l'égard de Mgr Lartigue; il fut soupçonné de ne pas s'être opposé à la pétition. L'évêque auxiliaire intervint auprès du clergé de son district et manifesta publiquement sa solidarité avec Mgr Signay. L'un et l'autre refusaient de priver les bons fidèles d'exercices de piété fort satisfaisants, sous prétexte de désordres scandaleux dans certaines paroisses. Autrement, ne faudrait-il pas abolir les sept dernières fêtes d'obligation et les dimanches, puisqu'il s'y produisait plus de disputes que les jours de la semaine? Mgr Signay s'affligeait d'autant plus de cette érosion de la piété qu'aux États-Unis les évêques, réunis en concile, venaient de décider que le lendemain des fêtes de Pâques et de la Pentecôte serait désormais fête d'obligation.

Quand Mgr Lartigue devint évêque titulaire de Montréal, il ne tarda pas à obtenir de Rome un indult qui l'autorisait à supprimer les fêtes de dévotion, s'il le jugeait préférable. Il mena une consultation auprès des curés de son diocèse et reçut 10 réponses négatives et 21 affirmatives. Dans son mandement du 12 mars 1839, il supprima le lendemain et le surlendemain de Pâques, de la Pentecôte et de Noël, ainsi que le dernier jour de l'octave de la Fête-Dieu.

Mgr Bourget avait prévenu Mgr Turgeon de la parution prochaine de ce mandement. Mgr Signay et son coadjuteur regrettèrent le geste unilatéral de l'évêque de Montréal, qui conduirait des curés du diocèse de Québec à demander une décision semblable; cela se produisit, en particulier de la part des curés de Sainte-Anne-de-Beaupré et de Sainte-Anne-de-la-Pocatière.

La ville de Montréal et les environs avaient vu s'instaurer depuis peu certaines autres fêtes: celle de saint Jacques, en reconnaissance de la dédicace de l'église où célébrait habituellement Mgr Lartigue, celle de saint Patrice, le patron des Irlandais, célébrée le plus souvent en leur église nationale en présence de nombreux invités protestants, et celle de saint Jean-Baptiste, la fête nationale des Canadiens depuis la fondation de la société patriotique du même nom.

La messe de minuit à Noël

Parmi les fêtes d'obligation, Noël, Pâques et la Fête-Dieu étaient entourées d'une magnificence particulière. Dans une nouvelle église comme celle de Saint-Jean en 1829, la messe de minuit attirait même des protestants. Les dames y chantaient des cantiques, accompagnées au piano. En général, la chorale et l'orgue étaient de mise. Même si la messe de l'aurore, célébrée tout de suite après celle de minuit, était disparue à plusieurs endroits, en particulier dans le district de Montréal, Mgr Signay y tenait, selon l'usage traditionnel du diocèse. Dans l'avant-midi, une troisième messe suivait avec solennité. En 1836, première année du diocèse de Montréal, Mgr Lartigue se rendit à l'église paroissiale; le chant et la musique éblouirent l'assistance. Dans l'après-midi, après les vêpres, l'évêque prononça le sermon. *L'ami du peuple, de l'ordre et des lois* écrivit le 28 décembre: «On ne peut rien imaginer de plus beau que cette vaste église éclairée par une foule de lustres et de cierges dont la lueur brillante réfléchissait ses feux tremblants sur l'or et l'argent des riches ornements du culte sacré.» Si les Anglais se visitaient en ce jour de la Nativité de Jésus, les Canadiens réservaient cette coutume au premier de l'an, comme celle de la bénédiction paternelle.

La messe de minuit devint elle aussi l'occasion d'ivrognerie à un point tel que plusieurs curés obtinrent de leur évêque la permission de la supprimer. De nombreuses cantines étant ouvertes durant la veillée précédente, des gens ivres se présentaient à l'église et assistaient à la messe de façon scandaleuse, après quoi ils se divertissaient le restant de la nuit, souvent dans des querelles et des batailles. Au cours de la décennie de 1810, les suppressions se multiplièrent, par exemple au Sault-Saint-Louis, à Saint-Joseph-de-Soulanges, à Saint-Joseph-de-Chambly, à Châteauguay et à Saint-Pierre-du-Portage. Après quelques années de disette, il n'était pas rare que des marguilliers, représentant les paroissiens, et leur curé supplient l'évêque de rétablir la messe de minuit chez eux, avec la promesse qu'ils assureraient l'ordre dans les salles publiques et dans l'église. Quand les propriétaires de cantines et d'auberges acceptaient de fermer leurs portes la veille au soir, c'était déjà une bonne garantie que seul l'office religieux jouirait de l'attention des fidèles. Mgr Signay laissa tout de même languir ceux de Sainte-Marie-de-Beauce avant d'accéder à leur demande; il voulait être certain de leurs convictions.

Le carême et Pâques

L'imposition des cendres le premier mercredi du carême, le jeûne tout au long de ce temps de pénitence, comme l'abstinence de viande les vendredis et samedis de toute l'année, voilà autant de signes de la dimension ascétique exigée des Canadiens catholiques romains. L'abstinence posait problème pour les enfants, le personnel engagé chez les non-catholiques, les soldats, les navigateurs; la rigueur laissait alors place à la compréhension. Jusque vers 1820, très nombreux étaient les catholiques, surtout dans le district de Montréal, qui se dispensaient du jeûne et de l'abstinence; à plusieurs endroits, surtout dans les lieux de colonisation, on ne faisait ni jeûne ni abstinence depuis longtemps, car on y était contraint à l'année longue par la pauvreté. Lors des épidémies de choléra en 1832 et 1834, après consultation avec des médecins, Mgr Panet puis Mgr Signay firent immédiatement connaître par les journaux leur décision de dispenser des exigences du jeûne et de l'abstinence tous les diocésains qui demeuraient dans les paroisses où la maladie avait commencé ses ravages; ils répondirent avec aplomb aux Sulpiciens qui ne leur reconnaissaient pas le droit d'une telle initiative, un indult de Rome étant, semble-t-il, requis. Allergique aux journaux, Mgr Lartigue avait trouvé malheureux que l'évêque s'en servît pour une annonce aussi importante, mais c'était le moyen le plus rapide dans les circonstances. L'attitude de deux jeunes hommes en quête d'une maison de pension à Montréal traduit un peu la mentalité de l'époque; ils firent annoncer, dans *Le Spectateur Canadien* du 27 janvier 1817, leur désir de trouver «une respectable famille canadienne, où ils seraient à portée d'observer le carême et faire maigre tous les vendredis et samedis de l'année et autres jours d'abstinence».

Les prédications du carême apparurent seulement en 1839; avec l'approbation de Mgr Lartigue, les curés Michel Morin de Saint-Henri et François Pascal Porlier de Terrebonne prirent l'initiative de faire une instruction hebdomadaire dans la paroisse l'un de l'autre sur la pénitence et les préceptes du décalogue. Leurs objectifs consistaient à attirer les fidèles à l'église et à fixer davantage leur attention sur leur vie chrétienne; il en résulta beaucoup plus de confessions que les années précédentes. Quant aux exercices de la semaine sainte, ils se ressemblaient beaucoup d'un endroit à l'autre. Le lavement des pieds de douze écoliers, représentant les apôtres, avait lieu surtout dans les villes à l'occasion du Jeudi saint. Autour de 1830, on perçut un sursaut de participation aux offices religieux qui préparaient à Pâques, jour où la grand-messe était particulièrement rehaussée par les chants et la musique.

Précédée par la confession de ses fautes au tribunal de la pénitence, la communion pascale faisait l'objet d'une liste dressée par chaque curé. Les non-pascalisants étaient surveillés à l'œil. Il s'agissait habituellement de concubinaires, de paroissiens s'obstinant à ne pas payer leurs dîmes ou à ne pas cesser de courir les noces en survenants. Le temps de Pâques s'étendait, pour les sacrements du pardon et de l'eucharistie, du dimanche des Rameaux à la Quasimodo; plusieurs curés demandaient l'extension d'une, de deux ou de trois semaines, compte tenu des mauvais chemins ou de la grande quantité des communiants. Ils l'obtenaient facilement de la part de l'évêque ou d'un vicaire général, s'il s'agissait de semaines antérieures à celles qui étaient statutaires. Mgr Lartigue aurait voulu une extension générale de deux ou trois semaines, mais Mgr Panet continua d'exiger une demande annuelle de la part des curés. Tout catholique accomplissait sa communion pascale dans sa paroisse, alors que le pardon pouvait être célébré ailleurs; le curé exigeait alors un billet de confession. Pierre-Marie Mignault de Chambly en arrivait ainsi à ce calcul en 1823: «J'ai confessé dans la quinzaine 1500 personnes; 30 autres se sont adressées aux curés voisins. Il m'en reste encore à peu près 580, dont la plupart se sont présentées dans le carême.»

La Fête-Dieu

Grâce à la procession du Saint-Sacrement, la Fête-Dieu a toujours été la journée religieuse la plus festive de l'année. La milice, les drapeaux, des musiciens ajoutaient de l'éclat à la piété des Canadiens. La procession solennelle de l'église à un reposoir s'effectuait dans tous les villages, à l'issue de la grand-messe, le dimanche suivant le jeudi de la Fête-Dieu. À partir de 1826, les journaux de Montréal et de Québec décrivirent ce qui s'y déroulait. Dans la première ville, la procession paroissiale de l'avant-midi et celle de l'église Saint-Jacques de l'après-midi étaient formées d'une compagnie de la garnison, des carabiniers volontaires et des membres catholiques du Barreau. Le long du parcours, beaucoup de citoyens, même des protestants, posaient des guirlandes et des couronnes de fleurs au-dessus des fenêtres et des portiques de leurs maisons. Comme la température est habituellement belle en juin, la pluie empêcha rarement une si imposante cérémonie. On érigeait pour la circonstance les reposoirs ou chapelles de verdure (rameaux de cèdre et sapinage) devant un maison privée, quand on ne comptait pas sur des stations naturelles telles que les églises ou les chapelles des Sœurs de la Congrégation Notre-Dame, des Récollets, de Bonsecours et de l'Hôtel-Dieu. En 1831, la procession de la nouvelle paroisse Saint-Roch à Québec fut décrite comme la plus décorée et la plus pieuse de toute l'Amérique septentrionale; les enfants de chœur et les enfants habillés en anges, l'encens, le dais, les fleurs jetées sur le passage du divin triomphateur, la multitude recueillie qui suivait l'ostensoir porté par le célébrant, tout concourait à la beauté du défilé et à la ferveur des spectateurs comme à celle des participants.

Le pain bénit

Aux messes des dimanches et des fêtes, la présentation et le partage du pain bénit étaient partout de rigueur. Sa bénédiction avait lieu après le *Gloria,* au début de la messe; des servants de messe l'apportaient ensuite à la sacristie pour que le bedeau le taillât en morceaux, un plus gros étant réservé à celui qui fournirait le pain le dimanche suivant, puis la distribution commençait durant le *Credo.* Les gens se signaient avec ce pain bénit, le goûtaient et l'apportaient souvent à la maison pour les membres de leur famille qui n'étaient pas

La Fête-Dieu à Nicolet. Tableau de Joseph Légaré. Galerie nationale du Canada, Ottawa, n° 6459.

présents à la grand-messe. Le pain était fourni à tour de rôle par chaque famille de la paroisse et le chef de la famille qui offrait le pain faisait la quête ce dimanche-là. Les communautés religieuses étaient exemptes de la présentation du pain bénit.

Tout au long des quatre-vingts ans de cette période, des questions se posent, des tensions existent, des problèmes surgissent à propos du pain bénit. Tel seigneur tient à ce qu'il lui soit présenté sur un plat, un autre ne veut pas en transmettre de morceaux aux personnes de son banc. Un jeune marié refuse, pendant cinq semaines d'affilée, d'apporter le pain à bénir. Certains n'adjoignent pas au pain une pièce de monnaie, point de départ de la quête de ce dimanche-là, ni même un cierge qui remplace l'argent, surtout dans le district de Montréal. De gros morceaux étant donnés à des personnes privilégiées: marguilliers, seigneur, capitaine, parents et voisins du donateur, on se demande souvent qui a ce droit. Des chefs de famille, n'ayant pas de terre ou étant retirés ou locataires ou étant des veuves, tentent de se faire exempter de cette offrande, comme on le fait pour les pauvres. Certains présentent un pain très peu convenable. Bien que le refus de présenter le pain à bénir fût susceptible d'être puni par le juge civil, les administrateurs des fabriques ne poursuivaient pas en cour ceux qui s'entêtaient à ne pas faire leur part. Lors des grandes fêtes comme la Fête-Dieu ou Noël, des notables, comme l'honorable Toussaint Pothier, ou des groupes, tels les Carabiniers volontaires de Montréal, veillaient à la présentation du pain à bénir, en général un chef-d'œuvre architectural et gastronomique.

Le prône et le sermon

Les dimanches et les jours de fête comportaient une part d'enseignement. Le prône et le sermon caractérisent l'époque en cours. Le prône, débité après la lecture de l'extrait évangélique, comporte un rappel événementiel soit liturgique soit local et une courte instruction; il jouit d'une fonction kérigmatique ou plus simplement informative. Le sermon, de composition personnelle, comporte un exorde, où le thème est annoncé souvent à partir d'une citation biblique, un développement incluant une réflexion sur le contenu de la foi et une incitation à y conformer sa conduite, puis une péroraison présentée comme une prière suppliante à Dieu en relation avec la dimension eschatologique. Les deux interventions se succédaient et duraient d'une demi-heure à une heure, selon les curés et les circonstances.

L'ignorance religieuse des Canadiens suffisait à motiver les curés dans l'exercice de cette tâche pastorale. Prêcher fréquemment et faire de bons catéchismes faisaient essentiellement partie du ministère sacerdotal. Le peuple se montrait avide des instructions, le seul mode d'éducation permanente de leur foi. Un évêque invitait même un prêtre malade ou infirme à remplacer la grand-messe par un basse messe plutôt que d'éliminer la prédication, s'il ne pouvait assurer les deux. Les moins bons prédicateurs croyaient compenser leur faiblesse en prêchant au tribunal de la pénitence, dans leurs rencontres avec des individus et par l'exemple d'une vie édifiante. Les évêques conseillaient souvent des améliorations à tel ou tel prêtre, comme Mgr Plessis à Pierre Robitaille, aumônier des milices au fort Saint-Jean: ne jamais prêcher plus de 15 à 20 minutes de suite, s'y préparer par la lecture et par la méditation, citer fidèlement la Bible ou un événement d'histoire de l'Église.

La chaire était réservée à la science de Dieu et à la promotion des vertus chrétiennes; ce n'était pas l'endroit pour un curé, même sous prétexte d'aider les pauvres, d'enseigner la science commerciale ou les techniques agricoles. Dans une étude de la prédication à Montréal, Louis Rousseau conclut:

> Le pécheur, pour être sauvé, doit s'identifier totalement au modèle du Saint, Jésus, ce qu'il ne réussit qu'épisodiquement à réaliser. Son impuissance pratique l'enferme donc dans le cercle de la crainte, trouée à l'occasion par la montée de l'admiration lorsqu'il réussit à se convertir. Mais cet accès au deuxième état de la religion demeure toujours sous le signe de la précarité[8].

Cette grille de lecture permet sans doute de mieux situer les sujets traités par Jean-Jacques Lartigue comme prédicateur à Notre-Dame entre 1806 et 1829; il y parla «indifféremment du péché, de la mort, de la pénitence, de la miséricorde divine, du jugement dernier, de l'enfer, du ciel, de l'avarice, de l'usure, de l'impureté, de la foi, de la sanctification du dimanche[9]».

Le rituel

Pour l'ensemble des cérémonies religieuses, un rituel servait de guide à tous les prêtres; l'uniformité était de rigueur. Des commentaires, faits lors des visites pastorales ou dans la correspondance, font ressortir des points d'insistance: entretenir constamment la lampe du sanctuaire, souvent éteinte durant la guerre de la Conquête, faute de cire, et laissée sans feu par des curés craignant un incendie ou soucieux d'économie pour leur fabrique; ne pas se servir du presbytère comme d'une sacristie ni de celle-ci comme d'une église; fixer l'heure des messes à l'intérieur de certaines limites, aucune ne finissant plus d'une heure avant l'aurore ou commençant plus d'une heure de l'après-midi.

Au tournant de 1830, on imprima trois documents. Le premier s'adressait aux missionnaires qui rendaient service aux immigrants des extrémités du diocèse et surtout aux nouveaux prêtres irlandais. Ce recueil incluait les annonces usuelles du prône, un abrégé des principales vérités de foi et les formules des actes à dresser dans les registres. On y trouvait, dans une très bonne traduction, tous les aspects qui s'étaient additionnés depuis le rituel de 1703. Deux ans plus tard paraissait un *Petit manuel des cérémonies romaines à l'usage du diocèse de Québec*; on y tenait compte de ce qui se faisait dans les diverses paroisses et on favorisait une plus grande uniformité. Le troisième, publié le 28 août 1836 par Mgr Signay et accepté tel quel par Mgr Lartigue, reprenait enfin une bonne partie du rituel de Mgr de Saint-Vallier. L'évêque de Montréal y avait travaillé sporadiquement depuis une trentaine d'années et, de façon spéciale, depuis 1828. Il s'agissait de tout ce qui concernait l'administration des sacrements; il serait publié en anglais en 1838. Le rituel romain servait de modèle et les éléments jugés nécessaires de tradition locale s'y inséraient.

Les livres liturgiques, utilisés dans les paroisses par les célébrants, les chantres et même des paroissiens, étaient publiés par les maisons d'édition, la plupart du temps avec l'approbation de l'évêque; celle-ci devint indispensable après 1830. On réédita en 1800 et 1801 le *Graduel Romain*, le *Processionnal Romain* et l'*Antiphonaire*. L'année suivante parut une nouvelle édition des *Épîtres et Évangiles des Dimanches et Fêtes de l'année*, avec de courtes réflexions. L'*Office de la Semaine Sainte*, en latin et en français, fut sous presse en 1816. L'*Ordo* paraissait annuellement pour la récitation du bréviaire et la célébration de la messe, du moins à partir de 1830. On édita plusieurs fois les *Cantiques* de Marseille, le *Psautier*, le *Recueil des Cantiques à l'usage des Missions, Retraites et Catéchismes* jusqu'à ce que fût publié, en 1834, un nouveau recueil de cantiques, choisis parmi ceux de Saint-Sulpice, d'Avignon, de Lyon, de Daulé et parmi les anciens cantiques en usage dans le diocèse.

Les chantres

Les chantres ont toujours eu une place privilégiée dans les célébrations cultuelles, ce dont témoignent leur présence au chœur et le port du surplis. Contrairement à celles de France, les fabriques du Québec, trop pauvres, ne les rémunéraient pas, ce que préférait Mgr Briand. Les chantres de Neuville ayant décidé, en 1777, de conserver le cierge remis à chacun d'eux lors des enterrements, contre la volonté de la paroisse et la coutume du diocèse, l'évêque défendit à tout prêtre de les absoudre aussi longtemps qu'ils n'auraient pas réparé leur scandale. S'ils s'obstinent, que des chantres d'ailleurs viennent, que la foule chante des cantiques et que des jeunes s'initient à devenir chantres. En 1789, remerciant un chantre à la recherche d'argent, des habitants de Sainte-Rose en trouvèrent un autre à qui ils verseraient les fruits d'une quête par année. Lors des grand-messes et des sépultures célébrées en semaine, les familles concernées rétribuaient les chantres, quoique de façon bien inégale selon les endroits.

Cette façon de procéder se répandit. La fabrique engageait un maître chantre et les autres chantres ne se plaignaient pas de poursuivre leur service gratuitement. Les prix montèrent cependant; certains maîtres chantres demandèrent 25 £ par année, sans compter les autres revenus inhérents à cette tâche en semaine. En 1830, l'idéal semblait d'engager un instituteur qui s'occuperait en même temps du chant à l'église; le premier curé de Saint-Rémi en fit la demande dans *La Minerve*. Un notaire, soucieux de trouver une place de chantre dans une paroisse de campagne, s'annonça dans *L'Ami du peuple* en 1838. Selon les règles de l'Église, seuls les hommes pouvaient devenir chantres. Vu leur pénurie dans les missions, Mgr Bourget acquiesça à l'idée d'avoir des femmes au jubé ou dans la nef, même lors des grand-messes et des vêpres. À l'orgue, la question se posa seulement vers 1820 et Mgr Plessis y donna son accord, après y avoir vu des femmes durant son voyage en Angleterre.

Les évêques stimulèrent les curés à grouper de quinze à vingt chantres dans leur paroisse. L'émulation assurerait pour longtemps le remplacement des mécontents. L'admission de nouveaux chantres, le déplacement d'anciens et leur gradation interne relevaient du curé. Il lui appartenait, par exemple, de refuser la présence d'un cantinier dans le chœur de chant.

En général, malgré certains efforts de compétence, la qualité du chant et de la musique ne s'améliorait pas rapidement. Voix forcées et cacophonie semblaient monnaie courante; «prétendre savoir les choses sans les avoir apprises» apparaissait la source principale de ces lacunes, selon *La Minerve* du 14 janvier 1830. Pour Pâques 1832, on annonça dans les journaux une nouvelle messe en trois parties, de la composition de M. Lasonne de Paris, préparée durant tout l'hiver par une vingtaine de jeunes gens de Montréal pour les fidèles de leur église paroissiale; c'était le signe d'une amélioration qui se propagea durant cette décennie.

Les autres adjoints aux célébrations

D'autres laïcs participaient de façon active à diverses célébrations. Le curé de Deschambault innovait, en 1796, en remplaçant les marguilliers par de jeunes gens pour porter le dais lors des processions; ils revêtirent le surplis et témoignèrent plus de leur foi qu'au moins l'un des marguilliers, alors récalcitrant. Il ne paraissait pas opportun d'introduire dans le chœur ni les marguilliers ni le seigneur, même pas à l'occasion de fêtes particulières. La quête étant faite par le fournisseur du pain bénit ou par une personne choisie par lui, un enfant de chœur l'accompagnait, portant une bourse; on ne pouvait obliger aucun bedeau à faire la quête. Les enfants de chœur, dont l'habit était fourni par la famille, pouvaient être recrutés par le curé qui en préparait quelques-uns à devenir servants de messe; les hommes mariés étaient exclus de ces fonctions. La manie d'habiller des jeunes gens en anges avec des ailes, vers 1830, fut jugée ridicule par Mgr Panet et ne se répandit pas.

Aux messes en semaine, il devait y avoir un répondant ou servant; un chantre s'y joignit de plus en plus fréquemment vers 1815-1820, à cause de l'accroissement des grand-messes pour les âmes du purgatoire, pour les biens de la terre, pour la conservation des familles et par action de grâces. Aucun prêtre ne pouvait biner dans la même église pour quelque raison que ce soit. Le curé fournissait son vin aux messes; la fabrique lui en allouait six gallons par année, selon les règlements du diocèse.

Les objets d'art religieux

Pour les diverses cérémonies, on devait faire de nombreux et fréquents achats: les étoffes et les ornements d'église — damas cramoisi, chapes, chasubles, dentelles, galons et franges, purificatoires, brocart — de même que de nombreux articles nécessaires au culte: crucifix d'ivoire, de cuivre et d'or, calices, ciboires, ostensoirs, bénitiers et goupillons, burettes, encensoirs, chandeliers, vases pour les saintes huiles, dais, fonts baptismaux, cloches, pots à baptême, croix, flambeaux, lampes, reliquaires, navettes, cierges. Beaucoup de ces objets provenaient soit d'Angleterre, soit de France par Londres.

Les registres

L'habitude de rédiger les registres de baptêmes, de mariages et de sépultures se poursuivit sous le régime britannique, selon la même attention qu'auparavant. Chaque année, dans les six semaines qui suivaient le 31 décembre, les curés en remettaient un exemplaire au greffe de leur district, ancien usage repris par Haldimand en 1784. Il en ressortait des statistiques qui étaient publiées dans les journaux. À la fondation d'une nouvelle desserte ou paroisse, le curé se pourvoyait de

registres, les envoyait à l'évêque pour qu'il en indiquât officiellement le nom patronal, ce qui était ratifié par un juge avant
que les cahiers ne fussent renvoyés au curé. Ensuite, chaque
année, le double registre, ecclésiastique et civil, devait être
authentifié par un juge. Le bill de 1795 sur la forme des registres s'étendait à chaque église paroissiale de la communion
catholique romaine, de même qu'à chacune des églises ou
congrégations protestantes de la province; on y inclurait les
méthodistes et les juifs en 1831. Mgr Panet avertit un curé
négligent dans la remise de ses registres au greffe qu'il lui
sera imposé une amende de 25 £ en plus des frais de cour:
«Cette affaire est plus sérieuse que vous ne le pensez probablement et pourrait faire naître l'idée d'arracher au clergé,
comme en France, la belle prérogative qu'est celle de tenir les
registres[10].»

Tous ne pensaient pas ainsi, entre autres «Le bedeau»,
pseudonyme de l'auteur d'une lettre à *La Minerve* du 14
décembre 1829, peut-être un curé, qui se rebiffe contre le fait
récent que les curés paieraient désormais pour faire parapher
les registres de l'année suivante. Payer le coût du registre qui
sera transmis au greffe, le remplir gratuitement tout au long
de l'année, n'était-ce pas suffisant? Et pourtant il était clairement dit dans la loi que les protonotaires devaient parapher
les registres «sans recevoir aucun honoraire ou émolument
quelconque pour cet effet». Les curés apparaissent à l'auteur
de la lettre comme les seuls habitants auxquels on inflige des
peines pécuniaires pour un travail dont ils ne retirent aucun
salaire ni récompense. Pourquoi n'établirait-on pas, comme
en d'autres pays, des officiers civils pour la tenue des registres? La réponse surgit spontanément: cela coûterait beaucoup
trop cher. Alors, qu'on n'exagère pas auprès de ceux qui font
tant pour la société, en toute gratuité et sans reconnaissance.
Vers 1830, la librairie E. R. Fabre annonça avoir reçu une
grande quantité de registres de 10 à 300 feuilles pour l'année
suivante; elle se chargeait même de les faire coter et parapher
par un juge.

5. LA PRATIQUE RELIGIEUSE

Les visites pastorales

La pratique dominicale et sacramentelle peut paraître généralisée, mais peu fervente. Cependant, même si Mgr Briand a fréquemment diagnostiqué le degré lamentable de la vie chrétienne de ses diocésains et a souvent reproché à ses prêtres leur mollesse au confessionnal, il s'est dit enchanté, dès sa première visite pastorale, de la ferveur et de la dévotion de la population; les hommes et les jeunes gens, montés à cheval, venaient le chercher d'une paroisse à l'autre, et les femmes et les enfants bordaient le chemin où il passait, dans l'attente de sa bénédiction. Des personnes se confessaient après 10, 20 et même 60 ans d'éloignement. Ces visites pastorales incluaient un salut au Saint-Sacrement, une prise de connaissance du nombre de communiants et des abus ou scandales du milieu, la vérification des finances en présence des marguilliers, des rencontres individuelles avec des paroissiens ayant des problèmes ou des peines à faire commuer, une messe et la confirmation. L'évêque passait d'une paroisse à l'autre pendant quelques semaines, revenait parfois à Québec pour quelques jours de repos et repartait de nouveau.

En 1775, dans le mandement d'introduction de sa troisième visite pastorale, Mgr Briand, se comparant à saint Paul s'adressant aux Corinthiens, relève des fautes répétées, sinon accrues, depuis ses passages précédents: ivrognerie, impudicité sous toutes ses formes, outrages envers les curés, puis se présente avec douceur et charité, non pour exterminer mais pour convertir, non pour retrancher mais pour sauver, non pour punir mais pour effacer. Suivait une invitation à tous de concrétiser leur foi par un comportement empreint de charité.

À un curé qui l'invitait à intervenir sur l'agriculture, grâce aux connaissances acquises lors de sa récente visite pastorale, Mgr Hubert répondit avoir fixé son attention sur les seuls points dont il se sentait responsable devant Dieu et devant les êtres humains: «faire connaître la Parole de Dieu, administrer les sacrements, recommander la chasteté, la charité, l'obéissance aux puissances légitimes, l'assiduité au travail considéré comme peine due au péché et comme remède à la concupiscence que fomente l'oisiveté, apaiser les différends et réunir les cœurs[11]».

Mgr Hubert prenait aussi des notes sur les lacunes du travail pastoral des curés, par exemple celui de Saint-Laurent qui ne prêche jamais ou ceux de Pointe-Claire, Terrebonne et Sault-au-Récollet qui ont dans leur bibliothèque l'*Histoire philosophique et politique des établissements et du commerce des Européens dans les deux Indes* de Guillaume Raynald, philosophe des Lumières qui s'élevait contre la colonisation et le clergé.

En entreprenant sa seconde visite pastorale, Mgr Denaut rappelle, dans un mandement de circonstance, combien il avait rendu grâce à Dieu pour les bienfaits de sa visite précédente. Il se présente comme un pasteur soucieux des pécheurs à convertir. Comme il reste souvent trois jours au même endroit, il insère, au milieu des célébrations de la confirmation, une ou quelques conférences spirituelles adressées à toute la population, ainsi que la vérification de certains lieux importants, comme le tabernacle, les fonts baptismaux et le cimetière. Pour assurer une continuité, Mgr Plessis et son coadjuteur, Mgr Panet, contrôlaient, à chaque paroisse visitée, si on avait fidèlement exécuté les ordonnances de la visite précédente, inscrites au livre de bord de chaque fabrique.

Les préoccupations des curés

Les curés trouvaient lourde leur tâche de confesseurs, surtout quand ils étaient nouvellement arrivés dans une paroisse ou encore durant le carême. À tel endroit, le péché de la chair prédomine, mais on en demande pardon au Seigneur et tous communient à Pâques. À tel autre, on ne respecte pas les jours de jeûne et d'abstinence; les dimanches et fêtes, les magasins sont ouverts, les cantines aussi et les travaux manuels se poursuivent; pourtant, on accepte les remarques du curé et on se corrige peu à peu. Ailleurs, la paroisse ne vaut pas grand monnaie: il n'y a pas de foi, on ne pense qu'à se divertir et à danser; les cabarets et les ivrognes abondent. Mais une fois Pâques passé, il ne reste plus que quelques malheureux qui n'ont pas assez d'esprit pour avoir de la religion. Dans un coin reculé, les gens vont très rarement à la messe, certains jamais, soit par négligence, soit par pauvreté, soit par mauvaise volonté, mais ils se disent disposés à avoir leur chapelle, une portion de terre ayant été donnée dans ce but. Des Canadiens qui se joignent aux immigrants dans les cantons de l'Est adhèrent aux sectes protestantes, de façon telle qu'ils perdent leur langue, leurs mœurs et leur piété, mais ce n'est pas l'avis des promoteurs anglophones du projet de colonisation. Un prêtre, exilé de France durant la Révolution, trouve, en 1817, que la religion et les mœurs souffrent une éclipse par rapport à son arrivée vingt-cinq ans plus tôt, excepté dans les paroisses éloignées des villes. À la Baie-du-Febvre, en effet, de trente à trente-cinq personnes participent à sa messe du matin en semaine, les communions sont fréquentes, les règles observées; mais il y a beaucoup de routine. «Le Canadien, dit-il, est bon, mais qu'il est léger! Il aime sa religion, mais il l'observe sans la connaître assez. Le plus chrétien d'entre eux n'aura pas de vice, mais il n'aura pas non plus de grandes vertus[12].» À Sainte-Croix, le curé Thomas Bédard découvrit, lors d'un recensement, une seule famille qui n'allait jamais à l'église; il perçut cependant chez tous très peu d'aptitudes à la science du salut et de la religion.

Ces perceptions de leur milieu par quelques prêtres, et il s'en présenterait d'autres semblables plus tard, peuvent être trompeuses, à moins qu'on ne les situe sur une quinzaine d'années de l'épiscopat de Mgr Plessis et qu'on ne sache que deux curés parmi eux, Pierre-Marie Mignault à Chambly et Paul-Loup Archambault à Vaudreuil, réalisèrent un ministère fort valable. L'évêque reconnaissait de plus que les nouvelles paroisses étaient souvent des terres en friche, même sur le plan religieux, et il importait d'y déraciner l'ignorance, la suffisance et l'indocilité. Dès sa première visite épiscopale, il perçut chez les Canadiens un assez bon fond de foi et de religion, mais une altération des mœurs. Tout en trouvant certains curés responsables de ce laisser-aller, il encourageait chacun à ne pas trouver le bonheur dans le succès de son ministère, mais dans la fidélité à le remplir. Il affirmait aussi, alors que les guerres napoléoniennes ravageaient l'Europe, être dans le pays où la foi était la plus fervente et où les fonctions ecclésiastiques étaient exposées à moins de déboires. Il recommandait à ses prêtres divers moyens pour une pastorale adéquate auprès d'un peuple si peu pieux et si peu religieux: prière fervente et fréquente au Seigneur, visites répétées des brebis égarées, diffusion de livres de piété, désintéressement, annonce de la Parole de Dieu et catéchisme.

Au tournant de la décennie de 1830, les besoins pastoraux les plus importants se portent sur les Irlandais. Le nombre de prêtres anglophones ou bilingues étant minime, Mgr Lartigue ne cesse de quémander de ces prêtres à l'évêque de Québec, mais en vain. Et pourtant il s'agit d'immigrants dont l'adaptation à leur nouveau pays comporte d'énormes difficultés. À Chambly, où plusieurs centaines de ces immigrants travaillaient à la canalisation du Richelieu, la situation était exceptionnelle: le curé Mignault célébrait un office dominical uniquement pour eux. Le curé Joseph Moll de Saint-Édouard, sur les instances des Irlandais d'Hemmingford et de Sherrington, offrit à Mgr Lartigue d'aller les pourvoir de certains services essentiels, même s'il connaissait assez peu l'anglais. Le curé d'Henryville reçut une permission similaire à celle de Moll; l'évêque lui précisa de célébrer la messe avec précaution dans des maisons catholiques, et non dans des auberges, des *meeting-houses* ou chez des protestants.

De plus, la population s'accroissant énormément et la manne de jeunes prêtres commençant à peine à se faire sentir, de nombreux curés étaient surchargés. On demandait des vicaires partout. Dans les paroisses populeuses, les prêtres pouvaient à peine répondre aux urgences. Des regroupements de catholiques étaient prêts à se former en paroisses, mais ils devaient attendre longtemps. Bien loin le temps où les curés rencontraient leurs paroissiens chez eux quatre fois par année. La quête de l'Enfant-Jésus restait la seule manière d'assurer une visite paroissiale; même là, des curés cherchaient à l'esquiver.

Les rapports de plus en plus précis de chaque paroisse visitée par l'évêque permirent à Mgr Bourget d'affirmer qu'en

1840 les diocésains de Montréal étaient au nombre de 186 244, dont 115 071 communiants. Il précisait que 7177 ne s'étaient pas confessés et que 13 726 n'avaient pas communié. Les concubinaires étaient au nombre de 44 et les apostats se chiffraient à 23. Mgr de Nancy avait peut-être raison, le dernier jour de la retraite qu'il avait prêchée à Québec en 1840, de noter la fermeté des principes religieux et la vivacité de foi des heureux enfants de la Nouvelle-France, malgré les lacunes de leur vie religieuse.

* * *

Le droit canonique et la réglementation des rites embourbaient la pastorale liturgique et sacramentelle. Ils chloroformaient en même temps toute recherche théologique. L'Église de chrétienté offrait un culte fort empreint de religiosité. Le légalisme du judaïsme et le ritualisme du paganisme, les deux grands courants religieux auxquels Jésus s'était opposé, avaient peu à peu repris le dessus sur la foi chrétienne signifiée librement en l'Église de Jésus le Christ. Celui-ci avait perdu sa place principale, sous le poids de détails secondaires et uniformes très anthropocentriques. Le mystère dont Dieu était entouré relevait quasiment de la magie. Des ministres de l'Église, les évêques, les prêtres, les théologiens, n'ont certes pas exercé leurs services ecclésiaux avec compétence et perspicacité. L'Esprit-Saint a ainsi été limité dans la réalisation de son œuvre ecclésiale. C'est le risque que Dieu a couru de s'en remettre aux êtres humains, même dans l'Église.

CHAPITRE IX

DÉVOTION ET SPIRITUALITÉ

L'éducation de la foi représente la quatrième facette de l'évangélisation ou de la pastorale, les autres étant la fraternité facilitée par l'institution paroissiale, l'engagement dans le monde particulièrement manifesté par les œuvres sociales, la liturgie et les sacrements. Les liens étroits et corrélatifs entre ces quatre dimensions font en sorte que dans la réalisation de telle ou telle activité pastorale elles y soient toutes présentes.

L'éducation de la foi des chrétiens s'effectue au niveau de la connaissance théologique qui peut être acquise à l'école, à l'église, à la maison, que ce soit par le cathéchisme, des sermons ou des lectures. Comme il s'agit de la foi en Jésus le Christ, c'est-à-dire de l'accueil de la Révélation, du partage de cette dernière avec d'autres personnes et de l'action de grâce rendue à Dieu en Église, il faut s'attendre que l'éducation d'une telle foi soit spirituelle et morale.

1. LES EXERCICES DE PIÉTÉ

Les prières publiques

Demander les bénédictions de Dieu dans l' épreuve fait partie intégrante de la religiosité des individus et des peuples croyants. Chez des producteurs agricoles, c'est souvent relié aux éléments naturels. Qu'il s'agisse d'une grand-messe suivie d'une procession en pleine semaine pour demander une température clémente à l'occasion des semences en avril, d'une oraison particulière à la messe pour la cessation des pluies qui inondent la terre en juin ou pour la disparition des sauterelles qui ravagent les jeunes pousses, de la bénédiction des champs en plein mois de juillet pour une récolte abondante ou contre une sécheresse déplorable, d'une procession en août pour l'élimination des vermisseaux jaunes qui mangent le blé dans l'épi, à chaque fois surgit une clameur vers Dieu. Certaines années, le fléau est plus étendu, plus prolongé ou plus intense; en 1793, par exemple, les sauterelles menacent d'une grave disette une douzaine de paroisses en aval et en amont de Québec. Après 1805, les demandes de cérémonies spéciales diminuent, mais elles semblent recommencer après la mort de Mgr Plessis, sporadiquement et autant dans le district de Montréal (par exemple, contre les insectes en juillet 1838) que dans celui de Québec.

L'évêque, qui se réservait la décision de prières publiques lors de ces calamités, refusait rarement une demande fondée, présentée par un curé au nom de ses paroissiens. Quand le fléau ne lui apparaissait ni flagrant ni très étendu, il rappelait que la liturgie romaine comportait déjà les processions de la Saint-Marc ou des Rogations, de même que la bénédiction annuelle des grains; puis il renvoyait son collaborateur au rituel et mentionnait des adaptations. Mgr Hubert s'en remettait à ses archiprêtres pour présider ces prières dans leur région respective. On suivait à la lettre les prescriptions épiscopales: jeûne ou abstinence, pénitence, processions souvent en présence des reliques du saint patron de la paroisse, récitation de la litanie des saints, messe, sermon. Ces afflictions étant populairement interprétées comme des punitions dues au libertinage, aux batailles, aux injustices dans les ventes, aux jurons et à l'impiété dominicale, le prédicateur n'insistait pas là-dessus, mais davantage sur la compoction du cœur et la soumission à la volonté de Dieu. La correction des mœurs ressortait tout de même comme le moyen le plus sûr de fléchir la colère de Dieu. Prudents, les évêques acceptaient très rarement une réitération de prières spéciales.

Des cataclysmes donnèrent aussi lieu à des supplications. Le 6 décembre 1791, l'île aux Coudres subit un tel tremblement de terre et des secousses si violentes les jours suivants que les paroissiens de Saint-Louis convainquirent leur curé d'ordonner des prières publiques, ce que ratifia Mgr Hubert. Aux Montréalais accablés par trois incendies successifs en 1803, le supérieur des Sulpiciens réclama des prières semblables, afin d'apaiser la colère divine. Les fidèles profiteraient de l'occasion pour réfléchir et pour intensifier leurs rapports avec Dieu. Deux fois, il a été question d'une bénédiction d'animaux avec exorcisme, mais rien ne prouve qu'elle ait eu lieu, compte tenu des vérifications exigées par l'évêque. Contre une invasion de rats, Mgr Plessis permit à un curé de réciter les prières du rituel si trois conditions étaient remplies: confession des personnes concernées, journée d'humiliation, de jeûne et de pénitence, instruction sur l'interprétation chrétienne de l'événement.

Les bénédictions de nouvelles maisons sont fréquentes, auxquelles on peut ajouter celle du pont Dorchester sur la rivière Saint-Charles présidée en 1789 par Mgr Hubert, celle du pont Prince-Régent sur la rivière du Sud à Saint-Thomas en 1813 par le curé Jean-Marie Verreau, celle du pont de M. Lachapelle à L'Abord-à-Plouffe sur la rivière des Prairies en 1836 par Quiblier, enfin celle du moulin à carder à Saint-Athanase en 1833 par le curé Clément Aubry. Chaque fois, on fait mention des liens entre la foi en Dieu, la religion catholique, l'art mécanique, l'industrie et les sciences.

Les croix de chemin

Des signes de piété s'étaient propagés en Nouvelle-France à partir de 1740: les calvaires et les croix de chemin, dont François-Xavier Regnard Duplessis se fit l'instigateur par ses encouragements à ses correspondants alors qu'il œuvrait lui-même en France. Ces croix étaient l'occasion d'actes d'amour de Dieu de la part des passants et servaient de lieux de solennités, de bénédictions, de litanies et de neuvaines pour les habitants des environs. En dix ans, chaque paroisse en comptait deux ou trois, dispersées le long du Saint-Laurent et dans les rangs les plus peuplés. Le militaire anglais Thomas Anbury trouvait lents les conducteurs de calèche, car ils arrêtaient à chaque croix pour y réciter ce qui lui semblait une longue prière.

Lors de leurs visites pastorales, les évêques insistaient sur l'entretien décent de ces croix de chemin; ils les voulaient entourées d'une clôture ou d'une palissade, afin d'empêcher les animaux de s'en approcher. Sans les multiplier indûment, Mgr Plessis permit l'érection de ces croix qui devaient être distancées d'au moins une lieue les unes des autres et d'au moins une lieue d'une église ou d'une chapelle. Les croix en bois, parfois hautes de six mètres, étaient peintes et ornées, entre autres objets, d'une lune, d'un soleil, d'une éponge, d'un roseau. Mgr Plessis regrettait ces enjolivures dont se moquaient les étrangers: «La croix est assez respectable par elle-même et doit suffire à la dévotion des fidèles, surtout si elle porte un Christ bien travaillé[1].»

À certains endroits s'érigèrent des calvaires de paroisse, parfois haut perchés comme à Sainte-Anne-de-la-Pocatière, parfois lieux de pèlerinage comme au lac des Deux Montagnes. Quelques calvaires furent si bien entourés, par exemple à l'intérieur d'une chapelle close sur trois côtés, qu'ils se conservèrent longtemps, telle l'œuvre magnifique de Louis Narbonne à Saint-Rémi.

Le chemin de la croix

La dévotion à la croix se développa encore davantage avec l'avènement du chemin de la croix. Inspirée d'une coutume propagée à Jérusalem par des pèlerins qui s'y rendaient depuis les Croisades, cette dévotion apparut en Belgique selon le mode des quatorze stations. Les Franciscains en favorisèrent l'expansion au XVIIe et XVIIIe siècles. Pour sa part, Mgr Plessis avait conservé de son voyage en Europe un dépliant italien qu'il trouvait facile à traduire. Il décrivit ainsi cette dévotion à Mgr Lartigue, en 1822: «La voie de la croix consiste en quatorze stations à faire à un égal nombre de croix, placées autour d'une quinzième, avec quatorze prières.» Il regrettait qu'on y supposât trois chutes de Jésus sous sa croix. À Rome,

Une croix du chemin à Lévis vers 1835. Aquarelle de Philip John Bainbridge. APC, Photo APC, c11898.

Croix du chemin à L'Ancienne-Lorette. **Même si elle date d'une période** ultérieure, cette croix illustre bien ce qu'étaient les croix ornées d'enjolivures. ANQ, coll. initiale, N 78-6-421.

au Colisée, qu'il avait visité, chaque croix surmontait un tableau représentant une scène du Vendredi saint. Les indulgences attribuées à un tel exercice de piété s'identifiaient à celles dont jouissait un pèlerin en Terre Sainte. Dans son mandement du 5 décembre 1822, l'évêque de Québec se déclara prêt à établir cette dévotion là où se trouverait un local avantageux, situé dans le voisinage d'une église.

L'aménagement requérait un terrain assez vaste, une clôture, des croix ou de petites chapelles représentant chaque station. La première demande semble être venue de Charles Bégin, curé à Saint-Vincent-de-Paul. Le curé Pierre Clément voulut ériger un chemin de croix à Beauharnois, selon un modèle qui différait de celui de l'évêque pour les prières et le nombre de stations; Mgr Plessis ne le trouva pas conforme à l'indult romain qu'il avait en sa possession. Le curé Étienne Cécile de Saint-Pierre, Rivière-du-Sud, fut le premier à demander une voie de la croix à l'intérieur de l'église. Après un an et demi d'expérience à l'extérieur, il s'apercevait que, de novembre à avril, le froid, les pluies et la neige rendaient l'exercice impossible. Il croyait ne pas outrepasser la permission de l'évêque en transférant les croix et les tableaux dans l'église en cette période de l'année; Mgr Panet différa d'avis: il s'agirait alors de deux chemins de la croix. Or, l'indult de son prédécesseur limitait à trente le nombre de voies de la croix à répandre; il n'en érigerait pas deux dans la même paroisse. Cependant, les curés ne tardèrent pas à demander un chemin de la croix à l'intérieur de l'église seulement. Le souvenir du Colisée romain avait amené Mgr Plessis à proposer une aménagement extérieur, mais l'expansion de la dévotion s'opérerait finalement selon les conditions climatiques du Canada.

La demande d'un chemin de la croix faisait ordinairement l'objet d'une pétition, signée par au moins une quarantaine de personnes. Les 77 signataires de Sainte-Marguerite-de-Blairfindie, en 1837, en attendaient «un trésor où les fidèles trouveront le principe de leurs convictions, les moyens de persévérer dans la justice, de quoi satisfaire à leurs dettes et à celles des âmes du purgatoire, enfin une source intarissable de grâces, de mérites et de toutes les bénédictions du ciel».

L'Instruction sur le chemin de la croix avec les pratiques de cette dévotion fut publiée en 1837. Tout au long de la décennie de 1830, les demandes affluèrent à Montréal; cette dévotion était déjà très répandue à Québec. Se référant à cet élan général et à la souscription en cours à Québec pour ériger une croix là où Jacques Cartier en avait élevé une à son arrivée, un lecteur de *L'Écho du pays* du 19 novembre 1835 invita les catholiques de Montréal à faire de même sur le sommet du mont Royal. Celle qu'avait portée Maisonneuve en 1642 était disparue après la cession du Canada en 1763. Ne la reverrait-on pas relevée et peut-être redevenir un lieu de pèlerinage, où la messe et des neuvaines seraient parfois célébrées? Mettons-nous «sous la protection du signe de la croix; rien ne peut tenir devant la croix. [...] Que nos neveux voient un jour ce monument sacré.»

Le Saint-Sacrement

Un autre lieu d'expression de la ferveur des Canadiens était le salut du Saint-Sacrement. Cette modalité dans le culte traditionnel envers le Saint-Sacrement provient de la piété post-tridentine. La pratique de cette dévotion s'était généralisée au XVIIe siècle en France. Les évêques la préservaient de tout abus. Les Sulpiciens, par exemple, ont dû expliquer à Mgr Briand pourquoi ils faisaient cet exercice tous les dimanches, alors que le règlement diocésain n'en permettait qu'un par mois. En 1791, Mgr Hubert supprima les saluts célébrés après les messes dominicales, car les fidèles ne revenaient pas aux vêpres, ces dimanches-là. Mgr Plessis insista dans le même sens trente ans plus tard: «ne demandez pas de salut du Saint-Sacrement [...] il y a déjà assez de saluts dans le diocèse[2]». Même la garde du Saint-Sacrement était réservée aux paroisses et aux communautés religieuses. Mgr Lartigue avait pris l'initiative de la permettre au Collège de Saint-Hyacinthe et à son propre établissement de Saint-Jacques. Mgr Panet comprenait dans le premier cas, vu sa distance de l'église paroissiale, mais il doutait de sa convenance canonique dans le second. Il s'ensuivit de grandes discussions. Tous deux convinrent que le Saint-Sacrement pouvait être conservé au tabernacle de l'autel où la messe était célébrée quotidiennement.

À part la Fête-Dieu et son octave, la dévotion au Saint-Sacrement s'extériorisait surtout lors des quarante heures. Cette dévotion, apparue à Milan en 1527, avait été étendue aux églises de Rome en 1592 par le pape Clément VIII. Elle fut universalisée par un décret du pape Clément XIII en 1765. Dès le retour de Mgr Briand à Québec, l'année suivante, le curé de Terrebonne lui en demandait la permission. Se disant au centre de Sainte-Rose, Saint-Vincent-de-Paul, Saint-François-de-Sales, Lachenaie et Mascouche, il inviterait les curés chez lui les trois jours gras. Leurs paroissiens s'y rendraient pour les confessions et s'y disposeraient au carême. Ce temps-là fut fréquemment choisi dans l'ensemble du diocèse, car on prévenait en même temps les désordres des derniers jours du carnaval. À certains endroits, on insérait cette dévotion à l'intérieur de la neuvaine à saint François-Xavier. Le début de juillet gagna des adeptes à partir de 1825.

Grâce à un indult pontifical, l'évêque accordait une indulgence plénière, aux conditions habituelles, aux fidèles qui participaient aux quarante heures. Mgr Plessis consentit à remplacer, par ces dernières, la neuvaine à saint François-Xavier dans une paroisse où la participation avait beaucoup diminué; Mgr Panet fit de même pour les dix vendredis. À Sainte-Anne-de-Yamachiche, les quarante heures intéressaient tellement les paroissiens que le curé obtint d'en avoir deux fois par année, avant le carême et au début de juillet. Ces temps forts de dévotion ne procédaient pas de la seule initiative des curés, mais du désir d'une portion importante de la population. Les évêques n'accordaient pas les quarante heures, sans avoir reçu des réponses adéquates sur la participation éventuelle des paroissiens et sur l'aide que le curé aurait de nombreux confrères. En 1840, une quarantaine de paroisses du Bas-Canada jouissaient du privilège de cette dévotion.

L'exposition du Saint-Sacrement débutait souvent à 7 h et se terminait après l'office de l'après-midi, vers 14 h ou 15 h. Dans les grandes villes, les paroissiens, plus nombreux, assuraient, pendant 40 heures d'affilée, une présence constante

devant le Saint-Sacrement. Cette modalité finit par prédo-
miner, même si Mgr Lartigue trouvait suffisant que le Saint-
Sacrement fût exposé du début de la première messe à la fin
de la dernière durant l'avant-midi (les prêtres célébraient l'un
après l'autre), puis de 14 h jusqu'à la fin du salut. L'essentiel
de cette dévotion consistait en l'obtention d'une indulgence
plénière par la réalisation de divers gestes: confession de ses
fautes, communion à l'eucharistie et visite individuelle au
Saint-Sacrement incluant des prières aux intentions du pape
et pour la propagation de la foi chrétienne. On chantait la
messe et les vêpres durant chacun de ces trois jours; on y
ajoutait une ou deux instructions et un salut.

Une autre forme de dévotion, la retraite paroissiale,
devait faire son apparition un peu plus tard. Mgr Plessis en
avait parlé dans son mandement du 5 décembre 1822, à son
retour d'Europe. Le curé Jean-Baptiste Germain de Terrebonne
en désirait une depuis longtemps; il comptait sur ses confrères
des environs pour entendre les confessions et sur une possibilité d'indulgence plénière pour les participants. Le curé Pierre
Clément obtint, en 1829, la permission d'en tenir une aux
Éboulements, en y incluant chaque jour la grand-messe, deux
instructions, les vêpres et le salut. Mais les retraites et missions
paroissiales ne prirent leur essor qu'après le passage de Mgr
de Forbin-Janson en 1840-1841.

Les jubilés

Les jubilés avaient été instaurés lors d'un changement de
siècle. Le pape Boniface VIII institua le premier en 1300. La
périodicité primitive fut réduite à 50 ans par Clément VI
(1343), à 33 ans par Urbain VI (1389) et à 25 ans par Paul II
(1470). L'indulgence jubilaire, initialement limitée à Rome,
fut rendue possible, au XVe siècle, à certaines conditions, aux
personnes qui ne pouvaient se rendre en pèlerinage dans la
Ville éternelle. Aux jubilés de ces années saintes s'ajoutèrent
par la suite des jubilés occasionnés par l'élection de nouveaux
papes.

Comme Clément XIII avait été élu en 1758, pendant la

guerre de la Conquête, Mgr Briand obtint de Rome la permission d'en célébrer le jubilé à son retour au pays comme évêque. Dans son mandement, il exhorta les Canadiens à corriger leurs manquements au jeûne, à l'abstinence et à l'observance des dimanches et fêtes. Le jubilé se tiendrait du deuxième au quatrième dimanche du carême 1767. Il débuterait par le chant du *Veni Creator* après la grand-messe du premier jour et se clôturerait par un *Te Deum* chanté après le salut du Saint-Sacrement le dernier jour. Pour gagner l'indulgence plénière, on devrait remplir quatre conditions: visite individuelle d'une des églises désignées par l'ordinaire, au moins une fois au cours des deux semaines; jeûne les mercredi, vendredi et samedi de l'une de ces deux semaines; confession et communion au moins une fois après ces trois jours de jeûne; aumône aux pauvres. On assigna comme stations du jubilé l'église paroissiale de chaque endroit, certains lieux de culte situés dans les trois villes et les chapelles des couvents.

On récolta les fruits attendus: retour sincère à Dieu de pécheurs endurcis, prompte obéissance aux supérieurs, paiement des dettes, renoncement à l'ivrognerie et à l'impudicité. Le curé de l'Assomption a compté 1100 communions durant le jubilé; seules quatre familles ne s'étaient pas rendues à l'église. Il avait confessé de 5 h à 22 h ou 23 h, excepté les moments passés à célébrer, à prêcher (deux fois par jour, sur les commandements de Dieu et de l'Église) et à manger un peu. Des suites perdureraient jusqu'en mai suivant, moment où s'effectueraient des restitutions et des réconciliations.

À la suite de l'élection de Clément XIV, Mgr Briand annonça un nouveau jubilé qui eut lieu, cette fois, du lundi de la Passion au dimanche de Pâques 1771. Pour la visite à l'église, il suggéra comme prière la récitation de cinq *Pater* et de cinq *Ave* ou du *Miserere*, ou bien encore de la litanie de la Sainte-Vierge.

L'arrivée de Pie VI en 1775 et l'élection de Pie VII en 1800, dans des circonstances troublantes, ne donnèrent pas lieu au jubilé. Léon XII publia une bulle, en janvier 1825, pour étendre au monde entier le jubilé réservé, la première année, à la capitale du catholicisme. Mgr Panet en annonça la tenue pour le dimanche de la septuagésime, le 11 février

1827. Pendant les six mois suivants, chaque paroisse ou mission choisirait deux semaines consécutives. Il apporta aussi quelques autres changements: visite non pas d'une mais de quatre églises ou chapelles (à la campagne, cela s'entendait ainsi: «le maître-autel de l'église de chaque paroisse ou mission avec trois chapelles intérieures» de celle-ci, «et à leur défaut, trois oratoires ou chapelles du Saint-Sacrement ou croix bénites les plus proches de l'église paroissiale de chaque paroisse ou mission»); la réduction de quinze à trois jours pour ceux et celles qui se joignaient à d'autres, en procession ou autrement, pour faire les visites demandées; aucun jeûne ni aucune aumône n'étaient requis pour gagner l'indulgence. Les intentions de prières portaient sur l'exaltation de notre mère la sainte Église, l'extirpation des hérésies, la paix et la concorde entre les princes catholiques, le salut et la tranquillité du peuple chrétien. Au mois de mars 1827, la librairie E. R. Fabre et Cie publia *Les Instructions pour le Jubilé*, petit recueil contenant la bulle papale, le mandement épiscopal, les prières et les exercices du jubilé et des instructions catéchétiques.

À Québec, le jubilé s'étendit du dimanche gras au deuxième dimanche du carême. Chaque jour, un sermon était prononcé à la cathédrale. Après certaines messes, un prêtre dirigeait un groupe de fidèles vers l'une des trois autres stations; Narcisse Charles Fortier, par exemple, prit à trois reprises la tête des congréganistes auxquels s'adjoignaient 3000 ou 4000 autres chrétiens. Mgr Panet se mêla à un groupe sans distinction ni cérémonie. À Terrebonne, le jour de la clôture du jubilé, une procession s'étendit sur une longueur de douze arpents, composée des Sœurs de la Congrégation Notre-Dame et de leurs 80 élèves en uniformes blancs, des jeunes filles de la paroisse, vêtues de blanc et portant un ruban noir au cou, des femmes mariées habillées en noir avec un ruban bleu au cou, des 240 porteurs de la croix divisés en huit équipes, du clergé, d'une croix de quarante pieds de longueur décorée et portée sur un brancard, de musiciens accompagnant des personnalités civiles, puis de tout le reste de la population. Au pied de la croix, plantée à trente arpents de l'église, c'est-à-dire à l'extrémité nord du village, on plaça une inscription en lettres d'or sur fond d'azur avec ces mots:

«Croix du Jubilé. Terrebonne, 5 juin 1827». Après un sermon prononcé magistralement par le sulpicien Quiblier, la procession, composée d'environ 2000 personnes, retourna à l'église en chantant le *Te Deum*. *La Minerve* du 11 juin 1827 décrivit la cérémonie à ses lecteurs, mais, le 7 juin précédent, elle avait été encore plus enthousiaste pour le jubilé de Montréal: «Que les esprits forts rient! [...] outre les considérations religieuses, le jubilé tourne au profit des mœurs et de la société», grâce à la réconciliation avec Dieu, qui entraîne avec elle «la satisfaction envers les hommes, la restitution du bien mal acquis et l'abjuration des haines»; la religion est le lien de paix par excellence; «que les esprits forts crient après cela au préjugé et à la superstition!»

Du 11 au 25 juillet 1830 et du 8 au 29 décembre 1833, deux autres jubilés s'offrirent aux Canadiens, à la suite de l'élection de Pie VIII et de Grégoire XVI. Le premier attendait de la prière des fidèles la sagesse, la prudence, le courage et la force que seul Dieu pouvait lui donner pour contrer les désordres de son temps. Le second comptait sur la conversion des participants au jubilé. Dans les deux cas, on revint à l'addition du jeûne et d'une aumône aux pauvres. Mgr Signay et Mgr Lartigue trouvèrent que de si nombreux jubilés en atténuaient l'importance. Ils en retardèrent les dates. L'évêque de Québec écrivit même à Rome pour savoir s'il pouvait exempter son diocèse du dernier. Ayant reçu une réponse négative, Mgr Signay se résigna à convoquer ses diocésains au jubilé demandé depuis un an par le nouveau pape. Une librairie publia un *Recueil de prières pour le jubilé*. Les sentiments religieux des Canadiens se distinguèrent de nouveau avec éclat. À Drummondville, Hubert Robson admira l'œuvre du Seigneur dans sa desserte: grand changement dans les mœurs et dans la conduite des catholiques, à la surprise admirative des protestants eux-mêmes, retour d'une douzaine d'apostats à l'Église et conversion de plusieurs hérétiques. Ce missionnaire désirait et obtint une extension du jubilé pour les 1500 autres communiants des *townships* de Wickham, Shipton et Kingsey.

Les indulgences

Les indulgences plénières gagnées lors des jubilés ou dans d'autres occasions se distinguaient des indulgences partielles. Les unes et les autres sont puisées dans le trésor spirituel de l'Église. Une fois les péchés remis grâce au sacrement du pardon et la pénitence accomplie, les chrétiens demeurent redevables envers la justice divine, ce qui s'appelle la peine temporelle due aux péchés. Parmi les moyens d'expier cette peine, en cette vie ou en l'autre, il y a les indulgences, applicables aux vivants et aux défunts (par manière de suffrage de la part des vivants). L'indulgence plénière remet totalement la peine temporelle à celui qui l'accueille dans les meilleures dispositions possibles; l'indulgence partielle remet seulement une partie de la peine due aux péchés. Personne ne gagnait une indulgence sans avoir la capacité requise (être baptisé, non excommunié, en état de grâce, visé par le collateur), la désirer et remplir les conditions prescrites. Pour l'indulgence plénière, les exigences étaient ordinairement la confession, la communion, la visite d'une église et des prières aux intentions du pape. Les indulgences partielles requéraient le plus souvent la visite d'une église, des prières ou une autre pratique pieuse.

La collation des indulgences relevait du pape; les évêques obtenaient le pouvoir de les transmettre dans des circonstances précises. Ainsi, en 1774, Mgr Briand accorda une indulgence plénière aux personnes qui, en la fête titulaire de la Nativité de la Sainte-Vierge, se rendraient à l'église de La Prairie pour s'y confesser, y communier et y prier pour le bien de l'Église. L'usage des indulgences fut plutôt restreint jusque vers 1825-1830. Mgr Hubert avait obtenu de Pie VI une liste d'indulgences plénières et partielles qu'il aurait pu promouvoir, mais il mourut avant de la recevoir. Le secrétaire de Mgr Denaut, Jean-Jacques Lartigue, en énuméra une douzaine en 1801, comme pouvant être acquises par tout catholique canadien, mais cela n'était pas connu du public. Une fois évêque, il demanda à Rome les privilèges dont il avait joui comme sulpicien, entre autres celui d'indulgencier un chapelet en le bénissant; le bénéficiaire gagnerait ainsi cent jours d'indulgences chaque fois qu'il le réciterait.

Mgr Lartigue craignait pourtant un mépris des indulgences, si elles étaient trop multipliées.

Alexis Mailloux trouva nécessaire d'informer les croyants sur la notion d'indulgence et sur les conditions d'acquisition. Son évêque endossa son projet de rédaction d'un petit livre à cette fin. L'auteur y privilégia les indulgences rattachées à la dévotion mariale et y adjoignit une méthode d'oraison mentale. Il s'agissait finalement d'un volume de deux cents pages, auquel collabora Mgr Turgeon.

2. LES CONFRÉRIES ET LES DÉVOTIONS INDIVIDUELLES

Plusieurs indulgences pouvaient être acquises par les membres de diverses confréries. Une présumée association aux plaies de Jésus, reliée à des révélations de sainte Melchtide, fut rapidement désapprouvée par Mgr Briand. Mais d'autres confréries existaient depuis longtemps, entre autres la congrégation mariale, que les Jésuites avaient instituée au XVIe siècle. L'évêque ne tarda pas à l'instaurer au Petit Séminaire de Québec, peu après la reprise des cours chez les Jésuites, c'est-à-dire en décembre 1767. Science et vertu plus facilement atteintes grâce à Marie, tel était l'objectif des jeunes membres. À Montréal, le départ du dernier jésuite amena, en 1791, les Sulpiciens de la paroisse à animer spirituellement les membres de la congrégation. Des notables comme Denis Viger, Louis Gauthier et Gabriel Franchère en faisaient partie, de même que trois cents autres hommes. Comme à Québec, ils utilisaient une chapelle, bâtie sur un terrain appartenant aux Jésuites, les promoteurs de la congrégation mariale en Nouvelle-France. Joseph Duval se surprit, en 1803, de l'opposition des congréganistes à inclure des femmes dans leur confrérie. Tout en admettant que l'origine de cette exclusion venait des milieux étudiants, les membres voyaient des inconvénients à rendre mixte leur groupe. Cette congrégation, comme celles de Québec, de L'Islet et de Saint-Roch, les quatre seules en milieu paroissial, se réunissait hebdomadairement pour prier et pour se ressourcer spirituellement; la lecture quotidienne de l'office de la Sainte-Vierge faisait partie intégrante des exercices spirituels d'un congréganiste.

Le pendant féminin de cette congrégation masculine était la Confrérie de la Sainte-Famille, disparue à certains endroits et peu dynamique à d'autres. Les réunions bimensuelles paraissaient lourdes. Peu de curés avaient réussi, comme Joseph Signay à Québec, à faire s'engager ces femmes auprès des malades, des familles pauvres, des ignorants, des mourants et des mères insouciantes. On n'en imprima pas moins à Québec, en 1809, *La solide dévotion à la Très Sainte Famille de Jésus, Marie et Joseph*, signe d'une certaine vitalité.

Les confréries à la baisse

D'autres confréries étaient apparues; elles provenaient d'Europe. Depuis le VIIIe siècle, ce genre de regroupements de prière avait connu des hauts et des bas, selon que les dévotions passaient par des phases plus ou moins subjectives et individuelles. Il est intéressant de noter que le premier imprimé montréalais s'intitula *Règlement de la confrérie de l'adoration perpétuelle du Saint-Sacrement et de la Bonne mort*, recueil de quarante pages utilisé par les membres. L'entraide à se procurer une bonne mort en était l'objectif principal. Après s'être consacrés à Notre-Seigneur au Saint-Sacrement, les membres pensaient chaque jour à la mort en récitant sept fois *Requiem aeternam dona eis, Domine*, priaient ou méditaient chaque semaine devant le Saint-Sacrement, faisaient mensuellement une journée de retraite individuelle pour mieux se préparer à leur dernier jour, se rassemblaient le premier samedi du mois pour des prières et une exhortation ainsi que le troisième dimanche du mois après vêpres pour une procession du Saint-Sacrement, assistaient à l'enterrement d'un membre défunt, offraient leurs bonnes œuvres pendant les huit jours suivants pour le repos de son âme, tout en se cotisant pour payer les honoraires de trois messes basses. Cette confrérie de Montréal essaima après 1810. Mgr Lartigue n'apprécia pas l'initiative de Thomas Maguire de l'instaurer au Collège de Saint-Hyacinthe; elle ne lui semblait pas adaptée à un milieu étudiant et il s'y trouvait déjà une congrégation mariale.

Lors des visites pastorales, Mgr Hubert notait l'existence des confréries dans les paroisses visitées. À L'Islet, la Confrérie de la Sainte-Famille, et à Sainte-Anne-du-Lac, les confréries du Scapulaire et du Rosaire sont les seules mentionnées dans ses tournées de 1787 et de 1790. Nulle part il n'est question des suites de l'*Exercice très dévot envers saint Antoine de Padoue le thaumaturge, de l'ordre séraphique de saint François*, petit recueil imprimé à Montréal en 1777 par F. Mesplet et C. Berger.

En 1814, le désir du docteur Stephen C. Blyth, un converti, de promouvoir le tiers ordre de saint François ne se se concrétisa pas non plus. Le curé Antoine Tabeau confirme en 1818, à partir de sa paroisse, une situation manifestement généralisée: «Les confréries tombent entièrement: les unes sont tout à fait oubliées, les autres ne tiennent que par quelques exercices rares auxquels le curé ne peut assister, vu les autres occupations pressantes[3].» Puis, il décrit où en sont celles de Boucherville: la congrégation mariale en train de se dissoudre faute de membres assez instruits pour réciter l'office, la Confrérie de la Sainte-Famille en grande perte de vitesse, celle du Sacré-Cœur qui requerrait un nouvel établissement, celle du Saint-Rosaire, érigée en 1717, dont les seuls membres officiellement inscrits, ceux de 1721, sont évidemment tous décédés, enfin une réminiscence de celle du Scapulaire lors de la procession du premier dimanche du mois. Un autre signe de la baisse des confréries est l'interruption de celle du Saint-Rosaire entre 1787 et 1823, à la paroisse de Québec, là où elle avait été instaurée en 1656 comme la première du pays.

Les confréries à la hausse

À partir de 1820, diverses confréries resurgirent ou apparurent; Mgr Plessis et ses successeurs évitèrent d'ériger une confrérie là où ne passait qu'un missionnaire et plus d'une là où se trouvait un curé seul. Ils exigeaient pour chacune un établissement stable, fondé sur une requête d'au moins trente paroissiens, librement désireux d'y participer activement. Ils vérifièrent si la même confrérie n'avait pas déjà été instituée dans la paroisse, afin de ne pas répéter une autorisation déjà accordée.

La Confrérie du Saint-Rosaire, qu'à l'instar de celle du

Scapulaire Mgr Plessis relança en 1823 par la publication d'un livre explicatif, s'établit ou se rétablit dans au moins une dizaine de paroisses durant les deux décennies suivantes. Elle laissait assez de souplesse à la dévotion de ses membres. Une consécration, la participation à la messe lors de toutes les fêtes de la Sainte-Vierge et après la mort de chaque associé, c'était peu demander en retour de grandes grâces obtenues. La Confrérie du Scapulaire de Notre-Dame du Mont-Carmel, pas beaucoup plus répandue que la précédente, apparaissait la plus simple et la plus appropriée aux paysans peu instruits. L'imposition du scapulaire s'effectuait au moment de la consécration du membre. La principale manifestation publique des associés consistait en une procession après les vêpres en l'honneur de la Sainte-Vierge, le premier dimanche du mois. Le 16 juillet, en la fête de Notre-Dame du Mont-Carmel, les membres jouissaient d'une grand-messe, des vêpres et du salut. La cotisation s'élevait à 20 sols pour les paroissiens et à 30 sols pour les étrangers; la somme servait à assurer une messe ou un libera à un associé défunt. Une autre confrérie mariale porta le nom de Notre-Dame-Auxiliatrice. Mgr Plessis en ignorait l'existence quand Laurent Amyot de Saint-François-du-Lac lui en demanda l'érection pour les Abénaquis. L'évêque avait refusé précédemment d'établir l'Association du mois angélique, faute d'authentification romaine. Cette fois, après renseignements sur l'origine de cette confrérie fondée à Munich, en Bavière, les évêques l'établirent à quelques endroits. Elle comportait la nécessité de participer à une procession mensuelle, un dimanche après les vêpres; on y chantait les litanies de la Sainte-Vierge et on assistait au salut du Saint-Sacrement. La dévotion à Marie s'accrut de toute façon dans les années 1830, soit par des médailles que les gens portaient de plus en plus, soit par la récitation du chapelet auquel on adjoignait la méditation des mystères de la Vierge et de son fils, soit par les débuts discrets du mois de Marie en mai, alimentés, à partir de 1837, par une publication intitulée *Le mois de Marie ou le mois de mai consacré à la mère de Dieu; suite de méditations, de prières et d'exemples à l'honneur de la Sainte-Vierge.*

La Confrérie du Sacré-Cœur connut elle aussi un rebondissement à cinq ou six endroits. On s'y associait par son inscription au registre, ce qui donnait droit à une kyrielle d'indulgences. Lors de la fête du Sacré-Cœur, les membres pouvaient gagner une indulgence plénière aux conditions habituelles, en participant à la grand-messe, à l'exposition du Saint-Sacrement, à une instruction et à un salut. *L'instruction abrégée sur la dévotion au Sacré-Cœur de Jésus*, parue en 1834, stimula cette association. Après une vaine tentative en 1778, des menuisiers de Québec restaurèrent, en 1820, la Confrérie de Sainte-Anne, selon les statuts déterminés en 1678 par Mgr de Laval.

La Propagation de la foi

L'association la plus répandue de cette période apparaît seulement en 1837: la Propagation de la foi. Dès 1828, Mgr Lartigue avait informé Mgr Panet qu'elle avait été approuvée par Pie VII et Léon XII. Il l'avait incité à l'établir dans le diocèse, en faveur de la Rivière-Rouge et des autres missions intérieures. L'évêque de Québec ne connaissait rien de la Propagation de la foi et ne voulut pas demander à Rome de l'instaurer dans son diocèse sans être informé davantage. Une fois au courant, il craignit que le gouvernement ne s'opposât à une cueillette d'argent pouvant être envoyé à l'étranger; de plus, les protestants ne ridiculiseraient-ils pas cette initiative comme une vente d'indulgences? Mgr Provencher, de retour d'un voyage en Europe, s'en fit l'ardent instaurateur. Doutant de ses talents pour écrire le mandement de lancement d'une telle œuvre, comme le lui demandait Mgr Signay, il ne rédigea pas moins quelques notes à partir du petit livre des règles et des annales de l'association française. Trois mois plus tard, impatient, il insista: ne s'agissait-il pas tout simplement d'inviter les curés à établir l'association chacun chez soi et à fonder à Québec un bureau central qui s'occuperait de la perception et de la distribution des contributions? Mgr Signay et Mgr Lartigue puis Mgr Provencher s'entendirent sur un projet de mandement, qui parut le 28 décembre 1836 pour le diocèse de Québec; dans celui de Montréal, on attendit jusqu'au 18 avril 1838. On doit relever un double aspect intéressant: l'apport

important des laïcs dans cette association et la caution généralisée du clergé envers cette dernière. Les curés apprirent à
être assez discrets pour éviter d'être suspectés d'intrusion et
assez présents pour stimuler l'association.

On exigeait quelques pratiques des associés: récitation
quotidienne du *Notre Père* et du *Je vous salue, Marie*, invocation
journalière à saint François-Xavier, don d'un cent par semaine
en aumône pour les missions. Les membres pouvaient gagner
des indulgences plénières aux fêtes de la sainte Croix et de
saint François-Xavier, de même qu'une fois par mois, le jour
choisi par l'associé. La confrérie se répartissait en sections de
dix personnes; plusieurs membres prenaient l'initiative de
s'en associer neuf autres, formaient une nouvelle section et
recueillaient régulièrement leurs contributions. Quand dix
sections étaient constituées, on élisait le responsable de l'une
d'entre elles comme chef d'une centurie. On choisissait de la
même façon un trésorier (homme ou femme). L'argent, remis
au grand vicaire de la région, était envoyé annuellement au
conseil diocésain, constitué de huit laïcs et d'un grand vicaire.
Lors de la répartition de ces aumônes, on tenait compte des
besoins pécuniaires de l'évêque pour les missions du diocèse.

L'expansion de l'association démontra une grande ouverture missionnaire de la part des prêtres et des fidèles. À
Yamachiche, où Mgr Provencher se trouvait curé en attendant
de retourner à Saint-Boniface, sept centuries s'étaient déjà
formées en mars 1837. À Saint-Grégoire, deux fonctionnaient
à plein. Signe du doigt de Dieu sans doute; signe aussi de
l'importance des «personnes du sexe», comme on appelait
encore les femmes à cette époque; «elles se prêtent toujours
avec ardeur à toutes les œuvres de piété et de religion», notait
le vicaire Pierre Beaumont de Rimouski au secrétaire Charles
Félix Cazeau en mars 1837. Là où les curés se montrèrent
indifférents, l'association ne produisit aucun fruit. À la fin de
la première année fiscale, on avait accumulé 780-3-6 1/2 £, ce
qui permit aux administrateurs d'allouer 300 £ aux missions
du Nord-Ouest et de la Colombie, de faire imprimer le
catéchisme en langue sauteuse et de distribuer le reste entre
les missions de la Mauricie, des cantons et du Témiscamingue.
En même temps que le rapport annuel, on propagea l'édifiant

journal de Louis Charles Lefebvre de Bellefeuille, missionnaire au Témiscamingue; cet imprimé était distribué gratuitement comme les annales lyonnaises de l'œuvre.

Des prêtres, travaillant auprès des catholiques éloignés, souvent anglophones, voulurent profiter de la manne, mais les évêques ne soutinrent pas leurs demandes auprès des administrateurs de l'association. Les *Notices*, publiées annuellement sur les missions du Bas-Canada, contribuèrent à soutenir l'enthousiasme des souscripteurs. La Propagande à Rome et le Conseil central de Lyon firent des pressions pour que l'argent perçu fût envoyé au siège de la Propagation de la foi et distribué dans le monde, selon les objectifs généraux de l'association. Les évêques canadiens résistèrent; comme le bureau de Lyon gratifiait déjà les missions du Nord-Ouest de contributions européennes, par exemple 365 £ en 1840, pourquoi y envoyer de l'argent qui reviendrait ensuite au pays? Ils transmirent aux dirigeants français le rapport financier annuel des deux diocèses bas-canadiens. D'ailleurs, les fidèles n'auraient pas accepté que leur argent fût administré à l'étranger et ne servît pas à leurs propres missions. Pour le moment, l'union de prières semblait le seul lien du regroupement international de l'œuvre.

Les messes de fondation

Une dévotion, qui laissait encore des traces entre 1760 et 1840, avait trait aux messes de fondation. En retour d'une rente qu'on lui versait, une fabrique s'engageait à utiliser l'intérêt de cet argent et à célébrer annuellement une messe à l'intention du donateur. En 1766, le curé Jean-Pierre Mennard de Saint-Jean, île d'Orléans, trouva sa fabrique surchargée par cent messes de fondation; son prédécesseur n'en avait acquitté aucune depuis dix-huit mois; le taux d'intérêt avait diminué et l'argent perçu ne suffisait pas à payer les honoraires de messes prévues; bien plus, quatre-vingts titres avaient été égarés durant la guerre. En 1829, le curé Jean-Baptiste Maranda exposa ce problème à Mgr Panet; il avait appris que Mgr Plessis avait réduit de 65 à 12 le nombre des messes de fondation de la paroisse voisine; justice fut faite dans le même sens à Saint-Jean. Malgré ces quelques exemples d'ordonnances épiscopales, les messes de fondation conti-nuèrent d'être célébrées dans l'ensemble des vieilles paroisses qui s'étalaient le long du Saint-Laurent.

Les vœux privés

La fréquence des vœux privés ne se mesure pas aux demandes de commutations. Le nombre et le contenu de ces vœux commués indiquent comment les Canadiens s'en servaient pour obtenir une faveur. À la place du vœu de se coiffer de façon ridicule, une dame se fit prescrire de réciter quotidien-nement une dizaine de chapelet. Deux jeunes filles, atteintes de la petite vérole, firent le vœu de se rendre à pied, comme mendiantes, des Grondines à Sainte-Anne-de-Beaupré, si elles étaient guéries; ce vœu fut commué en un voyage à l'église voisine de Sainte-Anne-de-la-Pérade, pendant lequel elles demanderaient du pain dans trois maisons sur leur route; de plus, elles réciteraient un chapelet chaque jour durant deux semaines. Une jeune fille, ayant fait le vœu de ne pas se marier, fut invitée à réciter l'oraison dominicale trois fois par jour, tout le temps que durerait son mariage, et à ne pas se remarier en cas de veuvage. La dispense était parfois totale. Après quatre années, un couple de la Beauce n'avait pas enco-re effectué le pèlerinage qu'il avait promis de faire à Sainte-Anne-de-Beaupré et le mari se trouvait à l'article de la mort. Une femme âgée, ayant promis à Dieu de jeûner au pain et à l'eau tous les vendredis, s'en fit dispenser d'autant plus facilement que son mari s'opposait à une telle ascèse.

Vers 1820, alors que les vœux augmentaient au moins au rythme de la population, Mgr Plessis informa ses nouveaux archiprêtres et vicaires généraux que leur tâche la plus fré-quente consisterait à commuer des vœux. Il leur conseilla de vérifier s'il s'agissait toujours de vœux à proprement parler et non de simples résolutions ou même de promesses à un saint et non à Dieu lui-même. Les personnes qui pouvaient réaliser leur vœu y étaient toujours tenues. Des vœux impos-sibles à réaliser, par exemple la promesse de verser en aumône de l'argent que l'on n'avait pas ou encore de promettre une chose inacceptable par des parents ou par un conjoint, tombaient d'eux-mêmes. Une personne mentalement malade était dispensée de tous ses vœux et on lui recommandait de ne plus en faire sans en parler d'abord à son confesseur. Certains curés trouvaient opportun de donner ce même conseil à tous leurs paroissiens afin d'enrayer la multiplicité de vœux irréalisables ou extravagants.

L'accomplissement d'un vœu portait parfois des fruits inespérés, tel celui de Marie-Joseph Arcan, épouse d'Honoré Savoye, de se rendre à Sainte-Anne-de-Beaupré si s'atténuait son impotence aux jambes. Constatant une légère amélioration de son état, elle se fit porter à l'église par son mari. Le lendemain, elle se rendit à la messe de la même façon. À l'issue de la cérémonie, à l'aide de ses béquilles, elle s'approcha pour baiser les reliques. Elle s'agenouilla, ce qui était déjà extraordinaire, puis, se relevant, elle se mit à marcher d'un pas assuré. Autant sa maladie l'avait amenée au seuil de la mort, selon un rapport médical, autant sa guérison fut définitive en ce 5 août 1768.

La dévotion aux saintes et aux saints

La dévotion à sainte Anne s'exprimait de diverses façons, telle cette procession annuelle à la chapelle qui lui était dédiée à Saint-Joseph-de-Lévis. Partout, la fête de la mère de Marie rapprochait les catholiques des sacrements. Cette dévotion, chère aux cœurs des Canadiens, se manifestait surtout dans les paroisses dédiées à la grand-mère de Jésus. Mgr Bourget se procura à Rome des reliques de sainte Anne.

Une autre dévotion, la neuvaine à saint François-Xavier se répandit lentement au début du XIXe siècle. Déjà en 1773, on avait publié un volume de 215 pages concernant cette neuvaine et rappelant la vie du saint. Comme elle se déroulait au début du carême, beaucoup de personnes ne pouvaient y être assidues et gagner l'indulgence plénière, à cause du froid et des intempéries. De plus, il fallait souvent se rendre à une église éloignée, car les évêques l'autorisaient dans une seule paroisse de chaque canton. Néanmoins, à Saint-Nicolas, en 1802, le curé compta 300 personnes qui participèrent assidû-

Ex-voto des cinq naufragés, 1754. Musée de la basilique, Sainte-Anne-de-Beaupré.

ment aux exercices. Antoine Bédard de Sainte-Anne-du-Petit-Cap affirme, en 1805, avoir confessé 420 personnes, sans compter les pèlerins, et avoir prêché chaque jour sur les commandements; d'où sa résolution de recommencer les années suivantes. Mgr Plessis n'aimait pas supprimer une dévotion pour la remplacer par une autre, comme il évitait de les multiplier au même endroit. Constatant la ferveur des gens, il établit les quarante heures à Champlain, les trois jours précédant le carême, même si la neuvaine à saint François-Xavier suivait de près. Durant la décennie de 1830, plusieurs paroisses s'ajoutèrent à celles où la neuvaine existait déjà.

Les exercices consistaient en une messe le matin, suivie des prières propres à la neuvaine, et, l'après-midi ou le soir,

328 HISTOIRE DU CATHOLICISME QUÉBÉCOIS

en un sermon ou conférence ou catéchisme, avec chant des litanies et salut; le dernier jour, on exposait le Saint-Sacrement jusqu'à la fin de la grand-messe, même jusqu'au salut si la présence d'adorateurs était assurée.

Une autre façon de promouvoir la même dévotion prend de l'ampleur vers 1820-1830: les dix vendredis de saint François-Xavier. Utilisant les prières et les célébrations de chaque jour de la neuvaine, on les étendait sur dix vendredis d'affilée, en commençant au moment de l'année le mieux adapté aux besoins de la paroisse. Cette dévotion avait sur les autres l'avantage de donner aux confesseurs le temps de respirer. La neuvaine fut transformée, en plusieurs endroits, en cette série de dix vendredis.

D'autres saints devenaient populaires, tel le bienheureux Alphonse Rodriguez, par lequel plusieurs diocésains de Montréal avaient reçu des grâces extraordinaires; Mgr Bourget exigea un examen sérieux de ces faits merveilleux et en transmit les résultats à Rome. Les ouvriers de Montréal participèrent à une grand-messe de dévotion à saint Jacques, voulue par eux et célébrée en l'église du même nom le 10 mai 1830. Les marchands de Québec se présentèrent à une grand-messe en l'honneur de saint Louis, le 25 août 1835. Depuis 1833, les imprimeurs de Québec avaient leur grand-messe en la fête de saint Augustin.

Les superstitions

Un esprit critique chercherait et trouverait de la superstition dans la religiosité des Canadiens de cette époque. Un tel discernement existait déjà. On considérait comme ayant offensé Dieu une femme qui mettait à part pour son mari absent un morceau de gâteau familial afin de savoir s'il était mort, blessé ou vivant, selon que le morceau pourrirait en entier, en partie ou pas du tout. Des pèlerinages à une fillette de trois ans de Saint-Jean-Port-Joli, présumément thaumaturge, créèrent de l'émoi dans la région en 1793. Sa mère racontait qu'à sa dernière visite pastorale, l'évêque n'avait pu la soulager de ses peines de grossesse, mais l'avait assurée que son enfant serait miraculeux jusqu'à l'âge de sept ans. La maman faisait toucher de la main de l'enfant les parties affligées des pèlerins, puis recueillait soigneusement l'argent des gens trop crédules. L'imposture était claire. Informé de cette supercherie, Mgr Hubert admonesta le curé pour ne pas l'avoir prévenu et l'obligea à lire en chaire un mandement dans lequel il défendait à quiconque de s'adonner à une superstition aussi stupide.

Qu'une femme donne à boire de l'eau bénite à ses animaux mourants, qu'un homme fasse confiance en un bain magique de quatre heures pour rétablir son épouse qui avait perdu l'esprit depuis sept mois, qu'un souffleur allemand prétende jouir de pouvoirs de guérison, qu'un scélérat reçoive huit piastres pour libérer de l'ensorcellement, que des femmes exigent de l'argent pour invoquer saint Antoine en vue de recouvrer des objets perdus, que quatre enfants soulèvent un adulte dans les airs avec un seul doigt chacun, qu'un individu guérisse des chevaux malades en priant saint Pierre, que des tireurs de cartes indiquent où se trouvent des objets volés ou perdus, voilà autant de gestes considérés comme superstitieux, rapportés aux évêques et condamnés par eux. Les exemples apparaissent plus nombreux à la fin du XVIIIe siècle et dans les régions éloignées, signes d'une moins grande instruction générale et chrétienne.

Des événements inexplicables

Si certaines prétentions à l'extase, comme celle de la fille cadette d'Antoine Charretier de Saint-Damase, ou à la sainteté, comme celle d'Emélie Blondin de Sainte-Anne-des-Plaines, ont vite été écartées par l'évêque de Montréal, il en fut autrement dans cinq autres cas. Mgr Lartigue permit au curé de Saint-Jacques de dire des prières spéciales sur un patient, Joseph Fontaine, atteint depuis quatre ans d'une maladie bizarre, comme s'il était possédé du démon; il en ressentit un simple bien-être passager. Mgr Signay reconnut les bons effets d'une procession contre les vers à Saint-Pierre, île d'Orléans, en 1833; on en trouva des milliers morts dans les champs et le fléau s'arrêta là. Cent deux habitants de Marieville intervinrent auprès de leur évêque pour que leur curé n'embarrassât pas Marie-Amable Gervais, qui opérait des guérisons étonnantes chez des malades que les médecins ne pouvaient soulager; Mgr Lartigue invita Henri Girouard à ne pas se mêler à cela, si elle ne se faisait pas considérer comme une thaumaturge, si elle ne pratiquait aucune superstition en administrant ses remèdes et si elle n'aggravait pas la maladie des personnes qui lui faisaient confiance. Le curé Antoine Belcourt de Lévis ne savait pas comment enrayer le flot de huit à douze malades qui déferlait quotidiennement vers lui; il cédait à leurs demandes de prières, sans en connaître les effets. En février 1838, à L'Islet, la médaille d'une jeune fille malade attira, chez la famille d'Hilaire Gamache, beaucoup de curieux, ainsi que le curé et le vicaire de la paroisse: du sang coulait de cette médaille. Des prêtres de Sainte-Anne-de-la-Pocatière furent aussi témoins de bruits particuliers autour du lit de cette jeune fille. Puis le calme revint et le présumé miracle ne se renouvela pas.

3. LITTÉRATURE SPIRITUELLE ET ART RELIGIEUX

La littérature spirituelle, religieuse et théologique, fort peu répandue à la fin du XVIIIᵉ siècle, devint par la suite un lieu de ressourcement et d'approfondissement de la foi. Parmi les nombreux livres imprimés au pays ou en France et mis en vente dans le Bas-Canada, retenons: *La journée du chrétien* (1777), *The Sincere Catholic's Companion* (1778), *Souffrances de Jésus-Christ, Maximes chrétiennes, Imitation de Jésus-Christ, Élévation de l'âme à Dieu, Livres de vie, Manuels du chrétien, Nouveau Testament* (1784), *Journée du pieux laïc, L'Ange Gardien, La Véritable Dévotion, Vie dévote* (1787), *Instructions chrétiennes pour les jeunes gens, utiles à toutes sortes de personnes, mêlées de plusieurs traits d'Histoire* (1799), livre qui serait souvent et longtemps réédité, *An Abridgement of Christian Doctrine* (1800), *Pensez-y bien ou l'âme pénitente* (1806), *L'âme élevée à Dieu* (1812), *Le Petit Manuel du chrétien ou Instructions sur ce qu'il faut croire et faire pour se sauver, tirées du Manuel du Chrétien, à l'usage des fidèles* (1814), *L'histoire abrégée de l'Ancien Testament et de la Vie de Notre-Seigneur Jésus-Christ, Le petit livre de vie qui apprend à bien vivre et à bien prier Dieu, Le chemin du ciel* (1815).

Mgr Jean-Jacques Lartigue (1777-1840). Premier évêque de Montréal, Jean-Jacques Lartigue fut d'abord auxiliaire à Montréal à partir de 1820, avant de prendre la tête du nouveau diocèse en 1836. Il fut l'un des plus chauds partisans de Félicité de La Mennais et de l'ultramontanisme au Canada. ANQ, coll. initiale, GH-770-51.

À partir de 1818, peut-être à cause de la fin de la guerre en Europe et de la Société pour l'avancement de la science chrétienne par laquelle on s'engageait à acheter des livres religieux, les recueils de piété sont annoncés en plus grand nombre qu'auparavant dans les journaux. Plusieurs incluent le mot âme dans leur titre, par exemple *L'âme sur le calvaire*, *L'âme embrasée*, *L'âme élevée à Dieu*. D'autres titres sont significatifs d'une période romantique: *Étrennes spirituelles, Année affective, Amour de Jésus-Christ, Beautés de l'Histoire Sainte, Miroir des âmes,* et s'ajoutent à la liste des livres anciens toujours populaires. L'instauration des bibliothèques paroissiales dans les années 1830 favorisa la lecture d'œuvres spirituelles.

Un journal ecclésiastique

Thomas Maguire projetait depuis longtemps d'ajouter un autre véhicule de formation et d'information religieuses. Après six ou sept ans d'efforts, il perçut des lueurs d'espoirs en 1825. Son confrère Antoine Manseau l'appuyait en ce sens: «Il n'y a pas ici un seul papier indépendant, pas un seul qui ne soit infecté de la contagion du siècle. Il est temps que la religion et la morale réclament leurs droits[4].» Le petit nombre de souscripteurs à son éventuel journal ecclésiastique et la mort de Mgr Plessis mirent un terme à son enthousiasme. L'année suivante, le curé François-Xavier Pigeon de Saint-Philippe comptait publier hebdomadairement *L'ecclésiastique,* mais là aussi les souscriptions manquèrent. Mgr Lartigue s'intéressa au sujet en 1827, quand il apprit la parution du *Christian Sentinel* et l'éventuelle publication du *Canadian Intelligencer or The Religious Litterary and Statistical Miscellany;* il fallait un antidote au venin que sécréteraient ces organes protestants contre le catholicisme. Maguire lui traça une marche à suivre fort réaliste en sept points. Mais Mgr Panet ne trouvait pas urgent de publier un journal catholique. Il ne voyait Thomas Maguire ni apte ni prêt à en être le directeur comme le suggérait son auxiliaire de Montréal. Et qui en paierait le coût? Sûrement pas lui, encore écrasé par la construction du Séminaire de Nicolet. Mais former chrétiennement la mentalité publique à une époque où pullulaient les idées démocratiques et révolutionnaires, n'était-ce pas une tâche urgente? de rétorquer Mgr Lartigue. Le bill des fabriques lui donna raison. L'évêque de Québec, peu à peu gagné à l'idée d'un journal, craignait tout de même que, par ce journal, les catholiques seraient continuellement aux prises avec les ennemis de l'Église. Cette gazette deviendrait une occasion de discorde entre le clergé et les libéraux, en somme entre les catholiques eux-mêmes.

Des prêtres se rassemblèrent à Sainte-Geneviève et à Saint-Charles, respectivement en décembre 1831 et en janvier 1832, en vue de promouvoir la parution éventuelle d'un journal intitulé *L'Ami du Clergé et du Peuple*. Ils cherchèrent à gagner l'adhésion de leurs confrères et énoncèrent plusieurs objectifs: voie de communication entre eux et avec tous les catholiques, tribune pour défendre les droits de l'Église, organe pour éclairer le peuple sur ses vrais intérêts. Plusieurs grands vicaires demandèrent l'avis de Mgr Panet avant d'en favoriser la promotion dans leur canton. Or, l'évêque, tout en les laissant libres, leur exprimait ses objections. Mgr Lartigue s'informa, par personne interposée, si les imprimeurs du *Canadien* ne déménageraient pas à Montréal et si les éditeurs n'accepteraient pas de transformer leur feuille en un journal ecclésiastique. Ils refusèrent, mais l'auxiliaire de Montréal continua de forcer la porte de l'évêque jusqu'au milieu de mars 1832. Il se proposa lui-même comme directeur du journal; il sut que son collègue ne le trouvait pas assez modéré pour un tel poste. Mgr Panet lui fit même voir que le sort de ce journal serait peut-être le même que celui de *L'Avenir* en France, dont le directeur, Félicité de La Mennais, en était arrivé à devoir défendre ses idées à Rome. Mgr Lartigue se résigna: «Que reste-t-il à faire à moi, qui dois principalement aux autres l'exemple de l'obéissance à mon supérieur, que de renoncer le premier à un projet pour lequel il montre tant d'opposition, ainsi que le coadjuteur qui lui succédera sous peu[5]?» Son successeur sur le siège de Montréal mettrait ce projet à exécution en 1841 avec les *Mélanges religieux*.

Les œuvres d'art

La formation religieuse s'acquiert aussi à travers l'art. En architecture, Philippe Liébert et Louis-Amable Quévillon demeurèrent marqués par la forte tradition française d'ancien régime. L'influence du palladianisme s'infiltra de façon mitigée entre 1790 et 1820, grâce à François Baillairgé, arrivé de Paris en 1783, après des études à l'École royale de peinture et de sculpture. Le néo-classicisme bas-canadien trouverait un maître en Thomas Baillairgé. Antoine Plamondon commence alors son travail de peintre religieux.

Philippe Desjardins, qui avait exercé son ministère sacerdotal à Québec de 1793 à 1802, acheta, à son retour en France, de nombreux tableaux, arrachés des monastères, des couvents et des églises. Entre 1817 et 1820, il en envoya une centaine à son frère Louis-Joseph, chapelain de l'Hôtel-Dieu à Québec, pour qu'il les vendît en son nom aux fabriques ou à d'autres institutions religieuses. Le premier arrivage fut exposé à l'Hôtel-Dieu. Les acheteurs furent le Séminaire et la cathédrale de Québec, les paroisses de Saint-Michel-de-Bellechasse, Saint-Antoine-de-Tilly, Boucherville, Verchères, Varennes, et le Séminaire de Nicolet. *L'adoration des mages*, tapisserie de grande valeur, fut donnée, en 1817, par des citoyens, aux religieuses de l'Hôtel-Dieu de Québec. On se procurait régulièrement des tableaux et des gravures chez Reiffenstein and Co. à Québec. À remarquer aussi l'encan du 15 novembre 1837, où fut vendue la collection de quinze tableaux d'église importée par Henry Vasseur, des copies des meilleurs maîtres anciens et modernes; chaque tableau représentait un saint personnage. Fassio, un peintre miniaturiste, exposa peu après à sa résidence une représentation de la naissance de Jésus.

Les fabriques n'affichaient aucun tableau sans l'autorisation de l'Ordinaire. Celui-ci cherchait à éviter ce qui était indécent ou ridicule. Ce n'était pas nécessairement beau, «mais tout cela est bon dans un pays où il n'y a pas de peintre». Mgr Signay recommanda au curé de Yamachiche de faire retoucher le Sauveur de l'un de ses tableaux, à cause de sa nudité indécente; on substitua un autre Enfant-Jésus à celui de cire qui avait été exposé nu à Noël. Des artistes locaux apparurent. À l'église Saint-Jacques de Montréal, A. Tessier fut employé à copier la *Résurrection* de Coypel. L. T. Berlinguet, architecte et statuaire, annonça l'ouverture de son atelier en 1831. On informa les fabriques des services qu'offrait P. L. Boivin, orfèvre. Joseph Légaré se présenta comme peintre de tableaux d'église et F. Matte espérait peindre dans les églises. Le sculpteur F. S. Marquette annonça son déménagement à Saint-Jean.

4. L'IMPACT DU PROTESTANTISME

La présence de chrétiens non catholiques romains a marqué la vie religieuse des Canadiens. Durant les premières décennies du régime britannique, les relations entre les diverses Églises se manifestent à travers des gestes sporadiques, parfois contradictoires. On inhume, à Québec, des protestants dans le cimetière catholique, alors qu'à Montréal Montgolfier cherche à en faire exhumer. Des églises servent de lieux de culte anglican, avec ou sans l'avis du curé. Les autorités militaires ou civiles interviennent dans le domaine religieux et tentent d'imposer leur point de vue, alors que des responsables de l'Église catholique résistent. On apprend que l'archevêque de Canterbury sollicite une subvention du roi et recueille des dons pour envoyer au Québec des ministres et des laïcs protestants français, mais en vain. Quant aux Canadiens, ils semblent indifférents à l'expansion réelle ou possible de l'anglicanisme et du protestantisme. De jeunes filles abjurent leur religion pour se marier à l'anglaise et à la protestante; cela semble être une mode. Les régiments jouissent les premiers du ministère des pasteurs, puis, en 1768, il en est nommé un dans chacune des trois villes. Il s'agissait d'anglicans jusque vers 1800 et il s'en ajouta à Sorel comme à Saint-Armand. On peut dire que la courtoisie était de mise. Même la conversion du récollet Léger Jean-Baptiste Noël Veyssières et sa nomination de pasteur protestant à Trois-Rivières se déroulèrent sans éclat.

La méfiance mutuelle

Le plan dressé vers 1789 par une université d'Angleterre pour l'affaiblissement de la religion catholique au Canada ne fut pas suivi à la lettre. L'un ou l'autre de ses quinze points s'est réalisé à l'occasion, mais rien ne prouve que ce fut à cause du document. On y retrouve les éléments suivants: miner le papisme non directement, mais par des mariages mixtes; éliminer les Français du clergé pour mieux contrôler les Canadiens, forcément moins instruits; fomenter la division entre les prêtres; amener ceux-ci à omettre et à négliger des cérémonies religieuses; faire obstacle au catéchisme et à l'instruction religieuse des gens; dévaloriser la confession des péchés.

L'Église d'Écosse s'établit à Québec en 1808. D'autres Églises dissidentes se propagèrent: les Méthodistes, les Quakers et les Mennonites. Montréal devint, en 1816, une ville où les temples des diverses Églises s'élevaient sans opposition. Le sud-est du Bas-Canada apparut aux non-catholiques comme un lieu privilégié d'implantation. Des écoles de toutes dénominations surgirent de partout. Dès le début de son épiscopat, Mgr Lartigue s'en plaignit auprès du propréfet de la Propagande. La nomination de missionnaires lui semblait le meilleur moyen de contrer l'avance du protestantisme. Par contre, des protestants récriminaient de plus en plus contre les «processions *superstitieuses*» des catholiques et contre «toute la pompe *papistique*» de leur culte. La French Canadian Missionary Society tenta vers 1840, au nom des Églises chrétiennes protestantes autres que l'Église anglicane, d'attirer les Canadiens du côté protestant, en particulier par l'usage de la Bible distribuée de porte en porte. Une fois qu'ils avaient trouvé des catholiques mécontents et amplifié leur méfiance à l'égard des prêtres, ils les réunissaient et les amenaient à constituer de petites communautés. L'Église anglicane elle-même fut la proie de ce fanatisme protestant.

Avec les années, la tension et la méfiance avaient remplacé la courtoisie initiale. En 1815, par exemple, aucune église catholique ne servait au culte des anglicans sans un ordre du commandant des forces armées; dans un tel cas, on retirait le Saint-Sacrement et on le gardait dans la sacristie. Mgr Plessis refusa de répondre à l'invitation de se rendre à une grande fête anglicane à Québec. Devant éviter la communication avec les hérétiques dans le domaine religieux, les catholiques n'entraient ni dans une église ni dans un cimetière de protestants.

Les conversions au catholicisme

Mgr Plessis avait permis au docteur Stephen C. Blyth, nouveau converti, de publier les circonstances et les arguments qui l'avaient amené au catholicisme. Rien dans cet écrit net

La cathédrale anglicane vue du couvent des Ursulines en 1830. Tableau de James Pallerson Cockburn. Royal Ontario Museum, Toronto.

et précis ne devait mortifier les protestants; ne devaient en ressortir que la recherche et l'amour de la vérité. Quand parut, en 1815, *An apology for the conversion of Stephen Cleveland Blyth to the Faith of the Catholic, Apostolic and Roman Church,* un livret de 55 pages édité à Montréal, puis à New York, Mgr Lartigue y retrouva les mêmes fautes typographiques et les mêmes limites de contenu que dans le projet initial. Une dizaine d'années plus tard, ce converti crut, par un article de journal, favoriser la réunion de l'Église anglicane et de l'Église catholique romaine. Devant les réactions des évêques, il s'aperçut rapidement qu'il avait erré et dans le contenu et dans la manière de procéder. Mgr Lartigue lui rappela les insuccès des dialogues entre Bossuet et Leibniz, entre Du Pin et Wake de même qu'entre protestants. L'Église romaine ne succomberait pas à la tentation de céder un peu de ses dogmes pour s'unir aux autres Églises selon un commun dénominateur minimal.

De nombreux anglicans et protestants se convertirent à l'Église catholique romaine. Dès le 22 septembre 1760, un dénommé Dumas de L'Islet envisageait sérieusement de se convertir au catholicisme, en même temps que de se marier avec une veuve catholique; depuis quatre ou cinq ans, il fréquentait l'église de façon édifiante, comme s'il était catholique; l'abjuration fut faite secrètement, quoiqu'en présence d'au moins un témoin autre que le curé. Habituellement, on exigeait deux témoins qui contresignaient l'acte d'abjuration avec le curé. En 1771, Mgr Briand recommanda au curé de Kamouraska de recevoir deux abjurations dans l'intimité et de choisir des témoins sages et discrets. Jean Henry Ferdinand de L'Islet, originaire d'Allemagne d'une mère française et d'un père allemand, écrivit à Mgr Briand pour passer du protestantisme au catholicisme. La plupart du temps, il s'agissait de jeunes adultes, surtout des garçons, désireux d'entrer dans une communauté religieuse ou de se marier avec une personne de religion catholique. Le choix d'un état de vie remuait en profondeur la foi chrétienne de ces gens.

Mgr Hubert dut rassurer Dorchester que ni Herling ni aucun autre mineur à son service ne serait admis dans l'Église catholique romaine, même si l'un ou l'autre insistait dans ce sens. L'approche des protestants ne consistait pas à les «tourmenter pour les amener à la vraie foi; mais il ne s'agit que de leur dire quelques bonnes paroles, de se mettre sur leur chemin et de leur faire voir la porte ouverte[6]». Mgr Plessis s'opposait à toute sollicitation auprès des protestants dans les collèges et dans les hôpitaux. Si certains déclaraient leur désir de devenir catholiques, ils étaient évidemment bien accueillis.

Les procédures d'une abjuration consistaient à vérifier la compréhension de la foi catholique du candidat, en particulier sur les articles contestés par les protestants, l'entendre en confession sur toutes ses fautes, mais sans l'absoudre, lui faire réciter les actes de foi, d'espérance, de charité et de contrition, lui conférer le baptême sous condition dans la plupart des cas, accueillir son abjuration et sa profession de foi devant deux témoins, l'absoudre des censures et des cas réservés dus à son hérésie ou à d'autres empêchements indiqués dans le rituel, lui administrer le sacrement du pardon sous condition et, dans les seuls cas de doute sur la validité de son mariage, le réitérer sous condition devant deux témoins. Le rituel contenait les prières et les textes utiles ou nécessaires pour ces diverses étapes.

On n'exigeait pas l'abjuration proprement dite, préalable à la profession de foi, de celui qui n'avait jamais professé une autre religion, même s'il avait été baptisé protestant ou si ses parents s'affichaient comme protestants. Toute abjuration comportait la vérification d'une grande constance dans les nouvelles dispositions religieuses du converti et dans la profondeur de ses connaissances religieuses. Dans l'instruction des futurs convertis, des points de doctrine posaient parfois question de façon particulière. Pierre Fraser de L'Isle-Verte butait sur le «hors de l'Église, point de salut»; il importait qu'il saisisse bien le sens de cette phrase du pape Boniface VIII, surtout lui qui avait fréquenté de nombreuses sectes chrétiennes et qui était porté à penser que toutes les Églises se valaient. Dans le cas d'un homme qui, depuis ses cinq années de mariage, avait plusieurs fois péché par adultère, on n'accepta pas son abjuration aussi longtemps qu'il n'eut pas fait preuve de fidélité conjugale. Une fois son désir exprimé de se convertir au catholicisme, le docteur Breadon de la marine royale dut faire face à un assaut concerté de son épouse, de sa fille, du pasteur anglican et de plusieurs de ses amis. Le dogme de la présence réelle, celui du pouvoir de l'Église de remettre les péchés et la contradiction visible des dogmes protestants avec les Saintes Écritures l'avaient particulièrement convaincu.

Dans le seul district de Montréal, entre 1816 et 1836, on dénombre 100 abjurations. De 1760 à 1840, le Québec ou le Bas-Canada a probablement atteint le nombre de 500. La conversion d'un pasteur méthodiste réjouit tellement Mgr Plessis qu'il se proposa de célébrer une messe en action de grâces. À la demande de l'évêque, ce dénommé Richard écrivit ensuite les motifs de son passage à l'Église romaine; ils étaient bien choisis, clairement exprimés et solidement appuyés. À Montmagny, en 1816, Jean Lebrun, originaire de Jersey, se préparait à devenir catholique; quatre autres désiraient poser un geste semblable, mais en étaient empêchés, du moins retardés, par l'impossibilité de communiquer avec le curé, à cause de la langue. Lors d'une mission à Rawdon, en 1825, Joseph-Marie Bellenger trouva trois protestants, un homme et deux femmes, prêts à se convertir au catholicisme. À Vaudreuil, cinq protestants abjurèrent durant l'épidémie de choléra de 1832; une autre dame abjura en janvier suivant, et plusieurs autres s'y préparaient. La conversion de Suzanne Le Selleur, originaire de Jersey, veuve et âgée de 79 ans, émut le curé de Saint-Pierre-les-Becquets.

Au début du XIXᵉ siècle, surtout à la campagne, les abjurations publiques devinrent davantage possibles. Celle des trois frères américains John, Avene et Solomon Willcots fut marquée, à la fin de la messe à Verchères, par le tintement des cloches et le chant du *Te Deum*. De semblables réjouissances à Saint-François-du-Lac, dans le cas de toute une famille, favorisèrent un engagement plus solennel et plus profond de tous ses membres, tout en édifiant l'ensemble des paroissiens. Mais en 1839, il valait mieux, du moins dans le diocèse de Montréal, ne pas faire d'éclat avec les conversions, «de peur, prévint Mgr Bourget, d'ameuter inutilement contre l'Église catholique» les protestants qui montrent «de nos jours un zèle surprenant et qui ont en main le pouvoir de nous faire beaucoup de mal s'ils s'aperçoivent que nous cherchons à éclaircir leurs rangs».

L'influence du protestantisme

Sans connaître le nombre exact des protestants, il est possible de retracer certains signes de leur influence dans le milieu bas-canadien. Bernard Pelletier de Saint-Roch des Aulnais ne se cachait pas de posséder neuf ou dix livres calvinistes dans sa bibliothèque; il en prêtait occasionnellement à d'autres personnes. Des livres méthodistes circulaient, mais les condamner publiquement en aurait stimulé la lecture; il valait mieux les retirer un à un des mains de leurs propriétaires. En 1795, le geste posé par des commissaires d'utiliser une bible anglicane au lieu d'une bible catholique pour la prestation des serments entraîna des pressions très fortes de la part de Mgr Denaut pour faire rétablir la situation antérieure. À l'automne 1808, des prédicateurs méthodistes, Joseph Samson, Coate et Thadeus Osgood, envoyés en mission dans le Bas-Canada par une société des États-Unis, rencontrèrent de l'opposition dans *Le Canadien* et de l'indifférence chez le peuple. Un pamphlet contre l'eucharistie, écrit par les méthodistes, se répandit en 1818. Les conversions de catholiques au protestantisme étaient rares et sporadiques, souvent dues à des facteurs locaux. À la demande de Mgr Lartigue, le curé Antoine Joseph Ginguet de Saint-Valentin en compta dix familles et un célibataire, dont cinq Lod, en tout 49 personnes de tous âges. Selon le recensement de 1831, le nombre des Bas-Canadiens s'élevait à 551 919 habitants, dont 403 572 catholiques romains, 34 620 anglicans, 15 069 presbytériens intégraux et 7811 dissidents, 7019 méthodistes, 2461 anabaptistes, 107 Juifs et 5572 de croyance inconnue. En 1840, l'évêque de Montréal relevait, dans son diocèse, 50 chapelles protestantes, 43 ministres, 41 écoles fréquentées à la campagne par 829 élèves dont 75 enfants catholiques; pour la ville, il n'avait aucune statistique.

Le Nouveau Testament

Pour se faire connaître des catholiques et témoigner de leur foi auprès d'eux, les protestants s'efforçaient de répandre des bibles, surtout des Nouveaux Testaments en français. Dès février 1816, Mgr Plessis se préoccupait d'en préserver les catholiques; il voulut faire éditer lui-même le Nouveau Testament, avec des notes ou des interprétations appropriées. Il était, en effet, «de principe dans l'Église catholique de ne point permettre la lecture de l'Écriture Sainte en langue vulgaire à moins qu'elle ne fût accompagnée d'un commentaire approuvé par les Supérieurs et que l'édition ne fût catholique[7]». Toute autre bible en circulation était détruite avec discrétion et sans bruit. On refusait les sacrements aux catholiques qui conservaient chez eux une telle bible. Mgr Plessis s'opposa ainsi aux méthodistes qui propageaient des exemplaires tronqués de la Bible et contredit les protestants qui affirmaient que les autorités catholiques interdisaient à leurs fidèles la lecture du livre saint.

La traduction de Bouhours et les notes du Nouveau Testament de Douay servirent de terrain d'essai au labeur de l'évêque; bientôt débordé, il sollicita la collaboration des Sulpiciens; on lui adjoignit Jean-Jacques Lartigue qui, très intéressé, révisa les notes que Mgr Plessis lui transmettait régulièrement. En décembre 1818, l'évêque avait terminé son travail, mais Lartigue ne progressa pas dans sa collaboration à cause d'activités accrues et de son voyage en Europe.

Toujours convaincu de son urgence — les maisons des catholiques sont inondées de bibles protestantes —, Mgr Plessis relance le projet au printemps 1823. Mgr Lartigue se dit surchargé et incapable d'y mettre du temps, mais il se remet plus tard à la besogne, à la dérobée cependant. Mgr Plessis ne voit personne d'autre que son auxiliaire qui pourrait poursuivre le travail tout de même avancé; il est rendu au treizième chapitre du quatrième évangile en septembre 1824. Cet automne-là, il est question de publier un premier volume, incluant les Évangiles, une méthode pour participer à la messe, les prières pour la confession et la communion, ainsi que le texte des vêpres du dimanche. Le manuscrit, intitulé *Le Nouveau Testament de Notre-Seigneur Jésus-Christ, traduit en français selon la Vulgate par le R. P. Bouhours de la Compagnie de Jésus*, nouvelle édition, revue, corrigée par ordre de Monseigneur l'Évêque de Québec, contient un prologue sur la valeur des Saintes Écritures, quarante pages de notes et les textes; il ne fut pas publié. Un second volume fut annoncé, mais il ne fut pas terminé. Le décès de Mgr Plessis et la conviction de Mgr Lartigue qu'il fallait l'approbation du Saint-Siège avaient retardé les démarches entreprises. Rome ne donna pas suite à la demande et Mgr Lartigue renonça au projet. L'abbé Baillargeon prendrait la relève en 1842, sans se soucier de l'assentiment ou du refus de Rome. Mgr Signay publierait ce Nouveau Testament en 1846.

* * *

L'Église catholique du Bas-Canada puisait sa vigueur spirituelle en l'Esprit-Saint, mais les conditions changeaient. Les
voies de communication variaient selon les lieux et les époques.
Les modes d'expression de la piété surgissaient nombreux et
variés. Les obstacles suscitaient de nouvelles initiatives. Les
liens avec l'Église universelle, surtout avec les catholiques de
France et l'administration romaine, favorisèrent l'éclosion de
certaines dévotions. Sans cesse en gestation, l'Église bas-
canadienne grandissait en union avec Dieu de façon incarnée.

CHAPITRE X

LES ENTORSES À LA MORALE

Mgr de Pontbriand interprétait les malheurs inhérents à la guerre de la Conquête comme une intervention du bras vengeur de Dieu contre les désordres immoraux du peuple canadien: injustice, ivresse, discours injurieux, irrespect des dimanches et fêtes, divertissements luxurieux, esprit d'indépendance orgueilleuse, insubordination. Trente ans plus tard, dans *La Gazette de Québec* du 24 janvier 1793, l'administrateur Alured Clarck émettait une proclamation gouvernementale sur un ton à peu près similaire:

> Étant du devoir indispensable de toutes nations chrétiennes de conserver et d'étendre l'honneur et le service du Dieu tout-puissant; et afin de décourager et supprimer tout vice, impiété et dérèglement qui, n'étant pas empêchés à temps, peuvent justement attirer la vengeance divine sur nous et notre pays; et sa majesté ayant, pour l'extension de la vertu et par tendresse aux plus grands intérêts de ses sujets, ordonné que toutes lois faites contre le blasphème, l'impiété, l'adultère, la fornication, la polygamie, l'inceste, la profanation du dimanche, le jurement et l'ivrognerie soient strictement portées à exécution dans chaque partie de la province; à ces causes, j'ordonne, je requiers et je commande à tous connétables et marguilliers des différentes paroisses de faire des dénonciations.

Aux yeux des autorités religieuses, les désordres n'en continuaient pas moins. Mgr Plessis reconnaissait, au tournant du XIXe siècle, un accroissement d'indocilité, de vanité, de libertinage chez ses diocésains, surtout dans les villes. En 1826, le curé Louis-Marie Lefebvre de Saint-Laurent, île de Montréal, constate avec déception les tares de ses nouveaux paroissiens: vol, ivrognerie, irrespect à l'église. Quatre ans plus tard, le lieutenant-colonel Ab. Turgeon encourage le curé de Saint-Gervais à tonner contre les vices dominants de cette paroisse: libertinage, calomnies, inimitiés.

En 1840, dans son mandement d'entrée comme évêque de Montréal, Mgr Bourget énumère les plaies profondes du diocèse dont il devient responsable: indifférence et irréligion, ivrognerie et débauche, profanation des dimanches et fêtes, ventes et trafics sordides, circulation de mauvais livres. À ce moment-là, comme durant toute la période, les chiffres ne justifient pas le pessimisme de ces témoignages. Les non-pascalisants n'ont jamais atteint 10% de la population. La tendance à l'immoralité s'amenuise à mesure que progresse le XIXe siècle et que s'intensifie le rigorisme des tenants de la chaire et du tribunal de la pénitence.

1. LIBERTINAGE ET SEXUALITÉ

Dans la correspondance ecclésiastique de l'époque, l'expression «personne du sexe» ou simplement le mot «sexe» s'appliquaient aux femmes. Un curé affirmait péremptoirement vers 1760: «Dans ce pays, le sexe fait toujours les premières démarches. [...] Je crois que l'avantage pour la religion est de ne faire aucune grâce au sexe. Son peu de retenue est la principale cause du libertinage aujourd'hui[1].» Les Montréalais, non touchés par la guerre, continuèrent de déployer un grand luxe: les dames en magnifiques robes de soie et les hommes aux cheveux poudrés portant jabots et manchettes de dentelle. De jeunes filles coiffées d'un chapeau ou d'un casque d'homme, portant une redingote, un estomac soufflé et des épinglettes, devenaient des agents de la mode dans leurs paroisses respectives. Lors des noces et des danses, elles étalaient tout le luxe possible pour conquérir des garçons.

Mgr Plessis invitait les curés à ne pas s'opposer, surtout publiquement, à des modes légères, de peur de les promouvoir. Il suffisait de s'élever contre les vêtements qui «découvraient des nudités» ou qui «présentaient des grosseurs scandaleuses[2]». La modestie à l'église demeurait indispensable. On pouvait refuser l'eucharistie à une jeune fille ou à une dame qui se présentait à la sainte table la tête, la gorge ou les épaules découvertes. Même ailleurs, ces immodesties attiraient des reproches; Mgr Turgeon recommanda à ses nièces et à leur mère d'éviter de tels accoutrements.

La danse

La période la plus mondaine de l'année s'étendait de la fête des rois jusqu'au mercredi des Cendres. Le carnaval et les jours gras comportaient des festivités où la danse était fort répandue. À l'île d'Orléans, vers 1790, elle finit par être tolérée tous les jours, même le dimanche. Partout, on fréquentait les bals. Les survenants continuaient de paraître aux noces, malgré la condamnation d'une telle coutume. Même au Collège de Saint-Hyacinthe, les régents et les écoliers s'amusaient bruyamment dans des gigues et des contredanses.

Les curés ne savaient pas toujours à quoi s'en tenir sur la gravité des rassemblements nocturnes de leurs paroissiens. Mgr Plessis dicta peu à peu une ligne de pensée à son clergé par ses réponses aux inquiétudes de ses correspondants. Les danses et les veillées lui paraissaient toujours nuisibles aux mœurs. Aucune paroisse n'était vraiment chrétienne sans que les danses n'en soient exclues. Mais on n'y parviendrait pas en un jour, surtout si les curés précédents toléraient ces divertissements. Réduire les danses à celles qui survenaient par hasard lors de petites noces ou d'autres rassemblements familiaux était déjà un succès de premier plan. Dans les autres occasions, on conseillait au moins la présence des parents lors des veillées et des bals de jeunes gens. Mgr Plessis admettait que ces rencontres n'étaient pas dangereuses pour un certain nombre de personnes. Si l'on criait en public contre de telles occasions de pécher, on devait, dans le particulier, tenir compte des dispositions et des circonstances atténuantes.

Mgr Signay s'en tint au seul moyen de la persuasion individuelle pour enrayer ces loisirs mondains. Jamais un prêtre ne
pouvait assister à des danses ni les encourager.

Mgr Lartigue exposa avec précision le point de vue de
l'Église sur la danse à l'honorable James Cuthbert, écuyer à
Berthier. L'action de danser est indifférente en soi, comme
celle de sauter. Mais des danses mixtes comportent des pen-
sées, imaginations, regards et paroles peu convenables; c'est
s'exposer à des tentations. Son successeur Mgr Bourget ne se
prononça pas sur le sujet sans consulter les curés; ils connaissaient mieux le peuple que lui, car ils s'y mêlaient de plus
près. Il finit par permettre les bals aux mêmes conditions que
les noces: hôtes responsables, aucune chanson ni jeux impu-
diques, filles conduites par leurs parents, pas de prolongation
dans la nuit, pas d'alcool excepté aux repas.

Le théâtre

Selon le rituel de 1703, il était défendu aux catholiques d'aller
au théâtre. Après une trentaine d'années d'absence de théâtre,
au début du régime britannique, une troupe d'amateurs se
forma à Montréal. Le curé François-Xavier Latour-Dézéry,
premier sulpicien canadien, s'y opposa si inconsidérément
en chaire que les journaux en parlèrent pendant trois mois.
Mgr Hubert et ses successeurs conseillaient plutôt le confessionnal comme moyen d'enrayer la participation des fidèles
aux spectacles de théâtre, qui leur semblaient habituellement
incompatibles avec le christianisme et la pureté des mœurs.
La règle générale consistait à refuser l'absolution à toute personne qui participait d'une manière ou d'une autre à une
pièce de théâtre; elle se fondait sur l'opinion des Pères de
l'Église et des théologiens catholiques.

Les abus sexuels

La corruption sexuelle n'était pas très répandue dans ce
contexte fort empreint de rigorisme. On surveillait particulièrement les relations affectueuses entre jeunes filles et jeunes

garçons. On ne les laissait pas en tête à tête lors de leurs fréquentations et ils ne devaient pas participer aux jeux qui comportaient des baisers. Mais se saluer en s'embrassant devant la famille à l'arrivée et au départ du prétendant était de bon aloi.

Les cas publics de sodomie et de viol sont fort rares; des maisons de débauche existaient dans les trois villes, mais n'étaient pas très fréquentées par les Canadiens. Des femmes, soutiens de famille, s'adonnaient ici et là à des relations sexuelles rémunérées; de jeunes orphelines de père le faisaient parfois avec l'assentiment de la mère. Le plus souvent, il s'agissait de relations entre une jeune fille et un homme en particulier, par exemple, le maître de la maison où elle travaillait. À Lavaltrie en 1819, le curé énumère quatre cas de ce genre. La pauvreté y était souvent sous-jacente.

L'union adultérine faisait partie de la panoplie des abus sexuels. Les conséquences civiles en étaient graves: mariage impossible et enfants illégitimes; sur le plan religieux, on brandissait la damnation. Si les peines ecclésiastiques ne réussissaient pas à corriger la situation d'un couple incestueux, le curé se rendait le rencontrer avec un notaire, le capitaine de milice et des marguilliers; ils lui apportaient une sommation juridique d'avoir à se séparer; on arrivait la plupart du temps à faire cesser le scandale et à mettre fin au désordre.

Les concubins ne résistaient pas longtemps à la pression sociale. Cernés par les censures ecclésiastiques et par la loi civile, ils se sentaient vite marginaux, surtout dans les paroisses de campagne. Du côté des autorités religieuses, il importait non seulement d'amener les coupables à résipiscence, mais aussi d'empêcher d'autres personnes d'agir de la même façon. Les actes de contrition publics exigés des couples par les évêques comportaient le message suivant: «Il ne sert à rien d'avoir la foi, si on ne vit pas en disciples de Jésus-Christ et comme des enfants de l'Église[3].»

La morale conjugale

La morale chrétienne marquait les conditions de la vie matrimoniale. Sans entrer dans la conscience des conjoints ni dans le confessionnal, on peut noter au passage que des herbes et des remèdes étaient reconnus comme destructeurs de fœtus. L'avortement n'était permis sous aucune considération, même pas pour empêcher la mort de la mère. Mgr Lartigue argumenta de façon serrée en 1825 sur le sophisme sous-jacent à cette prétendue exception; les arguties des pseudo-philosophes du siècle précédent ne pesaient pas lourd dans son évaluation.

Plus souvent, quoique seulement une quinzaine de cas aient été repérés, se présentèrent des séparations de couples. Civilement, le divorce pouvait être obtenu pour cause d'adultère, même si on entreprenait rarement une telle démarche; de fait, la cour recevait bien l'accusation d'un homme contre sa femme, mais non celle d'une femme contre son mari, ce qui forcément réduisait le nombre de divorces. Du côté ecclésial, toute séparation d'un couple nécessitait des motifs sérieux comme l'adultère, le vol, la paresse, la brutalité, l'incompatibilité totale des caractères, l'ivrognerie, la sodomie, l'impossibilité d'une vie commune paisible et charitable. D'autres raisons, comme de vouloir retourner chez ses parents ou de refuser de déménager, rendaient coupable le partenaire qui se séparait de l'autre. À chaque fois, il valait mieux que la possible séparation fût préalablement acceptée par le curé; elle était effective seulement après qu'eurent été faits tous les efforts de réconciliation; dans les cas de non-consentement mutuel des conjoints, on requérait le témoignage d'au moins deux personnes. On consultait habituellement l'évêque dans le cas d'une séparation. Il n'acquiesçait pas sans mentionner la défense pour ces gens mariés de s'unir conjugalement à de tierces personnes, ni sans rappeler les exigences de continence qui s'ensuivraient à l'avenir pour eux.

2. L'OUTRAGE À LA VERTU DE RELIGION

Les jurons semblaient coutumiers, en particulier sur les bateaux. Chacun s'en excusait, oubliant parfois l'outrage à Dieu et le scandale des témoins. Refuser l'absolution aux habitudinaires du blasphème paraissait le seul moyen de les aider à s'en corriger. Plusieurs avaient modifié la prononciation de certains jurons et ne voulaient pas blasphémer; les confesseurs en tenaient compte. Mgr Plessis ne considérait pas les sacres et les imprécations comme des péchés graves, à moins d'être proférés dans une véritable colère ou par mépris du prochain ou de façon scandaleuse pour les faibles (par exemple, de la part d'une mère devant ses enfants). Mgr Lartigue se montrait plus sévère; il y remarquait même des cas réservés.

Les crimes sacrilèges

Les crimes contre la loi divine: apostasie, hérésie et blasphème cessèrent d'être punis civilement sous le régime britannique. Mais troubler l'ordre public durant le service divin demeurait passible d'une arrestation et d'une condamnation, ce qui advint à Étienne Malbœuf en 1818; il passa un mois à la maison de correction. Les vols sacrilèges entraînaient des peines beaucoup plus lourdes, entre autres la pendaison. Un père et son fils, tous deux nommés Jean-Baptiste Potvin, furent condamnés à la potence, en juin 1808, à cause de leur méfait à l'église de Longue-Pointe; ils furent finalement libérés. Trois ans plus tard, on retrouve le père dans les bois en direction des États-Unis, après avoir une nouvelle fois profané une église, celle de la Pointe-Olivier. Il avait répandu les hosties dans le chœur, versé les saintes huiles sur le plancher et volé des pièces de valeur. François Gendron, trouvé coupable de sacrilège, fut condamné à la pendaison en septembre 1817. Les vols sacrilèges ne discontinuaient pas pour autant. On en signale aux Grondines et à Bécancour en 1823, à Sainte-Marguerite-de-Blairfindie, à Notre-Dame de Montréal, à Saint-Laurent et à Pointe-aux-Trembles en 1824, à la cathédrale de Québec et à Saint-Philippe en 1825. John Hart, même s'il soutint son innocence jusqu'à la fin, fut pendu, en novembre 1826, pour un vol à la cathédrale. En avril suivant, les cinq voleurs à l'église de Lévis, William Ross, Benjamin Johnson, Robert Ellis, Michel et Jean-Baptiste Monargue, furent condamnés à être exécutés. Deux des six voleurs de Longueuil, appréhendés en janvier 1829 et condamnés à la pendaison, virent leur peine commuée en déportation aux Bermudes. De tels vols sacrilèges furent perpétrés à un rythme d'au moins un par année à partir de 1823 jusque vers 1840. Les curés commencèrent alors à fermer les églises à clef la nuit. À Saint-Édouard, d'horribles profanations se produisirent lors du bref séjour des troupes en novembre 1837.

Le parjure était rarement employé à la cour. On connaît peu de chansons irrévérencieuses contre les vérités fondamentales du christianisme et contre les pratiquants les plus fidèles.

Les francs-maçons

Influencés par le mouvement européen des Lumières, des Canadiens ont cru arrivée l'ère du déisme. «La liberté des sentiments, en matière de religion, est la marque glorieuse de notre âge. Puissent les sages de l'ancien et du nouveau monde conspirer ensemble pour déraciner le restant des superstitions et d'hypocrisie», lit-on dans *La Gazette de Montréal* du 10 mai 1787. La confrérie des francs-maçons, introduite au Québec en 1767 par des militaires britanniques, favorisa une vie religieuse marquée d'une grande latitude d'esprit, d'un certain syncrétisme et d'humanitarisme. Le 8 mars 1770, *La Gazette de Québec* publie une chanson de leur cru:

> Se comporter en toute affaire
> Avec équité,
> Aimer et secourir son frère
> Dans l'adversité,
> Fuir tous les procédés mercenaires,
> Consulter toujours la raison,
> Ne pas se lasser de bien faire,
> C'est le plaisir des francs-maçons.
> Samson à peine à sa maîtresse
> Eut dit son secret,
> Qu'il éprouva de sa faiblesse
> Le funeste effet,
> Dalida n'aurait pu le vendre,
> Mais elle aurait trouvé Samson
> Plus discret et tout aussi tendre
> S'il avait été franc-maçon.

Déjà en 1771, un jeune négociant canadien de Montréal, Pierre Gamelin, marguillier de sa paroisse, accepta de se joindre aux francs-maçons, jusqu'alors tous anglophones et non catholiques; ses nouveaux liens commerciaux avec les Anglais le poussaient dans ce sens. Mgr Briand le pria très poliment de ne point fréquenter la loge, au moins aussi longtemps qu'il exercerait sa charge de marguillier. Il lui rappela que Clément XII en 1738 et Benoît XIV en 1751 avaient défendu à tout catholique de s'associer aux francs-maçons. Selon les théologiens des plus grandes universités du monde, un catholique ne devenait pas franc-maçon sans enfreindre un grand nombre de lois ecclésiastiques. L'évêque invita aussi Gamelin à éviter tout éclat contre l'Église.

En 1780, la grande loge se réunissait le premier lundi du mois, à chaque trimestre. Dans chacune des onze loges, seuls des anglophones remplissaient les postes d'officiers. Mais à Québec, il y en avait une qui portait le nom de Frères canadiens. Les francs-maçons fêtaient la Saint-Jean-Baptiste en juin et la Saint-Jean l'Évangéliste en décembre. Une fois réunis à un endroit précis, bien indiqué dans les journaux, ils se rendaient en procession dans une chapelle anglicane ou presbytérienne, un frère y faisait un sermon, puis un repas les attendait au milieu de l'après-midi. La Société des francs-maçons de Québec se procura une maison en 1787; elle fut dédiée à la maçonnerie, à la vertu, à la charité et à la bienveillance universelle. En 1790, un Canadien, le notaire Jean-Guillaume Delisle, est nommé Maître des Frères du Canada. Le procès-verbal inclut, entre autres, les noms de J. C. Leprohon, Ph. de Rocheblave, Jos. Roy, Pierre Marassi. Ce groupe, nommé la Société des francs-maçons régénérés, semble n'avoir rien eu en commun avec les confrères du rite anglais.

Quand on posa la première pierre de la nouvelle prison de Montréal, la longue file des invités fut dirigée par des francs-maçons. Comme le rapporte *Le Courrier de Québec* du 14 septembre 1808, la cérémonie se termina par cette prière de l'un d'entre eux:

> Au nom de la Société des Francs-maçons et en mon propre nom, j'implore sincèrement la protection du

suprême architecte de l'univers sur son Excellence le gouverneur, la Législative, les Juges et les Magistrats. Puissent-ils continuer d'être longtemps les ornements de la société civile et être reçus ensuite dans ces demeu-res, ces loges préparées au ciel pour les élus.

Claude Dénéchaux annonça une grande fête pour le 27 décem-bre 1814, afin d'y cimenter l'union de l'ancienne et de la nouvelle fraternité des francs-maçons de Montréal. En 1816, les loges maçonniques de Québec et de Dorchester (Saint-Jean) posèrent la première pierre d'une église protestante dans leur ville respective.

Les autorités ecclésiastiques s'opposèrent clairement à la franc-maçonnerie à partir de 1815; désormais, on refusa les sacrements à tout catholique qui devenait franc-maçon et à tout autre qui faisait déjà partie de cette association et ne voulait pas en sortir. Les commentaires des évêques, glanés ici et là dans leur correspondance, manifestent une connais-sance inégale de l'association, mais toujours en accord avec les condamnations pontificales:

— leur paraît vain et futile, non autorisé ni par la loi civile ni par la loi ecclésiastique, conçu en termes exécrables, le serment par lequel tout franc-maçon jure sur l'Évangile de contribuer au rétablissement du temple de Jérusalem;

— les francs-maçons privés, considérés comme des pé-cheurs occultes, peuvent recevoir les sacrements quand ils les demandent publiquement; les francs-maçons publics, qui se sont pavanés dans les processions ou dont les noms apparaissent dans l'almanach, ne peuvent participer aux sacrements avant de se rétracter;

— la condamnation des sociétés secrètes, promulguée par Léon XII en 1826, ne fut pas publiée par Mgr Panet, compte tenu du grand nombre de francs-maçons à la direction politique de la colonie et du peu de catholiques présents dans les loges;

— dans la longue et houleuse correspondance entre Mgr Lartigue et le docteur Stephen C. Blyth, de 1824 à

1831, l'évêque mentionne que la participation à la franc-maçonnerie ne comporte aucun caractère indélébile et que le but de cette association est de saper l'autel et le trône.

Le 25 novembre 1817, un lecteur du *Quebec Daily Mercury* remit en cause, de façon plus profonde, les arguties du docteur Blyth. Il montra comment les principaux préceptes de cette société minaient la foi chrétienne. Sous des dehors moraux et déistes (vénérer le Très-Haut qui a créé et qui préserve toute chose, admirer l'immortalité de l'âme humaine, honorer Dieu d'abord, puis l'autorité civile, aimer les êtres humains et s'attendre au bonheur éternel avec tous, être affable et serviable, scruter le cœur pour y trouver les plus secrètes dispositions, reconnaître la fraternité des êtres humains, respecter fidèlement ce que commande la franc-maçonnerie), la spécificité du catholicisme et même du christianisme disparaissait complètement.

3. LES CABARETS ET L'IVROGNERIE

Les cabarets licenciés

En 1768, Mgr Briand informa ses prêtres des intentions du gouverneur Carleton à propos des cabarets. Sans les fermer tous, il accorderait une licence seulement si le curé la trouvait nécessaire et assurait que les propriétaires exerceraient leur métier en bons chrétiens. Cette intervention arrivait à point, car, en cette même année, on venait d'accorder deux cent trois licences au Québec, ce qui différait énormément des cinq octroyées au cours des deux années précédentes. Le curé de l'Assomption se réjouit d'une telle décision; celui de Berthier convoqua une assemblée de paroissiens et fit connaître à l'évêque que deux cantines suffiraient dans sa paroisse; il s'agissait en somme de fournir du vin aux malades et les services appropriés aux voyageurs. L'évêque rappela, cependant, que tout devait se faire en douce et discrètement, sans lire l'ordonnance aux habitants comme l'avait fait le pasteur. Le curé Jean Ménage fut surpris qu'un nouveau cabaretier s'installât à Deschambault, alors qu'il n'avait pas été consulté. Le gouverneur se soucierait-il vraiment de l'application de ses bonnes recommandations? On en doutait déjà.

Vingt ans plus tard, Mgr Hubert annonça aux curés que le gouverneur Dorchester comptait vraiment sur eux et sur les capitaines de milice pour émettre une attestation préalable à l'octroi de toute nouvelle licence de débit de boissons alcooliques. Il leur recommanda de limiter autant que possible le nombre de cabarets et de ne remettre une attestation qu'aux personnes dont la probité était reconnue. Ce contrôle dura longtemps; le premier marguillier fut autorisé à signer le certificat d'un candidat à une cantine. En 1822, le curé Charles Berthelot de l'île d'Orléans remédia à l'imprudence de son premier marguillier, en demandant à Mgr Plessis d'intervenir auprès du gouverneur afin d'empêcher l'installation d'un cabaret inutile et sûrement dommageable; François Mathias Huot du Sault-au-Récollet agit de la même façon deux ans plus tard; le juge de paix était de connivence avec l'aubergiste et contrefaisait lui-même les signatures nécessaires. À son tour, l'évêque prévenait parfois un curé de l'arrivée malencontreuse d'un cabaretier ou d'une cabaretière dans une paroisse. De plus, de nombreux tenanciers s'établissaient sans crainte et sans licence. C'étaient généralement des fainéants sans caractère, qui commettaient des rapines et initiaient les jeunes à l'abus de l'alcool.

Les curés surveillaient de près les cantines. Ils privaient de leurs pâques les vendeurs d'eau-de-vie aux Amérindiens, ne leur permettaient pas d'être parrains au baptême et leur refusaient la sépulture ecclésiastique. On n'absolvait pas les péchés à quiconque fournissait de la boisson alcoolique à un ivrogne qui en abuserait ou à quiconque exposerait des gens à des excès passagers; un cabaretier avait toujours tort d'enivrer ses clients. Faire payer une amende de 20 $ à un cantinier qui ouvrait ses portes le dimanche le mettait un peu plus sur ses gardes, mais ne le transformait pas; de toute façon, il préférait payer que d'être emprisonné quinze jours, car il récupérait vite les frais de la sanction qu'on lui avait infligée. En 1833, le grand juré observa avec regret que l'ivrognerie était répandue partout dans le ville de Montréal et dans ses faubourgs, à cause du grand nombre de cabarets ouverts.

Mgr Lartigue réclama finalement de Denis Benjamin Viger, conseiller législatif à Québec, une loi de répression contre l'ivrognerie des Canadiens; l'avenir national en dépendait. Le moyen consistait à ne plus concéder inconsidérément de nouvelles licences de points de vente, comme cela se faisait efficacement aux États-Unis. Ou faudrait-il retenir l'exemple de l'Allemagne, rapporté par *La Minerve* du 5 octobre 1835: «Toute personne buvant dans un cabaret, pendant le service divin, le dimanche ou un autre jour de fête, est autorisée à sortir sans payer»? Cela valait mieux que la délation favorisée dans le Bas-Canada; le dénonciateur recevait la moitié de l'amende payée par le cabaretier pris en faute. Aux plaintes de ses curés, Mgr Bourget répondit: «Quant à cette liberté sans borne que l'on a maintenant de donner des licences, il faut beaucoup de précautions pour la faire restreindre. Un nouveau bill pour l'établissement et la bonne règle des cantines demande bien des réflexions et des conseils pour arrêter le mal qui va toujours croissant[4].» Et rien ne prouvait qu'il serait mieux appliqué que le précédent; en effet, combien de cantines pouvaient abriter des voyageurs et leur donner à manger, comme cela était écrit dans la loi? N'y trouvait-on pas plus souvent seulement du rhum et des jeux de cartes?

Le mouvement de tempérance

Entre-temps, un vent de tempérance, soufflant des États-Unis et passant par le Haut-Canada, parvint au Bas-Canada; un premier signe apparaît à Montréal en 1828. En 1831, des Québécois, surtout de langue anglaise, lancent un petit journal bilingue, *Le Moniteur*; ils en publient un seul numéro. On y annonce la fondation de la Société de tempérance. On prévoit de l'opposition et de l'indifférence, mais on compte sur la bienveillance divine et sur le désir de la sagesse et de la félicité inhérent à l'être humain. En 1835, James Court, secrétaire du comité montréalais de la tempérance, s'adresse à Mgr Lartigue afin d'avoir son appui dans la promotion du *Canada Temperance Advocate*, un petit journal contenant des articles originaux et des extraits de journaux étrangers spécialisés sur ce sujet. Le 23 avril 1837, dans l'église de Sherbrooke, se forme la Irish Philanthropic Society, dont les membres promettent de s'abstenir de toute liqueur spiritueuse.

Chez les Canadiens français, le mouvement prit de l'ampleur à compter du moment où des curés se mirent de la partie: Charles Chiniquy à Beauport, Pierre Beaumont à Saint-Jean-Chrysostome, Michel Dufresne à Saint-Nicolas puis à Saint-Gervais, David-Henri Têtu à Saint-Roch-des-Aulnais, Patrick Phelan chez les Irlandais de Montréal, Édouard Quertier à Cacouna, Alexis Mailloux à Sainte-Anne-de-la-Pocatière; ils fondèrent, entre 1838 et 1840, une société de tempérance. Les membres signaient une carte d'adhésion et portaient sur eux une médaille de la tempérance. L'engagement consistait à éviter l'intempérance, à ne jamais fréquenter les cabarets, à ne pas boire de boissons fortes et à inciter d'autres personnes à signer un engagement semblable. En 1841, Chiniquy alla plus loin en amenant huit cent douze de ses paroissiens à ne plus boire ni vin ni bière.

Les sociétés comportaient désormais deux ordres, le premier d'abstinence totale, le second d'abstinence partielle. Toute personne, ayant l'âge de raison et non diffamée publiquement, pouvait en être membre. Les curés étaient de droit les présidents des diverses sociétés, mais les officiers des comités responsables étaient élus annuellement. Alors que l'intempérance provoquait la ruine des familles, la pauvreté, les infirmités, le crime, la folie, la mort prématurée, la damnation éternelle, les cartes de membres énuméraient les fruits de la tempérance: bonheur domestique, santé de l'âme et du corps, félicité éternelle.

4. LES DIVERSES MODALITÉS D'INJUSTICE

Le charivari

Une coutume, à la fois amusante et déplaisante, s'est maintenue jusque vers 1840, même si elle s'atténua à partir de 1825. À l'occasion d'un mariage considéré comme sortant de l'ordinaire, des habitants du quartier, du village ou du rang où demeurait le nouveau couple se réunissaient pour faire le charivari. Les exemples les plus fréquents concernaient le remariage d'un veuf ou d'une veuve avec un conjoint plus jeune et célibataire. Ce tapage nocturne avait généralement lieu le soir des noces. Portant des masques et habillés de façon incongrue, s'éclairant à la lanterne, utilisant bruyamment des chaudières, des trompettes, des casseroles, des grelots et des sifflets, imitant des cris d'animaux, les participants, souvent plusieurs dizaines, demandaient de l'argent pour les pauvres. On fixait le montant exigé d'après la fortune des nouveaux mariés. Faute d'argent, le charivari se poursuivait pendant quelques heures, puis reprenait tous les soirs jusqu'à ce que le couple, évidemment importuné, versât la somme demandée; elle s'élevait parfois à 100 £. Plus durait l'entêtement du couple, plus la pression montait. Les meneurs du charivari passaient des espiègleries grivoises aux vociférations scabreuses.

Le long charivari de novembre 1808 à La Prairie comporta des injures ordurières, des profanations de cérémonies religieuses, des chants funèbres. En 1823, à Montréal, alors qu'on ne s'attendait plus à de telles exubérances, il se produisit des incidents malheureux. À la suite d'un coup de feu tiré de la maison du nouveau couple, les participants au charivari ripostèrent en lançant des pierres dans les vitres et en tuant même, d'une décharge de fusil, un domestique de la maison. Un spectateur subit le même sort et plusieurs personnes furent sérieusement blessées. Le lendemain soir, on défonça les portes de la maison et tout fut détruit à l'intérieur. Une autre fois, à Saint-Édouard, une rixe éclata entre les meneurs d'un charivari; un homme y fut tué et deux de ses frères blessés. Ce n'était pas toujours aussi grave, mais les voisins du couple harcelé trouvaient souvent désagréable la répétition des parades hideuses et bruyantes.

De tout temps, les curés et parfois l'évêque étaient intervenus contre la tenue des charivaris que l'on disait d'origine païenne. Ils refusaient l'absolution aux coupables jusqu'à ce qu'ils rendent l'argent au couple qui avait dû le verser. On infligea une excommunication comminatoire aux fauteurs d'un tel désordre à Lachine. Ces assemblées nocturnes, ces saturnales indécentes étaient illégales. Mais les officiers de la paix ne pouvaient remédier à de tels attroupements sans l'armée; or celle-ci ne servait normalement pas à de telles expéditions. La loi n'était donc pas appliquée.

La diffamation

La diffamation répandait son venin de façon subtile; il importait non seulement d'en punir l'auteur, mais aussi d'en enrayer l'influence. Un candidat à la députation du comté d'York, John Simpson, écuyer, osa s'attaquer à la réputation des curés de sa région. Les huit prêtres en question l'obligèrent à se rétracter par la même voie que lui-même avait utilisée: la presse; sinon, ils l'amèneraient en cour. Plus tard, un paroissien de Saint-Hyacinthe répondit aux attaques d'un coparoissien contre leur curé. Si médire est un chétif métier, qu'en est-il de la calomnie? Comment peut-on en arriver à traiter un homme respectable de ravisseur du bien d'autrui, et ce par la voie d'un journal? Et pourtant, qui ignorait que ce curé nourrissait les indigents de la paroisse avec son propre argent et laisserait tous ses biens à la fabrique?

Les vols

Le vol apparaissait comme la principale entaille faite à la justice. Sans compter ceux qui étaient perpétrés de façon sacrilège, les exemples sont nombreux et variés. Retenons ceux qui ont été effectués dans les presbytères. Le curé Paul Loup Archambault de Saint-Michel-de-Vaudreuil s'en voulut d'avoir gardé chez lui un peu plus de 6000 livres, dont une partie était le bien de la fabrique. Le couteau sous la gorge, il avait dû céder le tout à deux voleurs en 1822. Il en informa seulement son évêque; décidé à être plus prudent, il s'engagea à emprunter à son compte ce qui revenait à la fabrique, sans en souffler mot aux marguilliers. Deux ans plus tard, sept voleurs dévalisèrent, la nuit, le presbytère de Saint-Martin, après avoir ligoté les résidents. Dans les années 1820 et 1830, de tels forfaits se produisirent à La Prairie, à la Pointe-Lévi, à Saint-Roch (où un prêtre, ayant tenté de résister, fut sauvagement battu), à la Pointe-du-Lac, à Châteauguay (une somme de 880 £ appartenant à la fabrique), à Lachine, à Sainte-Anne-de-la-Pérade (les 1600 £ furent retrouvées chez des habitants du village, non des plus pauvres). Le mot d'ordre courut chez les fabriciens de déposer leur surplus d'argent dans des institutions, comme chez les Sulpiciens ou au Séminaire de Québec, qui le leur rendraient à la première demande. Comme les vols se multipliaient dans toutes les demeures, les citoyens de nombreux villages organisèrent des patrouilles et chacun se barricadait dans sa maison comme dans un fort. À Montréal et à Québec, le guet nocturne fonctionnait bien dans chaque quartier depuis 1818.

Les voleurs ne se limitaient pas à l'argent pris avec effraction. Ceux qui coupaient du bois sur la terre d'autrui, fût-elle de la couronne, qui le transportaient, le taillaient, le vendaient étaient tous coupables d'injustice. On considérait comme abandonné par les propriétaires le bois de tonneau apporté au rivage par l'océan. Mais c'était différent pour le bois à la dérive le long des rivières ou du fleuve. S'emparer du bois de grève et des débris d'un naufrage, sans en chercher la provenance, équivalait à un vol. Un terrible incendie comme celui d'environ soixante maisons à Montréal, le 6 septembre 1825, donna lieu à des vols importants. Des pseudo-mendiants circulèrent de plus en plus au tournant de 1830. Bien obligés d'accepter de la nourriture, dont ils donnaient les surplus aux animaux, ils préféraient l'argent. L'imposture, pas toujours facile à discerner, n'était pas moins condamnable. On exigeait de tous les pénitents la restitution du contenu d'un vol, et ce jusqu'au dernier sou, même quand le propriétaire était la couronne. Les vols importants pouvaient entraîner la mise à mort des coupables, comme Charles Alarie et Thomas Thomas, qui avaient volé un bateau à Québec. Aidés spirituellement par des prêtres de la cathédrale, ils moururent repentants, sollicitant les prières des nombreuses personnes qui assistaient à leur exécution et les exhortant à éviter la voie qui les avait conduits à une mort aussi prématurée.

Les personnes qui avaient trouvé des objets de valeur se devaient non seulement d'annoncer leurs trouvailles comme le fit cette Amérindienne dans *Le Spectateur Canadien* du 4 septembre 1824: «Trouvé [...] dans le chemin de Lachine un porte-manteau de cuir, contenant un habit de drap fin, culotte, chemise et autres articles. Le tout déposé au presbytère du Sault St-Louis sera rendu à celui qui en donnera la description et payera cet avertissement.» Elles devaient aussi donner aux pauvres, dans le cas où l'on ne retrouverait pas le propriétaire, la valeur de l'objet découvert, une fois les peines et les frais dédommagés.

Les prêts à intérêt

Le prêt à intérêt continua à poser problème aux catholiques. L'avènement du régime britannique avait amené Mgr Briand à considérer comme juste un certain intérêt sur les prêts; en Angleterre, en effet, le gouvernement et l'Église autorisaient un profit sur les prêts aux marchands, à cause du risque d'une banqueroute. Dans le Bas-Canada, les dirigeants politiques, désireux de stimuler le commerce et la circulation de l'argent, autorisèrent le prêt à intérêt dans tous les cas; on ne parlait d'usure qu'au-delà d'un taux de 6%.

Les évêques et les curés demeuraient obnubilés par les théologiens français et italiens (théologie de Poitiers, conférences de Paris et d'Angers, Pontas, Collet, Antoine, Babin, Semmellier, le rituel de Toulon) et par une lettre encyclique de Benoît XIV adressée aux évêques italiens le 1er novembre 1745. Le prêt à intérêt leur semblait défendu de droit naturel, de droit divin, de droit ecclésiastique et de droit humain. Ils admettaient qu'on pouvait retirer des intérêts légitimes de l'argent prêté; ils se fondaient sur trois principes admis par tous les théologiens: dommage naissant, lucre cessant, danger étranger au prêt; en d'autres mots, un prêteur pouvait exiger de l'intérêt seulement si, par ce prêt, il souffrait quelque perte, manquait de faire quelque profit ou courait un danger. L'application de ces principes requérait une très grande prudence de la part des prêteurs, des emprunteurs et des confesseurs. La conscience des personnes entrait en ligne de compte et la délicatesse était de mise.

Auguste Roux et Joseph de Calonne se disaient favorables aux prêts à intérêt faits à un commerçant, prétendant

Le marché de la Basse-Ville en 1830. Un aspect de la vie économique et sociale.
Tableau de James Pallerson Cockburn. Royal Ontario Museum, Toronto.

qu'on prenait toujours un risque en lui prêtant de l'argent.
En Angleterre, en Irlande, en Allemagne et aux États-Unis
d'Amérique, même chez les catholiques, prêter de l'argent
au taux fixé par l'autorité civile ne connotait aucune usure.
Jacques André Emery, le supérieur général des Sulpiciens,
écrivit en 1809:

> Si j'avais à enseigner et à donner des conseils, j'ensei-
> gnerais et je conseillerais conformément à la doctrine,
> qui a été jusqu'à présent la plus commune en France,
> mais l'opinion qui permet de tirer des intérêts d'un prêt
> d'argent [...] a pour elle aujourd'hui tant d'autorités que
> je ne croirais pas devoir blâmer ni inquiéter ceux qui la

suivraient de bonne foi dans la pratique, ni par consé-
quent obliger à la restitution des intérêts perçus. [...]
L'autorisation que le gouvernement donne aujourd'hui
aux stipulations d'intérêt donnera encore une certaine
force à ces opinions. [...] Le pape, consulté à Paris [là-
dessus] [...] répondit qu'il fallait alors s'adresser aux
évêques. Ce qui montre que le pape croyait qu'il n'y a
rien de décidé sur ce point[5].

L'archevêque de Dublin répondit à Mgr Plessis qu'il distinguait le prêt, considéré comme un geste d'amitié dont il serait
usuraire d'en tirer profit, d'un prêt d'argent dont l'usage profitait à l'emprunteur d'une manière ou de l'autre et pour lequel
un taux d'intérêt était fixé par l'État.

Tenir à l'opinion des anciens théologiens et du Saint-
Siège, consulté de nouveau en 1793, mettait le clergé en opposition avec les tribunaux séculiers. Et qu'adviendrait-il des
notaires qui rédigeaient des contrats de prêts, des avocats
qui les défendaient en cour, des juges qui allouaient à tout
prêteur les intérêts auxquels ils avaient droit selon le taux du
roi? Ne pouvant fréquenter les sacrements, plusieurs d'entre
eux trouvaient que le clergé maintenait une doctrine nuisible
au commerce et au bien commun. Telles étaient les questions
et les remarques de Mgr Plessis lui-même, mais il continuait
de répondre aux curés: de qui devait-on attendre les principes
de la morale chrétienne, sinon de Rome? On lui rétorquait
que Liguori, Billuart, Loth, Scipio, Matfei, La Luzerne, Bergier,
Rozavent, laissaient au moins poindre comme probable l'opinion selon laquelle le pouvoir était attribué aux chefs d'État
de statuer sur le prêt d'argent et de légitimer l'intérêt perçu.

Compte tenu de toutes ces nuances, les évêques s'impo-
saient la plus grande discrétion sur le sujet et invitaient les
curés à suivre leur exemple, afin de ne pas heurter l'opinion
publique. La consigne consista peu à peu à éviter d'en parler
et à ne troubler la conscience de personne au confessionnal
là-dessus à moins que le pénitent n'abordât le sujet. Mgr
Plessis en arriva à considérer le prêt à intérêt comme défendu
par une simple loi positive. Dans ce cas, il valait mieux laisser
dans leur bonne foi ceux qui en ignoraient la malice. En cas

La cathédrale Notre-Dame et la place du marché à Québec en 1830. Aquarelle de James Pallerson Cockburn. APC.

de doutes et de questions, il fallait tout de même répondre selon la sévérité de la loi ecclésiastique en cours.

Le cas le plus compliqué, celui qui a permis au clergé d'évoluer, concernait les tuteurs. Ils devaient faire fructifier l'héritage de leur pupille qui, arrivé à l'âge de la majorité, exigerait son dû, capital et intérêt. Or, un tuteur n'administrait pas toujours les biens à même des investissements dans les immeubles; souvent, il ne pouvait faire mieux que de prêter l'argent à intérêt. Même dans ces circonstances, on enseignait en théologie morale traditionnelle: «il n'est pas plus permis de faire valoir les deniers pupillaires que tous les autres par le moyen du prêt à intérêt»; les pupilles qui exigent cet intérêt sont tenus à la restitution. «Mais cela ne dispense pas le tuteur de faire profiter par des moyens licites les deniers de son pupille, lequel parvenu à l'âge de la majorité a droit de les lui demander avec les intérêts d'iceux.» Le moyen pris dépend du tuteur seul. S'il a laissé dormir l'argent, «c'est lui et non le pupille qui supporte le dommage. S'il l'a fait valoir par des moyens illicites et qu'il en a retiré, même au nom de son pupille, des intérêts usuraires, c'est à lui, et non à son pupille, à restituer ces intérêts de ses propres deniers[6].» La loi civile obligeait un tuteur à faire fructifier l'argent de son pupille. Mais quels étaient les moyens licites d'y parvenir si le prêt à intérêt n'en était pas un? Il pouvait s'agir de l'achat d'une propriété, d'une maison ou d'une terre; le tuteur pouvait aussi spéculer sur un objet de commerce, comme le grain et le sucre. Si le tuteur faisait profiter légitimement l'argent de son pupille, il pouvait lui remettre seulement l'équivalent de 6% d'intérêts et s'approprier le surplus. Mgr Plessis avait même déjà répondu au nom de son ancien évêque: «Un tuteur étant forcé par la loi de faire valoir l'argent de son pupille, il peut le placer à intérêt, lorsqu'après avoir fait ses efforts pour le placer autrement, il n'a pu y réussir[7].» De toute façon, plusieurs tuteurs timides et sans expérience ne savaient faire rien d'autre que de prêter à intérêt l'héritage de leur pupille.

À son retour de Rome en 1835 comme délégué des évêques bas-canadiens, Thomas Maguire rapporta l'opinion qu'on devait permettre ou tolérer l'intérêt légal sur un prêt en attendant une décision définitive du Saint-Siège. Ce fut en quelque sorte confirmé par *La Minerve*, qui publia un article du journal français *L'univers religieux*. Pie VIII légitimait le prêt à intérêt, pourvu qu'il ne dépasse pas le taux admis par la loi; il ajoutait: la question demeure à l'étude; aucun prêtre ni évêque n'imposera son opinion aux fidèles; tout catholique se montrera disposé à exécuter la décision éventuelle du Saint-Siège. Mgr Lartigue n'atténua pas tout de suite sa sévérité sur l'usage de l'argent. Il ne reconnaissait pas le droit aux ecclésiastiques ni aux communautés religieuses de placer de l'argent en banque, en vue d'en retirer de l'intérêt, et encore moins d'acheter des actions. À Québec, les idées émises par *La Minerve* s'appliquèrent tout naturellement.

Les meurtres et les suicides

D'autres crimes comme le meurtre et le suicide se produisaient, mais très rarement. Après l'exécution du meurtrier Charles Gagnon, le 29 mars 1833, repentant et résigné grâce à l'assistance d'un sulpicien, son corps fut transmis aux médecins pour dissection, selon la sentence du juge. Une imprudence que des parents tardèrent à enrayer, surtout en milieu de misère et d'ignorance, consistait à faire coucher avec eux des enfants de moins d'un an; il arrivait que le bébé suffoquait, écrasé par le père ou la mère. Le refus des sacrements à des adultes ayant une telle habitude se révéla la seule façon de les éduquer.

* * *

De l'ensemble de cette situation, il ressort un souci disciplinaire fort prononcé de la part des responsables de l'Église. Mgr Briand affirmait que les chrétiens se multipliaient seulement en période où l'Église s'en tenait à une discipline ferme. Mais il invitait ses curés à se montrer patients et à user de douceur.

> Évitez les invectives dans vos sermons; parlez davantage des beautés de la vertu que de la laideur du vice; ce n'est pas toujours le mieux de combattre de front les vices et les abus, mais il est bon de prendre des détours. Il est mieux que les pécheurs se disent qu'ils sont pécheurs que si nous le leur disions nous-mêmes ou leur donnions occasion de penser que nous les croyons tels[8].

Saint Grégoire insistait beaucoup, selon Mgr Plessis, sur les différentes manières de se conduire pour un pasteur selon les caractères; s'il ne sait faire plier la règle, il court le risque de la rompre.

CHAPITRE XI

L'ÉGLISE FACE AU NATIONALISME

Alors que le congrès de Vienne (1814-1815) semblait marquer le triomphe du mouvement réactionnaire sur l'ère des révolutions, la conscience d'une unité nationale et d'un patriotisme tout neuf empêcha un trop grand recul. Avec les idées d'émancipation et de libération sociales, l'envahisseur a répandu la pensée nationale. Et le libéralisme s'y mêla, trouvant là un lieu d'expansion. Ce portrait européen de la première moitié du XIXe siècle vaut aussi pour le Bas-Canada.

L'Église, pour sa part, avait pris avec enthousiasme le virage du retour en arrière. L'ultramontanisme lui servit de soutien théologique et spirituel. Cela ne pouvait qu'entraîner un choc entre elle et beaucoup d'États où elle était implantée, même dans le Bas-Canada.

1. AFFIRMATIONS MITIGÉES DE LA NATIONALITÉ CANADIENNE

À la manière d'un nouveau-né, sans prendre conscience de ce qu'elle devenait, la nation canadienne commença à se constituer sous le régime français. Indépendants des représentants du roi, hardis, actifs, intelligents et fiers de leurs mœurs, de plus en plus exclusifs, les Canadiens en étaient arrivés à se singulariser. Une certaine égalité existait entre les habitants, qui s'appelaient maintenant monsieur ou madame; les classes sociales européennes s'étaient en quelque sorte dissipées dans le coude à coude de la vie quotidienne des colons.

La bienveillance initiale des conquérants anglais atténua les craintes des Canadiens, qui subirent tout de même les contrecoups de la défaite. La dévaluation de leur argent de plus de 50% favorisa les hommes d'affaires anglais. Les responsabilités politiques, administratives, judiciaires et commerciales leur échappèrent presque complètement. Leurs lieux d'influence se limitèrent à la famille et à la paroisse. Les membres du clergé, provenant désormais du seul peuple canadien, devinrent les porteurs de la solidarité nationale. Tout en soutenant la nouvelle autorité coloniale comme l'ancienne, pour des motifs bibliques et théologiques, le clergé servit d'intermédiaire entre la bureaucratie britannique et le peuple canadien. Il chercha à lui conserver ce qui lui restait encore: la législation civile et la langue française, de même que la religion catholique. Ces objectifs ont coalisé les énergies et favorisé un nationalisme de conservation où le juridique, le culturel et le religieux s'harmonisaient. Les curés apparurent comme les chefs de file des Canadiens, qui ne pouvaient s'en donner d'autres. Ils assumèrent seuls la formation de la conscience civique et sociale, selon leur spécialité sacerdotale. La paix, d'ailleurs désirée par les Canadiens, y prenait une place prépondérante.

La nation canadienne conserva ses distances vis-à-vis des Anglais. Le projet de Murray de former un corps de volontaires, commandés par des officiers canadiens et accompagnés d'un aumônier catholique, en vue d'en imposer aux Amérindiens des pays d'en haut, ne se serait pas réalisé sans une lettre circulaire de Briand à tous les curés. Les soldats finalement rassemblés ne donnèrent aucune confiance au gouverneur; ils paraissaient, en effet, plus disposés à vendre leurs munitions aux Amérindiens qu'à s'en servir contre eux. Les Canadiens n'accueillaient pas automatiquement toute sommation gouvernementale transmise par les curés. Celles de 1766 et de 1772 contre l'accueil donné aux soldats déserteurs demeurèrent lettres mortes. Montgolfier lui-même résista à la triple pression de Luc de La Corne, conjuguée à l'acquiescement du commandant britannique, de faire sonner les cloches de l'église Notre-Dame, lors de l'érection d'un monument en l'honneur de George III sur la place d'Armes, le 7 octobre 1773.

Du côté de l'évêque de Québec et du clergé comme de la majorité des citoyens, les mouvements d'idées qui balaient alors l'Europe et l'Amérique apparaissent comme délétères et déistes. *La Gazette de Québec*, le principal moyen de communication sociale des premières décennies du régime britannique, ne favorise pas l'expansion du libéralisme à la mode dans d'autres pays. Jautard et Fleury Mesplet se servent de *La Gazette du commerce et littéraire pour la ville et le district de Montréal* afin de répandre des idées révolutionnaires et anticléricales; les juges n'acceptent pas d'y être critiqués et Haldimand fait emprisonner ces deux trouble-fête auxquels s'abreuvait une clientèle sensible à l'option américaine. La Révolution française laisse des traces, montre des façons de procéder, entretient certains espoirs francophiles. On assiste aussi à une prolifération de petits marchands dans les villes et dans les campagnes; le nombre de notaires, d'avocats et de médecins canadiens s'accroît de plus du double en vingt ans, mais celui des arpenteurs n'augmente pas aussi rapidement. Cette nouvelle élite, issue et proche du milieu paysan, s'alimente au philosophisme individualiste et libéral du XVIIIe siècle français; elle se taille une place à la Chambre d'assemblée et cherche à modifier la vie en société. Le laïcisme gagne du terrain; l'incrédulité et l'anticléricalisme s'insinuent.

Les deux idéologies en présence

D'autres événements et d'autres phénomènes accélérèrent chez les Canadiens une prise de conscience de leur identité propre: la division du Québec en Haut-Canada et en Bas-Canada et l'instauration du régime parlementaire en 1791, l'élection de Canadiens à la Chambre d'assemblée, la tension entre la bourgeoisie anglophone omniprésente et la petite bourgeoisie francophone naissante, le passage de l'économie de la fourrure à celle du bois pendant que les Canadiens continuaient d'accorder préséance à l'agriculture, l'apparition d'une science politique ne s'enracinant plus dans la théologie. Il en résulta une ébauche d'idéologie nationaliste, dont l'influence se répandit à tous les niveaux de la population, ici avec une teinte de libéralisme intellectuel, là dans la continuité d'un certain conservatisme social; chez les uns surtout par le biais politique et culturel, chez les autres davantage par celui d'une plus grande latitude religieuse; par la voie démocratique et par des pressions, ou par des négociations au niveau des dirigeants.

Les responsables de l'Église continuèrent de considérer de droit divin le pouvoir politique légitimement établi et reconnu, en l'occurrence la monarchie constitutionnelle anglaise. Elle leur apparaissait de toute façon la meilleure, car elle convenait au caractère, aux mœurs et aux préjugés de la nation canadienne, dont les Anglais, après les Français, étaient devenus les maîtres. Compte tenu de ce qui se passait ailleurs, cela semblait beaucoup mieux que la démocratie, qui conduisait à l'anarchie à cause des excès de liberté qui s'y produisaient. On devait donc proscrire les propos de Jean-Jacques Rousseau. Ce qu'en tirait Louis-Joseph Papineau à propos de la dépendance de l'exécutif du législatif, du fondement de la souveraineté, de la nature de la loi et de l'importance des droits individuels, paraissait explosif. L'évêque et certains de ses prêtres s'alimentaient pour leur part à Louis de Bonald et à Joseph de Maistre. Ils s'y convainquaient de tenir étroitement reliées à la religion catholique la monarchie et l'agriculture. Mgr Plessis manifesta clairement son option pour la tradition, l'ordre, l'autorité et le conservatisme social. L'arrivée des royalistes français, prêtres pour la plupart, accentua le phénomène. Les responsables ecclésiastiques affrontèrent donc les idées libérales à la mode, ce qu'endossèrent les dirigeants politiques anglophones, qui se délectaient du livre violemment contre-révolutionnaire d'Edmund Burke, *Réflexions sur la Révolution française*. Le fait de vivre en paix, alors que les contrées européennes continuaient d'être bouleversées, saccagées, livrées au feu, semblait une faveur exceptionnelle de Dieu. L'agriculteur et le citadin exerçaient leur métier, les parents éduquaient leurs enfants, le culte de la religion catholique s'extériorisait, tout s'effectuait dans la paix.

Et le curé André Doucet de la cathédrale ajoutait dans son sermon, que s'empressait de rapporter *La Gazette de Québec* du 15 juin 1809: «Nous vivons, mes frères, sous l'influence du plus juste comme du plus doux des gouvernements.»

La proclamation de Craig

Mais le journal *Le Canadien* faisait des siennes. Ressuscitant de ses cendres en décembre 1809 grâce à une nouvelle sous-cription, à laquelle avaient d'ailleurs participé des curés, il poursuivait ses ravages, selon Mgr Plessis, en tentant d'anéan-tir tout principe de subordination. Durant l'hiver 1810, une troisième élection en moins de trois ans cristallisa la tension latente. On mit en avant la souveraineté et les droits indivi-duels. Bien que le christianisme ne fût pas bafoué, on essayait de s'en libérer dans l'interprétation de la vie en société.

Le gouverneur Craig crut nécessaire d'émettre une pro-clamation à la fin de février, pour enrayer des calomnies qui circulaient dans la province contre lui et son exécutif. Par la même occasion, soit lors de conversations privées, soit en public, Mgr Plessis invita le peuple à remettre sa confiance dans le gouvernement. Les curés devaient se limiter à rappeler leurs devoirs aux électeurs. L'évêque regrettait que l'esprit démocratique se répande à un moment où il lui était difficile de protéger l'Église contre les empiétements du gouver-nement. Il intervint lui-même à la cathédrale après la lecture de la proclamation du gouverneur, lue devant 7000 à 8000 auditeurs. Il rappela comment la Providence intervenait dans la vie des individus et des États. Il trouvait peccamineux de s'opposer aux vues louables du gouvernement et d'en contra-rier les ordres.

Des curés d'un peu partout, quoiqu'en minorité, évitèrent de lire la proclamation, en s'en remettant au capitaine ou au maître chantre, ou le firent devant peu de paroissiens. *La Gazette de Montréal* rapporta de nombreux exemples de curés qui intervinrent avec doigté; ils parlèrent même du gouver-neur avec respect et dans un esprit d'obéissance, mais se tinrent cois sur les élections; à certains endroits, on chanta l'hymne *Domine, Salvum fac Regem* et on clama «Vive le roi» ou «Vive le gouverneur». D'autres allèrent plus loin, dans le sens que Mgr Plessis avait signifié dans une lettre au curé Joseph Gagnon de la paroisse Sainte-Famille, île d'Orléans: élisons les candidats les plus aptes à maintenir l'harmonie entre les sujets et le représentant du roi ou, comme l'ont dit des curés, écartons les candidats turbulents et suspects; élisons des personnes paisibles, loyales, amies de l'ordre et du gouvernement. Mais, comme l'avait écrit l'évêque à son vicaire général Pierre Conefroy à la fin de mars, le sort des élections était déjà fixé; le nombre des électeurs était de toute façon fort limité à cette époque et le tout s'effectuait à main levée. Le parti canadien remporta la victoire la plus éclatante de sa jeune histoire; suivit le calme habituel d'après toute élection.

L'opposition catholique au gouvernement

Mgr Plessis réussissait par ailleurs à tenir tête aux autorités gouvernementales, en vue d'empêcher des entailles à l'Église ou au peuple canadien et de leur obtenir des privilèges ou plus de liberté. Résister au trio Ryland, Mountain et Sewell à l'occasion de l'Institution royale de 1801, s'élever contre les prétentions de Craig en 1811, par exemple à propos de la nomination aux cures, éviter de devenir la créature du gouvernement au milieu de nombreuses relations diplomatiques et de plusieurs services mutuels, réussir à l'arrivée de chaque nouveau gouverneur à éviter qu'il ne mette en application les instructions de Londres sans cesse réfractaires à l'Église, exercer la juridiction épiscopale avec plus de liberté que dans la plupart des pays du monde tout en semblant dépendre du gouverneur pour de nombreux gestes, être nommé au Conseil législatif sans se lier les mains, voilà autant d'occasions où fut réaffirmée la position des catholiques.

La tentative de l'union des deux Canadas de 1822 fit prendre conscience au gouvernement de la distance entre les catholiques et lui, et de la pression qu'ils pouvaient exercer. Tout changement de la constitution de 1791 leur faisait craindre des changements défavorables à leur égard. Le projet d'union promu par le gouverneur britannique comportait un article selon lequel nul ecclésiastique n'aurait droit à ses revenus, à moins d'être muni d'une commission royale et de consentir à diverses autres exigences; la nomination aux cures dépendrait donc de l'approbation du gouverneur. Mgr Plessis s'y opposa ardemment. Malgré les pressions des immigrants britanniques et des gouvernants du Bas-Canada, sans doute attisés par des dirigeants du Haut-Canada, une pétition circula dans la province et fut signée par 69 404 personnes opposées à l'union; le peuple envoya deux délégués à Londres, afin que son point de vue y fût connu; les représentants de Mgr Plessis auprès du parlement londonien usèrent de leur influence. Au début d'avril 1823, tout danger était écarté. Si l'union avait été endossée à Londres, la clause 25 sur la religion et l'autre qui aurait privé les Canadiens de l'usage de la langue française en politique auraient été préalablement retranchées du bill selon le secrétaire d'État aux colonies. En prenant ainsi position, les dirigeants ecclésiastiques avaient dérogé au principe de la neutralité politique du clergé.

2. Nationalisme et discrétion du clergé

Dans le Bas-Canada de 1826, comptant 419 679 hab. (le double du Haut-Canada), dont 240 232 demeurent dans le district de Montréal, le parti patriote surgit du parti canadien. Un programme démocratique se dessine. Mgr Plessis est décédé, mais le clergé dans son ensemble, en particulier Mgr Lartigue, suit les événements politiques avec attention. Comme le Conseil législatif, composé de moins en moins de Canadiens catholiques, refuse de suivre la Chambre d'assemblée, le vote des subsides n'a lieu ni en 1826 ni en 1827. Papineau et six collègues écrivent un manifeste contre Dalhousie. En juillet 1827, le gouverneur refuse de ratifier l'élection de Papineau comme orateur de la Chambre, ce qui la paralyse.

La neutralité du clergé

Lors de la dernière élection, le clergé avait respecté sa neutralité traditionnelle, s'attirant ainsi les félicitations des observateurs de la scène politique. Le curé Jean-Baptiste Keller de

Sainte-Élisabeth reconnut avoir usé de la chaire pour influencer indûment ses paroissiens en faveur de la réélection des députés du parti patriote; il accepta de démissionner. *La Minerve* se demandait pourquoi les prêtres ne pourraient pas prendre position lors des élections. Ne formaient-ils pas une partie intégrante et éclairée de la société? Comment se faisait-il que ceux qui blâmaient l'un ou l'autre des curés de s'y être immiscé étaient toujours des partisans de la bureaucratie et de l'administration gouvernementales? Et pourtant n'avaient-ils pas applaudi lorsque le grand vicaire de Trois-Rivières avait voté pour Ogden et que cinq pasteurs protestants avaient voté contre Berthelot à Québec?

La position de Mgr Lartigue, sans doute partagée par l'ensemble du clergé, tenait à ceci:

> Je ne vois qu'une ou deux circonstances dans lesquelles nous serions obligés de nous mêler d'affaires politiques si elles avaient lieu: ce serait dans le cas où le gouvernement britannique voudrait décréter quelque chose contraire à la religion, comme il avait fait dans le projet du premier bill d'union qui a avorté sur les remontrances de la province; ou bien s'il était encore question de l'union des deux provinces [...], mais alors il faudrait en séparer toute affaire politique et ne se montrer que dans les questions qui intéressent de près ou de loin la religion[1].

En toute autre circonstance, il valait mieux demeurer neutre et surtout ne pas pencher ni du côté de l'administration ni de celui de la Chambre d'assemblée; chacune des parties gagnerait de toute façon à se référer au clergé comme médiateur si l'on en arrivait à des situations extrêmes. Même si le clergé n'était épargné ni par l'administration Dalhousie, fort mal disposée à son égard, ni par les chefs patriotes, de plus en plus entichés de libéralisme et d'anticléricalisme, il tirait profit d'une telle attitude. Les journaux firent souvent état de la qualité du clergé et le défendirent contre toute attaque ou toute insinuation défavorable, surtout de la part de l'administration gouvernementale.

Le nationalisme foncier du clergé

Si on avait sondé le cœur de la plupart des prêtres et même de Mgr Lartigue, on y aurait trouvé une forte dose d'adhésion au dynamisme nationaliste de l'époque. La correspondance de l'évêque de Montréal avec son cousin Denis Benjamin Viger, délégué de la Chambre d'assemblée à Londres, revèle les motifs patriotiques qui poussaient le prélat à s'opposer à l'union des Canadas et à l'annexion d'une partie du district de Montréal au Haut-Canada. L'accroissement de l'immigration anglophone des années 1830 lui faisait craindre l'exil des Canadiens et leur disparition comme peuple. Mgr Lartigue manifestait peu son ressentiment contre les injustices dont étaient victimes ses compatriotes, car il ne voulait pas envenimer le climat révolutionnaire de son district. Le bill controversé des fabriques, soutenu en Chambre par le parti patriote, avait jeté une douche d'eau froide sur le clergé. Le vicaire général Jérôme Demers traduisait ce que pensaient plusieurs de ses confrères: «Nous sommes tous persuadés que le clergé doit se joindre aux citoyens, quand il s'agit des intérêts publics de notre cher Canada. Mais il y a différentes manières de faire le bien[2].» Le vénérable Paul Loup Archambault, fâché de voir son nom dans les journaux, avoua en janvier 1833: «J'évite de parler politique. Cependant, quand je m'y trouve, je me permets d'énoncer mon opinion librement, mais poliment. On ne me fera pas admirer tous les partis»; il penchait cependant du côté des Canadiens[3].

Le clergé sur la sellette

Au cours des années 1832-1833, *La Minerve* et *L'Ami du peuple, de l'ordre et des lois* se livrent un combat de titans. Le second protège le clergé contre la Chambre d'assemblée: «en nihilifiant l'influence du clergé sur les mœurs du peuple, vous ôtez à ce peuple son action et sa force morale, qui font sa nationalité», écrit-il le 8 août 1832. Le bill des fabriques revient constamment à la surface, comme une sottise incalculable de la part des députés. *La Minerve* dénigre les rédacteurs de son adversaire, laissant entendre qu'ils ne sont pas aussi religieux qu'ils le paraissent. *L'Écho du pays* opte lui aussi pour la religion, comme un des liens les plus fermes de tout ordre social, et pour un clergé national, comme un des plus forts appuis des véritables intérêts du peuple. *La Minerve* rétorque, le 8 avril 1833, avec une article, signé «un curé», qui se dit dégoûté de l'hypocrisie de *L'Ami du peuple*; il ajoute au nom de ses confrères prêtres:

> Comme ministres de la charité, tout en sévissant contre les opinions, tolérons les personnes et tâchons par notre modération de tempérer la trop grande fougue que peut avoir le zèle des laïcs quelquefois exaltés par un sentiment peut-être trop vif de nos maux politiques. [...] Chacun des deux partis qui divisent aujourd'hui les Canadiens [...] cherche à nous attirer dans son bassin. [...] Soyons persuadés que tôt ou tard la force des événements nous y jettera malgré nous, si nous ne nous y mettons pas de nous-mêmes.

Cet article, comme bien d'autres de *La Minerve*, se retrouve ensuite dans *Le Canadien*. Tous deux favorisent les révolutionnaires du Bas-Canada, aux dires de *L'Ami du peuple, de l'ordre et des lois* ainsi que de *L'Écho du pays*.

De tous ces propos, le clergé ressortit grandi. Le Français Isidore Lebrun provoqua à son tour les effets contraires à ceux qu'il escomptait. Dans son livre sur le Canada, il s'attaqua au clergé de façon tellement erronée qu'il suscita dans les journaux des considérations fort louangeuses en faveur des prêtres. Ceux-ci prenaient en même temps leurs distances vis-à-vis des patriotes; ils les suivaient de moins en moins sur la voie de leurs récents discours chocs sur la démocratie, les libertés politiques, le progrès social, la séparation de l'Église et de l'État, une constitution républicaine, le mode électif appliqué à toutes les branches du pouvoir politique. Le clergé s'opposait à la violence verbale et aux idées libérales des porte-étendard du nationalisme, d'ailleurs confiné aux dimensions politique et culturelle; les aspects économique, social et juridique étaient laissés pour compte.

L'adoption des 92 résolutions du 21 février 1834 sonna la phase décisive du combat des patriotes en vue du contrôle de l'appareil étatique canadien. L'épiscopat ne réagit pas; l'ensemble du clergé suivit le mot d'ordre du silence et de la neutralité, interprété soit comme une approbation, soit comme un désaveu. Autant Jean-Baptiste Saint-Germain, curé de Saint-Laurent, aurait voulu une prise de position publique de la part de Mgr Signay contre les monstruosités du mouvement révolutionnaire, autant Étienne Chartier de Saint-Pierre-les-Becquets ne pouvait se retenir d'endosser le parti pris des patriotes. Prévoyant de l'opposition, l'avocat D. A. Laberge, du parti patriote, trouva opportun d'écrire dans *La Minerve* du 5 mai 1834:

> J'ai ajouté [...] que les curés devaient se restreindre dans les bornes sacrées de leur devoir sacerdotal, que tant qu'ils ne dépassaient pas ces bornes, c'est à juste titre qu'ils jouissaient à un haut degré du respect et de la confiance de leur paroisse, mais que dès qu'ils outrepassaient ces limites pour se mêler de politique, qu'ils donnaient des avis au peuple pour l'engager à prononcer son opinion pour un parti ou pour un autre, alors le respect et la confiance que leur donne leur qualité de prêtre étaient exposés à diminuer et leur opinion ne devait pas être plus respectée et avoir plus de poids que celle de simples laïcs.

Le 24 juin 1834, lors d'une réunion patriotique organisée par Ludger Duvernay tenue à Montréal, la fête liturgique de saint Jean-Baptiste se doubla de la fête patronale des Canadiens. Depuis longtemps, ils se caractérisaient par l'appellation de Jean-Baptiste, comme les Américains par Jonathan, les Anglais par John Bull et les Irlandais par Patrick. Selon *Le Canadien* du 27 juin 1834, «c'est de bon augure pour les patriotes que d'avoir pour patron le précurseur de l'Homme-Dieu, qui est venu prêcher l'égalité des hommes aux yeux du Créateur et délivrer le monde de l'esclavage des puissances ennemies d'un autre monde». Durant le banquet qui réunit ce jour-là soixante convives, un des toasts fut porté en l'honneur du clergé et des évêques: «Puissent-ils toujours être unis et donner le bon exemple à leurs ouailles. Ils seront soutenus et respectés en faisant cause commune avec la Chambre d'Assemblée et le peuple.» *L'Écho du pays* se réjouit à son tour de l'initiative du Ludger Duvernay; les Canadiens seraient ainsi valorisés et renforcés.

Le clergé désiré de tous les côtés

Au début de 1835, après une éclatante réélection du parti patriote, les liens entre le clergé et la politique refirent surface à la une de plusieurs journaux. Des rédacteurs soutenaient que les prêtres étaient bien placés pour éclairer le peuple, alors que d'autres préféraient les voir se confiner à leur ministère. Certains discernaient que les curés ne partageaient pas tous le même avis; si les uns avançaient les principes bibliques et théologiques de la soumission à l'autorité légitime, les autres trouvaient qu'ils ne s'appliquaient pas dans le cas de la monarchie constitutionnelle anglaise. De quel côté pencher, alors que les évêques demeuraient muets? Les correspondants cherchaient à attirer le clergé de leur côté et à atteindre leurs fins partisanes, en louant ou en attaquant et la religion catholique et ses prêtres.

Sous le pseudonyme de Ménalque, un lecteur du *Canadien* précise qu'en général il vaut mieux que le clergé ne se mêle pas de politique, mais qu'en des occasions extraordinaires, il doit intervenir, c'est-à-dire «quand les mœurs, le bonheur, les lois, la religion d'un peuple se trouvent compromis dans une agitation politique, quand le règne de l'anarchie fait craindre pour l'État un bouleversement général» (19 janvier 1835). Mais en était-on arrivé là? Non, d'après cet auteur, trop de citoyens dramatisaient la situation.

Quant à la distinction entre le prêtre et le citoyen chez la même personne, le premier devant s'abstenir de la politique, le second devant intervenir, elle apparaissait fort peu réaliste. *L'Ami du peuple* s'en servit, mais dans un autre sens: le citoyen peut intervenir en politique, le prêtre doit le faire, non au niveau des assemblées politiques et des élections, mais au niveau des principes et de la doctrine à propager ou encore à protéger contre toutes sortes d'autres théories corruptrices. Dans *La Minerve* du 12 février 1835, un très long article, signé J. E. T., se demande si le clergé doit demeurer «passif (ou plutôt neutre)» ou s'il doit agir. La réponse, fondée sur l'Écriture sainte fort grossièrement utilisée, appuie catégoriquement la non-intervention; d'ailleurs, tous les membres du clergé n'appartiendraient pas au même parti et ils offriraient un spectacle affreux de division. D'après un autre correspondant, les seules affirmations que les prêtres peuvent répéter se résument ainsi: le dogme catholique proscrit et condamne toute espèce de révolte; il proclame le précepte de l'obéissance et de la soumission aux puissances légitimes; celui qui résiste à l'autorité résiste à l'ordre établi. Un Jean-Baptiste de la rivière Yamaska aborde le sujet de façon concrète: de trois curés voisins, l'un penche explicitement du côté patriote, l'autre du côté de l'administration britannique, le troisième se contente de dire: ne buvez pas d'alcool, ne vous querellez pas le jour de l'élection et rentrez chez vous le plus tôt possible après avoir voté selon votre conscience. Lequel favorise chez le peuple le meilleur agir moral et religieux? Certes le dernier, d'après les suites qu'on décrit de l'intervention de chacun.

L'*Ami du peuple* du 11 avril 1835 ne passe pas sous silence la fin du sermon de la Saint-Patrice, prononcé à Montréal: apprécions «la constitution dont la province nous a dotés, car vous pouvez être assurés que quelles que soient les défectuosités nous ne saurions jamais la changer pour une meilleure ou la changer du tout sans attirer sur nos têtes la plus grande des calamités humaines, sans nous élever sur les ruines de tout ordre et même sur un fondement de sang humain». Dans un sermon, un sulpicien du Collège de Montréal traita d'impies et de révolutionnaires les chefs du parti patriotique; *La Minerve* du 1er juin 1835 rapporta ses paroles: «Cette politique est damnable, elle est essentiellement contre Dieu; celle suivie par le parti opposé est la seule bonne, la seule compatible avec le salut de l'âme. [...] Nous, nous sommes fermement attachés au gouvernement britannique et souffririons la mort avant de lui refuser obéissance.» Mgr Alexander Macdonell, qui se reconnaissait fort bien en ces propos, prévint Glenelg, secrétaire d'État aux colonies, que le but poursuivi par Papineau consistait «non seulement à séparer les deux Canadas de l'Empire britannique, mais aussi d'y éteindre tout sentiment britannique et de faire quitter le Bas-Canada à tout loyal sujet d'origine britannique»; W. L. Mc Kenzie et le prêtre irlandais apostat W. J. O'Grady du Haut-Canada entretenaient, selon lui, des objectifs similaires[4]. Chez les Irlandais de Québec, tout le mois d'avril 1836 passa à protéger la réputation de Patrick Mc Mahon, à la suite d'un bout de sermon interprété par des Canadiens comme défavorable aux patriotes.

Les tensions entre le clergé et les patriotes

En juin 1836, les *Paroles d'un Croyant* de Félicité de La Mennais, imprimées dans le Bas-Canada grâce à une souscription fort discrète, furent répandues gratuitement jusque dans les campagnes. Les promoteurs, certes du parti patriote, fondaient l'espoir que le seul nom de l'auteur pousserait les Canadiens à dévorer ce livre, écrit par un prêtre apostat jadis fort influent auprès de quelques prêtres et évêques. Ludger Duvernay et le Suisse protestant Amury Girod avaient bien préparé la publication de ce bouquin antireligieux. Des lecteurs de journaux propagèrent la nouvelle et désirèrent une condamnation du clergé. *L'Ami du peuple* du 18 juin 1836 regrettait amèrement le silence trop généralisé des évêques et des prêtres. «Leur intervention» devenait «urgente et nécessaire». Leur abstention s'avérait «un grand malheur pour ce pays; [...] si le clergé eût usé de son influence sur les habitants [...], il eût empêché une grande partie des progrès qu'ont faits les révolutionnaires sur ces âmes simples et sans défiance». Mais devant les attaques contre la religion, le clergé demeurerait-il encore discret? Encore une fois, «ceux qui doivent tout au clergé, qui tiennent de lui leur éducation et leur existence sociale» seront les premiers à en expulser sinon à en détruire les membres. Le clergé «peut encore prévenir tous ces maux et [...] couper le mal dans sa racine, mais le moindre retard, la moindre hésitation, quels qu'en soient les motifs, peuvent le perdre à jamais et avec lui la religion et le bonheur de tout le peuple qui lui est confié».

Mgr Lartigue ne se laissa pas prendre au piège. Des collègues évêques et des prêtres s'étaient à l'occasion mêlés de politique et «ils pourraient bien avoir lieu de s'en repentir», croyait-il. La mode consistait alors à se dire patriote; à qui en portait le nom, tout était pardonné; «et chez bien des gens, la religion ne compte pour rien[5]». Dans un tel contexte, l'évêque préférait la discrétion. Il sentait bien qu'une épreuve de force était engagée entre l'Église qu'il représentait dans le diocèse de Montréal et les dirigeants du parti patriote. Quant au livre de La Mennais, il ne pouvait «faire grand mal ici», affirma-t-il.

3. LES INTERVENTIONS PASTORALES LORS DES TROUBLES DE 1837-1838

Les rapports entre le Bas-Canada et l'Angleterre se détérioraient dramatiquement. Depuis 1826 et surtout depuis 1832, le choc devenait inéluctable. Les difficultés financières, la rareté du numéraire, les arrivages massifs d'immigrants britanniques installés aux frais de la couronne, l'esprit de domination des Anglais de la région de Montréal, les 92 résolutions, la fondation de la Saint-Jean-Baptiste, la création de la Banque du Peuple au service des Canadiens et de la cause patriotique, les idées répandues par les journaux révolutionnaires, la mise de côté de tout compromis de la part du parti patriote, tous ces facteurs grossissaient les alluvions d'une tension sans cesse croissante. Seule la commission d'enquête Gosford de 1835 aurait pu retarder, sinon enrayer, l'échauffourée de 1837, si ses conclusions avaient recommandé un conseil législatif électif et la responsabilité ministérielle. Mais tel ne fut pas le cas.

L'autorité civile voulue par Dieu

Apprenant, au printemps 1837, que les deux chambres du parlement londonien avaient ratifié l'option du gouverneur, les députés du parti patriote se crurent dès lors déliés de leur serment d'obéissance et de loyauté envers le roi. L'escalade des assemblées populaires, commencée à Saint-Ours le 7 mai, s'accentua durant l'été. Si la plupart des curés demeurèrent dans les bornes de leur juridiction, certains semblèrent miner telle ou telle réunion, par exemple le curé Jean-Baptiste Saint-

Germain de Saint-Laurent qui célébra la messe de la Pentecôte plus tôt que d'habitude, afin de réduire le nombre des participants à l'assemblée politique annoncée pour midi. La fête nationale des Canadiens, pratiquement chômée depuis l'année précédente dans le district de Montréal, donna lieu à de grandes célébrations, par exemple à Saint-Denis où le pain bénit fut présenté durant la messe par J. B. Masse, écuyer, qui fit ensuite la quête avec la dame du docteur Nelson. Le curé Jacques Paquin de Saint-Eustache, après avoir recommandé à ses paroissiens l'ordre, la paix et l'obéissance, aurait eu sa grange abattue par des patriotes mécontents, à moins que ce ne fût par la foudre. Mgr Lartigue prévint le curé Magloire Blanchet de Saint-Charles qu'il avait reçu, d'un de ses paroissiens, des menaces de mort contre lui, s'il n'était pas nommé dans une autre paroisse. Le curé Étienne Chartier de Saint-Benoît semblait avoir pris position en faveur des patriotes de façon plutôt saugrenue.

Mgr Lartigue profita du banquet d'ordination épiscopale de son auxiliaire Ignace Bourget, le 25 juillet 1837, pour rappeler trois principes aux quelque 150 prêtres présents: les pasteurs doivent rétablir la charité et l'union entre les chrétiens; il n'est jamais permis de se révolter contre l'autorité civile établie, ni de transgresser les lois du pays, particulièrement celle qui interdit la contrebande; on ne doit point absoudre au tribunal de la pénitence ceux qui auraient ainsi péché. Des journaux s'emparèrent de bribes de ce discours qui filtrèrent ici et là. *L'Ami du peuple* et *Le Populaire* le firent à leur profit; quoiqu'avec nuance, *La Minerve* prit l'évêque à partie, ce qui amena son principal concurrent à revenir sur le sujet les semaines suivantes. Mgr Lartigue ne rétorqua pas; il prévint son collègue de Québec que «les journaux soi-disant patriotes ont déjà commencé à me tomber sur le corps, mais se lasseront; et s'ils vont trop loin, ils y perdront plus qu'ils ne s'y attendent[6]». *Le Canadien*, le *Vindicator* et *Le Libéral* appuyèrent *La Minerve*; ils attaquèrent de plus en plus directement et ardemment l'évêque de Montréal et les membres du clergé qui intervenaient contre les patriotes. *L'Ami du peuple* attisait le feu en ressassant les propos du 25 juillet et en analysant le comportement de *La Minerve*.

La participation des représentants ecclésiastiques à la fête célébrée à Montréal, le 5 août, en l'honneur de la nouvelle reine Victoria, et la lecture du mandement épiscopal sur le sujet dans toutes les églises du Bas-Canada, le lendemain ou le dimanche suivant, ne passèrent pas inaperçues. À l'église paroissiale de Montréal, des citoyens sortirent avant le chant du *Te Deum*; leur geste fut exagéré par *La Minerve*. Le curé Joseph Quévillon de Saint-Polycarpe informa son évêque que, durant le *Te Deum*, des paroissiens avaient arrêté le son de la cloche; Mgr Lartigue lui conseilla de les poursuivre en cour civile, si le verdict pouvait lui être favorable. Le curé Charles-François Baillargeon de Québec, attaqué durement par *Le Libéral* à la suite de son sermon sur le texte évangélique «Rendez à César ce qui est à César et à Dieu ce qui est à Dieu», dénonça en chaire, le dimanche suivant, cette intervention journalistique jugée indigne à l'égard de tout le clergé canadien.

Des prêtres doutaient du fondement théologique de la décision de Mgr Lartigue à propos de la contrebande. Charles Prince du Collège de Saint-Hyacinthe s'en fit le porte-parole auprès de Mgr Bourget. Celui-ci distingua entre une marchandise qui ne pouvait entrer dans un pays sans être imposée et une autre dont l'importation était simplement interdite. Or, l'intervention épiscopale concernait le premier cas. Si les théologiens avaient émis des opinions épiscopales différentes là-dessus, n'appartenait-il pas à l'évêque de tracer la voie à suivre? Il y revint plus explicitement dans son mandement du 24 octobre 1837, où il rappela les devoirs inhérents, selon lui, au dépôt révélé. Il y affirma être de sang canadien et nia toute dépendance envers le gouvernement. Se référant à l'épître de Paul aux Romains (chap. 13) et à la première épître de Pierre (chap. 2), de même qu'à deux documents récents du pape Grégoire XVI, il insista sur le fait que l'autorité civile tient sa puissance de Dieu lui-même; celui qui s'oppose à la bonne marche de l'État s'attire la condamnation divine. Mgr Turgeon lui rapporta les échos fort positifs de l'évêché de Québec, même s'il soupçonnait que les plus chauds patriotes allaient crier.

Prévoyant à juste titre être persécuté par ces derniers, Mgr Lartigue demanda au Séminaire de Québec la permission de l'accueillir; il s'appliquait la parole du Seigneur: «Quand on vous pourchassera dans telle ville, fuyez dans telle autre» (Mt, 10:23). *Le Canadien* fit une présentation fort respectueuse du mandement épiscopal; *Le Populaire* se réjouit d'une telle prise de position; *L'Ami du peuple* en publia le texte intégral. Mais *La Minerve*, le *Vindicator* et *Le Libéral* se déchaînèrent contre les recommandations de l'évêque. Dans les paroisses, la lecture du mandement suscita des remous, par exemple à Saint-Cyprien-de-Napierville et à Saint-Charles où des paroissiens quittèrent leur siège en signe de réprobation ou désapprouvèrent bruyamment le contenu du document; à chaque endroit où cela eut lieu, il s'agissait d'à peine quelques personnes; en général, l'intervention fut bien accueillie. Dans les autres districts du Bas-Canada, beaucoup moins concernés par le mouvement insurrectionnel, le mandement produisit une vive impression.

La situation devenait intenable à certains endroits. Des curés, tel Laurent Amyot de Saint-Cyprien, ne savaient plus que dire au confessionnal, car des paroissiens leur répliquaient qu'ils n'y venaient pas pour parler de politique. Mgr Lartigue lui conseilla de ne pas interroger les pénitents là-dessus; qu'il accueillît tout simplement ceux qui s'accusaient de faute dans ce domaine ou qu'il répondît brièvement à ceux qui voulaient des éclaircissements sur le sujet. À Louis-Marie Lefebvre de Sainte-Geneviève, Mgr Bourget répondit, le 14 novembre 1837: la parti à prendre lors d'une émeute est de «se soustraire à la violence et, si l'on est pris par les révoltés et menacé de mort, c'est alors l'occasion de mourir martyr des maximes de l'Évangile». Pour sa part, Magloire Blanchet de Saint-Charles crut de son devoir d'informer Gosford de l'excitation qui régnait dans sa région. Depuis l'assemblée des trois comtés du 23 octobre précédent, la seule voix qu'on y entendait condamnait la conduite du gouvernement. Les 3000 hommes alors présents propageaient partout que devaient cesser ou disparaître les grandes souffrances que supportait le peuple canadien. Il ne fallait plus compter sur l'influence du clergé des environs pour arrêter le mouvement; avec la meilleure volonté, il ne le pourrait pas.

Jean-Charles Prince, supérieur du Collège de Saint-

Hyacinthe et futur évêque coadjuteur de Montréal, prit l'initiative de réunir les curés de sa région, à cause du mécontentement qu'avait suscité, dans la population, la lecture du mandement de Mgr Lartigue. Désirant empêcher que cet écrit ne soit interprété comme une approbation entière de la conduite du gouvernement dans sa politique des dernières années, les curés demandèrent à leur évêque de contrebalancer les effets néfastes de son document, en présentant une requête au gouvernement londonien qui ferait connaître, sur un ton nationaliste, les besoins réels des Canadiens et leur désir d'être traités avec justice et bienveillance. Mgr Lartigue accueillit très favorablement le projet et s'en fit le promoteur auprès du gouverneur, de l'évêque de Québec et des autres prêtres de son diocèse.

L'insurrection de 1837 et ses conséquences

Mais avant que toutes les signatures ne soient amassées et que Mgr Joseph Signay n'ait décidé d'endosser la requête, la lutte armée avait succédé à l'agitation constitutionnelle. Le 6 novembre 1837, une bataille rangée opposait les Fils de la Liberté aux fanatiques du Doric Club. Le 15, le gouverneur décrétait l'arrestation des principaux chefs patriotes. Mgr Bourget tenta en vain de pénétrer dans la prison pour visiter les premiers détenus. Le 17 novembre, quelques centaines d'habitants de Longueuil reprirent, des mains des connétables et des volontaires de la cavalerie de Saint-Jean, deux prisonniers qu'on amenait sous mandat d'arrêt à Montréal. Après une victoire surprise à Saint-Denis le 23 novembre, les patriotes furent écrasés, deux jours plus tard, à Saint-Charles. Dépassé par les événements, Papineau s'était déjà sauvé aux États-Unis et plusieurs sous-chefs l'y suivirent. «Qu'adviendra-t-il donc de cette sanglante échauffourée? Papineau a perdu à tout jamais. Ce serait encore peu si la cause canadienne pouvait surgir de cette tombe où je la crois voir précipitée[7].»

Le 10 décembre, l'insurrection était entièrement terminée le long de la rivière Chambly; «chacun paraît regagner son foyer, bien penaud et bien honteux». À Montréal, le calme régnait: «Il n'y a plus que le nord qui tienne pour le désordre, c'est-à-dire les vagabonds de Saint-Benoît, Sainte-Scholastique et d'une partie de Saint-Eustache, mais je pense que si les troupes ne vont point les attaquer chez eux, les surveillant seulement de loin et les laissant se consumer eux-mêmes, ils seront bientôt débandés[8].» Mais l'attaque eut lieu: bataille à Saint-Eustache et pillage à Saint-Benoît, les 14 et 15 décembre 1837. Les troubles prenaient ainsi fin dans le Bas-Canada. Environ 5000 Canadiens, c'est-à-dire 2% de la population, avaient participé activement à cette révolte et un nombre à peu près égal s'y était mêlé.

Les rebelles morts les armes à la main, sans s'être rétractés, n'eurent droit ni à des funérailles religieuses ni à la sépulture ecclésiastique. Ils avaient participé à un crime, celui de se révolter contre le gouvernement établi, et ils étaient décédés en flagrant délit de rébellion. Selon les canons de l'Église universelle et le rituel du diocèse de Québec, il s'agissait d'une peine vindicative; elle s'appliquait donc à tout fidèle, même s'il en ignorait l'existence. Cette sanction ne préjugeait pas de la culpabilité de chacun des insurgés, mais visait au rétablissement de l'ordre moral qui avait été violé publiquement; elle s'adressait plus aux vivants qu'aux morts. Mgr Lartigue invita même les curés à prier privément et à célébrer des messes basses pour le repos de l'âme des insurgés; il accepta aussi qu'on ne déterrât pas les corps déjà inhumés au cimetière de Saint-Denis. Il recommanda aux curés de ne point admettre à l'eucharistie, avant un an, ceux qui s'étaient ouvertement déclarés en révolte, mais qui s'en étaient sortis sains et saufs et qui en avaient demandé pardon au Seigneur; ils pouvaient accueillir avec plus d'indulgence ceux qui avaient suivi les fauteurs de troubles sous l'effet de la violence et de la fourberie. Ceux qui avaient pris part à des pillages ou à d'autres excès dommageables devaient réparer leurs offenses auprès des personnes intéressées.

Vers la fin de la lutte armée, le 11 décembre, Mgr Signay engagea, par un mandement, ses diocésains à respecter l'autorité et à rester pacifiques, comme l'enseignaient l'Écriture sainte et les documents pontificaux. Il s'agissait d'un principe de la morale chrétienne. Qu'il y eût de justes revendications politiques, cela était possible. Mais il était inefficace, futile, funeste et criminel de recourir à l'insurrection pour de tels motifs. Peu de diocésains de Québec se sentaient concernés, car les troubles n'avaient pas eu lieu sur leur territoire. Le mandement de Mgr Signay n'appuyait pas moins le zèle de Mgr Lartigue.

L'évêque de Montréal publia un second mandement le 8 janvier 1838. S'appuyant sur une analyse politique des troubles et de l'échec du mouvement révolutionnaire, il montra comment les Canadiens auraient eu avantage à suivre sa prise de position antérieure; il faut reconnaître que son flair politique se révélait juste. Rien n'empêche que, dans ce document, réapparaît clairement la tendance loyaliste et contre-révolutionnaire de l'évêque, semblable à celle des évêques irlandais de 1798; elle s'insérait dans un contexte favorable à la loi et à l'ordre, ce que L'Ami du peuple glorifierait à l'avantage du clergé. Par ailleurs, le même jour, il écrivit à Mgr Signay d'insister auprès du gouverneur pour que le district de Montréal fût libéré de la loi martiale; il ne servait à rien d'exaspérer la population. Mgr Lartigue a de plus annoncé un jour de jeûne et de prière, en réparation des troubles et de leurs conséquences malheureuses. Il fut même contraint, par solidarité épiscopale, d'endosser une décision prise à Québec par le gouverneur Gosford et Mgr Signay; il annonça ainsi comme journée d'action de grâces le lundi 26 février 1838, pour célébrer le rétablissement de l'ordre au pays; mais des Canadiens trouvèrent bizarre qu'on les force à remercier Dieu, alors que leurs églises, leurs maisons, leurs granges avaient été pillées et brûlées. À Saint-Charles, le remplaçant dominical du curé emprisonné ne resta pas à la paroisse et la messe d'action de grâces n'eut pas lieu.

On ne peut passer sous silence l'influence des Sulpiciens français du Séminaire de Montréal. Composé en grande partie de prêtres qui avaient connu les effets néfastes de la Révolution française, des guerres napoléoniennes ou de la Révolution de juillet 1830, le groupe des Sulpiciens amena de nombreux curés et beaucoup de laïcs à réagir contre le mouvement insurrectionnel. Bien que cette influence se répandît oralement, elle fut si grande, au dire de Colborne, qu'il dépeignit le

Séminaire de Montréal comme le sauveur du Canada; «le Séminaire avait plus contribué, selon lui, à abattre la rébellion que tous ses régiments[9]».

Durant l'hiver, le gouvernement chercha à obtenir des habitants la prestation du serment de fidélité au nouveau monarque d'Angleterre, la reine Victoria. Les évêques invitèrent les curés à exhorter les catholiques à le faire, du moins à donner l'exemple en se présentant les premiers devant le magistrat.

Des prêtres accusés

Parmi les Canadiens emprisonnés à la suite des troubles se trouvait Magloire Blanchet, le curé de Saint-Charles, accusé de haute trahison. Mgr Bourget ne réussit pas à le visiter, mais le pourvut d'un lit, de linge et de nourriture. Mgr Lartigue, profondément convaincu de l'innocence de son collaborateur, pria Gosford et Colborne de le libérer définitivement, sinon sous caution jusqu'à son procès. Mgr Turgeon intervint oralement dans le même sens auprès du gouverneur. Soixante-huit paroissiens de Saint-Charles présentèrent une adresse aux autorités civiles en faveur de leur curé. *Le Canadien*, *Le Populaire* et *L'Ami du peuple, de l'ordre et des lois* se flattèrent de ne pas avoir accusé le prêtre avant que la cour ne se prononçât, comme l'avaient fait d'autres journaux. Pendant ce temps, Blanchet exerçait son ministère sacerdotal auprès des autres détenus de la Prison Neuve de Montréal. Le gouvernement lui reprochait de s'être rendu auprès des 350 insurgés, une heure avant le combat du 23 novembre. Pressé par des patriotes, il les avait en effet suivis. Mais il s'était abstenu de donner l'absolution générale; il s'était limité aux propos suivants: «Vous savez, messieurs, que mon ministère ne me permet point d'approuver la *violence* et encore moins l'*effusion de sang*, mais puisque vous voulez absolument combattre, tout ce que je puis faire pour vous, c'est de vous mettre sous la protection de la Sainte-Vierge. Ce fut alors qu'il leur fit réciter à genoux 5 *pater* et 5 *Ave*, avec un acte de contrition, puis il se retira», relata *Le Canadien* du 2 février 1838. Mgr Turgeon trouvait imprudente cette intervention du curé, opinion que partageaient Mgr Lartigue et son coadjuteur: «C'est sans doute un acte de faiblesse que la crainte seule peut excuser[10].» Au début de mars, l'évêque de Montréal supplia le supérieur des Sulpiciens de prendre la relève auprès des autorités civiles. Le 31 du même mois, Blanchet fut relâché avec vingt-sept autres prisonniers, sous la caution de 1000 £. Il dîna avec les évêques de Montréal, retourna à Saint-Charles, puis, le 3 avril, fut nommé à la place de son frère François Norbert à Saint-Joseph-de-Soulange.

Quant à l'autre prêtre particulièrement présent aux rebelles, Étienne Chartier, il avait quitté Saint-Benoît, sa paroisse, le 15 décembre, puis s'était enfui aux États-Unis. Il avait rejoint, à Midlbury au Vermont, les autres patriotes qui s'y étaient réfugiés. Loin d'obtenir de Mgr Lartigue la lettre de recommandation et le certificat d'ordination qu'il lui demandait, il fut interdit de toutes ses fonctions sacerdotales. Il apprit aussi avoir été banni d'Amérique du Nord britannique le 28 juin 1838, en compagnie de nombreux autres patriotes exilés. Mgr Lartigue lui permit finalement de célébrer la messe et les sacrements, pour autant que ce fût à l'étranger et avec le consentement de l'évêque du lieu. Il devint curé à Salina dans le diocèse de New York.

Les troubles de 1838

La tension subsistait dans le Bas-Canada. «Malheureusement, ils [les habitants du Nord] auront encore au milieu d'eux des gens qui leur feront entendre que *toute autorité vient du peuple* et qui se feront croire d'autant plus facilement qu'ils se diront les *martyrs* de la bonne cause. Nos mauvais jours ne sont pas passés[11].» Mgr Lartigue apprit sur les entrefaites, du curé de Saint-Cyprien, que des rassemblements se tenaient chez le docteur Côté. Le départ de Durham avait anéanti les derniers espoirs des réformistes. Les patriotes d'outre-frontières s'attendaient à être appuyés par la population contre les militaires britanniques, dès qu'ils envahiraient leur pays. Mgr Lartigue prévint Gosford à Londres: «Il ne faut pas croire en Angleterre qu'il n'existe plus de fermentation dans les esprits en cette province[12].» Il précisa: «Nous sommes fortement menacés ici d'une conspiration infernale, qui s'organise, dit-on, dans les deux provinces du Canada, à Québec comme à Montréal, et qui doit éclater, d'abord dans le Haut-Canada, et ensuite dans le Bas-Canada, depuis le premier octobre jusque vers le quinze, par un massacre général des royalistes, qui se ferait à l'improviste comme les vêpres siciliennes. Dieu nous en préserve. Mais aussi que les autorités civiles ne s'endorment pas[13].»

Les rumeurs se faisaient persistantes et alarmantes. Robert Nelson et des Canadiens exilés avaient fondé la société secrète des Frères Chasseurs. Elle se recruta aussi aux États-Unis et dans le Haut-Canada sous le nom de Hunter's Lodges. Dans la nuit du 3 au 4 novembre 1838, on aménagea des camps d'insurgés au sud-est du Bas-Canada, le long des frontières états-uniennes; Saint-Charles fut occupé par 300 hommes, et plusieurs centaines se rendirent à Saint-Ours. Les engagements de Lacolle le 7 et d'Odelltown le 9 refroidirent les partisans des rebelles. Plusieurs Frères Chasseurs furent capturés par les troupes de Colborne. Des villages furent mis à feu et à sang et les patriotes chassés de tous côtés: «Rien de plus mal combiné que l'expédition patriotique qui vient d'avorter. Elle ne semblait calculée que pour mener les gens à la boucherie. Nulle part ils n'ont pu armer la moitié des combattants. [...] La veille du jour où devait se donner le combat» à Napierville, «les chefs se sont enfuis, sans mot dire, laissant leurs soldats à leur malheureux sort[14]».

L'attention aux prisonniers

Près d'un millier de patriotes furent emprisonnés à Montréal, le double de l'année précédente. Mgr Bourget se rendit souvent aux diverses prisons de la ville; il y fit admettre aussi les parents et les curés des prisonniers; il se chargea même d'assainir le climat de ce milieu. Le repentir des détenus impressionnait les visiteurs; la récitation du chapelet s'y faisait fréquemment tout au long des journées. «Mais il y en a encore quelques-uns que le malheur n'a pu encore instruire et qui rêvent. Prions pour que ces pauvres aveugles comprennent enfin quels sont les malheurs affreux qu'ils ont attirés sur leur patrie[15].» Des 108 prisonniers traduits en cour, 99 furent condamnés à mort; 12 furent exécutés et 58 déportés. Joseph Narcisse Cardinal et Joseph Duquette écrivirent leur adieu à leurs concitoyens avant d'être décapités le 21 décembre 1838:

> Sur le point d'aller paraître devant le Souverain Juge des vivants et des morts, nous envisageons sous un tout autre aspect les folies du siècle qui ont pu nous séduire. Depuis que nous sommes à l'école de la mort, nous avons appris à déplorer les funestes erreurs dont nous sommes les victimes [...] nous nous y [la justice des hommes] soumettons avec une pleine et entière résignation. Nous pardonnons de grand cœur. [...] Nous voyons aujourd'hui plus que jamais que l'on ne trouve de vrai et solide bonheur que dans l'exercice de la religion sainte. [...] Notre dernier vœu est pour la paix de notre chère patrie[16].

Mgr Bourget, qui avait célébré la messe en prison la veille de leur exécution et qui y avait même couché, répondit à l'interpellation d'un anglophone: «Pouvez-vous les plaindre? — Oh! oui, de tout mon cœur; il est bien regrettable qu'on les ait poussés aux excès qu'ils ont commis[17].» Pierre-Théophile Decoigne, en son nom et en celui de ses compagnons d'infortune, déclara sur l'échafaud: «Nous confessons sincèrement nos égarements [...] nous nous étions faussement persuadés qu'ils [nos pasteurs] nous trompaient en nous prêchant l'obéissance et la soumission aux lois et aux autorités établies; maintenant, nous reconnaissons qu'ils nous ont enseigné la véritable doctrine»; que nos compatriotes «sachent qu'à l'heure de la mort on juge des choses bien plus sainement que pendant la vie». *L'Ami du peuple, de l'ordre et des lois* rapporta ces paroles le 19 janvier 1839.

L'opposition à l'union des deux Canadas

À la suite du rapport Durham, la Chambre des communes de Londres traita du bill d'union des deux Canadas. Les évêques de Québec et de Montréal sensibilisèrent eux-mêmes les citoyens du Bas-Canada aux effets néfastes d'une telle manœuvre. Les chefs du parti patriote n'étaient plus là ou, s'ils y étaient, ils préféraient stratégiquement l'union comme meilleur moyen d'accélérer la séparation du Canada d'avec l'Angleterre. Ce qui fondait l'opposition ecclésiastique au bill d'union, c'était que, par des injustices criantes, on enlèverait aux catholiques les privilèges acquis en 1774 et 1791. On reprenait en somme les motifs déjà allégués dans les pétitions de 1822-1823 et de décembre 1837; comme la pétition, qui avait émané des curés de la vallée du Richelieu, avait été jugée intempestive par le gouverneur à la suite des troubles, Mgr Lartigue en avait adressé une autre au Parlement londonien et à la reine, signée par les prêtres du Bas-Canada, dans laquelle il jugeait à l'avance déplorable toute tentative d'union des deux provinces. Mais aucune suite n'avait été donnée à Londres.

En 1840, Mgr Signay invita les curés à exhorter leurs paroissiens à signer les résolutions de la première assemblée antiunioniste, présidée à Québec par John Neilson le 17 janvier. Mgr Bourget rencontra le gouverneur Poulett Thomson à la mi-février. Il défendit devant lui la valeur de l'intervention de l'évêque de Québec et lui démontra que le projet d'union favorisait les anglophones. Mécontent du projet de requête qui avait été adopté lors de la première assemblée antiunioniste, tenue à Montréal le 21 février, Mgr Lartigue invita son clergé à endosser la pétition qu'il écrivit lui-même. Lors d'une rencontre subséquente avec Mgr Bourget, le gouverneur laissa entendre que l'Église catholique ne perdrait pas ses droits acquis dans l'éventualité de l'union. De fait, la passation du bill n'encourut pas les effets néfastes prévus par le clergé et la population, du moins sur le plan religieux.

4. LES DIMENSIONS ECCLÉSIOLOGIQUES DANS L'INTERPRÉTATION DES INTERVENTIONS ECCLÉSIASTIQUES

Plusieurs historiens ont décrit les interventions du clergé lors des troubles de 1837-1838. Selon l'éventail plus ou moins vaste des sources qu'ils ont pu consulter, on peut discerner quatre principaux axes d'interprétation. Tout d'abord, certains historiens, surtout anglophones, assurent que Mgr Lartigue et les membres du clergé ont eu un rôle à peu près nul dans le conflit qui s'est déroulé au Bas-Canada entre une oligarchie anglaise puissante et un parti radical canadien trop peu enraciné. Une autre voie interprétative envisage les interventions cléricales uniquement de façon partisane et loyaliste. On fait alors ressortir une partie de phrase de l'évêque de Montréal — «le gouvernement sous lequel nous avons le bonheur de vivre» — et on juge tout à travers cette lorgnette. On prête à Mgr Lartigue et aux siens des ambitions de pouvoir en chacune de leurs paroles. On se sent en constante lutte de classes, comme si le clergé se défendait tout le temps contre la petite bourgeoisie professionnelle et libérale. Ou soutient encore que Mgr Lartigue cherchait toujours à consolider son autorité épiscopale sur l'ensemble de la population et se préoccupait de sauvegarder ses intérêts matériels, par exemple l'incorporation civile des Sulpiciens et la confirmation des titres du Séminaire à ses seigneuries, sa reconnaissance officielle comme évêque de Montréal, l'obtention des lettres d'incorporation et d'amortissement de son évêché. D'autres historiens ont exagéré l'importance du domaine religieux. Le caractère libéral et déiste des chefs patriotes a contaminé le nationalisme dont ils étaient les porte-parole. L'épiscopat et le clergé ont indiqué le droit chemin à leurs ouailles, quitte à être impitoyables envers les insoumis. Leur façon d'agir vis-à-vis des pécheurs publics avait pour but de rétablir l'ordre moral publiquement violé. Les patriotes rebelles morts au combat et qui n'ont donc pas réparé publiquement leur participation n'ont été ni excommuniés ni interdits par les autorités ecclésiastiques. Seules leur ont été appliquées, le fait accompli, les sanctions prévues par la législation canonique de l'Église universelle, pour ce qui concernait le cas de rébellion contre l'autorité civile légitime. Mgr Lartigue a agi en conformité avec la position du pape Grégoire XVI dans son encyclique *Mirari Vos* de 1832 et celle d'autres épiscopats lors de troubles semblables en Pologne, en Belgique et en Irlande à cette époque.

Une série d'interférences complexes

Si cette troisième interprétation est fort compréhensible à l'intérieur de l'histoire religieuse d'une époque, la meilleure clé d'interprétation des interventions cléricales, la quatrième, comporte plutôt une série d'interférences complexes. Divers dynamismes ont influé sur le comportement du principal porte-parole du clergé à cette époque, Mgr Jean-Jacques Lartigue, et par lui le comportement des autres évêques et de la plupart des prêtres. On peut énumérer les divers éléments de compréhension selon les cinq divisions suivantes:

A. Les dynamismes socio-économiques:

— le loyalisme traditionnel du peuple canadien vis-à-vis de l'Angleterre lors des crises économiques antérieures et des invasions américaines de 1775 et de 1812;
— la crise économique comme accélérateur de l'agitation armée;
— l'émigration de nombreux Canadiens aux États-Unis et l'arrivée de plusieurs milliers d'immigrants de Grande-Bretagne;
— l'augmentation excessive du nombre de professionnels.

B. Les dynamismes socio-politiques:

— le manque de solidarité entre la masse et la nouvelle bourgeoisie canadienne;
— l'absence de chefs francophones véritables du côté des insurgés;
— la clairvoyance et le flair politique de l'évêque de Montréal sur la défaite éventuelle des rebelles;
— la crainte du clergé d'être remplacé auprès du peuple par une élite professionnelle libérale.

C. Les préoccupations politico-religieuses:

— l'alliance entre l'Église et l'État ou du moins l'opposition à la séparation entre l'Église et l'État;
— la volonté ferme de Mgr Lartigue et des siens de rester indépendants du gouverneur, afin que leurs paroles et leurs gestes aient une influence décisive;
— le réseau institutionnel des paroisses et des collèges.

D. La mentalité conservatrice du clergé:

> — l'archaïsme de la pensée cléricale, teintée de gallica-
> nisme, et la répugnance du clergé pour les nouveaux
> instruments de diffusion idéologique, comme les
> journaux;
> — la soumission du nationalisme de Mgr Lartigue et
> des siens à la tradition plutôt qu'au libéralisme.

E. Les opinions doctrinales:

> — la conception théologique de la soumission à l'autorité
> légitime, établie par Dieu;
> — le devoir clérical de rappeler aux fidèles, en temps de
> crise, leurs obligations envers l'autorité civile;
> — l'intention d'éviter toute lutte sanglante et toute
> violence.

L'ultramontanisme

Il importe de s'arrêter un moment au substratum théologique des opinions doctrinales qu'on vient de mentionner pour en saisir tout l'enracinement. Depuis le Moyen Âge, l'ecclésiologie avait surtout consisté en un exposé des relations entre différents pouvoirs, soit à l'intérieur de l'Église, soit vis-à-vis de l'État. L'Église ressortait ainsi comme une institution qui faisait pendant au gouvernement politique.

L'ultramontanisme du XIXᵉ siècle a hérité de cette théologie de l'institution ecclésiastique. Idéologie de sauvegarde et de restauration de l'autorité à l'intérieur de l'Église, il s'est aussi distingué par ses affirmations de l'autorité, de l'uniformité et de l'indépendance de l'Église. Ce primat accordé à l'institution renforça la cléricalisation des centres de décision et favorisa une centralisation hiérarchique envahissante. On en vint même à définir l'Église par son seul magistère. Se soumettre à l'autorité de ses supérieurs civils ou ecclésiastiques, c'était obéir à la volonté de Dieu. En un certain sens, l'ultramontanisme est une réaction autojustificatrice de la classe sociale cléricale au moment de l'explosion révolutionnaire de 1789 et du libéralisme nationaliste et démocratique.

L'Église catholique avait développé une vision précise du rôle de l'État dans la vie d'une nation. En tout premier lieu, l'État doit promouvoir le bien commun. Pour ce faire, il exerce un pouvoir qui régente les activités des citoyens et les ordonne au bien de toute la communauté humaine. Son devoir d'harmonisation des volontés individuelles a pour buts la concorde et la collaboration au sein de la société. La stabilité du gouvernement contribue au bien-être de la population. L'Église accorde son appui à l'autorité civile établie légitimement.

L'ordre et l'insurrection

Le clergé canadien favorisa au XIXe siècle le respect de l'ordre plutôt que de soutenir le mouvement révolutionnaire et l'insurrection armée. Les prêtres identifiaient l'autorité civile avec la monarchie de droit divin, seule garante de l'administration pondérée et respectueuse de la religion. Lors de la rébellion de 1837-1838, les autorités ecclésiastiques ne suivirent donc pas les patriotes dans la réclamation des libertés fondamentales et dans la séparation de l'Église et de l'État. L'affirmation traditionnelle de la primauté absolue de l'autorité, que ce soit dans l'Église ou dans l'État, demeurait la clé de voûte de la conception même de la religion catholique. On confondait le catholicisme avec la monarchie et l'athéisme avec la révolution. L'Église ne pouvait pas accepter un système politique libéral. Transposé sur le plan religieux, le régime démocratique aurait permis à tout croyant d'interpréter à sa guise la révélation et la tradition, faisant fi de l'autorité ecclésiastique. La soumission aux supérieurs hiérarchiques, civils et religieux, était une attitude morale constituant une «partie intégrante du dépôt sacré de la foi[18]».

Pour qu'existe un seul corps, une seule Église, il fallait une seule tête, un pasteur unique. Les fidèles étaient d'abord vus comme des gens à qui le clergé offrait la sagesse de son autorité. Les prêtres attendaient en retour une attitude de reconnaissance filiale. Les peines canoniques imposées aux révoltés contrebalançaient le tort public causé à l'Église par la rébellion civile et religieuse. L'évêque s'opposait ainsi par des sanctions ecclésiastiques à ce qu'il considérait comme une attaque directe contre la foi et comme une négation de l'interprétation autorisée du magistère.

La place de l'autorité

La conscience ecclésiale de l'importance de l'unité dans l'Église se développa en des structures centralisatrices. S'élabora une compréhension strictement pyramidale de l'autorité de l'Église. L'ecclésiologie ultramontaine présenta conséquemment la hiérarchie comme monolithique, absolutiste et exclusive. L'autorité de l'Église s'identifia rapidement à ses droits. Ses relations avec le monde et avec les fidèles s'exprimèrent en termes de pouvoir, de légitimité et d'autorité. La structure hiérarchique ascendante de l'ecclésiologie ultramontaine culmina dans la communion avec le pontife romain. La papauté assurait le principe de l'«inerrabilité» de l'enseignement doctrinal et le garant de l'unité ecclésiale. La pensée romaine au sujet de la soumission des fidèles à l'autorité civile constituée «devenait ni plus ni moins qu'une décision dogmatique[19]». Le pape avait juridiction sur tous les évêques et jouissait du caractère de l'infaillibilité.

Le pasteur du diocèse de Montréal se croyait obligé d'exposer l'enseignement traditionnel de l'Église sur le devoir des catholiques de se soumettre à l'autorité politique légitimement établie dans un pays. Dans son mandement d'octobre 1837, il chercha à éclairer les consciences sur un point de morale, intimement relié à la foi catholique. Refuser de se soumettre à l'État, c'était renier Dieu qui avait transmis son pouvoir au gouvernement légitime, c'était refuser l'enseignement de la Bible, c'était renoncer au christianisme en s'excommuniant de son magistère. Le devoir de l'évêque consistait à expliciter l'enseignement dogmatique de l'autorité dans l'Église.

Le rationalisme des philosophes du XVIIIe siècle avait libéré l'individu de l'autorité dogmatique de la religion en lui restituant son libre arbitre, sa raison. L'ecclésiologie ultramontaine fut d'abord une réponse en ce temps de crise. L'Église, y compris celle du Bas-Canada, avait besoin d'une cohérence théologique et d'une grande stabilité devant une société pluraliste, libérale, démocratique, préconisant une révolution nationaliste et la séparation de l'Église et de l'État.

Mgr Lartigue cherchait aussi à s'assurer de la part du pouvoir civil une reconnaissance explicite de l'institution ecclésiastique, la protection de l'État et son approbation des normes ecclésiastiques. En même temps, l'ultramontanisme renforçait l'unité hiérarchique dans l'Église devant l'indépendance du clergé local, le mépris de l'élite bourgeoise canadienne et la volonté de sujétion du gouvernement anglais. L'ecclésiologie de l'évêque de Montréal répondait à ce double besoin de l'Église canadienne: indépendance et sécurité.

L'idéologie ultramontaine n'accordait pas à l'État le droit de s'immiscer dans les questions spécifiquement religieuses, mais plutôt le devoir de reconnaître la liberté d'action de l'Église et de garantir juridiquement les normes établies par l'institution ecclésiale pour sa vie interne et l'expansion de son influence morale. Mgr Lartigue avait été rapidement suspect aux yeux des autorités politiques à cause de cette volonté de libération de l'Église de la tutelle étatique. Il trouvait l'administration coloniale ombrageuse, quelquefois fanatique. D'ailleurs, n'était-il pas apparenté à la clique des Papineau et Viger, les chefs patriotes? Un haut fonctionnaire de Durham, Charles Buller, disait de l'évêque qu'il donna souvent à soupçonner de n'être pas en très bonnes dispositions à l'égard du pouvoir politique.

La crise révolutionnaire provoqua l'anarchie, la guerre civile et une répression funeste. Le clergé n'avait rien à gagner dans l'aventure. Il ne pouvait pas se fier à un mouvement anticlérical, brandissant le spectre des libertés civiques et l'assimilation au géant américain républicain. La société canadienne, foncièrement conservatrice, fut d'ailleurs vite échaudée par les échecs successifs de la rébellion. Une religion, alliée au conservatisme socio-politique de la Restauration, convenait davantage au besoin de sécurité d'un peuple non habitué à verser son sang pour une cause politique. La réaffirmation de l'autorité rassura la population effarouchée par le bouleversement des institutions traditionnelles et par l'ébranlement des certitudes doctrinales de l'Ancien Régime.

L'ecclésiologie de Mgr Lartigue constituait une réponse rassurante à l'éclatement du modèle cohérent et organique de la société dans laquelle s'était imbriquée l'Église canadienne jusque-là. Le besoin d'une autorité sécurisante, tant au niveau religieux que politique, devint suffisamment fort pour résister aux assauts des nationalistes libéraux.

Le facteur déterminant de l'action du clergé condamnant les patriotes rebelles aurait donc été un argument ecclésiologique. Fidèle avant tout au dogme de l'autorité établie par la volonté divine, l'évêque de Montréal se résolut à accomplir son douloureux devoir. S'insurger contre l'État, fût-il dictatorial, c'était renier l'autorité de Dieu.

L'ultramontanisme venait sacraliser l'autorité de l'Église et de l'État dans un monde déchiré par les théories égalitaires, libertaires et révolutionnaires. L'insurrection signifiait la désobéissance à l'Évangile, l'abjuration du christianisme, l'athéisme. On ne pouvait que la condamner.

L'argumentation ecclésiologique ne fut pas la cause principale de la défaite des patriotes. Elle se situe bien simplement dans le faisceau des interférences complexes, sans lesquelles on ne peut saisir de façon judicieuse les interventions et les non-interventions du clergé bas-canadien lors des troubles de 1837 et de 1838. Parmi les différents éléments qui ont concouru à l'élaboration de l'agir clérical, l'argumentation ecclésiologique fut tout de même le facteur de dernière instance.

L'éveil de la nationalité canadienne-française semblait voué à un échec rapide. Prenant les couleurs du conservatisme plutôt que du libéralisme, celle-ci reprendrait son souffle et réapparaîtrait plus forte grâce à l'appui des autorités ecclésiastiques. La langue et la foi se conjugueraient complaisamment.

NOTES ET RÉFÉRENCES

Introduction

1. Jean Hamelin et Nicole Gagnon, *Histoire du catholicisme québécois****, *le XXᵉ siècle, I: 1898-1940*, Montréal, Boréal Express, 1984, 11-57.

Chapitre I: L'Église face aux nouveaux maîtres 1760-1818

1. Abercromby à Briand, 7 janvier 1762, AEP, *Berthier*, I, 15.
2. Briand à Montgolfier, 1762 (?), AAQ, *Évêques de Québec*, I, 89.
3. D.C., I, 86.
4. *The Statutes of Realm*, IV, 1547-1584-5, 352. (Orig. angl.)
5. Lord Egremont à Murray, 13 août 1763, D.C., I, 142.
6. D.C., I, 166. Le document est du 7 décembre 1763.
7. Herman Plante, *L'Église catholique au Canada (1604-1886)*, Trois-Rivières, Éd. du Bien Public, 1970, 189.
8. L'Isle-Dieu à la Propagande, 19 juin 1766, AAQ, *Archives du Vatican, Église du Canada*, VII, 230 (copie, le texte original n'ayant pas été retrouvé aux APFR); Briand à l'Isle-Dieu, 30 août 1766, *ibid.*, 337-338.
9. D.C., I, 319.
10. Mgr Briand, «Mandement de Mgr L'Évêque de Québec au sujet de la proclamation qu'il fit de Mgr de Dorylée son coadjuteur le jour anniversaire de sa consécration», 14 mars 1774, MEQ, II, 254.
11. Ce serment, obligatoire depuis 1763, en Angleterre et dans ses colonies, pour tout homme public (député, juge, greffier, avocat de la couronne, employé du gouvernement...), comportait les exigences suivantes: ne

pas reconnaître le pape comme chef spirituel, se déclarer contre la trans-substantiation dans l'eucharistie et contre le culte des saints, en particulier celui de la Vierge Marie.

12. «Instructions à Carleton», 3 janvier 1775, *Public General Acts*, 31 Geo. III, cap. 26-28, 1287-1296. (Orig. angl.)

13. AAQ, *Évêques de Québec*, I, 177.

14. Montgolfier, «Circulaire au sujet du rétablissement des milices», 13 juin 1775, MEQ, II, 265-266.

15. Mgr Briand à Charles-François Lemaire de Saint-Germain, 20 sept. 1775, AEJ, *St-Antoine de La Valtrie*, I, 775, 1.

16. Le même à Jean-Baptiste Maisonbasse dit Petit, 25 octobre 1775, AAQ, CL, IV, 589-592.

17. Le même à Montgolfier, 6 novembre 1775, AAQ, *Évêques de Québec*, I, 178.

18. L. O., «Une lettre des Habitants de Montréal à Montgomery», BRH, 36, 6 (juin 1926), 353.

19. AAQ, *Évêques de Québec*, I, 180.

20. Mgr Denaut à J.-O. Plessis, 12 octobre 1796, AAQ, CL, V, 481.

21. Plessis à S. Gale, 20 décembre 1798, *ibid.*, RL, 3, 61.

22. Plessis à Mgr Denaut, 27 décembre 1798, *ibid.*, CL, V, 583.

23. *Ibid.*, 585.

24. Mgr Denaut à Plessis, 25 février 1799, *ibid.*, 587.

25. Mgr Denaut à Plessis, 8 septembre 1800, *ibid.*, RL, 5, 50.

26. Duc de Portland à Milnes, 6 janvier 1801, APC, Q 86-1, 3. (Orig. angl.)

27. Jean-Pierre Wallot, «Sewell et son projet d'asservir le clergé canadien», RHAF, XVI, 4 (mars 1963), 553.

28. Mountain au Bureau colonial, 6 juin 1803, PROL, CO 42, 122, 381-397. (Orig. angl.)

29. Sewell à Mgr Plessis, avril 1805, D.C., II, 307-312.

30. F.-E. Bourret à Mgr Plessis, 20 juillet 1807, AAQ, *Angleterre*, I, 50.

31. Helen Taft Manning, *The Revolt of French Canada, 1800-1835. A Chapter in the History of the British Commonwealth*, Londres, Macmillan, 1962, 77-79.

32. A.R.M. Lower, *Canadians in the Making. A Social History of Canada*, Toronto, Longmans, Green and Company, 1958, 129.

33. Mgr Plessis à François-Xavier Noiseux, vicaire général à Trois-Rivières, 22 mars 1810, ASSM, *Correspondance*, Tiroir 23, S 21, 134.

34. Cité dans Fernand Ouellet, «Mgr Plessis et la naissance d'une bourgeoisie canadienne», SCHEC, *Rapport 1955-1956*, 96.

35. «Conversations entre Son Excellence Sir James Craig et l'évêque catholique de Québec», MEQ, III, 59-72. Les entretiens ont lieu les 4 et 27 mai et le 1er juin 1811.

36. Mgr Plessis à Roux, 16 avril 1812, ASSM, *Correspondance*, Tiroir 63, S 21.

37. ASQ, *Documents Faribault*, n° 238.

38. ACAM, 901.139.

39. Mgr Panet à Mgr Plessis, 27 octobre 1813, AAQ, CL, VI, 223.

40. BRH, 35, 3 (mars 1929), 169.
41. Bathurst à Sherbrooke, 5-6 juin 1817, APC, G 9, 152-154, 159-161.
42. A. Latreille, *L'Église catholique et la Révolution française, II: L'ère napoléonienne et la crise européenne (1800-1815)*, Paris, Hachette, 1950, 263-264.
43. Mgr Plessis au card. Litta, 23 novembre 1816, SRC-ASC, 2, 269-270.

Chapitre II: Les Églises diocésaines et la première province ecclésiastique (1783-1844)

1. AAQ, *Gouvernement*, I, 44. Le texte est de 1783.
2. AAQ, *Italie*, I, 5.
3. Mgr Pierre-Flavien Turgeon à Mgr Ignace Bourget, 2 juillet 1843, ACAM, 295.101, 1843-1844.
4. G. W. Hope à Stanley, 17 et 19 avril 1842, PROL, CO 42, 499, 449r-450r.
5. Pollock à Stanley, 11 avril 1842, CO 42, 499, 444-445; le même au même, s.d. (remis le 17 avril 1842), *ibid.*, 460.
6. Wiseman à Fransoni, ACAM, 295.101, 1843-1844.

Chapitre III: Les évêques et leurs adjoints immédiats

1. Mgr Briand à Joseph-Marie de La Corne de Chaptes, 6 juin 1774, AAQ, *Évêques de Québec*, I, 171.
2. Le même à Étienne Marchand, 26 janvier 1768, *ibid.*, CL, III, 405.
3. Cité dans MEQ, II, 341.
4. *La Gazette de Québec*, 23 novembre 1786.
5. ASQ, *Polygraphie 2*, n° 25.
6. *La Gazette de Montréal*, 19 juin 1806.
7. *Le Spectateur canadien*, 17 décembre 1825.
8. *Ibid.*
9. *Ibid.*, 20 décembre 1826.
10. Mgr Wiseman à Mgr Signay, 24 avril 1833, AAQ, *Angleterre*, III, 97.
11. Maguire au même, 24 février 1834, *ibid.*, *Diocèse de Québec*, VII, 79.
12. APFR, SRC-ASC, 3, 306-307.
13. ASQ, *Polygraphie 14*, 7A.
14. *La Minerve*, 11 mars 1833.
15. *Le Canadien*, 16 septembre 1836.
16. Glenelg à Gosford, 27 juin 1837, PROL, CO, 43, 33, 117-118.
17. Mgr Turgeon à Mgr Bourget, 4 mai 1840, ACAM, 295.101.

Chapitre IV: La vie des prêtres

1. Murray à Shelburne, 20 août 1766, cité dans Lionel Groulx, *Lendemains de conquête*, Montréal, L'Action française, 1920, 232.
2. Mgr Plessis à Charles-François Langlois Germain, 8 janvier 1814, AAQ, RL, 8, 152; le même à Antoine Tabeau, 17 janvier 1819, *ibid.*, 9, 484.
3. Mgr Lartigue à Mgr Plessis, 2 mai 1825, ACAM, RLL, 3, 206.

4. Mgr Plessis à Jean Olivier Chèvrefils, 16 novembre 1818, AAQ, RL, 9, 451.

5. ASQ, *Polygraphie 19*, 30.

6. Mgr Lartigue à Thomas Maguire, 28 septembre 1827, ACAM, RLL, 4, 266.

7. Mgr Hubert à François Cherrier, 13 juillet 1793, AAQ, RL, 2, 65.

8. G.-J. Brassier à Mgr Hubert, 7 septembre 1791, AAQ, S.M. I, 92.

9. Cité dans L.-J. Rogier, G. de Bertier de Sauvigny et J. Hajjar, *Siècles des Lumières, Révolutions, Restaurations*, Paris, Seuil, 420.

10. Mgr Plessis à Antoine Rinfret, 21 janvier 1812, AAQ, RL, 7, 366.

11. Léon Pouliot, «La première école de théologie à Montréal: Le Séminaire Saint-Jacques (1825-1840)», *Sciences ecclésiastiques*, VI (octobre 1954), 240-241.

12. Mgr Lartigue à Pierre Viau, 9 octobre 1830, ACAM, 901. 013, 830-2.

13. Y. Charron, «Où Saint-Sulpice de Montréal prend possession de son héritage. Les tractations de 1840», *Le Séminaire*, XII (février 1947), 18-19.

14. Mgr Turgeon à François Pilote, 16 octobre 1840, AEP, *Collège de Ste-Anne*, II, 199.

15. Mgr Bourget à François Bonin, 27 décembre 1839, ACAM, RLB, 2, 27.

16. Mgr Briand à Meurin, 26 avril 1770, AAQ, CL, 96.

17. Mgr Lartigue à Joseph Gaspard Suzanne Ginguet, 14 juin 1834, ACAM, RLL, 7, 482.

18. Instructions de Mgr Denaut à Alexander Macdonell, 30 avril 1802, AAQ, RI, f. 86r.

19. Mgr Plessis à Roux, 30 avril 1810, AAQ, RL, 7, 161.

20. Mgr Plessis à Charles-François Painchaud, avril 1823, AAQ, RL, 11, 170.

21. L.-S. Malo à Charles-Félix Cazeau, 18 avril 1837, AAR, *Carleton*, I.

22. Mgr Plessis à Mgr Lartigue, 13 septembre 1823, AAQ, RL, 11, 283.

23. Mgr Lartigue à Mgr Panet, 14 septembre 1829, ACAM, RLL, 5, 135.

Chapitre V: La paroisse

1. Mgr Plessis à Mgr Lartigue, 11 février 1821, ACAM, 295.101, 821-8.

2. Mgr Panet à Mgr Lartigue, 23 août 1832, 295.101, 832-48.

3. Mgr Lartigue à Mgr Panet, 24 janvier 1831, ACAM, RLL, 5, 400.

4. Mgr Lartigue à Mgr Signay, 20 mai 1831, ACAM, RLL, 6, 168.

5. Mgr Briand à Vienne, 13 mars 1779, ASQ, *Séminaire 14*, Liasse 7, n° 73.

6. Le même aux habitants de Sainte-Rose, île Jésus, s.d. (avant 1780), *ibid.*, n° 76.

7. Mgr Plessis à Mgr Lartigue, 15 juin 1821, ACAM, 295.101, 821-29.

8. Mgr Panet à J. Ready, 27 mars 1820, AAQ, RL, 10, 70.

9. J.-O. Plessis à Benjamin Nicolas Mailloux, 22 septembre 1791, *ibid.*, 245.

10. Mgr Lartigue à Jean-Baptiste Dupuy, 23 novembre 1836, ACAM, RLL, 8, 319.

11. Mgr Signay à Mgr Lartigue, 11 avril 1833, *ibid.*, 295.101, 833-32.

12. Mgr Plessis à Antoine Manseau, janvier 1818, AAQ, RL, 9, 300-301.

13. *La Minerve*, 25 juillet 1833.

Chapitre VI: Les écoles primaires

1. André Labarrière-Paulé, *Les instituteurs laïques au Canada français, 1836-1900*, Québec, Presses de l'Université Laval, 1965, 6.
2. Mgr Lartigue à D. B. Viger, 28 janvier 1829, ACAM, RLL, 5, 19.
3. Mgr Lartigue à Mgr Signay, 11 octobre 1833, ACAM, RLL, 7, 285.
4. Mgr Lartigue à Laurent Aubry, 30 octobre 1829, *ibid.*, 5, 159.
5. Mgr Bourget à Antoine Ginguet, 30 septembre 1839, *ibid.*, RLB, 1, 350.
6. Mgr Panet à Mgr Lartigue, 27 décembre 1824, *ibid.*, 295.101, 824-34.
7. Mgr Lartigue à Mgr Turgeon, 13 avril 1836, ACAM, RLL, 8, 167.
8. Mgr Lartigue à Clément Boucher de la Broquerie, 7 mars 1822, ACAM, RLL, 1, 199.
9. Fernand Porter, *L'institution catéchistique au Canada français, 1633-1833*, Washington, The Catholic University of America Press, 1949, 78.
10. Mgr Plessis à Roux, 4 janvier 1812, AAQ, RL, 7, 356.
11. Mgr Lartigue, «Mandement», 12 mars 1839, MEM, I, 49.

Chapitre VII: Les œuvres sociales

1. Mgr Briand, «Mandement au sujet de l'incendie d'un quart de la ville de Montréal arrivé le 11 avril 1768», 7 mai 1768, MEQ, II, 211.
2. Mgr Panet à Gradwell, 20 novembre 1827, AAQ, RL, 13, 82.
3. AAQ, *Évêques de Québec*, I, 120.
4. Mgr Plessis à Jonathan Odell, 31 août 1816, AAQ, RL, 8, 538.
5. Mgr Plessis à Joseph Marcoux, août 1817, AAQ, RL, 9, 190; le même au même, 1 mai 1819, *ibid.*, 10, 10.
6. J. Marcoux à Mgr Lartigue, 18 novembre 1832, ACEV, *St-Anicet*, I, 23.
7. Durocher à François Bonin, 6 mai 1834, ACAM, 901.024, 834-5.
8. L. Le Jeune, *Dictionnaire général du Canada*, I, 170.

Chapitre VIII: La liturgie et les sacrements

1. Mgr Briand à Jean-Baptiste Gatien, 17 novembre 1773, AAQ, DC 61, *Ste-Croix*, 1, 33.
2. *Journal de Labadie*, 4, 21 avril 1811, ASQ, *Manuscrit 74*.
3. Pierre Consigny à Mgr Plessis, 3 juillet 1813, ACDL, *St-Constant*, I, 813-1.
4. AAQ, *Mandements de N.N.S.S. les évêques*, [1771], I, 206.
5. H. Têtu, «L'abbé André Doucet curé de Québec», BRH, 13, 1 (1907), 10-11.
6. N. Voisine, *Histoire de l'Église catholique au Québec (1608-1970)*, Montréal, Fides, 1970, 35-36.
7. AAQ, *Registre d'insinuations*, 23 janvier 1791, D, 241r.
8. L. Rousseau, *La prédication à Montréal de 1800 à 1830, Approche religiologique*, Montréal, Fides, 1976, 235.

9. Gilles Chaussé, *Jean-Jacques Lartigue, premier évêque de Montréal*, Montréal, Fides, 1980, 58.

10. Mgr Panet à Joseph Vallée, 11 décembre 1825, AAQ, RL, 13, 493.

11. Mgr Hubert à Charles-François Lemaire de Saint-Germain, 3 septembre 1790, AAQ, RL, 1, 144.

12. «Lettres d'un curé du Canada», BRH, XVII, 1 (janvier 1911), 7.

Chapitre IX: Dévotion et spiritualité

1. Mgr Plessis à Louis Parent, 6 avril 1818, AAQ, RL, 9, 349-350.

2. Mgr Plessis à Paul-Loup Archambault, 2 décembre 1822, AAQ, RL, 11, 73-74.

3. Tabeau à Mgr Plessis, 10 janvier 1818, AESJQ, *Boucherville*, A 26.

4. Antoine Manseau à Mgr Plessis, 11 septembre 1825, ACEV, *St-Joseph de Soulanges*, I, 825-3.

5. Mgr Lartigue à Jacques Paquin, 17 mars 1832, ACAM, RLL, 6, 254.

6. Mgr Plessis à Jean Holmes, 8 mai 1824, AAQ, RL, 11, 494.

7. Mgr Plessis à Charles Berthelot, 8 septembre 1809, AAQ, RL, 7, 14.

Chapitre X: Les entorses à la morale

1. J. Fillion à Briand, 13 février 1762, AAQ, 61 CD, *Deschambault*, 1, 11.

2. Mgr Plessis à Alexis Lefrançois, 14 août 1810, AAQ, RL, 7, 189.

3. Mgr Briand aux habitants de Varennes, 4 avril 1773, ASQ, *Séminaire 14*, liasse 7, 43.

4. Mgr Bourget à Louis-Marie Lefebvre, 30 avril 1838, ACAM, RLB, 1, 183.

5. ASQ, *Lettres-Carton Y*, n° 94.

6. Mgr Plessis à Joseph Gagnon, 26 novembre 1811, AAQ, RL, 7, 349.

7. Le même à Michel Charles Bezeau, 30 mars 1800, *ibid.*, 3, 103.

8. Mgr Signay à Laurent Parent, 22 février 1772, AEP, *Rivière-Ouelle*, I, 19.

Chapitre XI: L'Église face au nationalisme

1. Mgr Lartigue à Mgr Panet, 1er décembre 1827, ACAM, RLL, 4, 295-296.

2. J. Demers à Pierre Viau, ACAM, 2 novembre 1831, 295.099, 831-5.

3. P.-L. Archambault à Mgr Lartigue, 25 janvier 1833, ACEV, *St-Michel de Vaudreuil*, I, 139.

4. Mgr A. Macdonell à Glenelg, 20 décembre 1835, PROL, CO 42, 428, 407-408.

5. Mgr Lartigue à Mgr Macdonell, 24 décembre 1835, ACAM, RLL, 6, 76.

6. Mgr Lartigue à Mgr Signay, 29 juillet 1837, ACAM, RLL, 8, 409.

7. Prince à Mgr Bourget, 2 décembre 1837, ACAM, 295-103, 837-3.

8. Mgr Lartigue à Mgr Signay, *ibid.*, RLL, 9, 3.

9. Quiblier à la Propagande, septembre 1838, APFR, SRC-ASC, 4, f. 322r.

10. Mgr Bourget à Mgr Turgeon, 5 mars 1838, ACAM, RLB, 1, 158.

11. Mgr Turgeon à Mgr Bourget, 22 août 1838, *ibid.*, 295.101, 838-45.

12. Mgr Lartigue à Gosford, 16 septembre 1838, *ibid.*, RLL, 9, 114.

13. Le même à Mgr Signay, 29 septembre 1838, *ibid.*, 122.

14. Mgr Bourget à Mgr Turgeon, 13 novembre 1838, *ibid.*, RLB, 1, 239.

15. Le même à Charles Prince, 7 décembre 1838, *ibid.*, 249.

16. ACEV, *St-Joachim*, I, 134.

17. R. Rumilly, *Histoire de Montréal*, Montréal, Fides, 1970, 2, 250.

18. Mgr Lartigue, «Second Mandement à l'occasion des troubles de 1837», 8 janvier 1838, MEM, 1, 28.

19. J. P. Langlois, *L'ecclésiologie mise en œuvre par Mgr Lartigue (relations Église-État) durant les troubles de 1837-1838*, Montréal, Université de Montréal, mémoire de licence (théologie), 1975. La quatrième partie de ce chapitre a d'ailleurs amplement emprunté à ce mémoire.

Liste des sigles

AAQ	Archives de l'archevêché de Québec
AAR	Archives de l'archevêché de Rimouski
ACAM	Archives de la chancellerie de l'archevêché de Montréal
ACEV	Archives de la chancellerie de l'évêché de Valleyfield
AEJ	Archives de l'évêché de Joliette
AEP	Archives de l'évêché de La Pocatière
APC	Archives publiques du Canada
APFR	Archives *de Propaganda Fide* à Rome
ASQ	Archives du Séminaire de Québec
ASSM	Archives du Séminaire de Saint-Sulpice de Montréal
BRL	*Bulletin des recherches historiques*
CHR	*Canadian Historical Review*
CO	Colonial Office
D.C.	*Documents constitutionnels*
MEM	*Mandements des évêques de Montréal*
MEQ	*Mandements des évêques de Québec*
PROL	Public Record Office à Londres
RHAF	*Revue d'histoire de l'Amérique française*
RI	*Registre d'insinuations*
RL	*Registre des lettres*
RLB	*Registre des lettres de Bourget*
RLL	*Registre des lettres de Lartigue*
RSCHEC	Rapport de la Société canadienne d'histoire de l'Église catholique
SRC-ASC	*Scritture riferite nei Congressi - America Settentrionale Canadà*

Orientations bibliographiques

1. Sources manuscrites

Les sources principales pour la période de 1760-1840 se trouvent dans les archives diocésaines de la province de Québec. Comme la population canadienne habitait alors dans les régions de Québec et de Montréal, les archives de ces deux diocèses catholiques romains contiennent la plus grande partie des documents d'époque. Comme les Églises diocésaines ultérieurement constituées ont récupéré de leur diocèse d'origine la documentation archivistique concernant les institutions et les personnes de leurs territoires respectifs, on trouvera des sources manuscrites de cette période dans les archives des autres diocèses du Québec, en particulier ceux de Joliette, Nicolet, Rimouski, Sainte-Anne-de-la-Pocatière, Saint-Hyacinthe, Saint-Jean-Longueuil, Saint-Jérôme, Valley-field, en somme des diocèses qui sont situés le long du fleuve Saint-Laurent, là où résidait la population.

Si dans toutes ces archives des manuscrits fort éclairants proviennent de la correspondance entre les curés et l'évêque, il ne faut pas sous-estimer l'ensemble des copies de lettres écrites par les évêques du temps. Leurs destinataires sont très diversifiés, autant à Rome, à Londres, à Paris, aux États-Unis d'Amérique, que dans les autres provinces d'Amérique du Nord britannique.

La liste suivante indique les principaux dossiers qui ont servi de sources pour cette portion d'histoire du catholicisme québécois, dossiers que l'on trouve aussi dans des archives autres que celles des diocèses, par exemple dans celles d'autres institutions religieuses ou ecclésiastiques.

A. Archives diocésaines

    a) Montréal (copies de lettres envoyées)

        — *Registres des lettres — Mgr Lartigue*
          RLL, de 1 à 9, du 20 sept. 1819 au 7 avril 1840
        — *Registres des lettres — Mgr Bourget*
          RLB, 1 et 2, du 19 mai 1837 au 4 mars 1843
        — *Registres de la chancellerie*
          RC, de I à III, du 20 août 1819 au 30 nov. 1840

    b) Montréal (dossiers de lettres reçues)

        — 295.098, Québec (Diocèse de) (1790-1835)
        — 295.099, Québec (Diocèse de) (1788-1835)
        — 295.101, Diocèse de Québec (un dossier par année, de 1820 à 1840)
        — 295.103, (St-Hyacinthe) (1836-1847)
        — 324.207, (Société ecclésiastique de St-Jean l'Évangéliste) 1834
        — 410.002, Titres cléricaux (1821-1835)
        — 465.101, Sulpiciens (1775-1835)
        — 901.013, (carton 3), *Notice biographique de Mgr Plessis (1792-1835)*
        — 901.024, (cartable 6), Mgr Lartigue: M. François Bonin, p.s.s. (1832-1835)

    c) Québec (copies de lettres envoyées)

        — *Copies de lettres*
          CL, de IV à VI, de 1768 à 1852

— *Registres des lettres*
RL, de 1 à 19, de 1788 à 1842
— *Registres d'insinuations*
RI, de C à M, de 1710 à 1842

d) Québec (dossiers de lettres reçues)

— *Angleterre*, de I à III, de 1760 à 1899
— *Archives du Vatican*
— *Correspondance manuscrite de Rome*, III et IV, de 1703 à 1850
— *Diocèse de Québec*
— *Évêché de Montréal*, de I à VII, de 1732 à 1840
— *Évêques de Québec*, I
— *Gouvernement*
— *Italie*
— *Mandements de N.N.S.S. les évêques*
— S. M.
— 61 C D, auquel s'ajoute le nom de telle ou telle paroisse du diocèse de Québec, par exemple *Deschambault*, 1 ou *Ste-Croix*, 1

e) Westminster (Londres)

— Copies de lettres
Box B-20 et Box B-49 (où se trouvent *Drafts and Official Correspondance. Bishop Poynter*)
— Lettres reçues de A-53 à A-74, c'est-à-dire de 1805 à 1833 *Quebec (Montreal)*

B. *Archives d'institutions privées*

a) Collège anglais (Rome)
— *Division du diocèse de Québec*
— *Letters from Quebec (1821-1827)*, AQM

b) Compagnie de Saint-Sulpice (Montréal)
— Tiroirs 61 à 65, 5.21, *Correspondance*
— Tiroirs 94 à 97, 5.27, *Séminaires et évêchés*, S.21

HISTOIRE DU CATHOLICISME QUÉBÉCOIS

c) Compagnie de Saint-Sulpice (Paris) S.27

— *Compte rendu des assemblées de Consulteurs*, 3 (1758-1862)
— Fonds canadien de Saint-Sulpice

d) Séminaire de Québec

— *Évêques de Québec*
— *Lettres*
— *Manuscrits*
— *Polygraphie*
— *S. M. E.*
— *Séminaire*

C. *Archives d'institutions publiques*

a) *Public Record Office (Londres)*

— Copies de lettres au Colonial Office
  CO 43, de 1759 à 1840
— Documents reçus au Colonial Office
  CO 42, de 1759 à 1791: *Canada* et de 1791 à 1840: *Lower Canada*

b) La Propagande (Rome)

— *Acta Sacrae Congregationis Propagandae Fidei*
— *Scritture riferite nei Congressi: America Settentrionale: Canadà, Nuova Brettagna, Terranuova, etc.*, de 1 à 6, c'est-à-dire de 1668 à 1857

2. Sources imprimées

Bailly, Louis. *Theologia dogmatica et moralis,* ad usum seminariorum. 3a ed. Lugduni, Typis Rusand, 1810.
Bergier, *Traité historique et dogmatique de la vraie religion, avec la réfutation des erreurs qui lui ont été opposées dans les différents siècles.* Paris, Moutard, 1784.
Compendiosae Institutiones Theologicae, ad usum Seminarii Pictaviensis. Pictavii, Typis J.-F. Faulcon, 1778.

Billuart, F. Charles René. *Summa Sancti Thomae hodiernis acade-miorum moribus accomodata sive cursus theologiae, insertis pro re nata digressionibus in historiam ecclesiasticam*. 9a éd. Paris, Méquignon junior, 1827.

Bouvier, J.-B. *Institutiones Theologicae* ad usum Seminariorum. 9a ed. Paris, J. Leroux et Jouby (successeurs de Méqui-gnon junior), 1856.

Chaboillez, Augustin. *Réponse de Messire Chaboillez, curé de Longueuil, à la lettre de P. H. Bédard, suivie de quelques remarques sur les Observations imprimées aux Trois-Rivières*. Montréal, T. A. Turner, 1824.

Documents relatifs à l'histoire constitutionnelle du Canada. I et II (1759-1790), III (1791-1818). Choisis et édités avec notes par Adam Shortt et Arthur G. Doughty. Ottawa, 1921.

Haydn, Joseph. *The Book of Dignities; containing Rolls of the Official Personages of the British Empire, civil, ecclesiastical, judicial, military naval, and municipal, from the earliest period to the present time*. London, Longman, Brown, Green and Longman, 1851.

Institutiones Theologicae, auctoritate D. D. Archiepiscopi Lugdunensis, ad usum Scholarum suae dioecesis editae. Lugduni, Typis Fratrum Perisse, 1784.

Liguori, Alphonse-Marie de.*Theologia moralis*. 12a ed. Mechli-nae (Belgique), P.-J. Hanicq, 1822. 9 vol.

Mandements, lettres pastorales, circulaires et autres documents publiés dans le diocèse de Montréal depuis son érection jusqu'à l'année 1869. T. I. Montréal, Typographie Le Nouveau Monde, 1869.

Mandements, lettres pastorales et circulaires des évêques de Québec. T. II et III, publiés par Mgr Henri Têtu et M. l'abbé C.-O. Gagnon. Québec, A. Côté et Cie, 1888.

Mélanges religieux, recueil périodique. T. II. Montréal, Cadieux et Derome, 1900.

Public General Acts, 14 Geo. III, cap. 51-96. London, 1774; *31 Geo. III, cap. 26-68*, London, 1791; *3-4 Victoria, cap. 1-113*, London, 1840.

Statutes (The) of the Realm, IV, 1547-1884-5. Printed by Command of H. M. King George the 3rd (from original Records and Authentic Manuscriptes), 1819.

3. Journaux

L'inventaire de tous les journaux du Bas-Canada parus entre 1760 et 1840 fournit des connaissances complémentaires intéressantes. Tout en leur attribuant une valeur relative, on n'y découvre pas moins un lieu de vérification de données obtenues par ailleurs et surtout la description de divers événements religieux. Un judicieux discernement des interprétations journalistiques n'empêche pas de recueillir dans les journaux de nombreux éléments de religion populaire. Comme celle-ci se réalisait en très bonne part dans le cadre du catholicisme, l'éclairage sur ce dernier y est ainsi favorisé.

Voici la liste des journaux inventoriés, la plupart couvrant une période de temps assez limitée.

Abeille canadienne (L')
Ami du peuple, de l'ordre et des lois (L')
Arque (L')
Aurore (L')
Aurore des Canadas (L')
Bibliothèque canadienne (La)
British American Register (Québec)
British Colonist and St. Francis Gazette (1823-1831)
Canadian Courant and Montrealer Advertiser (The)
Canadian Review
Canadian Spectator
Canadien (Le)
Canadienne (La)
Coin du feu (Le)
Courrier de Québec (Le)
Courrier de Québec ou Héraut français (Le)
Courrier du Bas-Canada (Le)
Écho du pays (L')
Électeur (L')
Fantasque (Le)
Free Press
Gazette canadienne (La) (1807) (1822)
Gazette de Québec par autorité (La)
Gazette de Trois-Rivières (La)

Gazette du commerce et littéraire
pour la ville et le district de Montréal (La)
Glaneur (Le) (1836)
Impartial (L')
Jean-Baptiste (Le)
Journal de médecine de Québec (Le)
Journal des étudiants (Le)
Libéral (Le)
Litterary Garland
Magasin de Québec (Le)
Magasin du Bas-Canada (Le)
Minerve (La)
Montreal Gazette (The) — *Gazette de Montréal (La)*
Montreal Monthly Magasine
Observateur (L')
Observateur canadien (L')
Populaire (Le)
Quebec Daily Mercury
Quebec Gazette (The) — *Gazette de Québec (La)*
Quebec Herald and Universal Miscellany
Quotidienne (La)
Spectateur (Le)
Spectateur canadien (Le) (1821-1825)
Star and Commercial Advertiser
Télégraphe (Le)
Vindicator
Vrai Canadien (Le) (1810-1811) (1840)
Wesleyan (1840)

4. Études scientifiques

Les titres de livres ou d'articles de revues qui suivent incluent non seulement ceux qui sont cités dans le texte, mais aussi un certain nombre d'études éclairantes sur l'histoire du catholicisme québécois entre 1760 et 1840.

Allaire, J.-B.-A. *Dictionnaire biographique du Clergé canadien-français*. T. I: *Les Anciens*. Montréal, Imprimerie de l'École catholique des Sourds-muets, 1910.

Beaudin, François. «L'influence de La Mennais sur Mgr Lartigue, premier évêque de Montréal». RHAF, XXV, 2(sept. 1971), 225-237.

Bernard, Jean-Paul. *Les Rouges. Libéralisme, nationalisme et anticléricalisme au milieu du XIXe siècle*. Montréal, Les Presses de l'Université du Québec, 1971.

Bellerive, Georges. *Délégués canadiens-français en Angleterre de 1763 à 1867*. Québec, Librairie Garneau, 1913.

Boissard. *La Compagnie de Saint-Sulpice [...] Trois siècles d'histoire*, T. I. Paris, manuscrit dactylographié.

Brunet, Michel. «Les Canadiens et la France révolutionnaire». RHAF, XIII, 4(1960), 467-475.

— «Premières réactions des vaincus de 1760 devant leurs vainqueurs». RHAF, VI, 4(1953), 506-516.

— *Les Canadiens après la conquête 1759-1775, De la Révolution canadienne à la Révolution américaine*. Montréal, Fides, 1969.

Charland, Thomas-M. «La mission de John Carroll au Canada en 1776 et l'interdit du P. Floquet». RSCHEC (1933-1934), 45-56.

— «Un projet de journal ecclésiastique de Mgr Lartigue». RSCHEC (1956-1957), 39-53.

Charron, Yvon. «Le collège classique de Saint-Pierre à Chambly». RSCHEC (1945-1946), 19-38.

Chaussé, Gilles. *Jean-Jacques Lartigue, premier évêque de Montréal*. Montréal, Fides, 1980.

Choquette, C.-P. *Histoire du Séminaire de Saint-Hyacinthe depuis sa fondation jusqu'à nos jours, (1811-1911)*. T. I. Montréal, Imprimerie de l'Institution des sourds-muets, 1911.

Choquette, Robert. *L'Église catholique dans l'Ontario français du dix-neuvième siècle*. Ottawa, Éditions de l'Université d'Ottawa, 1984.

Congar, Yves. «L'ecclésiologie, de la Révolution française au Concile du Vatican, sous le signe de l'affirmation de l'autorité». *L'Ecclésiologie au XIXe siècle*, Paris, Cerf, 1960, 77-114.

Cooper, John Irwin. *The Blessed Communion. The Origine and History of the Diocese of Montreal, 1760-1960*. Montréal, The Archives Committee of the Diocese of Montreal, 1960.

Côté, F.-X. «Monseigneur Forbin Janson et le mouvement religieux du Québec vers 1840». RSCHEC (1941-1942), 95-118.

Couture, Michel. «Le Mouvement mennaisien au Canada Français (1830-50)». RSCHEC (1939-1940), 67-87.

Demers, Jacques. *L'Honoraire de grand-messe dans l'économie de la paroisse canadienne*. Montréal, Faculté de Théologie de l'Université de Montréal, 1960.

Dionne, N.-E. «Le mal de la Baie Saint-Paul». BRH, 25, 12(déc.1919), 377-379.

— *Les ecclésiastiques et les royalistes français réfugiés au Canada à l'époque de la Révolution*. Québec, 1905.

Douville, Raymond. «Les Trois abbés Harper». *Les Cahiers des Dix*, 13(1948), 139-185.

Dubois, Émile. *Le Petit Séminaire de Sainte-Thérèse, 1825-1925*. Montréal, Les Éditions du Devoir, 1925.

Dumont, Micheline *et al. L'histoire des femmes au Québec depuis quatre siècles*. Montréal, Les Quinze, 1982.

Forget, Anastase. *Histoire du Collège de l'Assomption. 1833 — Un siècle — 1933*. Montréal, Imprimerie Populaire, 1933.

Galarneau, Claude. *La France devant l'opinion canadienne (1760-1815)*. Québec, Les Presses de l'Université Laval, 1970.

— «Recherches sur l'histoire de l'enseignement secondaire classique au Canada français». RHAF, XX, 1(juin 1966), 18-27.

Gauthier, Henri. *Sulpitiana*. Montréal, Au Grand Séminaire de Montréal, 1926.

Gosselin, D. «Migrations du choléra asiatique». BRH, 28, 6(juin 1922), 161-170.

Groulx, Lionel. *Lendemains de conquête*. Montréal, Bibliothèque de l'Action française, 1920.

— *Histoire du Canada français depuis la découverte*. T. II: *Le régime britannique au Canada*. Montréal, Fides, 1960.

Hamelin, Jean, dir. *Histoire du Québec*. Montréal, France-Amérique, 1977.

Hamelin, Louis-Edmond. «Évolution numérique séculaire du clergé catholique dans le Québec». *Recherches Sociographiques*, II, 2(avril-juin 1961), 189-241.

Hétu, H. «Prêtres savoyards envoyés au Canada, en 1781». BRH, 10, 8(1904), 225-228.

Hurtubise, Pierre *et al*. *Le laïc dans l'Église canadienne-française de 1830 à nos jours*. Montréal, Fides, 1972.

Hutt, M. G. «Abbé P.J.L. Desjardins and the Scheme for the Settlement of French Priests in Canada, 1792-1802». CHR, XXXIX, 2(June 1958), 93-124.

Jean, Marguerite. *Évolution des communautés religieuses de femmes au Canada de 1639 à nos jours*. Montréal, Fides, 1977.

Kowalsky, Nicolas. «Serie dei Cardinali Prefetti e dei Segretari della Sacra Congregazione De Propaganda Fide». *Euntes Docete*, XV (1962), 161-193.

Labarrère-Paulé, André. *Les Instituteurs laïques au Canada français, 1836-1900*. Québec, Les Presses de l'Université Laval, 1965.

Lambert, James. *Monseigneur, the Catholic Bishop Joseph-Octave Plessis, Church, State, and Society in Lower Canada: Historiography and Analysis*. Québec, Université Laval, thèse de doctorat ès-lettres, 1981.

Lanctôt, Gustave. *Le Canada et la Révolution américaine*. Montréal, Beauchemin, 1965.

— «Un Sulpicien récalcitrant: l'abbé Huet de la Valinière». RSCHEC (1935-1936), 25-39.

Langlois, Georges. *Histoire de la population canadienne-française*. Montréal, Éd. Albert Lévesque, 1934.

Langlois, Jean-Pierre. *L'ecclésiologie mise en oeuvre par Mgr Lartigue (relations Église-État) durant les troubles de 1837-1838*. Montréal, Université de Montréal, Mémoire de licence en théologie, 1975.

Latreille, André. *L'Église catholique et la Révolution française.* Paris, Hachette, 1946-1950. 2 vol.

Lebœuf, Jacques. *La formation des Séminaristes à Montréal (1825-1840).* Montréal, Université de Montréal, mémoire de licence en théologie, 1970.

Le Jeune, L. *Dictionnaire général du Canada.* T. I. Ottawa, Université d'Ottawa, 1931.

Lemieux, Lucien. *Établissement de la première province ecclésiastique au Canada (1783-1844).* Montréal, Fides, 1968.

— «La Congrégation de la Propagande, modératrice et promotrice d'une Église Canadienne en expansion 1760-1840». *Sacrae Congregationis de Propaganda Fide memoria rerum,* Vol. III, Roma, Vaticano, 1974, 729-748.

— «Canada, V. Historia de la Iglesia». *Gran Enciclopedia Rialp,* T. IV, S.A., Madrid, 1971, 816-819.

— «Baillargeon, Charles-François». *Dictionnaire biographique du Canada,* T. IX, Québec, Les Presses de l'Université Laval, 1977.

— «Rémi Gaulin. Notice biographique». *Dictionnaire d'histoire et de Géographie ecclésiastique,* Louvain, 1977, 423-426.

— «Montgolfier, Étienne». *Dictionnaire biographique du Canada,* T. IV, Québec, Les Presses de l'Université Laval, 1980, 586-589.

— «Huet de La Valinière, Pierre». *Dictionnaire biographique du Canada,* T. V, Québec, Les Presses de l'Université Laval, 1983, 475-477.

— «Les évêques canadiens contre le projet d'Union des deux Canadas (1822-1824)». RHAF, XXII, 4(1968), 393-400.

— «Mgr Provencher et la pastorale missionnaire des évêques de Québec». RSCHEC (1970), 31-49.

— «L'influence de la France dans la vie religieuse des Canadiens 1760-1840». *Sciences Religieuses,* 4(1972), 321-327.

— «La première Caisse ecclésiastique du clergé canadien». RSCHEC (1977), 5-22.

— «Attentions du clergé bas-canadien aux personnes nécessiteuses, 1800-1840». RSCHEC (1984), T. I, 159-175.

— «Le partage du diocèse de Québec». *La croix et le nouveau monde. Histoire religieuse des francophones d'Amérique du*

Nord. Montréal, C. M. D., 1987, 110-124.

Lessard, Claude. «Le Collège-Séminaire de Nicolet 1803-1863». RHAF, XXV, 1(juin 1971), 63-88.

— «Lettres d'un curé du Canada». BRH, XVII, 1(janv. 1911), 3-15.

Lévesque, Ulric. «Les élèves du Collège de Sainte-Anne-de-la-Pocatière 1829-1842». RHAF, XXI, 4(mars 1968), 774-791.

L.O. «Une lettre des habitants de Montréal à Montgomery». BRH, 32, 6(juin 1926), 353-354.

Lower, Arthur R.M. *Canadians in the Making. A Social History of Canada.* Toronto, Longmans, Green and Company, 1958.

Maheux, Arthur. «Le problème protestant». RSCHEC (1939-1940), 43-50.

Manning, Helen Taft. *The Revolt of French Canada, 1800-1835: A Chapter in the History of the British Commonwealth.* London, Macmillan and Co Ltd, 1962.

Marion, Séraphin. «Le problème voltairien». RSCHEC (1939-1940), 27-41.

Massicotte, E.-Z. «Une page de l'histoire du Collège de Montréal». BRH, 23, (juillet 1917), 207-211.

— «Nos croix de chemins». BRH, 29, 11(novembre 1923), 350-352.

Matheson, Thomas. «La Mennais et l'éducation au Bas-Canada». RHAF, XIII, 4(1960), 476-491.

Maurault, Olivier. «Une révolution à Montréal il y a cent ans». *Les Cahiers des Dix,* 2(1937), 35-44.

Ouellet, Fernand. *Louis-Joseph Papineau. Un être divisé.* Ottawa, Les Brochures de la Société Historique du Canada, 1960.

— «Mgr Plessis et la naissance d'une bourgeoisie canadienne». RSCHEC (1955-1956), 83-99.

— «L'enseignement primaire, responsabilité des Églises ou de l'État? (1801-1836)». *Recherches Sociographiques,* II, 2(1961), 171-187.

— «Les fondements historiques de l'opposition séparatiste dans le Québec». CHR, XLIII, 3(sept.1962), 185-203.

— «Nationalisme canadien-français et laïcisme au XIXe siècle». *Recherches Sociographiques,* IV, 1(1963), 47-70.

— *Histoire économique et sociale du Québec, 1760-1850, structures et conjonctures*. Montréal, Fides, 1966.

— *Le Bas-Canada, 1791-1840, Changements structuraux et crise*. Ottawa, Éditions de l'Université d'Ottawa, 1976.

Papineau, Louis-Joseph. *Histoire de l'Insurrection du Canada*. Ottawa, Leméac, 1968.

Paradis, Wilfrid-H. «Le nationalisme canadien dans le domaine religieux. L'affaire de l'abbé Thavenet». RHAF, VII, 4(1954), 465-482.

Parizeau, Gérard. *La Société canadienne-française au XIXe siècle. Essais sur le milieu*. Montréal, Fides, 1975.

Paquet, Gilles et Jean-Pierre Wallot. «Le Bas-Canada au début du XIXe siècle: une hypothèse». RHAF, XXV, 1(juin 1971), 39-61.

— «Groupes sociaux et pouvoir: le cas canadien au tournant du XIXe siècle». RHAF, XXVII, 4(mars 1974), 509-564.

Plante, Hermann. *L'Église catholique au Canada 1604-1886*. Trois-Rivières, Éditions du bien public, 1970.

Porter, Fernand. *L'institution catéchétique au Canada. Deux siècles de formation religieuse, 1633-1833*. Montréal, Les Éditions franciscaines, 1949.

Porter, John et Léopold Desy. *Calvaire et croix de chemins du Québec*. Montréal, Hurtubise HMH, 1973.

Pouliot, Léon. *Trois grands artisans du diocèse de Montréal, avec une carte comparée du diocèse en 1836 et 1936*. Montréal, Éd. du Messager Canadien, 1936.

— «La première école de théologie à Montréal: le Séminaire Saint-Jacques (1825-1840)». *Sciences ecclésiastiques*, VI (oct. 1954), 237-247.

— «L'enseignement universitaire catholique au Canada français de 1760 à 1860». RHAF, XII, 2(1958), 155-169.

— «*Monseigneur Bourget et son temps. T. I: Les années de préparation (1799-1840)*; T. II: *L'évêque de Montréal. Première partie: l'organisation du diocèse de Montréal (1840-1846)*. Montréal, Beauchemin, 1955-1956.

Provost, Honorius. «Les Séminaires des Missions-Étrangères de Paris et de Québec». RSCHEC (1971), 1-16.

Racine. «Les sociétés de la Croix de Tempérance». BRH, 3, 3(1897), 44-45.

Rogier, L.-J. *et al. Nouvelle Histoire de l'Église*, T. IV: *Siècle des Lumières, Révolutions, Restaurations*. Paris, Seuil, 1966.

Rousseau, Louis. *La prédication à Montréal de 1800 à 1830, approche religiologique*. Montréal, Fides, 1976.

Rumilly, Robert. *Histoire de Montréal*. T. II. Montréal, Fides, 1970.

Saint-Denis, Dominique. *L'Église catholique au Canada*. Montréal, Édition Thau, 1956.

Saint-Pierre, T. «Les Canadiens et la guerre de l'Indépendance». BRH, 6, 7(1900), 209-213.

Savard, Pierre. «La vie du clergé québécois au XIXᵉ siècle». *Recherches Sociographiques*, VIII, 3(sept.-déc.1967), 259-273.

Séguin, Maurice. *La «nation canadienne» et l'agriculture (1760-1850), Essai d'histoire économique*. Trois-Rivières, Boréal Express, 1970.

Tessier, Albert. *Trois-Rivières, 1535-1935. Quatre siècles d'Histoire*. Trois-Rivières, Le Nouvelliste, 1934.

— «La vie rurale vers 1800». *Les Cahiers des Dix*, 10(1945), 169-189.

— «Le visage humain du Canada au début du XIXᵉ siècle». *Les Cahiers des Dix*, 9(1944), 101-120.

Têtu, Henri. «L'abbé André Doucet curé de Québec 1807-1814». BRH, 13, 1(1907), 3-22.

— «L'abbé Pierre Huet de la Valinière». BRH, 10, 6(1904), 161-175.

Trudel, Marcel. *L'Église canadienne sous le Régime militaire 1759-1764*. Québec, Les Presses Universitaires Laval, 1957. 2 vol.

Vaugeois, Denis. *L'Union des deux Canadas. Nouvelle conquête?* Trois-Rivières, Bien Public, 1962.

Voisine, Nive. *Histoire de l'Église catholique au Québec (1608-1970)*. Montréal, Fides, 1971.

Wallot, Jean-Pierre. «Religion and French-Canadian Mores in the Early Nineteenth Century». CHR, LII, 1(March 1971), 51-94.

— *Un Québec qui bougeait, trame socio-politique du Québec, au tournant du XIXᵉ siècle*. Québec, Boréal Express, 1973.

INDEX DES NOMS CITÉS

TABLE DES MATIÈRES